무당 사주학 이야기

무당 사주학 이야기

초판인쇄 | 2024년 6월 15일
초판발행 | 2024년 6월 18일

지은이 | 김석택·심연주
펴낸이 | 김경옥
디자인 | 김현림
펴낸곳 | 도서출판 온북스

등록번호 | 제 312-2003-000042호
등록일 | 2003년 8월 14일

주소 | 서울시 은평구 통일로 82 가길 4-7
전화번호 | 02-2263-0360
팩스 | 02-2274-4602

ISBN 979-11-92131-27-6 93150

잘못 만들어진 책은 교환해드립니다.
이 출판물은 저작권법에 의하여 보호받는 저작물이므로
무단 전재와 무단 복제를 할 수 없습니다.

무당 사주학 이야기

사주편: 청암(淸暗) **김석택**
무당편: 인향(仁香) **심연주**

온북스
ONBOOKS

머리글

　주술사나 무당의 점을 기록하여 시작된 주역(周易)을 신비와 신령함을 강조하기 위하여 꾸며낸 설화(說話)이다. 전설(傳說)의 하도(河圖)는 복희씨가 용마(龍馬)에 그려진 무늬를 보고 하늘과 땅의 이치를 찾은 것이고, 낙서(洛書)는 하(夏)나라 우(禹)임금이 낙수(洛水) 강에서 거북 등에 45개의 점(點)을 보고 팔괘(八卦)를 만들어 음양 이치와 천지 변화를 깨달았다고 지금까지 전해오고 있는 이야기를 진실처럼 믿고 있다.

　사실(史實)은 주술사의 점(占)치는 행위를 바탕으로 하여, 자연의 이치에 적합한 부호를 음과 양로 나누어서 만들어진 것이 점술학의 시조이다. 옛날 중국(中國) 이전에는 점을 쳐서 나라를 통치하였으며, 말이 기록되기 시작한 것이 갑골(甲骨)문자이다. 구전이 문자로 기록되어 주(周)나라 때 책으로 엮어진 것이 지금의 주역(周易)으로, 거대한 황하(黃河)를 무대로 하여 하늘에 용마와 땅의 거북(龜)을 등장시켜서 지어낸 이야기다.

　8괘는 사람의 얼굴에 인중(人中)을 중심으로 위로 눈 귀 코는 밖으로 두 개의 구멍이 하나로 감추어져 있어 음효(陰爻)로 표현하고, 입 아래는 밖으로 드러난 구멍은 하나인데 안에서 두 개로 나누어져 있기에 양효(陽爻)로 표현한 것이다. 즉 음은 모이는 기운을 나타내고, 양은 흩어지는 기운을 나타내는 것으로 자연도 이러한 이치를 따르고 있다. 후대에 남자 성기를 양효로, 여자 성기를 음효라고 학자들이 주장도 한다.

인간은 보고 듣고 숨 쉬는 행위와 먹고 배설하는 것이 가장 소중하고, 자연을 창조한 조물주를 신(神)으로 공경(恭敬)하고 무서움과 두려움에서 벗어나고자 주술사가 행위 하는 것이 시작이다. 이러한 구전(口傳)을 통치 수단으로 이용하고 옳고 그름을 통계한 것으로 주나라 문왕이 괘사를 짓고 아들 주공이 완성하였다고 하는데 설화일 수 있다. 주역은 그렇게 역사를 기록 하였으나 진실은 무당의 아버지 주술사이다.

자연은 크게 음과 양으로 나누어지고 이를 무형과 유형으로 바꾸어 보면 활동적인 양의 기운과 한곳에 머물려고 하는 것은 음의 기운뿐이다. 여기에 사람은 활동할 때는 양(陽)에 속하고, 죽으면 음(陰)의 기운으로 바뀐다. 하여 음은 양을 찾고 양은 음을 만나서 뭉쳐질 때 위력을 발휘하게 된다. 그래서 신의 도움이 절실하고 신은 인연된 후손의 양기가 필요하기에 접신(接神) 하는 것이고 서로 도움을 주고받아야 한다.

사주(四柱)학은 주술사의 행위를 순서대로 표현한 문자이다. 즉 천간(天干) 10개는 자연을 압축한 부호로 십장생에 해당하고, 지지(地

支) 12개는 인간이 윤회하고 성장하는 과정을 부호와 동물로 표현하였다. 자식이 태어나면 주술사가 하늘에 고(告)하는 형식에서 유래된 것인데 명리학은 이를 부끄럽게 생각하고 왜곡(歪曲)된 역사를 주장한다. 즉 문자 하나 없는 무당의 실체를 원조라고 믿기 싫은 것이다.

뛰어난 두뇌를 소유한 인간도 불안(不安)함을 이겨내지 못하기에 무당을 찾아가는 것이다. 하여 신의 도움으로 미래를 점치고 확실한 답을 듣고 편안을 찾게 되며, 신은 무당을 통하여 도법을 펼치고 제자의 공부와 기도를 통하여 높은 신명으로 진화하게 된다. 그래서 무당 제자가 학문으로 자연의 이치를 깨치게 되면 인연 된 신명은 즐거워 춤을 춘다. 그런데 무지한 무당과 그에 인연 된 신은 욕심만 채우려고 한다.

인간은 지식과 과학과 힘으로 다가오는 미래의 두려움을 이겨보려고 하지만 미지의 불안만큼은 해결하지 못하고 있다. 보이는 것은 대처할 수 있지만 보이지 않는 공간은 무당만이 해결할 수 있으며, 사주는 흐르는 운(運)에 의존하여 예측할 뿐이다. 빛보다 빠른 시간과 환경의 변화는 인간의 욕망을 채워주려 하지 않고 정확한 방향이나 답도 알지 못하게 하였다. 오로지 신과 학문이 결합 했을 때 알 수 있다.

하여 무당과 사주가 하나로 뭉쳐지면 과학이 접근하지 못하는 미래

예측이 가능할 것이다. 과학이 발달하는 만큼 인간은 더 많은 두려움을 가지게 된다. 지성(知性)이 본능(本能)을 추월하지 못하고 신(神)에 의지하게 되므로, 신명(神明)도 소중하고 인간의 지적 능력으로 만들어진 사주(四柱)도 필요하다. 많은 점술학에 밀려난 무당의 기로(岐路)에서 살아남을 수 있는 선택은 오로지 사주를 배우는 것뿐이다.

무당은 보이지 않는 신(神)을 들먹이니 무시를 당하고, 학문(學問)으로 기본을 갖춘다면 점술(占術)에서 지존(至尊)의 자리를 지킬 것이다. 이제부터 무당은 도법이 약한 신명(神明)을 사주학으로 깨워야 한다. 보이지 않는 신(神)을 문자로 증명(證明)하고 학문을 바탕으로 하여, 신(神)의 눈으로 사주를 풀이하고 이야기한다면 소름 돋을 것이다. 신이 없는 사주학자와 사주를 모르는 무당은 지팡이를 잃어버린 장님과 같다.

지금부터는 독선(獨善)적이고 근거도 없이 믿으라고 하는 무지함에서 벗어나, 무당도 학문을 바탕으로 하여야 참 신앙(信仰)인으로 존경받으며 살아갈 수 있다. 강신무라고 독불장군이 될 수 없고 세습무도 변해야 하며, 사주(四柱)를 신기(神氣)로 풀어야 한다. 이 글은 현업에서 무당으로 종사하는 인향(仁香) 심연주님의 도움을 받으며 함께 집필하였습니다. 혹 오탈자가 있을 수 있으니 양해하여 주시길 부탁드립니다.

무당 사주학 이야기

| 목차 |

머리글 04

사주편

1. 무극(無極) 16
2. 태극(太極)
3. 삼태극(三太極) 17
4. 음양(陰陽)
5. 오행(五行)과 신명세계 19
    1) 木 2) 火 3) 土 4) 金 5) 水 6) 신명(神明)세계
6. 오행의 생극제화(生剋制化) 26
7. 천간(天干)
    1) 갑(甲) 2) 을(乙) 3) 병(丙) 4) 정(丁) 5) 무(戊)
    6) 기(己) 7) 경(庚) 8) 신(辛) 9) 임(壬) 10) 계(癸)
8. 천간에 부여된 신명 42
    1) 甲: 옥황상제 2) 乙: 약명 당산 3) 丙: 천신 4) 丁: 칠성 5) 戊: 산신
    6) 己: 성황당 7) 庚: 미륵 8) 辛: 불사 9) 壬: 용궁 10) 癸: 수궁
9. 천간 합(合)의 이론과 신명 45
    1) 己合土 2) 乙庚合金 3) 丙辛合水 4) 丁壬合木 5) 戊癸合火
10. 지지(地支) 57

1) 자(子) 2) 축(丑) 3) 인(寅) 4) 묘(卯) 5) 진(辰) 6) 사(巳)

7) 오(午) 8) 미(未) 9) 신(申) 10) 유(酉) 11) 술(戌) 12) 해(亥)

11. 지지에 부여된 신명   79
12. 지장간(地藏干)
13. 24절기(節氣)   84
14. 십신(十神)

1) 십신 만드는 방법 2) 비견 3)겁재 4) 식신 5)상관 6) 편재 7)정재

8) 편관 9) 정관 10) 편인 11) 정인 12) 십신과 육신조견표

15. 십신(十神)과 신의 명패   114

1) 비견 2)겁재 3) 식신 4) 상관 5) 편재

6) 정재 7)편관 8) 정관 9) 편인 10) 정인 11) 예문

16. 12운성(運星)과 신명(神明)   124

1) 60갑자와 12운성과 지장간의 신명

17. 지지 합(合)   146

1) 삼합 2) 방위합 3) 육합

18. 형(刑)   177

1) 삼형 2) 육형 3) 자형

19. 충(沖)   200
20. 파(破)
21. 해(害)   218
22. 원진(怨嗔)
23. 공망(空亡)   236
24. 삼재(三災)
25. 상문(喪門)   242
26. 조객(弔客)과 주당(周堂)
27. 화개(華蓋)   245

28. 이사 방위(方位)   246
29. 사주(四柱)의 의미
    1) 년주(年柱) 2)월주(月柱) 3) 일주(日柱) 4) 시주(時柱)
30. 사주 통변(通辯) 기초   250
    1) 사주 해석 2)환경 3)인연 4)배우자 5)부모와 형제
    6) 재물 7)명예 8)신명(神明) 9)풍수(風水)
31. 사주 풀이   260
    1) 풀이 2) 자연 3) 오행 풀이 4) 년주(年柱) 5) 월주(月柱)
    6) 일주(日柱) 7) 시주(時柱) 8) 운(運)
    9) 합(合) 형충(刑沖) 파해(破害) 원진(怨嗔) 12운성(運星)
    10) 개운 법 11) 인연법 12) 지장간 활용 13) 12운성
    14) 격(格)과 용신(用神)
32. 신명(神明) 찾기   276
    1) 환경 2) 주장 신명 3) 몸주 신명 4) 설판 신명 5) 결론
33. 신명 찾는 방법
    1) 주장신(神) 2) 몸주 3) 설판
34. 신의 도법(道法)   287
35. 몸주
36. 신명(神明) 풀이하는 방법   296
37. 운(運)
    1) 대운설정 2) 세운(歲運)
38. 영가 장애 찾는 방법   324
    1) 영가 장애의 원인 2) 영가(靈駕) 장애 찾기
    3) 넋과 지박령(地縛靈) 4) 넋은 천도를 기다린다
    5) 성주단지(세존) 6) 전가(親家) 할머니 두 분
    7) 외가(外家) 할머니 두 분 8) 산(山)바람

9) 선천적 산소 탈 10) 파묘(破墓)와 이장(移葬)

11) 수맥(水脈) 12) 전생의 업보(業報) 백호살(白虎殺)

13) 수자령의 원한(怨恨) 14) 노중객사(路中客死)

15) 물 귀신 16) 혼인장애 원앙(鴛鴦)

17) 전생의 악연(惡緣) 원진살(怨嗔殺)

18) 나무나 풀뿌리(신경쇠약) 19) 관(棺)속에 미물(微物)

39. 예문) 378

1) 신이 가라고 하는 길

2) 신이 내린 벌(罰)이 자식에게

3) 부모의 전생 업보가 내게로

4) 귀에 걸면 귀걸이

5) 파묘로 몸이 아픈데 무당은 헛소리만

6) 무당들은 나를 보고 할머니를 찾으라고

7) 신을 알지 못하고 기도하는 선녀

8) 할머니 돈 좀 주세요

9) 동자가 돈 벌어줄게

10) 사라진 내 돈의 주인은

11) 법사가 힘들어요

12) 오로지 천신 대보살만 모신다

13) 아이고 할배요

14) 선생님 퇴송(退送)하고 싶어요

15) 박수무당에 속아서 내 동생이 자살했어요

16) 할머니 살려주세요

17) 신병(神病)으로 고생하는 아가씨

18) 전생에 내가 무슨 잘못으로 가혹한 신벌을

19) 신을 받지 않아서 그런다고

20) 어긋난 인연 때문에

21) 산바람에 편관 백호살까지

22) 두 할머니의 보살핌에 어머니는

무당(巫堂)편

선녀인사   430

1. 신(神)과 종교(宗敎)와 사주(四柱)   433

    1) 글쓴이 2) 신의 역사 3) 신의 세계 4) 신이 원하는 것

    5) 신명과 귀신 6) 민족 신앙의 복원 7) 종교 천국

    8) 종교와 신앙 9) 민족 신앙의 복원

    10) 스님과 목사 그리고 신부

    11) 사주의 아버지는 주술사 어머니는 무당

    12) 무당과 사이비 교주 13) 점집과 절집 14) 신명과 사주

    15)사주와 운 16) 신점 17) 점술학 18) 점술

2. 무당(巫堂)   453

    1) 무당 2) 무당의 역사 3) 무당의 능력 4) 세습무와 강신무

    5) 무속인 6) 박수와 법사 7) 무당이 머꼬 8) 무당의 내력

    9) 무당의 신분 10) 무당이 하는 일 11) 무당이 원하는 것

    12) 나는 무당 13) 어쩌다가 무당 14) 무당 넋두리 15) 대무당

    16) 현명한 무당 17) 무당은 싫어 18) 무당과 애동제자

    19)신 벌과 벌전 20) 무당이 무당을 무시 21) 무당이 무당을 생산

    22) 무당은 음지 직업 23) 기도와 공부 24) 공부하는 무당

    25) 무당과 사주 6) 신기와 공줄 27) 신을 모신 제자가 하는 일

    28)제자와 보살 29) 신을 내리는 대 무당들

    30) 행위를 대신하는 무당 31) 신당에 엎드린 무당이시여

32) 삼산기도 본주 본산 당산 33) 주장신 몸주 설판

4) 퇴송과 하직 35)깃 대와 오색천 36) 공수와 표적과 화경

37) 굿과 부적 그리고 천도재

38) 선 거리와 앉은 거리, 양 줄거리 39) 무구와 무복

40) 부적과 비방 41) 영가와 넋과 한 42) 노중과 객사

43) 꽃과 팥 44) 물과 술 45) 향과 초

3. 신명(神明) 488

1) 열두 대신의 뜻 2)열 두 대신(신명) 3) 12신명의 바램 4)신명의 명패

4. 상대성 신명(神明) 495

1) 산신과 조왕신 2) 용신과 수신 3) 도사와 도인

4) 대감과 대신 5) 신장과 장군과 군웅 6) 도령과 선녀

7) 동자와 설녀 동녀 8) 약명과 별상

5. 굿 501

1) 굿의 의미와 종류 2) 일반 굿 3) 제(祭)와 굿 4) 다양한 굿거리

6. 열두 거리(지역마다 다를 수 있음) 508

1)부정거리 2) 축원 3) 천왕거리 4) 대감거리

5) 당산 서낭 거리 6) 불사거리 7) 신장거리 8) 장군거리

9) 대신거리 10) 조상거리 11) 해원 염불 12) 뒷전풀이

7. 글을 마감하면서 513

1) 공부하는 무당으로 살아가는 인향의 하소연

2) 인간(人間)적 문제

3) 제도(制度)적 문제

무당 사주학 이야기

1. 무극(無極)

　자연은 어디서 어떻게 시작되었는지 알지 못한다. 그래서 이를 무극(無極)이라고 이름을 붙여진 것이다. 사주에서 무극은 알 수 없는 인생으로 정답이 없으며 추상적(抽象的)이다. 하여 사주에 드러난 신명(神明)과 조상의 음덕(蔭德)과 사방팔방으로 펼쳐있는 환경(環境)과 셀 수 없는 인연(因緣)들로 사주팔자를 만들었으니 그 비밀을 알 수가 없다는 것이다. 나를 중심으로 하여 무극처럼 방대한 비밀을 감추고 있다.

혼돈으로 알 수 없는 기운이 모이고 흩어지고를 반복하면서 소용돌이가 일어나기 시작한다. 이러한 소용돌이는 곳곳에서 만들어지면서 비슷한 기운들끼리 뭉쳐지려고 하는 것과 뭉쳐진 기운을 흩어지게 하려고 대립을 하게 된다. 이러한 기운이 둘로 나누어져서 돌고 돌아가면서 화합을 이루고자 하는데 이를 태극이라고 부른다. 여기에서 자연이 생겨나기 시작하면서 탄생의 신화(神話)가 이루어지고 있다.

2. 태극(太極)

　뭉쳐지려는 기운은 흩어지는 것을 잡으려고 하고 흩어지려는 기운은 뭉쳐진 것을 깨트리기 위해 서로 마주하고 꼬리를 물고 돌아가는 것이다. 이렇게 돌아가는 태극은 갈수록 속도가 빨라지고 온도가 올라가면서 거대한 폭발을 하게 될 것이다. 즉 찬 기운과 뜨거운 기운이 마주하고 끊임없이 돌아가는데 그 중심에는 또 다른 공간(空間)이 생겨나면서 화합이 이루어져 다양한 만물이 끊임없이 생겨난다.

사주도 팔자가 대립과 화합에서 다양한 사건 사고가 발생하고 뜻이 강한 것은 살아남고 약한 것은 사라질 것이다. 신의 세계도 비슷한 기운을 가진 신들과 어우러지면서 무리를 이루고 있을 것이다. 인간들도 확장하려는 남성과 알뜰하게 모으려는 여성이 만나 자식을 낳으면서 가족을 이루고 일가(一家)가 늘어나면서 부족이 되어 나라를 세우게 된다. 이처럼 마주하여 화합하는 공간을 삼태극이라고 한다.

3. 삼태극(三太極)

밖은 엄청난 속도로 돌고 돌아가면서 뜨거운 열이 발생하지만 이렇게 두 기운이 마주하는 중간은 고요하고 포근하여 만물이 생겨나기 좋은 환경이 이루어지고 있다. 이곳에서 다양한 기운이 생겨나는 것을 오행이라고 한다. 즉 남자는 양(陽)의 기운으로 요란하고 활동적인데, 여자는 음(陰)의 기운으로 조용하게 활동한다. 이는 깊고 고요한 자궁(子宮)을 보호하기 위함이고, 여기에서 자녀(子女)를 생산한다.

남자는 활동적으로 먹거리를 찾아다니고, 여자는 안으로 들어온 것을 지키려고 최선을 다한다. 신명 세계도 인간사와 같이 강한 기운이 약한 기운을 지배하고 이들 사이에서 또 다른 신(神)이 생겨날 것이다. 하여 삼태극에서 만물이 생겨나고 사라진다. 이를 확대하여 보면 우주가 될 것이고 이를 축소하면 세포(細胞)이며, 무형으로 보면 신의 세계에 해당한다. 하여 문양은 태극이고 문자는 음양이며 마주하는 경계(境界)는 삼태극이다.

4. 음양(陰陽)

　태극을 음양(陰陽)이라고 하며 삼태극은 오행이 생겨나는 깊고 고요한 경계이다. 음과 양의 기운으로 뭉쳐진 덩어리가 화합을 하면 오행이 생겨나는데, 대립하면 재앙(災殃)과 변화(變化)가 일어난다. 사주도 음양의 조화를 잘 이루면 좋으나 그러하지 못하면 힘들게 살아간다. 육신(肉身)을 가지고 살아가는 인간의 마음은 음(陰)에 해당하여 욕심(欲心)이 많고, 영적인 기운은 양(陽)에 해당하여 욕망(欲望)이 강하다.

하여 음과 양은 서로 다른 성질을 가지고 있으나 화합과 대립하는 음양 그리고 공존하는 음양이 있다. 즉 상대성을 가지고 있으므로 음과 양을 단정 지으면 안 된다. 신은 대립하면 퇴마하거나 인연이 깨지고 화합하면 신과 인간은 행복하고 빠르게 진화할 것이다. 하지만 서로 바라만 본다면 변화나 진화를 하지 못하고 중엄(中嚴)계에 머물러야 한다. 모든 사물(事物)이나 보이지 않은 것도 음양으로 이루어져 있다.

인간의 육체를 살펴보면 얼굴에서 인중(人中)을 중심으로 하여 위로는 구멍이 두 개로 이루어져 있지만 속으로 들어가면 하나로 연결되어 있다. 아래로는 밖으로 하나의 구멍이 있는데 안으로 들어가면 두 개로 나누어진 것을 알 수가 있다. 이처럼 음양의 이치에 적합하게 인체구조가 만들어져서 안팎으로 원활한 신진대사가 이루어지게 하였다. 음양의 이치는 가장 기초적이지만 무시하면 생명이 살아남을 수 없다.

5. 오행

자연의 다섯 가지 기운을 오행이라고 하는데 한곳에 모아진 수(水)기운을 시작으로 하여 흩어져 있는 화(火)기운이 마주한다. 그리고 모아진 것에서 흩어지려는 목(木)기운과 흩어진 것을 모으려고 하는 금(金)기운이 있으며, 이렇게 혼돈된 공간은 토(土)기운이다. 여기서 다시 음양이 마주하고 새로운 오행이 생겨나고 하는 운동이 끊임없이 이루어지고 있다. 과학이 이를 추적(追跡)하여 분석하면서 증명하려고 한다.

신(神)의 세계도 크게 다섯으로 나누어진다. 하여 水는 모이려는 용신 火는 흩어지려는 천신 木은 고치려는 약명 金은 보존하려는 미륵 土는 무엇이든 이해하려고 하는 산신이다. 이들이 다시 음양으로 나누어지면 水의 수궁과 용궁이 있고, 火는 벼락과 천신, 木은 약명과 당산 金은 미륵과 불사 土의 산신과 허공신이 있다. 인간신도 남녀로 나누어지고 있으며, 특히 도교에서 갑(甲)을 천상의 옥황상제로 으뜸으로 본다.

1) 木

자연에서 가장 수명이 긴 나무를 木오행으로 앞에 두었다. 흩어지려고 하는 양목(陽木)을 갑(甲)이라고 하고 어우러져 살아가려는 음목(陰木)을 을(乙)이라고 한다. 인간사도 밖으로 나가서 경쟁하려는 남자는 양이고 한 곳에서 어울리기 좋아하는 여자를 음으로 본다. 생명을 다하면 하늘로 올라가는 영혼(靈魂)은 양에 해당하며, 땅속에 묻어두는 육신(肉身)은 음에 해당한다. 신(神)은 정신(淨神)은 양이고 사신(邪神)은 음이다.

인체에서 木은 간(肝)과 담(膽)에 해당하며 신경계를 관장한다. 하여 사주에 木의 기운이 강하면 신경(神經)계에 많은 문제가 발생하며, 특히 스트레스를 빠르게 해소하지 못하여 시력이 급격하게 나빠질 수 있다. 오장(五臟)에 해당하는 간은 쓸개즙 분비와 양분 저장 해독(解毒)작용으로 몸을 보호한다. 그리고 육부(六腑)에 해당하는 담은 쓸개즙을 담아두는 주머니이다. 사주에 木이 강하면 해독력이 떨어진다.

2) 火

형체가 없는 불을 火오행에 두었다. 흩어지는 열(熱)은 양화(陽火)로 병(丙)이라고 하고, 색(色)이나 빛처럼 한 곳에 모이는 음화(陰火)를 정(丁)이라고 한다. 인간사는 열처럼 종족을 번식하고 여기저기 간섭(干涉)하며, 여러 가지 일을 하는 사람은 양적이다. 색깔론을 주장하며 오로지 한 곳에 집중하여 자신과 가족이나 단체를 위해 희생(犧牲)하는 사람은 음에 해당한다. 신(神)은 보여주는 화경은 양이고 들리는 소리는 음이다.

인체에서 火는 심장(心臟)과 소장(小腸)에 해당하고, 정신(精神)계를 대표한다. 하여 사주에 火의 기운이 강하거나 많으면 정신적으로 문제가 발생하여 정상적인 생활이 어려울 수도 있다. 오장에 해당하는 심장(心臟)의 수축작용으로 혈액을 순환시킨다. 소장은 음식물의 영양분을 추출(抽出)하는 육부에 해당하고 火기운이 약하면 심장과 소장의 기능이 떨어질 수 있고, 많으면 고혈압(高血壓)이나 저혈압(低血壓)으로 고생한다.

3) 土

무엇이든 받아들이는 공간(空間)은 土오행이다. 형체(形體)가 없거나 가벼워 하늘에 오르니 양토(陽土)로 무(戊)라고 한다. 형체를 이루고 서로 모여서 무거워지니 땅이 되어 음토(陰土)인 기(己)라고 한다. 인간사로 보면 개인적으로 자유롭게 살아가면 양의 성향이고, 무리나 집단을 이루어 살아가면 음의 성향이 강하다. 신명(神明) 세계는 깨달은 영혼(靈魂)은 양에 해당하고, 깨침이 부족한 신은 음이라고 할 수 있다.

土기운이 강하면 소화(消化) 기능이나 피부(皮膚)에 다양한 병(病)이 생길 수 있다. 土는 오장으로 비장(脾臟)이며 백혈구를 만들어서 해로운 병원균을 잡아먹고, 기능이 떨어진 적혈구를 파괴한다. 육부로 위(胃)에 해당하며 음식물을 담아두거나 소화액으로 분쇄(粉碎)하는 역할을 한다. 그리고 土기운이 강하면 피부가 거칠고 건성(乾性)일 경우가 많으며, 아토피 피부염으로 고생하거나 소화불량이나 비만(肥滿)이 될 수 있다.

4) 金

무엇에 의하여 유연하거나 단단하게 변화한 것은 金오행이다. 대부분은 열(熱)에 의하여 자연스럽게 변화하면 양금(陽金)으로 경(庚)에 두었다. 목적을 가지고 성질을 바꾸는 것은 음금(陰金)으로 신(辛)이라고 한다. 인간사에서 보전(保全)하는 것은 양의 성향이고, 보존(保存)하는 것은 음의 성향에 해당한다. 신명(神明)의 뜻을 전하려고 인연 된 후손을 찾으면 양이고, 한(恨)을 풀기 위해 후손에게 접신(接神) 한다면 음이다.

사주에 金이 많거나 기운이 강하면 이비인후계통에 문제를 일으키고 오장으로 폐(肺)에 해당하여 金기운이 강하면 호흡기계통이 약하다. 육부로 대장이 있는데 이는 소화하고 난 후, 찌꺼기에서 수분을 흡수하여 덩어리지게 만들어서 배출하도록 하는 곳이다. 특히 대장이 약하여 문제가 있으면 흡수한 물을 토(吐)하여 설사하도록 한다. 金이 많거나 강하면 호흡기계통의 비염(鼻炎)이나 대장이 약하여 장염(腸炎)이나 변비로 고생한다.

5) 水

물처럼 흐르는 것은 水오행이다. 머물지 못하고 끊임없이 드러내고자 하는 액체(液體)는 양수(陽水)이며 임(壬)으로 표현한다. 흐름을 싫어하고 모습을 감추거나 드러내는 것을 싫어하는 기체(氣體)는 음수(陰水)이며 계(癸)로 표현한다. 인간사에 부지런하면서 숨김없이 살아가면 양의 성향이고, 자신의 모든 것을 감추고 조신(操身)하거나 은밀(隱密)하게 움직이면 음의 성향이다. 신(神)에서 표적(表迹)을 남기면 양적이고 느낌으로 전해지면 음적이다.

인체에서 水는 신장(腎臟)과 방광(膀胱)에 해당하고 이뇨(利尿)를 담당하고 있다. 오장에 해당하는 신장으로 혈액(血液)을 여과(濾過)하여 재활(再活)하고 나머지는 소변으로 내보낸다. 육부에 방광이 있는데 이는 신장에서 걸러진 오줌을 저장하는 곳이다. 그리고 체온(體溫)이 오르거나 떨어지면 체내(體內)의 수분(水分)을 조절하는데, 사주에 水가 많거나 기운이 강하면 이러한 장기에 문제가 생길 수 있다.

6) 신명(神明) 세계

신명이 어디에서 왔는지 알아야 한다. 즉 신이 소속된 세계는 천간(天干)으로 정해지는 것이며, 오행(五行)에 따라서 달라지고 같은 부호(符號)라고 하여도 음양(陰陽)에 의하여 다양한 세계를 표출(表出)하게 된다. 이는 천간이 합을 하는 경우와 따라오는 지지(地支) 그리고 지지가 합(合)을 하는 경우 등으로 팔만사천 제대 신명 세계를 유추(類推)하는 것이다. 인간사의 국적(國籍)처럼 크고 작고 때로는 알 수 없는 곳도 많다.

木

천간에서 木이 나타내는 세계는 도교(道敎)에서 이야기하는 천상(天上)계와 약명(藥名)으로 나눌 수 있다. 즉 옥황상제가 다스리는 천상계를 나타내는 것은 甲이지만 때로는 약명이며, 어느 세계라도 없어서는 안 된다. 그리고 甲과 乙은 당산(當山)으로 내가 태어난 곳 또는 부모님이나 조상님이 살아가던 마을을 수호하는 산(山)이나 신목(神木)이다. 마을과 주민을 지켜주고 나와 가족이 화목하고 건강하게 성장할 수 있도록 지켜주는 신이다.

지지는 살아있는 것이 중심이기에 기본적으로 약명이 우선이다. 그리고 자연신이 지켜주고 살펴주기에 당산에 해당하고, 살아있는 인간이 사람답게 살아감에 있어 생각보다 행위가 소중하다고 판단하여 만들어진 유교이다. 마음에서 우러나는 진심보다는 의무감 또는 보여주기 위함으로 조상을 섬기고 예를 갖추는 것이다. 양(陽)은 높은 곳으로 오르고자 하는 성향이고, 음(陰)은 옆으로 늘어나는 성향을 가지고 있다.

火

천간에서 나타내는 火의 신명 세계는 천신(天神)이다. 모래알보다 많은 천신계를 丙火로 나타내고 다양한 인연을 맺고 있다. 천신도 일정한 거리를 벗어나면 돌아올 수가 없고, 태양(太陽)을 중심으로 하는 것이다. 그리고 칠성(七星)이 존재하는데 丁火로 표현하고 그곳에도 다양한 신들이 존재한다. 칠성이라 북쪽 하늘에 일곱 개의 별들이 국자 모양을 하고 있다. 별마다 주관하는 신명이 다르기에 통틀어 칠원성군으로 표현한다.

지지의 火는 형체가 없는 것을 중심으로 하여 천신을 기본으로 정하고 있다. 자연신에서 벗어나 하늘을 관장하는 많은 신이 인간에게 내려온다고 믿는다. 천신은 정신세계와 인연 되어 육신을 관장하고, 부드럽고 변화무쌍하여 인정을 받으려고 부단한 노력을 하게 된다. 이는 기독교의 이념(理念) 사상과 비슷하고 흩어지려는 양(陽)은 전도(傳道)를 열심히 하고, 음(陰)은 한곳에 모이는 성향으로 집단 예배(禮拜)하는 것이다.

土

천간에서 나타내는 土의 신명은 허공(虛空)을 장악하는 신이다. 하여 戊土는 높고 넓은 우주를 주관하고, 큰 산신이나 가람신에 해당한다. 그리고 己土는 낮고 좁은 공간을 관장하며 낮고 작은 산신이나 토지신(土地神)에 해당한다. 하여 명당(明堂)을 찾고 명산(名山)을 찾는데 많은 시간과 공을 들이고 있다. 무당들이 삼산(三山)을 찾아서 기도를 드리는데 신명 세계에서 산신(山神)의 비중이 상당히 강하다.

土는 무엇이든 받아들이고 필요하면 내어주는 성향이 무당과 비슷하고, 여러 종교를 따지지 않고 받아들이고 있다. 그래서 산마다 신이 있고 터마다 신이 존재하는 것이다. 대부분 자연적으로 이루어지며 무당이 명산을 찾아 기도하고 있는데 종교가 아닌 개인의 신앙(信仰)이다. 하여 일정한 교리도 교주도 책임질 지도자도 없고, 양(陽)의 성향으로 쉽게 신을 받고, 음(陰)의 성향으로 음지에서 활동한다.

金

천간에서 나타내는 金의 신명은 불교(佛敎)와 인연이 깊은 미륵(彌勒)으로 자연에서 보면 거대한 바위에 해당하는 庚金이다. 강력한 자기력(磁氣力)이 나오기에 수행하는 절이 대부분 자리하고 있다. 무당(巫堂)도 신의 원력을 강하게 하려고 거대한 바위를 찾아서 기도한다. 그러나 불교는 발상지를 떠나서 다른 나라에서 성공하여 인정을 받고 있으니 변화하는 辛金을 불사로 해석하며 단단하여 오랫동안 이어갈 것이다.

지지의 金은 단단하고 열에 의하여 만들어지기에 본래 있던 곳에서는 뜻을 이루기 어렵다. 하여 바위를 미륵이라고 하며, 바위의 성분 속에는 밀고 당기는 자력(磁力)이 강하게 작용한다. 영혼의 주인은 마음이고 이를 전달하는 것이 생각이며, 행동으로 옮기면 육신이다. 육신과 생각이 한 곳으로 모여서 하나가 되었을 때 마음의 실체를 알 수 있으며, 자연적이면 양(陽)의 기운이 강하고 다듬어진 것은 음(陰)의 기운이 강하다.

水

천간에서 나타내는 水는 용신(龍神)이다. 물을 다스리는 신(神)으로 상상의 동물이다. 하여 흐름을 알 수 없으면 壬水로 바다 호수 저수지 우물 샘 같은 곳이다. 하지만 물이 흐르고 있는 곳에도 신이 존재하는데 이를 癸水로 표현하여 수신(水神)이라 한다. 즉 강(江) 천(川) 시냇가 도랑 같은 곳이다. 그리고 은하수처럼 별들이 강을 이루고, 영생을 기대하는 도교(道敎)의 노자(老子)나 제석(帝釋)과 대범(大梵) 천신에 해당한다.

지지의 水는 잠시도 그대로 있지 않고 변화하는 것이다. 즉 늘어남도 줄어듦도 아닌데 변화무쌍하니 도교의 신선(神仙) 사상과 비슷하다. 제석은 불교에서 나오는 단어로 하늘 세계의 중심이고 가장 깨끗한 신의 세계이다. 물은 사람과 신을 이어주는 매개체 역할을 하고, 물을 관장하여 인간사에 이로움을 주기에 양(陽)으로 넓은 바다와 용신을 나타내고 음(陰)으로 강이나 우물로서 수신에 해당한다.

6. 오행의 생극제화(生剋制化)

오행은 서로 상생(相生)하면서 상극(相剋)하는 관계로 이루어져 있다. 이를 근본으로 하여 근(根) 묘(苗) 화(花) 실(實)이 이루어지고, 십신(十神)이 표출(表出)하게 된다. 물론 많으면 오히려 불편할 수 있겠지만 모든 것은 적당하면 좋다. 흔히 나무는 불을 살리고 타고 남은 재는 흙이 되며, 흙이 뭉쳐져서 바위가 생겨나면서 그 속에 물이 스며들어 있다고 한다. 자연은 살아있고 꽃과 열매를 맺어서 종족을 보존한다.

상생관계

木生火는 나무는 꽃을 피워야 한다.
火生土는 열은 공간을 확장한다.
土生金는 지열(地熱)로 광석이 만들어진다.
金生水는 바위가 물을 맑게 한다.
水生木은 물은 생명의 젖줄이다.
이렇게 상생하는 관계에서 생(生)하면 인성(印星)이고 생을 받으면 식상(食傷)이다

상극관계

木剋土는 나무가 흙에 뿌리를 내린다.
土剋水는 흙이 물길을 조절한다.
水剋火는 물이 열을 식힌다.
火剋金는 열이 금을 제련(製鍊) 한다.
金剋木은 쇠가 나무를 다듬는다.
이렇게 극(剋)을 받으면 재성(財星)이고 극하게 되면 관성(官星)이 된다.

과유불급(過猶不及)

목다화식(木多火熄)는 木이 많으면 불이 꺼져버린다.
화다토열(火多土劣)는 火가 강하면 흙의 구실을 못한다.
토다매금(土多埋金)은 土가 많으면 돌이 묻혀버린다.
금다수탁(金多水濁)은 金이 많으면 물이 흐려진다.
수다부목(水多浮木)은 水가 많으면 나무가 뜬다.

7. 천간(天干)

천간은 무당의 행위와 대상을 열 가지의 부호(符號)로 만든 것이다. 이는 인간이 음(陰)의 기운이 발동하는 두려움에서 벗어나려고 양(陽)의 기운을 가진 자연신(神)에 의지할 때 사용되는 도구나 그 대상 또는 행위를 압축(壓縮)하여 가장 적합한 문자를 선택한 것이 부호이다. 하여 갑(甲)을(乙)병(丙)정(丁)무(戊)기(己)경(庚)신(辛)임(壬)계(癸)를 부호(符號)로 정하고 이를 음양(陰陽)으로 짝을 지어 또 다른 오행(五行)을 낳게 하였다.

천간은 분명히 존재(存在)하는데 그 형체가 없거나 분명하지 않아서 무엇으로 드러내는지 알 수 없다. 자연으로 보면 어떠한 기(氣)에 해당하여 사물을 이루는데 근본이 되므로 형체가 없는 무형(無形)이다. 인간으로 보면 영혼(靈魂)이고 남자이며, 생각으로 실천(實踐)하기 위한 계획(計劃)이고 행위(行爲)가 이루어지기 전에 상상(想像)이다. 신명(神明)은 팔만사천 제대 신명이 살아가는 신(神)의 세계를 나타낸다.

1) 갑(甲)

처음으로 등장하는 부호는 갑옷을 뜻하는 거북이 등딱지를 표현한 문자이다. 이는 인간이 나무에 의지하여 살기 시작하였으며, 거북이를 뒤집어서 불 위에 올려두고 깨지는 모양에 따라 점(占)을 쳤기에 선택된 부호이다. 오행은 木에 두고 양(陽)의 성향으로 해석하며, 성품은 홀로 솟아오르고자 한다. 하여 더불어 살아가는 것보다 앞서가거나 최고가 되고자 하는 성향이 강하다. 나무로 보면 줄기에 해당한다.

• 신명(神明)

　가장 높은 하늘 세계인 천상(天上)의 옥황상제(玉皇上帝)에 해당하고 사람이 살아가는 마을에서 가장 오래된 나무를 당산(堂山)이라 하여 수호신(守護神)으로 섬긴다. 이는 오로지 한 그루만 있으며, 마을주민들이 의지하기에 많은 정성을 들이고 보호한다. 인간이 태어나서 가장 무서운 대상이 전염병(傳染病)이고 이를 치료하기 위하여 나무에서 약(藥)을 구한다고 약명(藥名)이며 신침(神針)에 해당한다.

• 물상(物像)

　우레라고 하는데 이는 하늘에서 구름과 구름이 부딪치어 전기와 요란한 소리가 나는 것이다. 하늘에서 번개가 치고 천둥소리가 요란하면 비가 내리려 한다고 생각한다. 자연 속에 수분이 오르기 시작하면서 대기중에 방전 현상이 일어나는데 건조한 겨울보다 봄부터 발생하여 여름에 극에 달한다. 하여 살아있는 동식물들은 천둥소리에 깨어난다고 하는 것이다. 甲은 두목으로 항상 큰소리를 내려고 한다.

• 응용(應用)

　위로 솟아오르고자 하는 성향이 강하며 독립적이라서 더불어 살아가는 것을 싫어하고, 집단을 이끌어 나가려고 하는 기질을 강하게 가지고 있다. 가장 먼저 등장하는 부호이므로 항상 앞에 서거나 가장 높은 곳을 바라보며 살아간다. 하지만 한번 꺾어지면 자력으로 일어서기 어렵고 나무일 경우 열매를 맺지 않으니 종족 번식보다 크게 자라는 것을 목표로 하고 있다. 하여 甲木은 장남이나 우두머리를 나타낸다.

2) 을(乙)

두 번째 부호는 새를 점치는 도구로 사용하여 목을 따서 하늘로 던져 떨어지는 모양과 방향을 보고 점을 친 것이다. 자연에서 번식(繁殖)은 바람의 영향으로 이루어지며, 풀과 열매를 주식(主食)으로 하였다. 그리고 사후(死後)에 자유롭게 날아다니는 새가 된다고 생각하여 선택한 부호다. 그래서 木오행으로 음(陰)의 성향을 가지고 있기에 지극히 평범하게 낮은 자세로 더불어 살아가며 기회가 오면 높이 올라간다.

• 신명(神明)

아주 오래전 인간이 모여 살면서 부족 간의 전투로 사망할 경우 새가 되어 자유롭게 하늘을 날아다니며 동족(同族)을 보호할 것이라고 믿었다. 그리고 전투에서 중상을 입거나 병(病)이 나면 이를 치료하기 위한 수단으로 지천에 있는 나무나 열매 풀을 채취해서 법제(法製)하여 사용하였다. 하여 뛰어난 약명 신(藥名神)으로 해석하며, 또 한 마을에서 가장 오래된 당산나무로 두 그루 이상이면 乙木에 해당한다.

• 물상(物像)

바람이라고 하는데 자연에 바람이 없으면, 살아있는 동식물들은 소통하지 못하여 번식할 수 없어서 멸종(滅種)하게 된다. 하늘에는 항상 보이지 않는 바람이 방향(方向) 없이 일어나고 있으며 이를 이용하여 작은 몸집의 새들이 활공(滑空)하며 먼 곳으로 이동하는 것이다. 그리고 바람에 꽃가루가 흩어지고 새들은 열매를 먹고 배설물로 씨앗을 흩어주니 자연은 영원히 살아있는 것이다. 乙은 강한 생명력을 가지고 있다.

• 응용(應用)

　항상 낮은 자세로 기다리며 바람의 방향 따라 흔들거려 거부를 하지 않으니, 그렇게 더불어 의지하면서 유연하게 살아가려고 노력한다. 위로 올라갈 기회가 있으면 반드시 잡을 것이며, 그러하지 못하면 서로 의지하여 엉키어서 꺾이지 않으려고 한다. 살아있는 것으로 열매를 맺고 키우면서 다음을 위해 정성을 다하여 종족번식을 책임지고 있다. 하여 乙木은 끈질긴 기질을 가지고 어떠한 환경이라도 적응하려고 한다.

3) 병(丙)

세 번째 등장하는 부호는 하늘에 높이 떠 있는 해를 뜻하는 남녘 병(丙)이라는 문자를 정하였다. 인간은 밝은 낮에 활동을 하는데 어두워지면 공포(恐怖)를 느끼게 된다. 하여 태양(太陽)을 신(神)으로 섬기면서 곡물(穀物)을 바친 것이다. 오행은 火로 분리하며 양(陽)의 성향이 강하여 한 곳에 머물지 못하고 강하게 흩어지는 열(熱)과 같다. 자연을 성장(成長)시키고 풍성하게 하므로 절대 신(絶對神)으로 섬긴 것이다.

• 신명(神明)

　하늘 세계의 신으로 천신(天神)계에 해당하며 일광신(日光神)이다. 인간이 가장 두려워하는 어둠의 공포를 막아주는 역할을 하여 퇴마(退魔)의식에서 불을 사용하고 있다. 불교에서 대일(大日)여래인 비로자나불에 해당한다. 밝음을 나타냄으로 화경(火鏡) 즉 그림처럼 보이니 명신(明神)으로 통한다. 천신 세계를 알 수가 없어 한마디로 줄인 것이고, 모든 종교에는 천신이 있는데 무당은 더 다양한 신들로 나누어져 있다.

• 물상(物像)

동쪽에서 오르기 시작하여 서쪽으로 기울어지는 태양으로 열과 빛을 동시에 발산하고 있다. 그래서 자연은 열에 의하여 자라나고 빛(光)으로 자신을 표현하는 것이다. 태양열과 빛은 자연이 살아가는데 절대적이며 생명을 유지하는데 가장 필요한 영양분을 만들어내는 작용을 하고 있다. 그리고 태양의 빛은 사물에 닿아 복사(輻射)되어 열을 내지 못하면 자연은 얼어 죽어 버린다. 하여 자연을 성장하게 한다.

• 응용(應用)

사방으로 흩어지는 열을 나타내는 부호이며 형체가 없으니 감각이 발달할 것이다. 특별하게 원하지 않아도 깊이 전도하려고 하며, 높은 곳에서 낮은 곳까지 댓 가를 바라지 않고 희생하려 하는 성향이 매우 강하다. 하여 모든 것을 참견하려고 하며, 스스로 지쳐야 포기하는 성향이 강하다. 그리고 열이 수분을 이용하여 전도하듯이 무엇을 퍼뜨리거나 광고하는데 탁월한 소질이 있다. 그래서 丙火는 부지런하고 활동적이다.

4) 정(丁)

네 번째 부호는 아궁이에서 밝게 빛을 발산하는 숯불을 다스리는 농기구 고무래를 나타내는 문자 정(丁)이다. 인간이 살아가면서 가장 필요로 하는 불을 만들면서 꺼지지 않게 불씨를 신(神)처럼 모시기 시작한 것이다. 이후 생식(生食)에서 화식(火食)으로 변화하면서 뇌(腦)의 공간이 늘어나고 진화(進化)가 시작되었다. 오행은 火에 두고 열보다 빛(光)이나 색(色)이며, 숯을 한 곳에 모아두고 보전하기에 음(陰)의 기운이 강하다.

• 신명(神明)

　어두운 밤하늘에 유달리 빛이 나는데 그 모양이 부엌에서 사용되는 국자와 비슷하고 변함이 없는 7개의 별로서 이를 칠성(七星)이라고 한다. 이를 중심으로 하여 다양한 별들을 살펴서 점치기 시작한 것이다. 항상 변함없는 그 자리에서 빛을 발산하기에 건강과 수명을 다스린다고 믿는다. 불의 발견으로 문명도 더불어 발달하니 별에서 왔다고 생각하여 마음의 고향이다. 하여 별을 이용하는 종교가 많이 발생하였다.

• 물상(物像)

　밤하늘에 밝게 빛나는 셀 수 없이 많은 별을 나타내고 있다. 별은 항상 그 자리에서 다양한 빛을 내고 있는데 밝은 태양으로 인하여 밤에만 볼 수 있다. 이들이 자연을 이루는데 태양과 달과 지구 그리고 천체(天體)로 이루어짐을 나타내고, 자연에서 구별하는데 활용되는 색(色)을 나디내며 별빛만큼이나 다양하다. 즉 다양한 종류의 색을 가진 별처럼 자연도 다양하고 사람도 성품도 가지가지이므로 마음의 고향(故鄕)으로 생각한다.

• 응용(應用)

　빛으로 자신을 나타내려 하기에 특별한 부분을 분명히 가지고 있을 것이다. 이를 찾아서 활용한다면 좋으며 특히 형체가 없는 예술방면에 타고난 소질을 가지게 된다. 어떠한 것에 관심을 가지게 되면 파고들어서 알아보려고 하는 집념이 강하고, 오로지 한 방향으로 가려고 하는 성향이 매우 강하다. 빛은 집중되어야 아름답고 흩어지면 존재를 알지 못한다. 하여 丁火는 한 우물을 파는 습관을 들이면 좋다.

5) 무(戊)

다섯 번째로 등장하는 부호는 숲이 우거져 무성(茂盛)하다는 뜻의 무(戊)이다. 이는 물이 많고 적(敵)이 나를 찾지 못하는 방어하기 적합한 곳에서 생활하였다. 먹거리를 구하기 위하여 드넓은 터를 개간(開墾)하기 시작하고, 이러한 공간에는 다양한 신령(神靈)이 있다고 믿고 의지하며 받들었다. 하여 흙을 뜻하는 土오행에 두었으며 흩어져 있는 높은 산과 넓은 들이 많아 양(陽)의 성향으로 높고 넓다는 표현을 한다.

• 신명(神明)

흙에 관계되는 신(神)을 나타내고 있다. 하여 산신(山神)이나 토지신(土地神) 또는 넓은 공간을 관장하는 허공신(虛空神)으로 판단한다. 인간이 주거(住居)에 대한 집착이 매우 강하며, 영육(靈肉)이 하나인데 죽으면 분리되어 하늘과 땅으로 돌아간다. 하여 산신과 터 신에 제물을 올리고 욕심을 채우기 시작했으며, 죽으면 산의 정기(精氣)를 받아 혼이 편안하고 뼈를 통하여 인연 된 자손이 발복(發福)하게 된다.

• 물상(物像)

노을이라고 하는데 이는 높고 넓은 하늘에 흩어져 있는 수분(水粉)으로 인하여, 해가 뜰 때나 질 때 빛이 원활하게 통과하지 못하게 방해하여 붉게 물들이는 것이다. 시간 개념이 없던 시절에는 하루의 시작과 마감을 하늘이 붉게 변하는 것을 보고 결정하였을 것이다. 노을은 오랫동안 하늘에 머물지 않으며 조건이 맞아야 일어나는 것이다. 노을은 형체가 없고 오롯이 색(色)으로 잠시 드러냈다 사라질 뿐이다.

• 응용(應用)

공간을 나타내고 있는 土오행으로 위로는 높고, 옆으로는 넓게 펼쳐 있다고 할 수 있다. 물론 지지에 어떠한 부호를 만나는가에 따라서 다양하게 표현할 수 있으며 상황에 따라서 부여된 십신으로 이야기를 풀어야 한다. 단순하게 표현할 경우 대부분은 높이 쌓여 있는 흙으로 이야기를 하거나 거대한 산이나 넓은 들을 표현하고 있다. 戊土는 크게는 우주 같은 공간이지만 작게는 땀구멍 같은 틈새일 수도 있다.

6) 기(己)

여섯 번째 등장하는 작고 볼품없는 육신을 표현하는 문자 몸 기(己)이다. 이는 거대한 집단의 언어에서 문자가 개발되어 법(法)을 정하여 다스리기 시작하고, 개인 소유(所有)를 인정하기 시작하였다. 하여 스스로 식량을 자급자족(自給自足)하고 농사를 경작(耕作)하면서 저장(貯藏)기술이 발달하였다. 그래서 작은 농경지나 주거지를 뜻하는 土오행으로 음(陰)의 성향을 강하게 드러내고 있으며 낮거나 작은 것이다.

• 신명(神明)

인간신(人間神)으로 표현할 수도 있으며, 인간이 의지하고 살아가기 적당한 작고 아담한 산(山)과 들의 신령(神靈)이다. 그리고 마을에 당산 신이 거처하는 성황당(城隍堂)이나, 좁고 협소한 곳 또는 골짜기에 존재하는 골메기 신이다. 인간의 건강과 풍년과 재물을 지키는 토지신(土地神)이며, 종교 행위 하는 곳을 지키는 가람신(伽藍神)이다. 인간은 자연에서 생활하므로 신을 가까이 모시고 의지(依支)하려고 한다.

- 물상(物像)

구름이라고 하는데 높은 하늘에 보이지 않는 미세먼지들이 수분과 엉켜 뭉쳐서 떠 있는 것이다. 더 많은 수분과 먼지가 모이면 잿빛으로 변하고 무거워서 아래로 처지게 된다. 구름은 비를 머금고 있어 자연에서 상당히 중요한 역할을 하는데, 너무 많으면 빛을 가려서 동물이나 식물의 성장에 지장을 줄 수가 있다. 하여 己土를 꼭 土의 성향이라고 생각하지 말고 공간 속에 수분으로 이루어진 덩어리라고 생각을 하여야 한다.

- 응용(應用)

보이지 않는 다양한 이물질이 수분과 엉키어 뭉쳐서 허공에 둥실하게 떠 있는 것이다. 이를 풀어보면 다양한 오행으로 이루어져 있다. 하지만 거대한 공간 속에 조그마한 부분을 이루고 있기에 土오행으로 표현하는데 대부분은 작은 흙더미로 표현하고 있다. 하여 작은 동산이나 살아가는데 필요한 토지와 농토로 표현하는 경우가 많다. 하여 己土는 낮고 좁은 공간을 연상하면서 다양한 이야기로 풀어야 한다.

7) 경(庚)

일곱 번째 부호는 밤하늘의 별을 표현하는 문자 경(庚)으로 이는 인간이 바라보는 별 중에서 가장 가깝고 크며, 밤을 밝게 해주는 달(月)을 나타내는 것이다. 달은 스스로 빛을 발산하지 못하고 태양 빛을 반사(反射)하는 역할을 하므로 金오행으로 정하고 양(陽)의 성향이 강하다. 그래서 자연에서 스스로 생겨나지 못하고 화(火)에 의하여 이루어지는 것이다. 이는 오랫동안 보전(保全)하기 위함으로 자연스럽게 이루어진다.

• 신명(神明)

　미륵신(彌勒神)이나 불교와 관계되는 부처나 보살 대사 불사 독성 등이 대부분이다. 이는 거대한 바위가 가장 단단하고 오랫동안 견딜 수 있고 철분을 머금고 있어서 자력(磁力)이 발생한다. 미세한 틈새에서 맑은 물이 나오는 것을 알게 되면서 인간은 동굴을 이용하기 시작한 것이다. 거대한 바위의 강한 기운을 가진 곳에는 신령(神靈)이 존재한다고 믿고 의지한다. 그래서 무당들이 찾아가서 기도하는데 대부분 절집이 차지하고 있다.

• 물상(物像)

　달(月)이라고 한다. 낮에는 태양으로 밝은데 밤에는 태양 빛을 받아서 반사하는 역할을 하고 있다. 그리고 달은 지구를 축(軸)으로 하여 돌아가고 있으며 매우 가까운 거리에 있다. 달의 중력(重力)이 지구상에 존재하는 모든 물에 미치고 특히 바닷물을 움직여서 썩지 않게 한다. 살아있는 암컷이 번식할 수 있게 배란(排卵)을 조절하고, 인간도 달의 영향을 상당히 많이 받으며 살아가는데 특히 자연의 번식을 담당하고 있다.

• 응용(應用)

　달의 중력으로 자연은 진화를 거듭하고 있으며. 자연의 젖줄이라고 하는 물을 썩지 않게 당기고 밀어내고 하는 역할을 자연스럽게 하고 있다. 대부분은 바위나 열매에 비교하여 이야기를 풀어내고 있으며, 변화(變化)를 잘하지 않아서 의리(義理)로 표현한다. 庚金은 火의 도움을 받지 않으면 변화를 하지 못하고 영원히 그대로 이어가야 한다. 하여 가장 자연스러운 성질을 가지고 있으며, 외부의 간섭을 싫어한다.

8) 신(辛)

여덟 번째 부호는 맵다는 뜻을 가진 신(辛)이다. 인간이 살아가는데 식량을 가공하여 오랫동안 먹기 위해서 저장하기 시작한 것이다. 그래서 외부와 차단할 수 있도록 그릇을 만들거나 동굴 속 바위틈을 이용한 것이다. 하여 金오행에 두고 한 곳에 모아두기에 음(陰)의 성향이 강하다. 자연적인 것을 인간이 편리하게 만들거나 가공(加工)하여 오랫동안 보존(保存)하려고 하였다. 하여 무엇이 변화하려면 지독해야 한다는 것이다.

• 신명(神明)

신침(神針) 수도승(修道僧) 수행인(修行人) 출가(出家)승 법당(法堂) 불사(佛事) 탁발승(托鉢僧) 등으로 표현한다. 또한 신당(神堂)에 올리는 가공된 곡물이기도 하며, 무당이 사용하는 무구(巫具)를 나타낸다. 자연신을 섬기다가 신상(神像)을 만들어서 모시기 시작한 것은 신(神)이 항상 인간의 주변에 있다고 생각하기 때문이다. 그래서 단(壇)을 만들어 놓고 여러 신명의 형상(形像)을 만들어서 모시기 시작하였다.

• 물상(物像)

서리라고 하는데 이는 수온이 떨어져야 생기는 것이다. 대기 중의 수분이 차가운 공기속에서 사물에 내려앉으면 얼어버리는 것인데, 식물은 상당한 충격을 받으며 피해를 입는 것이다. 물론 봄이나 여름 그리고 초가을에 내리는 것은 이슬이라고 하여 표면(表面)만 살짝 젖게 한다. 온도 차에 의하여 이름을 다르게 하는 것은 서리가 내리면 월동(越冬)준비를 알리고, 이슬이 내리면 농사 준비를 하려고 한다.

• 응용(應用)

　辛金은 자연 그대로 있는 것이 아니고 본래의 것이 변화하거나 무엇에 의하여 성질이 달라진 것을 표현한 부호이다. 즉 火에 의하여 이미 변화한 것으로 밖으로는 본래의 모습을 가지지 않고 있으며, 안으로 더욱 단단하게 변화되어 있을 것이다. 그래서 대부분이 보석이라고 하는 원인을 알게 되며, 또 다른 것으로 가공이 되었다고 이야기하여야 옳다. 단단한 것은 더욱 강하게 부드러움은 더욱 유연하게 변한다는 것이다.

9) 임(壬)

아홉 번째로 등장하는 부호는 생명과 관계되는 문자인 아이 밸 임(壬)이다. 살아있는 모든 것은 물에서 시작되고 신(神)과 인간이 교류(交流)하기 위한 수단으로 이용한다. 하여 오행을 水로 정하였으며 액체(液體)인 물에는 다양한 미생물(微生物)이 있기에 양(陽)의 성향으로 해석하여 드러내고자 한다 종교 행위를 하는데 물을 올리는 이유는 자연의 젖줄이고 생명수이고, 인간과 신을 이어주는 매개체(媒介體)이기 때문이다.

• 신명(神明)

　절대적인 소금이 녹아있는 거대한 바다나 물이 모이는 곳에 용(龍)이 존재한다하여 용궁(龍宮)이라 하고 신(神)으로 모신 것이다. 그리고 하늘 세계에서는 제석천(帝釋天)신 대범천(大梵天)신 등이 있다. 바다(海)도 산(山)처럼 인간이 의지하지만 두려움의 대상이라서 신(神)으로 모시고 받들었다. 물은 깨끗함을 나타내지만 때로는 악신(惡神)에게는 무서운 흉기(凶器)이며, 살아있는 것은 생명수(生命水)이다.

• 물상(物像)

　봄비라고 하는데 이는 봄에 내리는 비로 인하여 자연이 깨어나기 시작하고 살아있는 것에 많은 영향을 주기 때문이다. 물은 자연의 젖줄이며 봄에 비가 내리지 않으면 한 해의 시작부터 갈증을 느끼게 된다. 그래서 봄비가 내려야 초목이 무성하게 자라고 이때를 맞추어 번식하는 동물들은 싱싱한 먹이를 먹고 번식을 하게 된다. 사람은 한해 농사를 결정하므로 봄에 내리는 비에 맞추어 농사가 시작되고 승패가 결정된다.

• 응용(應用)

　액체이며 모습을 드러내고 있는 것이 대부분이다. 하여 대표적으로 물을 이야기할 수 있으며 색이나 맛이 전혀 없는 순수한 물이기에 깨끗하여 신비롭게 보기도 한다. 시작은 작은 물방울이지만 모이면 거대한 바닷물처럼 엄청나고 감당하기 어려운 힘을 가지게 된다. 하여 壬水는 자신의 모습을 드러내고자 하는 성향이 강하고 부드러워서 어떠한 상황이나 환경에 적응할 수 있는 능력을 갖추고 있다.

　10) 계(癸)

마지막 부호는 알 수가 없다 하여 헤아려본다는 의미의 계(癸)이다. 수(數)를 알게 되면서 욕심(欲心)으로 묘책(妙策)을 꾸미기 시작하였다. 안개처럼 남들이 알지 못하게 꼼수를 쓰고 몰래 쌓아두고 한다. 하여 水오행으로 정하고, 지극한 정성으로 청정수를 신(神)께 올리고 빌었다. 그래서 음(陰)의 성향이 강하고 기체(氣體)로 보이지 않는 물이나 안개라고 할 수 있다. 인간은 욕망(欲望)을 감추고 살아간다.

• 신명(神明)

　순수한 물이 모여서 흐르는 곳이 수궁(水宮)이며, 계곡과 폭포 거대한 강 맑은 시냇물에도 영험한 신이 존재한다고 믿었다. 그리고 인간이 만든 수로(水路)에도 신이 서리고, 물레방아나 둑으로 된 보(洑)에도 신이 존재한다고 생각을 하고 있다. 하늘에 가득한 안개는 동이 틀 때와 질 때 빛이 통과하는 것을 방해(妨害)하므로 시간을 조절하는 신으로 믿기도 하였다. 그래서 하늘 역마(驛馬)라 하기도 한다.

• 물상(物像)

　안개라고 한다. 안개는 대기 중에 수온 차이로 드러나는 것으로 한여름에는 아지랑이다. 안개는 수분이 풍부한 곳이나 비가 내린 뒤에 온도 차가 많은 곳에서 자주 발생하는 것이다. 물이라고 하는 것은 줄어들지 않고 늘어나지도 않으며 장소와 모양만 변할 뿐이다. 대기의 온도와 수온의 차가 많으면 안개가 많이 피어난다. 자연은 액체인 물을 좋아하지만 때로는 기체인 안개를 절실하게 요구하는 것도 많다.

• 응용(應用)

　기체(氣體)로서 물의 입자로 이루어져 있는 안개처럼 癸水를 풀어야 한다. 그리고 안개의 특징은 많은 것을 감추거나 보이지 않게 가리는 경우가 많으며, 온도 차에 의하여 발생하는 것으로 수증기(水蒸氣)이다. 하지만 가벼워서 바람을 만나면 일순간에 사라질 수도 있으며, 안개가 많이 발생하면 심각한 장애가 발생할 수도 있다. 하여 癸水는 오랫동안 한 곳에 머무는 경우가 없지만 조건이 맞으면 항상 머물고 있다.

8. 천간에 부여된 신명

1) 甲: 옥황상제/ 약명/ 한그루 당산

도교에 나오는 하느님이며, 약명으로는 줄기에 해당하거나 아래에서 위로 자라는 것들이다. 즉 산삼 도라지처럼 한뿌리로 이루어져 있는 것으로 생각하면 좋다. 마을을 지키는 수호신(守護神) 같은 신목(神木)을 모시는 당산(堂山)으로 자신이 태어난 마을에 있다. 건강과 수명을 관장하고, 명산(名山)은 태어난 고장에서 빼어난 산으로 재물을 담당한다. 영산(靈山)은 넓은 지방을 관장하는 우람한 산으로 명예를 관장한다.

2) 乙: 전령/ 약명/ 여러 그루 당산

전령(傳令)은 신의 세계에서 신들끼리 급하게 소식을 전하는 하급 신이며, 민첩하고 길 대신처럼 지리에 밝다. 약명은 잎과 열매 뿌리나 줄기의 수액(樹液)을 채취하여 약성으로 사용하는 맥문동 녹차 오미자 옻 같은 것이다. 그리고 동적인 곤충이나 짐승도 해당한다. 여러 그루 당산이란 2그루 이상 무리를 지어 있는 마을 수호 신목(神木)으로 당숲이라고 하며, 대부분이 외진 곳에 많이 자리 잡고 있다.

3) 丙: 천신/ 벼락/ 일광/ 화경

하늘을 관장하는 신으로 태양을 중심으로 하여 헤아릴 수 없을 만큼 많다. 하지만 인간의 영혼이 무한한 거리를 자유자재로 오고 가는 것은 아니다. 하여 왕래가 가능한 거리를 미륵(彌勒)이라고 하여 약 5억6천만 광년(光年) 정도이며, 이를 벗어나면 인간계로 돌아오기 어렵다. 즉 우리 시각으로 보이는 별들이 우리들의 고향이며, 그곳에서 한 점의 원소(元素)가 지구의 물에 녹아들어 인연 된 것이며 별들이 인간의 수보다 더 많다.

4) 丁: 칠성/ 화경/ 태상노군

흔히 북두칠성이라고 하여 사람으로 태어나게 하는 기운과 수명(壽命)과 화복(禍福)을 관장하고, 북쪽 하늘에 7개의 별이 국자 모양을 유지(維持)하고 있다. 이를 칠원성군이라고 하며 형상이나 그림을 그려서 신으로 모시기도 하며 명호(名號)를 반복적으로 부른다. 특히 인간성을 중요하게 생각하며 자연과 신선 사상 그리고 음양오행설 등의 도덕(道德)을 주장한 도교(道敎)의 창시자인 노자(老子)를 남극노인으로 그려져 있다.

5) 戊: 큰 산신/ 허공장/ 터신/ 가람신

인간이 살아가는 지구는 물과 흙으로 이루어져 있다. 특히 흙이 여기저기 쌓여서 거대한 산(山)을 이루고 지열(地熱)로 광물(鑛物)이 녹아 바위가 된다. 이처럼 거대한 산에 신이 존재하고 그 휘하에 작은 산과 들이 흩어져 있다. 그리고 자연 속에는 무수한 신들이 존재하기에 허공 기도(祈禱)를 많이 한다. 하여 넓은 광장이나 큰 집터를 지킨다고 믿으며, 신들의 터에서 의식주(衣食住)와 건강을 담당할 것이다.

6) 己: 작은 산신/ 골메기 신/ 성황당/ 토지신/ 가람신

거대한 산에만 신이 존재하는 것은 아니고 작거나 악산 골짜기에도 신이 존재한다. 그리고 인간이 살아가는데 가장 소중한 주거지를 관장하는 터에도 신이 서려 있다. 하여 주거지를 짓기 전에 술과 음식을 대접하는 고사를 지낸다. 이는 신으로부터 보호를 받고 재물이 모아지길

바라기 때문이다. 당산 옆에 작은 집을 지어 당산 신을 모셔놓은 곳이 성황당이다. 도량을 지키는 사찰 토지신인 가람신은 주로 사찰 입구에 모셔져 있다.

7) 庚: 미륵/ 대사/ 존자/ 불사/ 독성/ 일광

거대한 바위에는 강력한 자력(磁力)이 나오는데 이를 인간들은 신의 기운으로 생각한다. 이러한 곳에 몸을 낮추고 의지하며 기도하니 영원히 변하지 않으므로 이를 미륵(彌勒)이라고 하였다. 이러한 곳은 수행하기 좋아서 사람이 모이고 자연과 더불어 신선(神仙)의 경지에 오르고자 하니, 이를 대사(大師) 라고 칭한 것이다. 때로는 혼자서 미륵에 의지하여 수행으로 득도(得道)의 경지에 오르면 존자(尊者)이다.

8) 辛: 신침/ 수도승/ 수행자/ 불사/ 출가/ 무구/ 신물/ 탁발

불사(佛事)에 관계되는 모든 것을 통칭(統稱)한 것이다. 불교(佛敎)에 관련되어 등장하는 여러 인물이나 신들을 모시거나 그러한 터를 마련하여 부처를 모시고 수행하는 것을 불사에 해당된다. 하여 출가 수도 수행 탁발(托鉢) 법사 등이나, 정기적으로 찾아가서 기도하는 행위나 절에 종사하는 사람을 불사라고 한다. 그리고 여러 가지 도구나 관계되는 신을 모시는 법당을 조성하는 사람도 불사 줄에 해당한다.

9) 壬: 용궁/ 용신/ 제석/ 대범

물의 흐름을 느끼지 못하거나 오랫동안 고여 있거나 넘쳐흐르면 이러한 곳에 신의 기운이 서린다고 하여 용소(龍沼) 또는 용궁이라 한다. 예를 들어 우물 저수지 폭포 호수 바다 등 크기와 상관없이 용(龍)이 살고 있다고 보는 것이다. 용은 비바람을 몰고 다니는 재주를 가졌다고 하여, 농경사회에서 상상의 동물로 길신(吉神)으로 섬기고 있다. 사람들은 용에 대한 느낌을 강하게 가지고 있으며 종교에서도 용을 강조하고 있다.

10) 癸: 수궁/ 수신/ 하늘역마

물이 멈추지 않고 흐르는 것을 수궁(水宮)이라 한다. 작아도 계속 흐르고 있어야 하며, 흐름에 대한 크기를 따지지 않아 수신에 해당한다. 하여 개울 하천 시냇물 강 등이 있으며, 때로는 인간의 힘으로 만들어진 수로나 물의 흐름을 막아두는 보(洑)도 수신에 속한다. 그리고 수로(水路)를 만들어서 물레방아가 돌아가는 곳에도 수신이 존재한다고 믿고 있다. 신명에서 바다는 흐르지 않고 고여 있는 것으로 용궁에 해당한다.

9. 천간 합(合)의 이론과 신명

필요에 따라서 자연스럽게 어울리는 것을 합이라고 하며, 열 개의 천간 부호도 자연을 나타내기 위한 물상을 바탕으로 하여 합을 하는 것이다. 다양한 자연을 압축하여 만들어진 부호에 붙어진 물상이 어떻게 변화하는지 원인을 알면 필요에 따라서 적용하면 된다. 계절과 시간에 따라서 변화무쌍하고 십신에 따라서 표현하는 언어가 수없이 많을 것이다. 자연을 부호로 만들어서 이를 문자와 언어로 표현하여야 한다.

합은 하나가 아닌 둘 이상이 모여서 무엇이 이루어지면 합이라고 한

다. 행동으로 옮기기 전에 계획하는 것이 천간합이다. 하여 실천하는 것이 아니기에 꼭 진행하는 것이 아니고 고민(苦悶)을 하여 보는 것일 뿐이다. 하지만 상상이 현실로 이루어지면 과학으로 이어지고, 지속적인 변화를 거듭하는 것도 합이라고 할 수 있다. 하여 일상에서 반복이 되어 몸이 기억하면 버릇이 되는데 이것은 천간합이라 할 수가 없다.

1) 甲己合土

甲木은 살아있는 것으로 수컷이고 물상은 우레이고, 己土는 작은 공간으로 물상은 구름에 해당한다. 이들이 合을 하면 木은 사라지고 土로 변화하는데 원인은 구름이 움직이는 것을 木으로 표현하고, 구름이 부딪치면서 발생하는 우레를 木으로 나타낸 것이다. 하여 이들이 합하여 드러내는 土는 우레가 사라지고 구름은 그대로 있기 때문이다. 천간에 살아있는 것 즉 움직이는 것은 구름과 우레만 확인이 가능할 뿐이다.

그래서 甲己合土는 甲木은 사라지고 오로지 구름만 남아있기에 己土가 주인이다. 자연 속에 살아있는 것은 공간이 절대적으로 필요로 하고, 나무는 땅에 의지하여 살아가듯이 甲己合土는 甲木이 己土에게 의지하여야 편안하다. 이를 거부하고 甲木이 己土를 가지려고 한다면 불행할 수 있다. 그래서 남자가 밖에서 왕성하게 활동하여 만들어진 목적물을 여자가 관리하여야 흩어지지 않고 유지되는 것이 가정이다.

甲己合土의 특징은 반드시 己土의 조건이 같아야 합을 이룰 수 있으며, 같은 己土라고 하여도 높낮이가 다르면 합을 할 수가 없다. 그리고 합이 이루어지면 甲木은 사라지고 己土는 남아있다. 높고 낮음을 알기는 어려운데 己土가 나타내는 색(色)이 비슷하고 흐름이 서로 마주하여야 합이 일어난다. 즉 합 형 충 파해나 원진으로 속도와 강약을 예측할 수 있고. 이를 알고 풀이한다면 신(神)이 풀이하는 것과 같다.

甲己合土: 당산성황/ 약명산신/ 골메기/ 마고

甲木은 으뜸이고 己土는 낮고 작은 것이니 비록 산은 작아도 최고의 신령(神靈)이 계시는 곳이다. 약성이 좋아 부드럽게 법제(法製) 되어 오랫동안 쓰여질 수 있으며 당산이 성황과 합하였으니 당연히 己土가 주인(主人)이다. 이처럼 甲己가 合을 하여 土가 되었으니 己土가 나타내는 십신(十神)이 권한을 가진다고 할 수가 있다. 하여 己土 역시 최고의 대우를 하여야 할 것이며, 甲木도 土의 성향을 가지고 있다고 할 것이다.

예문)

시 일 월 년
丙 甲 己 戊
寅 午 未 午

戊午의 높은 하늘에 갑자기 己未의 구름이 나타나서 午未合火의 요란한 午火상관이 굉음을 내고, 丙寅의 화려한 불꽃이 번쩍거리는 새벽을 깨우고 있다. 하여 甲午가 태어나면서 집안으로 화기(和氣)가 돌고 밖으로는 午未合하여 요란스러울 것이다. 甲己合土하여 甲午상관의 소리가 요란하여도 그때뿐이고 己未는 午未合火하여 甲木의 소리에 그렇게 반응을 하려 하지 않고 자신의 생각을 표현한다.

신명으로 보면 윗대에서 내려오는 공줄이 강하다. 하여 월주 己未에서 甲午로 이어지니 당산 별상이 몸주이고, 丙寅천신 약명동자가 선녀의 손을 잡고 설판 제자가 되어 몸주와 합을 하였다. 주장신은 戊午산신 글

문인데 음신(陰神) 癸巳노중과 戊癸合火상관으로 밖으로 나가려고 하며, 동자 선녀는 寅巳해형되어 싫어한다. 월주 己未정재 대감에 甲己合土하여 몸주 행세를 하려고 하는데 午未合火하여 거부하고 있다.

*월주 부모己未가 모셔야 할 세존을 일주 甲午가 모시게 될 수 있다. 이는 천간에 甲己合土하여 월주 己土가 우선권을 가지게 된다. 하지만 未月에 甲木은 강력한 기세(氣勢)를 가지고 있기 때문에 甲午는 己未에게 양보할 생각이 없을 것이다. 하여 요란한 소리가 날 것이고 주권을 잡지 못한 사람이 밀려나게 되는 경우가 많다. 하여 甲午는 丙寅과 合火하여 己未를 힘들게 할 수가 있게 되니 한사람은 밖으로 나가야 한다.

2) 乙庚合金

乙木은 살아있는 것으로 암컷이며 물상은 바람이다. 庚金은 자연스럽게 보전되는 열매이며 물상은 달(月)이다. 이들이 합을 하여 金으로 변화하는 원인은 달의 중력에 의하여 乙木이 생산할 수 있는 능력을 조절하기 때문이다. 그래서 乙木이 종족 번식의 원칙을 위배하지 않고 자연의 주인으로 당당하게 자리를 잡고 있다. 즉 나무에 庚金 열매가 맺으면 乙木자신은 포기하고 열매에 모든 것을 내어준다.

그래서 乙庚合金은 乙木이 庚金에게 모든 것을 내어주며 희생한다. 하지만 그렇게 생겨난 庚金도 끝에는 乙木으로 돌아가게 된다. 자연은 그렇게 지금까지 이어지고 앞으로도 이어갈 것이다. 지나간 乙木바람은 다시 돌아오지 못하여도, 庚金은 다시 乙木으로 돌아가야만 한다. 그래서 여자가 바람나면 다시 돌아오기 어렵고, 외도로 나간 남자는 뻔뻔하게 돌아오는 것이다. 자연은 바람이 없으면 보전하지 못할 것이다.

乙庚合金의 특징은 乙木이 庚金을 위하여 희생하고, 계절이 변화하면 庚金이 조건 없이 乙木으로 윤회(輪廻)하는 것이다. 이들의 합은 계절의 영향을 많이 받지는 않지만 따스한 기운이 돌아올 때 가장 많은 합을 하며, 뜻을 이루기 적합하다고 할 수 있다. 또 한 시간이 흐르면서 乙木은 기다리는데 庚金이 변화를 요구하며, 위기에는 乙木이 庚金을 포기한다. 하지만 원만하게 합을 이루어지면 乙庚合金은 돌고 돌아간다.

乙庚合金: 당산 미륵/ 미륵 약명/ 약사여래/ 불사

당산에 미륵이 함께 있을 경우 乙庚合金하여 미륵을 중심으로 하지만 결과는 다시 당산이 가져가게 된다. 이는 乙木나무가 庚金열매에 희생을 하지만 결과는 다시 나무로 자라게 되기 때문이다. 乙木 약명을 건재(乾材)하여 오래 보관할 수 있고 습금이 되어 환(丸)을 만들지만 약성(藥性)은 변함없다. 부드러운 乙木이 庚金의 미륵을 만나면 인내심으로 뜻을 이루며, 불사에서 乙木은 희생을 당해도 높은 경지에 오르고자 한다.

예문)

시 일 월 년
庚 庚 乙 辛
辰 午 未 卯

습하고 뜨거운 바람이 불어오는 乙未월 亥卯未合木정재 숲에는 많은 열매가 조롱조롱 달려 있고, 일과가 시작되는 庚辰시에 庚午가 태어나면서 乙庚合金겁재로 월주 부모궁을 午未合火하여 위험하다. 하지만 庚午

는 未土의 언덕에 기대어 살아가는데 자주 충돌할 것이다. 그래서 乙未 정인은 庚午자식을 위하여 할 수 있는 방법을 다 취하여 보지만 庚金은 만족하지 못한다. 그리고 辰午자형이 되어 떨어져 살아갈 것이다.

신명으로 보면 몸주 庚午미륵 국사대감으로 乙庚合金겁재 약명 미륵선 녀가 앞서고, 午火대감과 乙未약명은 성향이 다르기에 선녀의 성격이 변화무쌍하다. 월주乙未정인이 당산 세존을 모시고 있었으나 庚午와 乙庚合金겁재가 되어 두 선녀가 서로 맞짱 뜨고 있다. 주장신은 庚辰미 륵용궁 글문선녀로 설판을 같이 보고 있다. 乙未세존이 乙庚合金하고 독성으로 辰土와 未土는 간접 合水식신의 대신이고, 庚午정관은 스스 로 가려고 한다.

*월주 乙未모친이 세존을 모시거나 신(神)을 받게 된다면 庚午와 극심 한 갈등(葛藤)이 일어날 수 있다. 이는 庚午와 乙未가 천간에서 合金하 고 지지에서 合火하여 생각과 다르게 육신이 화(譁)를 부르게 되어 정 신을 지배하려고 하는 것이다. 이는 육신의 기압 차이가 서로 마주하 면 부딪치게 되는 것으로 乙未가 강할 경우 庚午를 밀어낼 것이고, 庚 午의 기운이 강하면 乙未가 밀려나게 될 수 있다.

3) 丙辛合水

丙火는 형체가 없는 열이고 물상으로 태양이며, 辛金은 변화하여 보존 하는 것으로 물상에서 서리나 이슬이다. 이들이 합을 하면 水가 되는 데 이는 서리가 열을 만나면 물로 변하기 때문이다. 하여 丙辛은 본성 을 잃어버리고 타성으로 나타나지만 세력이 미약하거나 형식적인 水 일 뿐이다. 작고 미약한 물방울에 불과하여 형식적으로 합하는 것으로, 대부분은 열에 의하여 사라지거나 표면에 흡수되어 버린다.

그래서 丙辛合水는 형식적이거나 스쳐 지나가는 인연이 합하는 정도이다. 서로가 희생하지만 辛金은 다시 서리가 되어 내릴 것이고, 열은 사라지지만 다시 발생하는 것이다. 이들이 합하는 관계는 자연이 변화하는 것을 나타내는 것으로 온도가 떨어지면 서리가 되어 내리고, 온도가 오르면 이슬이 되어 내리는 것이다. 인간사에 일상적으로 있을 수 있는 합이기에 깊은 관계가 아닌 서로 필요에 의한 합일 뿐이다.

丙辛合水의 특징은 丙火가 있으면 辛金이 변화하고 없으면 辛金이 나타난다. 그래서 丙火와 辛金이 마주하여 合水하는 시간은 잠시이며, 丙火는 언제나 그 자리에 머물고 있지만 辛金은 다양하게 변화할 것이다. 수온이 떨어지면 서리가 되고, 포근하면 이슬이 되고 뜨거우면 아지랑이로 변한다. 이렇게 변화하는 것은 온도 차이며, 이름은 계절 따라 다르게 붙여지며, 合水의 인연은 겉모습이고 실속이 없어 합을 하여도 서로 애틋함이 없다.

丙辛合水: 천궁 불사/ 천궁 제석/ 유리광
丙火천신이 辛金불사를 만나면 천궁불사 또는 천신불사가 되며, 이는 수행으로 하늘을 자유롭게 가고 온다는 뜻이다. 그리고 丙辛合水하여 제석(帝釋)천도 자유롭게 왕래하는 천신 제석이며, 수행으로 덕(德)을 쌓고 복(福)을 많이 지으면 한량없이 높고 넓은 하늘 세계인 광과천(廣果天)신이 된다. 이곳은 辛金 보석으로 장식되어 丙火의 유리광(琉璃光)이 물처럼 밝게 빛나는 약사여래 정토(淨土)이고 근기(根氣)가 약하면 뜻을 이루지 못한다.

예문)

시 일 월 년
戊 丙 辛 庚
戌 午 巳 戌

이슬이 내리는 辛巳월 戊戌시에 산마루에 庚戌식신 달이 솟아오를 때 丙午가 태어나서 집안이 밝아진다. 하지만 午戌 巳午합火기운이 강하여 친형제와 이복형제들이 많을 것이다. 이렇게 뜨거운 곳에 庚金편재는 견디지 못하고 녹아서 흔적도 없이 사라질 것이다. 또 한 丙辛합水 정관의 인연은 애틋하지 못하여 형식적일 것이고, 辛金정재와 인연은 형식적이라 부친(父親)의 정이 없고 올바른 직업이 가까이 있지 않다는 뜻이다.

신명으로 보면 몸주는 丙午선녀나 도령으로 고집이 세고, 주장신은 戊戌식신 (女)산신이다. 설판은 庚戌산신 미륵보살인데 말을 잘하지 못하여 주장신이 설판을 같이 보아야 한다. 丙辛합水 천궁불사는 국사(國事)이지만 임시직이며, 관과 인연이 약하고 설판이나 주장신이 丙辛합水하는 것을 원하지 않고 있다. 몸주는 합水정관에 집착하지만 뜻을 이루기 어렵고 짧은 인연에 미련을 두고 있는 서글픈 선녀이다.

*丙午를 중심으로 하여 월주辛巳를 따르고 싶은데 시주戊戌이 원하지 않는다. 하여 심각한 갈등을 하게 될 수도 있으며 사람의 생각은 丙辛합水정관을 바라보고 싶은 마음이 앞서게 되는데, 신명에서 戊戌의 강력한 기세를 앞세워 丙午를 다스리고자 한다. 하여 巳午방위합으로 따라가면 丙辛합水정관은 이슬같은 형국을 맞이할 것이고, 午戌삼합에 목적을 두고 있다면 할머니의 도움으로 경쟁력을 갖추게 될 것이다.

4) 丁壬合木

丁火는 빛이며 물상은 별이라 하고, 壬水는 액체로 이루어진 것으로 물이며 물상으로 봄비라고 한다. 즉 물이 있는 곳에 빛이 들어가면 미생물이 깨어나는데 이를 木이라 한다. 하여 물은 대자연의 어머니라고 하며, 보이지 않는 물속으로 미세한 열이 스며들면 미생물이 살아난다. 천간에 丁壬合木을 하고 있다면 수온(水溫)에 상관하지 않고 새로운 생명이 생겨날 수 있는데 차가울 때 보다 덥고 습한 날이 유리하다.

丁壬合木을 하여 水가 사라지는 것이 아니고 빛이 흡수되어 일어나는 자연현상일 뿐이다. 다만 물과 빛이 만들어낸 합작품으로 자연에서 최고의 합이라고 할 수 있다. 물이란 늘어나지도 않고 줄어들지도 않으며 모든 사물에 스며들기도 하고 미세먼지와 결합을 잘한다. 열(熱)에 의하여 수분이 되어 하늘 높이 오르면 己土구름으로 작은 공간을 만들 때 꽃가루와 합류하여 비가 되어 내리니 이를 壬水라 한다.

丁壬合木의 특징은 丁火는 항상 존재하며 특히 빛이 강할 때와 미약할 때에 따라서 合木할 수 있는 시간이 다를 뿐이다. 그리고 壬水는 계절과 장소에 따라서 드러내는 시간이 다르고 온도에 따라서 合木으로 변화하는 시간은 차이가 난다. 이러한 자연환경과 온도의 변화에 따라서 丁壬合木 하는 것을 주의 깊게 살펴야 한다. 끊임없이 이루어지는 丁壬合木이 어떠한 십신에 해당하는가에 따라서 많은 변화를 경험한다.

丁壬合木: 용궁칠성/ 제석칠성/ 당산 용궁약명/ 당산 칠성

壬水용궁과 丁火칠성으로 약명 도법을 펼치는 신이며, 십신으로 명패를 나타내므로 칠성 용궁으로 해석하여도 무관하다. 丁火칠성의 공

덕으로 壬水용궁 약명 도법으로 이어지니 발효나 약탕관에 비법이 전해지는 것이다. 용궁에도 다양한 신의 세계가 존재하는데, 이를 용궁칠성 또는 하늘 용궁일 수도 있다. 도법은 약명이지만 丁火는 화침(火針)이나 뜨거움이며, 壬水는 발효(醱酵)이니 약물치료이다.

예문)

시 일 월 년

己 丁 壬 癸

酉 亥 戌 酉

酉戌해(害)로 도움이 되지 않는 한줄기 壬癸水의 비가 내리는 壬戌월, 땅거미 속으로 己酉식신 편재가 사라지는 시간에 丁壬합木정인에 불을 밝히고자 하는 마음으로 丁亥를 낳은 것이다. 하여 일찍 丁癸충하여 酉金편재로 인하여 학업을 원만하게 이루지 못하였으나, 壬戌정관 상관과 합木하여 언어 분야로 진출한다면 좋을 것이다. 丁癸충으로 학업에 장애가 없었다면 약학(藥學)이나 생명(生命)공학 특히 유전자 관련 연구가 좋다.

신명으로 보면 몸주는 丁亥용궁칠성 대감이며 관성이 혼잡하여 외가에 할머니가 두 분일 것이다. 癸酉불사줄에 큰 할머니와 인연은 없고 壬戌용궁별상인 작은 할머니를 주장신으로 몸주와 합하여 앞에 선다. 몸주는 壬戌용궁별상의 도움을 받아 약명공부와 戌亥천문공부를 하게 되면 주장과 몸주와 戌土상관 별상 동자가 설판으로 나설 것이다. 즉 몸주와 丁壬합木정인의 공부를 하여 戌土상관으로 풀어주기를 원하고 있다.

*壬戌은 丁亥를 불러들여서 합木편인을 원하는데 이는 끊임없이 공부

하기를 바라는 것이다. 특히 戌亥의 천문공부를 하게 되면 戌土별상 동자는 지장간에 丁火선녀의 이야기를 듣고 전하여 辛金편재를 받겠다는 것이다. 하지만 공부에 의욕을 가지지 않고 게을리한다면 丁壬合木은 빠르게 이루어지지 못할 것이다. 행여 合木을 하여도 가을 밤으로 이어지는 대운의 흐름에서 열기(熱氣)를 받지 못하여 성장하지 못할 것이다.

5) 戊癸合火

戊土를 높고 넓은 공간으로 보며 우주나 은하계에서 지구 같은 공간으로 물상은 노을이다. 癸水는 흩어지는 성향이 강한 水이기에 물상으로 안개에 해당하며, 이들이 만나서 火로 변화하는데 이는 열(熱)이 아니고 형체가 없는 색(色)이다. 합하는 조건은 태양이 뜰 때나 저물어갈 때 지구와 거리가 멀어지면서 빛이 통과하는 것을 수분이 방해하기에 붉게 보이는 현상일 뿐이다. 하여 시각으로 아름답지만 오래가지 못할 것이다.

그래서 戊癸合火는 항상 그대로 머물고 있는데 丙火의 움직임에 따라서 드러내고 사라지는 것이다. 즉 타(他)에 의하여 변화하기 때문에 자성이 약하고, 자연에서 이런 형상은 해 뜰 무렵과 해질녘에 잠시 나타나기에 무정(無情)하다고 하는 것이다. 하여 戊癸合火는 때를 만나야 나타나고 이를 거부하면 합이 일어나지 않는다. 인간은 이러한 현상을 보고 하루의 날씨와 시간을 예측하고 시작과 마무리를 가늠하기도 하였다.

戊癸合火의 특징은 戊土는 항상 그대로 존재하고 있는데 癸水로 인하여 다양한 변화가 있을 것이다. 하여 계절과 시간에 따라서 癸水의 비율이 다르기에 나타내는 빛이 연하거나 진할 수 있다. 즉 戊土의 공간에 癸水의 농도(濃度) 따라 다르고, 가끔은 己土가 癸水를 대신하여 합할 수도 있는데 느낌은 확연한 차이가 난다. 이렇게 미세함을 알고 응용한다면 표현의 강약이나 인연의 깊이를 섬세하게 알 수 있다.

戊癸合火: 산신 수궁(용궁)/ 허공 천신/ 순간 화경

戊癸合火하여 하늘로 올라가는 무지개 다리를 만든 것이다. 이를 통하여 여러 신이 인간계를 왕래하기도 하며, 산신이 무지개를 타고 천신으로 들어갈 수도 있다. 웅장한 산에 맑은 물이 흐르는 계곡이나 용소(龍沼)에 천신이 내리는 경우와 넓은 정원(庭園)을 화려하게 만들어서 여러 천신을 청하는 신당(神堂)일 수도 있다. 서산(西山)이나 넓은 공간에 붉게 물든 노을을 나타내며, 서산대사의 도법을 나타내기도 한다.

예문)

시 일 월 년

癸 戊 庚 戊

亥 寅 申 戌

초가을 庚申월 밤에 달도 밝은데 戊戌의 높은 산에 庚申의 큰 바위와 寅亥合木나뭇잎 사이로 戊癸合火하여 달빛이 간간이 스며든다. 寅申충하여 나무의 열매는 戊戌이 가져가는 癸亥시경에 戊寅이 태어났다. 하여 戊癸合火인성의 공부를 잠시 하였으나 이어가지 못하고 寅戌合火편인으로 살아가야 한다. 이후 戊寅편관과 癸亥편재가 合木하여 연상의 인연을 맺고, 戊戌과 庚申식신을 낳으면 寅申沖으로 寅木편관의 가지가 꺾어진다.

신명으로 보면 몸주는 戊寅편관 대감이지만 寅申충을 당하고, 寅戌합火하여 글문선녀가 대감의 앞에 나선다. 이는 戊寅과 癸亥편재가 戊癸합火정인으로 잠시 학문을 접하였을 뿐 겨우 글을 깨친 선녀이다. 주장신은 庚申식신 9대조 미륵 대감으로 戊戌비견 선녀를 무섭게 공부 가르치려고 하지만 쉽지 않다. 그리고 설판은 戊癸합火정인의 천신 글문인데 배움이 짧아서 申亥해(害)로 말이 잘 나오지 않는다.

*戊戌과 戊寅은 癸亥정재와 합火하여 정인으로 이어가려고 노력을 하였으나 깊어가는 밤이라서 불을 잠시 밝히고 꺼버렸기에 인연이 짧다. 이를 풀어보면 직장 동료들과 뜻을 같이하여 낮에는 일하고 밤에 공부하려고 하였으나 생각뿐이고 실천할 수가 없다. 원인은 일주戊土가 癸水와 합火하여 불을 켜지만 寅亥합파(破)로 잠시뿐이고, 잠시 같은 공간을 이용하던 년주戊土비견은 申戌합金식신이 되어 새로운 환경을 찾아간 것이다.

10. 지지(地志)

지지는 인간이 태어나고 성장과 죽음에 이르는 과정인 생로병사(生老病死)를 12개의 부호로 나타낸 것이다. 또 한 이러한 부호에 적합한 동물을 배속(配屬)하였으며, 오행에서 활동적인 것은 양(陽) 비활동적인 것을 음(陰)으로 분리하였다. 이러한 부호가 자(子)축(丑)인(寅)묘(卯)진(辰) 사(巳)오(午)미(未) 신(申)유(酉)술(戌) 해(亥)이며, 子水에서 시작하여 亥水로 끝을 맺고 있는 것은 특별한 이유가 있기 때문이다.

지지는 형체(形體)를 가지고 있는 모든 것을 나타내고 있으며, 이러한 사물(事物)이 생겨나는 과정까지 지장(地藏)간을 통하여 전해주고 있다. 인간사로 보면 육신(肉身)에 해당하여 살아가는 현실(現實)에서 행위(行爲)를 나타내는 것이다. 형체가 없는 신명(神明)에서는 명패(名牌)나 도법(道法)을 나타내는 것이며, 다양한 사연(事緣)을 합(合) 형(刑) 충(冲) 파(破) 해(害) 원진(怨嗔)과 지장간을 통하여 전하고자 한다.

子水에서 시작하여 亥水에서 마감하는 원인(原因)과 사연(事緣)은 다양하다. 수없이 많은 뜻을 품고 있는 지지의 부호(符號)를 일일이 나열할 수 없고 알 수도 없다. 하여 여기에서 표현하고 싶은 문자(文字)의 선택과 연결된 동물(動物)의 관계 그리고 시간(時間)과 신명(神命)해석이다. 지지는 천간의 기(氣)를 12운성(運星)에 따라 실현할 가능성을 나타내기도 하지만 부호가 전하는 의미에 따라서 표현을 달리하여야 한다.

살아있는 모든 것은 水에서 발원(發源)하고 水에서 사라진다. 하여 "옛 말에 어디서 왔다가 어디로 가는지 모른다." 는 의미가 水의 이야기이다. 차고 맑은 子水가 따스한 온기를 만나면 미생물이 부화(孵化)하기 시작한다. 그리고 진화를 거듭하면서 다양한 동식물이 되고, 이들은 다시 교미(交尾)를 하면서 울창한 숲과 종족보전을 위한 경쟁을 하게 된다. 그리고 죽어서 가는 곳을 알지 못한다고 하여 亥水로 표현한다.

인간은 子水의 맑은 물을 이용하여 신(神)과 교류(交流) 하기를 원하고 있으며, 신도 물을 통하여 인간을 다스리고자 한다. 하여 자연은 신(神)이 만든 최고의 작품인데 이를 이용하여 살아가는 사람들이 자연을 파괴하는 것은 신을 무시하는 행위와 같다. 자연을 떠나서 살아갈 수 없듯이 신을 멀리하고 살아가는 사람은 없다. 그래서 대부분의 사람들은 조상과 인연 줄이 이어지고 다양한 종교를 믿고 의지하는 것이다.

1) 자(子)

자식을 나타내는 문자로 만물이 물에서 시작한다는 뜻이다. 인간도 여자의 자궁 속 양막(羊膜) 안에 채워진 양수(羊水)에서 시작된다. 이를 쥐라는 동물과 연관시킨 것은 같은 포유류(哺乳類)이며 생산(生産)을 조절(調節)하기 때문이다. 쥐는 좁은 굴(窟)이나 습(濕)하고 노출(露出)되지 않는 곳에서 살아가는 환경이 여성의 자궁(子宮)과 비슷한 조건이며, 어쩌면 습관(習慣)까지 인간과 비슷하다고 할 수 있다.

• 신명(神明)

　가장 음의 기운이 강한 용궁 수궁 또는 깨끗함을 나타내는 제석 대범천의 도법이며, 사주에 水가 많으면 신(神)의 기운을 잘 감지한다. 사주팔자의 구성에 따라서 다양한 신명의 세계를 나타낼 수가 있으며, 도법이나 명패가 바뀌는 경우를 알 수 있다. 하여 명패는 십신으로 정하며 성품은 냉정(冷情)하고 투명(透明)하다. 무당이나 여러 종교에서 청정한 물을 사용하여 신을 대신하는 경우가 많다.

• 계절(季節)

　본격적인 추위가 시작되는 동짓달이다. 하여 水의 기운이 왕성해지기 시작하면 살아있는 木의 기운은 동면(冬眠)에 들어가야 하며, 그러하지 못하면 추위로 고생을 하거나 동사(凍死) 당할 수 있다. 火의 기운은 극도로 쇠약하여 열은 사라지고 겨우 빛으로 견딜 것이며, 더불어 土의 기운도 쇠약하여 공간이 줄어들면서 시야(視野)를 좁게 한다. 단단한 金

의 기운은 오그라들기 시작하면서 깨지지 않으려고 노력한다.

· 시간(時間)

전날과 다음날이 이어지는 때이며 부모가 자식으로 이어지니, 생(生)과 사(死)가 이어져 있음을 알 수 있다. 즉 알 수 없다는 뜻을 가진 水오행 이며, 음에서 양으로 건너오는 과정이기에 음(陰)의 기운이 강하게 작용하는 때이다. 정신을 놓게 되고 육신은 지쳐 있기에 의욕이 사라진다. 짧은 시간이지만 대부분 충분한 휴식을 취하려고 하는 때이며, 그러하지 못하고 시간이 흐르게 되면 빠른 속도로 지쳐갈 것이다.

· 응용(應用)

子水의 특징은 맑고 투명하며 흐르고 있는 액체로서 많이 쌓이면 바닥을 볼 수가 없고, 환경에 적응력이 뛰어나다. 하여 부여된 십신에 따라서 다양한 표현을 하지만 비겁은 뭉치려고 하는 성향이 강하고 식상은 항상 새로운 모습으로 변화하려고 할 것이다. 재성은 투명하고 정확한 관리를 원하고 관성은 타에 노출되는 것을 꺼린다고 볼 수가 있으며, 인성은 타고난 기억력을 가지고 있을 것이다.

2) 축(丑)

자궁(子宮) 속에 가두어 기르거나 밖으로 나올 때 양수(羊水)로 인하여 추(醜)하다는 뜻이며, 낳으면 강보로 둘러서 보호한다는 의미이고 자연과 마주하기 전에 연한 것을 숨기거나 보호를 받는다. 이를 가축(家畜)으로 키우는 소에 연관 지어서 재산으로 생각하여 가두리를 만들어 놓고, 먹이를 주면서 일꾼으로 부리고 있다. 하여 사람이 처음 태어날 때 외부인의 출입을 통제하듯이 소도 인간과 비슷한 환경이라 할 것이다.

• 신명(神明)

　강한 음의 기운으로 뭉쳐있기에 한(恨)이 많은 조상신으로 인연 된 후손을 통하여 풀어보고자 욕심을 낸다. 그리고 보이지 않는 곳에 웅크리고 있는 지박령 또는 골짜기나 고을의 골메기신 마을의 도당신 또는 마고신에 해당하고, 흉측한 측간(廁間)신이나 음기운이 강한 터주신에 해당한다. 하여 대부분은 종교 부지에 뿌리를 내리고 있으며, 음산한 냉기나 빛이 잘 들지 않는 곳을 좋아하고 명패는 십신으로 정하게 된다.

• 계절(季節)

　추위에 표면이 얼어있는 모든 것은 파고드는 냉기로 깊이 얼게 하는 섣달이므로 냉동실처럼 되어 있다. 하여 水의 기운이 가장 왕성하여 깊이 파고들고 木의 기운은 숨도 쉬지 못할 만큼 힘들어 할 것이다. 木은 최소의 수분으로 견디어야 하고, 火의 열기는 완전히 사라지고 겨우 빛으로 존재를 나타낼 뿐이다. 土는 응축되어 공간을 오랫동안 허용할 수가 없을 것이고. 金은 추위에 견디지 못하고 내성을 강화하여 독기를 품게 된다.

• 시간(時間)

　기운(氣運)이 바뀌는 시간대이다. 전날의 혼탁한 기운이 빠져나가고 새로운 기운으로 채워진다고 하여 土오행에 두고 더욱 강한 음(陰)의 기운으로 뭉쳐진다. 하여 정신(精神)과 육신(肉身)을 완전히 이완(弛緩)하여 깊은 잠에 빠져 있을 때이므로 깨어 있으면 다가오는 시간을 유용하게 활용하지 못할 수가 있다. 짧은 시간이지만 대부분 충분한 휴식을 취하려고 하는 때이며, 그러하지 못하고 시간이 흐르게 되

면 빠른 속도로 지쳐갈 것이다.

• 응용(應用)

丑土의 특징은 여과(濾過)되어 고요하게 감추어져 있음이다. 하여 자신을 드러내지 않고, 환경에 적응력이 떨어지며 차고 어두운 곳을 좋아하게 된다. 부여된 십신에 따라서 丑土가 전하는 뜻을 활용하는데, 비겁과 가까이하지 못하고 식상의 활동이나 변화를 싫어한다. 재성은 꼼꼼히 살펴보려고 하며 관성은 알게 모르게 투명하고 평가(評價)에 인색할 것이다. 인성은 많은 것을 담아두고 있다고 하지만 드러내기 어렵다.

3) 인(寅)

아동(兒童) 때이다. 물러나지 않고 진취(進取)적인 뜻을 가진 문자이다. 하여 사람이 태어나면 본래 온 곳으로 돌아갈 수 없고 죽지 않는 이상 무조건 살아가야 한다. 수단(手段) 방법(方法)을 가리지 않으며 남에게 의지하지 않고 홀로 자립할 수 있어야 하며, 행위는 정면 공격을 하는 호랑이에 연관을 지었다. 무리가 아닌 철저한 독립적인 습관이 인간과 비슷하며, 번식(繁殖)을 위한 화합(化合)이 전부일 것이다.

• 신명(神明)

모든 약(藥)은 木에서 나오기에 약명이 강하고 마을을 수호하며 그곳에서 태어난 이의 건강과 재능을 보호하는 당산과 호랑이는 산신이 타고 다니는 동물로 보는 것이다. 줄기 나무처럼 보이는 대(竹)를 잡고 뛰는 천황잡이 이며, 역마(驛馬)라서 출입구를 지키는 걸립으로 모시기도 한다. 약명으로 줄기에 해당하고 뿌리일 경우 산삼처럼 단 하나로 이루어져 있는 약초에 해당한다. 십신에 따라서 명패를 정하고, 성품은 강한 근기(根氣)이다.

• 계절(季節)

초봄이라고 하지만 여전히 추위는 쉽게 물러나지 않을 것이며, 먼 곳에서 따사로운 기운이 다가오고 있다는 느낌으로 전할 뿐이다. 한해의 시작하는 정월이므로 살아있는 木이 깨어나기 시작하고, 火의 기운이 서서히 드러낼 준비를 하고 따라서 土의 공간도 넓게 보이기 시작한다. 金은 서서히 외부의 영향으로 인하여 변화를 하려고 할 수가 있으며, 水는 아직 차가운 기운을 가지고 북에서 남으로 흐르기 시작한다.

• 시간(時間)

완전히 새로운 기운으로 전환되어 정신이 돌아오게 되면서 양(陽)의 기운으로 채워지기 시작한다. 하여 서서히 깨어날 준비를 하는데 아직 정신을 차리지 못하고 있으면 하루를 시작하는데 뒤처지게 될 것이다. 시작부터 때를 놓치면 하루를 진행하는데 부족함이 발생할 수가 있게 된다. 하여 이때부터 정신이 돌아옴을 알아차리고 자신을 깨워서 일과에 대한 책임을 느껴야 하고, 동식물도 이때부터 활동하려고 준비할 것이다.

• 응용(應用)

寅木은 살아있는 나무에 견주어 이야기하면 큰 뿌리에 해당하여 튼튼한 버팀을 하여주는 것이라고 볼 수가 있다. 하여 움직임은 느리고 무거운 사명을 다하려고 부단한 노력을 할 것이다. 木의 역마이므로

행동이 빠르지는 않아도 근기(根氣)를 가지고 영생(永生)을 바라기 때문에 상당히 조심스럽게 움직일 것이고, 호랑이처럼 철저한 독립과 당당하게 정면 돌파를 원하는 성향이 매우 강하게 작용한다.

4) 묘(卯)

청년(靑年) 때이므로 무성하거나 왕성하다는 뜻을 가진 문자를 선택한 것이다. 넘쳐나는 기운과 세상을 바라보는 호기심에 민첩(敏捷)하게 움직이면서 발산(拔山)하기 시작한다. 호기심을 알아가며 철(哲)이 들면서 오로지 앞만 보고 나아간다. 하여 언덕을 오르는데 익숙한 토끼에 비유하고 있으며, 순하고 먹이 활동과 짝짓기에 집중하는 행위가 비슷하다. 나무의 잔뿌리처럼 습관적으로 물을 찾아 뻗어가려고 한다.

• 신명(神明)

약명(藥名)으로 손에 신침을 들고 있으며 또 한 손에 강한 기운을 가지고 있다. 집단적으로 서식하는 약초로 약성이 강하고 산천에 흔하게 볼 수 있지만 때로는 상당히 희귀한 것도 있다. 위로는 잎에 해당하고 뿌리는 도라지처럼 여러개가 달려있는 식물이며, 다양한 약성을 가지고 있기에 약명 도법도 가지 가지 일 수 있다. 여러 그루로 이루어진 당산에 해당하고 명패는 십신에 따르고 성품은 소심한 편이다.

• 계절(季節)

왕성한 봄이라고 하지만 실체는 그러하지 못하기에 음의 기운이 강하다. 서서히 열기운이 오르고 새순이 돋아나기 시작하니, 밤이 짧아지고 낮이 늘어나서 춘분(春分)을 전후하여 꽃이 피어나기 시작한다. 木기운이 왕성해지고 火기운이 살아나면서 농사를 준비한다. 土의 기운에 수분이 늘어나면서 다양한 것들이 모습을 드러내려고 하며, 金의 기운은 단단함에서 서서히 부드러움으로 변화하고 水는 아직 차고 맑다.

• 시간(時間)

정신(精神)이 들어 의식(意識)이 깨어나면서 육신이 움직일 때라 음(陰)의 기운이 작용한다. 하루를 생각하면서 살아남으려고 활동하기 시작하는데, 안에서 몸을 풀고 음식을 조리하여 섭취하여야 밖에서 힘을 쓸 수가 있다. 하여 완전하게 나갈 준비를 하여야 하는데, 이때를 놓치면 하루를 바쁘게 움직이게 되어 위험이 따르면서 알찬 하루를 채워가기 어려울 것이다. 하여 서두르지 말고 차분하게 준비하는 시간이므로 침착하여야 한다.

• 응용(應用)

나무의 잔뿌리에 해당하기에 스스로 물을 찾아가듯이 하여야 하며, 꼼꼼하고 세밀한 계획을 가지고 작은 것부터 시작하여 큰 것을 이루어 낼 것이다. 손재주가 남다르고 낮은 자세와 부드러움 그리고 지독한 근성을 가지고 있어, 부지런하면서 철저한 기질을 가지고 있다. 토끼처럼 위로 오르기를 좋아하면서 반대로 내려가는 것에 인색(吝嗇)하고 더불어 서로 의지하며 얽히고 설키면서 살아가야 편안하다.

5) 진(辰)

살아가며 높은 이상(理想)과 꿈과 희망을 펼쳐나갈 때이기에 밤하늘의 별을 뜻하는 문자를 가져온 것이다. 세상은 넓고 할 일은 많기에 때를 놓치면 할 수 있는 것이 줄어든다. 그래서 여러 짐승의 특정한 부위를

조합(調合)하여 만들어진 상상(想像)의 동물인 용(龍)이다. 인간의 욕망(欲望)을 표현하고 뜻을 이루기 위하여 넓은 세상으로 나가서 만인지상(萬人之上)이 되기 위함이 승천(昇天)하는 용(龍)으로 비교한 것이다.

• 신명(神明)

신(神)에서는 다양하여 천상용궁(庚辰) 산신 산속에 폭포나 저수지 호수 같은 곳의 용왕이며, 크게는 사해(四海) 용왕으로 본다. 근본은 土이기에 터신 가람(伽藍) 신이며, 수중고혼이 되어 넋으로 볼 수 있으며, 파묘(破墓)하여 이장(移葬)할 때 육신과 넋을 같이 모시지 못하면 넋으로 남게 된다. 명패는 십신으로 정하며 변화무쌍한 용처럼 여러 부호와 합하기에 살펴야 하며 성품은 대범(大汎)하고 온화(溫和)하다.

• 계절(季節)

봄에서 여름으로 넘어가는 환절기로서 자연은 푸르고 꽃가루가 날리기 시작하며, 흩어지려는 성향이 매우 강하게 나타내고 있다. 대지와 공간에 열이 채워지기 시작하고 수온이 오르면서 木은 왕성한 성장을 하게 된다. 火의 기운이 왕성하기 시작하고 土의 기운이 팽창하면서 공간 활용을 하려고 다툼이 벌어질 수 있다. 金은 부드러워 木의 기운으로 변화하려고 하며, 水는 강력한 희생을 강요당하기 시작한다.

• 시간(時間)

각자의 뜻을 이루려고 하거나 소임(所任)을 다하기 위해 밖으로 나가야 한다. 나름대로 자신의 분야에서 최선을 다할 것이며, 영역을 확대하려고 하는 기운이 강하여 양(陽)으로 정한 것이다. 흩어져서 타고난 소질을 활용하여 다양한 재능을 보여주며 다음을 위한 계획을 미리 설계하여야 한다. 그러하지 못한다면 주어진 시간을 적절하게 활용하지 못하여 상당한 피해를 보게 될 것이고 진보(進步)하지 못한다.

• 응용(應用)

　수분이 많은 土의 성향을 가지고 있으며 사방이 탁 트여서 끝이 보이지 않는 모양을 갖춘 땅이나 공간을 나타내고 있다. 하여 물과 숲이 우거진 우람한 산을 연상(聯想)하면 된다. 그래서 옥토(沃土)라고 붙여져 있으며 辰土를 이야기할 때 넓은 곳에 모이기도 하지만 흩어지기도 하는데 그러하지 못하면 좋은 결과를 볼 수가 없다고 강조하여야 한다. 조건에 따라서 水가 되기도 하며, 木으로 갈 수도 있고 金으로 화(化)하기도 한다.

6) 사(巳)

무엇인가를 오랫동안 계승(繼承)한다는 뜻을 가진 문자이다. 드러내는 외형은 화려하지만 타고난 성품(性品)을 감추고자 하는 인간의 속셈을 표현하기도 한다. 하여 용이 되지 못하면 이무기로 조용하게 살아가면서 기회를 기다리는 뱀을 지정한 것이다. 뱀은 독(毒)을 가진 것은 새끼를 낳지만 그러하지 않으면 알을 낳아 부화시킨다. 이는 가진 사람과 그러하지 못한 사람과의 차이를 나타낸 것이다.

• 신명(神明)

　도법을 중시(重視)하는 것은 아니고 형식을 소중하게 생각하고, 넘쳐나는 기운으로 역마에 해당하여 노중(路中)이 많고 천황을 잡는 것이 아니고 붉은 가사를 걸치고 법문을 하는 형식이다. 하여 걸립이나

법사(法師)로 보는 경우가 많으며, 완벽하지 못하고 깊이가 없어서 무엇을 하여도 형식적인 신명이 많다. 명패는 십신으로 정하여지며 특별난 도법은 없으나 허세(虛勢)가 많은 편으로 내용이 빈약(貧弱)하다.

· 계절(季節)

꽃이 만발하여 곤충들이 열심히 날아다니면서 수정하려고 분주하다. 아직 완전한 여름은 아니지만 열을 가진 공기는 가벼워서 수분이 빠르게 증발되어 건조할 수 있다. 木은 부드러움을 단단하게 변화하기 시작하면서 몸집이 빠르게 늘어나려고 한다. 火의 열과 빛이 강하기 시작하고 土의 공간은 더욱 확장될 것이고, 金은 보전을 위한 새로운 시작을 하려고 한다. 水는 서서히 본성을 잃어가면서 열을 받아들이게 된다.

· 시간(時間)

열(熱)이 오르기 시작하는 때이므로 최고의 능력을 발휘하여 최대의 생산을 할 때이다. 하여 하루 중에 가장 왕성한 활동을 하려고 하며 질적(質的)인 것보다는 양적(量的)인 것에 치중(置重)하려고 한다. 그래서 火오행으로 정하고 양(陽)의 기운이 강하게 나타내고 있으면서 쉽게 지치지 않아 오히려 부담되는 수가 있다. 이때를 놓치고 그냥 지나쳐버리면 결과가 미약하거나 없을 수가 있어서 보람을 느낄 수가 없게 된다.

· 응용(應用)

내실보다는 보여주고자 하는 성향이 강하다고 볼 수 있으며, 많은 사고력을 가지고자 하지 않고 몸으로 보여주는 것을 좋아한다. 역마가 왕성하여 소득도 없는데 자랑삼아 다니고, 볼 일이 없어도 마냥 다니기를 즐기는 기질이 강하다. 하여 무엇에 뜻을 두고 관심을 가지는 것은 아니고 호기심이 발동하여 참견하는 경우가 많을 것이다. 한 곳에 오래 머물기를 싫어하고 가벼운 봄바람처럼 이리저리 휘날리는 것과 같다.

7) 오(午)

엮어지거나 바뀐다는 뜻을 가진 문자를 선택한 것이다. 하여 밖으로 흩어지는 기운을 안으로 모아서 간직하려고 한다. 인간사로 보면 확장(擴張)하려는 성향(性向)을 줄이고, 내실(內實)을 다지면서 상당히 신중(愼重)하고 정확(正確)해야 한다. 하여 겁이 많은 짐승인 말(馬)은 서서 잠을 잘 만큼 항상 긴장하고, 열(熱)에 강하여 오랫동안 움직여도 지치지 않는다. 이를 본보기로 하여 살아가라는 의미이다.

• 신명(神明)

　내면(內面) 깊은 곳에 신이 들어서 자연스럽게 신을 불리게 되는 강신무에 해당하여 대(大)무당으로 표현한다. 내공이 강하고 도법의 깊이나 능력을 가늠하기 어렵다. 그리고 신침(神針)에 해당하는데 이는 화침(火針)으로 보며 대보살이라고 할 수 있다. 화경(畵鏡)과 통신(通神)이 자유롭게 이루어지며, 도법으로 귀신을 다스릴 힘을 가지고 있다. 명패는 십신으로 따지고 성품은 침착하지만 폭발하면 무섭다.

• 계절(季節)

　태양에 지구가 가까이 접근하기에 열과 빛을 강력하게 받으므로 매우 뜨거워서, 사람들은 이때를 피하려고 잠시 쉬어가려고 한다. 이를

알지 못하고 계속 활동하게 되면 열이 올라서 위험하게 될 수 있으며, 열은 땅속으로 파고 들어간다. 그래서 木은 성장을 멈추게 되고 火는 무자비할 만큼 세력이 강하다. 土는 터질 것같이 팽창할 것이며 金은 이때를 놓치지 않고 새롭게 생겨날 것이며 水는 뜨거워 미생물이 부화한다.

• 시간(時間)

　하루 중 열과 빛이 가장 강할 때이므로 대지와 공기(空氣)가 뜨거워서 활동하는데 지장을 받을 수가 있다. 하지만 열전도는 땅속으로 전해지기 좋은 때라서 음(陰)의 기운으로 표현하며, 활동하는 동물이나 식물 대부분은 더위에 지치기 시작하여 멸종(滅種)을 염려하기에 종족(種族) 번식을 하려고 최선을 다할 것이다. 하여 올라오는 시간과 저물어가는 시간의 교차하는 시간이라서 자연도 이때는 쉬어가려고 한다.

• 응용(應用)

　열이 안으로 스며들어 가듯이 차곡차곡 쌓여가고 있음을 나타내고 있다. 하여 밖으로 부드럽고 안으로 강직함을 실천하는 대표적인 부호이다. 오전은 열을 흡수(吸收)하고 오후에는 빛으로 강력함을 유지하려고 한다. 하여 끊임없이 달리고자 하는 말처럼 강한 의욕을 가지고 뜻을 이루고자 할 것이다. 자연은 진한 색이 머잖아 연하게 퇴색되어 갈 것이며, 차면 넘치게 되어 있으니 안으로 채워가면 반드시 깨어질 것이다.

8) 미(未)

아직 때가 이르다는 뜻으로 전해지는 문자이다. 인간으로 보면 아직 청년의 기질을 벗어나지 못하고 과욕(寡慾)을 부리거나 승부수를 띄우려고 한다. 하여 저돌적으로 밀어붙이고 무모하게 들이박으니 지혜와 경륜이 더 필요하다. 하여 양(羊)으로 정한 것이며, 온순(溫順)하고 우직(愚直)하며, 무리를 지어 흐름에 따라가는데 들이박는 기질이 강하다. 인간사는 처신을 잘못하면 노후(老後)를 힘들게 살아갈 수가 있다.

• 신명(神明)

신명에서 세존 단지 소(小)산신 지신(地神)에 해당하며, 조상께서 깨끗한 물을 올리고 지극 정성을 들이니 공(供)줄이다. 공을 들여서 모여진 기운은 인연 된 후손이 이어가기를 바라기에 사주 속에 드러나면 반드시 인연이 있다고 할 수 있다. 하여 신을 모시는 경우가 많고 신당에는 신을 모신 단지가 대부분 올려져 있다. 십신으로 명패를 정하고 도법은 어디에 공을 들이는가에 결정되며, 성품은 기복(起伏)이 심한 편이다.

• 계절(季節)

열이 빛으로 바뀌기 시작하는 계절이며, 땅속으로 스며든 열이 거꾸로 돌아서 수분과 함께 나오기에 습도가 상당히 오르니 무덥다고 표현한다. 하여 木은 성장을 멈추고 내실을 다져가기 시작하고, 火는 열보다 빛이 강하게 변화하기 시작한다. 土는 수분으로 공간을 채워가기 시작하고 金은 서서히 모습을 드러내고자 한다. 水의 기운은 심각할 만큼 혼탁하여 여과하기 위해 북쪽(北)으로 방향을 돌리기 시작한다.

• 시간(時間)

　지쳐가는 하루의 마지막을 장식할 때이므로 정신은 흐려지고 육신은 지쳐갈 때 라서, 큰 성과는 나지 않을 것이지만 이때를 게을리하면 큰 사고로 이어질 수 있다. 하여 능률보다는 안전을 고려하여야 할 것이며, 저물어가기 시작하기에 음(陰)의 기운으로 본다. 그래서 가장 불안정하고 불확실한 시간이기에 시행착오가 많이 발생하여 실수와 불량품이 많이 나오게 되어 고통스러울 것이다. 더위와 지쳐가는 시간임을 알아야 한다.

• 응용(應用)

　기복이 심하다는 이미지를 가진 부호이다. 흙으로 본다면 모래나 점성이 없어서 먼지나 입자가 고운 것으로 판단한다. 토지로 보면 언덕이나 분지(盆地) 형태의 땅이라고 볼 수가 있다. 그래서 무엇을 하여도 정확하게 이어가지 못하고 틈나는 대로 진행하려고 하니 결과가 들쑥날쑥 할 것이다. 수분으로 짜증스럽고 속에 또 다른 무엇인가를 품고 있으니 자연스럽지 못하고 불편하게 보일 수가 있다.

9) 신(申)

무엇이 거듭되거나 늘어난다는 뜻을 가진 문자로 어떠한 것에 전문성을 드러내고자 하는 것이다. 중년(中年)으로 접어드는 초기에 확실한 것을 정하고 이를 연마(練磨)하여 다음으로 이어가는 것이 목적이다. 그래서 도구(道具)를 사용하는 원숭이를 지정한 것은, 인간이나 원숭이는 확실한 이익(利益)이나 목적(目的)이 있어야 움직이는 공통점을 가지고 있기 때문이다. 가족이나 자식에 대한 애착(愛著)이 강한 것도 비슷하다.

• 신명(神明)

　기가 많이 나오는 바위를 중심으로 수행을 하거나 기도하는 것으로 미륵 존자 독성 그리고 사찰은 대부분 거대한 바위 주변에 자리를 잡고 수행을 하기에 불교에 깊은 인연을 두고 있다. 하여 불교의 신앙(信仰)대상을 신으로 모시는 경우가 많다. 역마이기에 걸립으로 모셔지는 수가 많고 쇠와 연관되어 천황은 작두를 이용하고, 군웅은 칼이나 창으로 표현한다. 명패는 십신에 따르며, 성품은 조건이 맞으면 적극적이다.

• 계절(季節)

　가을이 시작되고 옅은 빛으로 빠르게 변화하고 자연은 서서히 본래대로 돌아갈 준비를 하려고 한다. 적합한 조건을 갖추고 외형을 키워가려고 하며, 그러하지 못할 경우 따가운 볕을 견디지 못한다. 하여 木은 서서히 수분을 줄이기 시작하고 火의 빛이 강하게 내리고, 土의 공간도 서서히 줄어들기 시작한다. 金은 본성을 회복하려고 모습을 확실하게 드러내고, 水는 스스로 수온을 내리면서 흐름을 빠르게 하려 한다.

• 시간(時間)

　그림자가 늘어날 때이다. 하루를 정리하려고 하는 때이며, 그림자가 늘어지기 시작한다. 자연도 이때부터 모든 활동을 멈추려고 준비할 때인데 이럴 때를 놓치면 어두움 속에 헤매게 될 수가 있다. 하여 내일을 위하여 자신을 강하게 또는 단단하게 하는 것이라 양의 기운으로 표현하였다. 힘들고 고단한 일과를 정리하고 다음을 위하여 준비하여야 하는데 이를 게을리하고 정돈을 하지 않으면 다음의 약속은 보장 받기 어렵다.

• 응용(應用)

　조건이 없다면 움직이기 싫어하는 부호로 확실한 뜻을 가지고 진행한다고 볼 수가 있다. 아무런 조건이 없으면 그 상태로 멈추고 기다렸다가 조건이 성립되면 과감하게 실행하려고 한다. 다양한 재주나 능력을 보여주고 있으며 어떠한 상황이라도 적응을 잘한다. 원숭이의 잔재주나 꾀가 많고 어떠한 환경이라도 스스로 살아갈 수 있다. 특히 자신의 것에 집착하는 성향이 강하여 쉽게 무엇을 전하는 것에 인색할 것이다.

10) 유(酉)

배부르고 오래되어 담아둔다는 뜻을 가진 문자를 부호(符號)로 선택한 것이다. 활동력이 약하거나 떨어지는 말년(末年)으로 진입하여 근심이 많다. 가지 끝에 달린 열매처럼 낮과 밤을 가리지 않고, 자신을 지키고자 하는 것이 닭의 습관과 비슷하다. 일상에서 닭을 관찰하여 보면 늙은이처럼 깊이 잠들지 못하고 의심이 많아서 파헤치고 온전하지 못한 걸음 걸이와 감투 같은 벼슬을 쓰고도 죽음에 대한 공포심(恐怖心)이 비슷하다.

• 신명(神明)

　대부분은 불교와 관련 있는 신으로 이루어져 있다고 볼 수가 있는데, 불사 암자 수행승 출가 수도(修道) 무구(巫具)로 소(小)작두나 군웅 칼이며, 신명의 노리개 장난감 등이다. 그리고 무당이 사용하는 방울 엽전처럼 작은 것이며, 불교에서 등장하는 인물들을 신당에 모시게 된다. 즉 신당이라기 보다는 작은 암자 형식이며 도법 역시 불사에서 전해주는 것이다. 명패는 십신이 결정하며 성품은 속이 좁고 의심은 많지만 강하다.

• 계절(季節)

　자연이 무르익어가는 가을의 가운데이며, 늘어난 낮이 줄어들기 시작하여 추분을 기점으로 밤이 길어지기 시작하는 때이다. 하여 낮에는 햇볕이 따갑고 밤에는 찬 기운을 느끼며 일교차(日較差)가 크게 나기 시작하므로, 木은 물을 내리고 열매가 보호색으로 변한다. 火는 열보다 빛이 강하고 土의 공간은 줄어들지만 건조하여 투명하게 보이기 시작한다. 金은 다음을 위해 단단하게 변화하고 水는 서서히 이물질이 가라앉는다.

• 시간(時間)

　해가 질 무렵으로 서쪽에 붉은 노을이 나타나기 시작하면서 하루를 마무리하고 뒤돌아보는 때이다. 머잖아 일상은 어둠에 묻히게 되고 앞으로 나아가기 어려워진다. 서둘러 정리하지 않으면 어둠으로 장애 받으므로 음(陰)의 기운이 강하다. 활동을 멈추고 처음 시작하던 곳으로 돌아가야 할 때이므로 정신과 육체가 온전하지 못할 수 있다. 하여 중간중간 쉬어가는데 정신을 차리지 못하면 돌아가지 못할 수도 있다.

• 응용(應用)

　무엇인가를 담아두거나 보관하고 덮어두는 부호이므로 의심이 많고 불안하다. 하지만 껍데기는 단단하고 속은 부드러워 쉽게 깨지지 않고 활동하는 반경이 그렇게 넓지 않으며, 본래의 자리에서 멀리 떠나가는 경우가 잘 없다. 하여 자리를 잡고 시작하면 그곳을 떠나거나 바꾸려고 하지 않으며, 지독하게 살아가려고 승부를 내려고 한다. 닭처럼 벼슬을 좋아하는 성향이 많으며 행동이 과장 되거나 불완전할 수 있다.

11) 술(戌)

보관(保管)하거나 오랫동안 저장(貯藏)하기 위하여 마름질을 뜻하는 문자이다. 하여 자력(自力)이 약하여 죽음을 앞에 두고 타력(他力)에 의하여 일생을 정리하는 단계이다. 모든 것은 가족에 의존(依存)하여야 하니 사람을 잘 따르도록 훈련된 개를 지정하였다. 늙고 병(病)들어 활동할 수 없으니 집을 지켜야 하고 가족만 바라보고 기다리며 살아야 한다. 누구를 원망할 수 없기에 하늘을 보고 짖는 개와 비슷하다.

• 신명(神明)

높고 바위가 많은 산을 담당하는 산신이며, 그러한 곳에서 홀로 수행하는 독성이나 존자에 해당한다. 불교에서 등장하는 문수(文殊)이며 하늘 공부하는 천문성에 해당하여 하얀 도포(道袍)를 걸친 글문 도사이거나 글을 많이 배워서 아는 것이 많은 대감일 수 있다. 도법이 높거나 마무리 단계에 있는데 힘이 부족하고, 명패는 십신에 따라 정해진다. 성품이 까다롭고 이상(理想)이 높으며 점잖지만 때로는 불편할 수 있다.

• 계절(季節)

한해를 정리하여 다음을 위해 거두어들이고 보관하기 위해 마름질하는 늦가을이다. 대지를 뜨겁게 달구던 태양은 식어만 가고 발악하는 햇살을 바라보며 겨울을 준비하여야 한다. 하여 木은 다음을 위해 활동을 줄이기 시작하고 火의 열은 미약하고 빛이 강하게 살아있지만 잠시뿐이다. 土의 공간은 수분을 높이 밀어 올리고 金은 더욱 세력을 뭉쳐서 단단하고 강하다. 水는 본성을 회복하려고 수온을 본격적으로 내릴 것이다.

• 시간(時間)

어둠이 모든 것을 삼키거나 감추어버린 시간이다. 아무것도 보이지 않는 어두운 밤이지만 달은 밝은 빛을 반사하고 별들은 더욱 초롱초롱한 빛을 발산하고 있다. 밖에서 무엇을 할 수가 없으니 안으로 들어가서 하루를 정리하고 다음을 생각하면서 지친 정신을 쉬게 하고 육신을 풀어 놓을 때라서 양(陽)의 기운으로 판단하는 것이다. 이를 알지 못하고 계속 활동하게 되면 피로가 쌓여서 쓰러질 수 있다.

• 응용(應用)

마름질하여 정리하고 보전할 것들은 본래 모습이나 모양을 복원하여 두고, 보존할 것은 분리하여 정리하여야 한다. 하여 상당히 까탈스러울 것이며 이상이 높아서 쉽게 접근하기 어렵고 함부로 대할 수가 없어 부담스러울 수가 있다. 또 한 개처럼 한번 물면 놓아주지 않는 근성을 가지고 있으며, 자질구레한 것을 보고 지나치는 성격이 아니기에 더불어 살기 어렵다. 무엇이든 쌓아두는 성향이 강하다.

12) 해(亥)

무엇을 간직(看直)한다는 뜻을 가진 문자가 끝으로 나온다. 이는 인간의 육신(肉身)은 사라져도 영혼(靈魂)은 사라지지 않고 영원히 남아있음을 전하는 것이다. 그리고 살아오는 동안에 후손(後孫)을 많이 두고 있었다는 의미에서 새끼를 많이 낳는 돼지와 연관하였다. 이는 머리와 몸통이 일체형으로 조상과 후손이 끊어지지 않고 이어진다는 의미이며, 목이 없어서 하늘을 볼 수 없음은 생사를 자유롭게 할 수가 없다는 것이다.

• 신명(神明)

고여 있는 우물 샘 저수지의 수궁(水宮)이며, 용소(龍沼) 같은 곳이라 작은 용궁에 거처하는 신명으로 수신(水神) 용신(龍神) 천문성으로 본다. 하여 이러한 곳에 물을 올리고 오고 가며 합장하거나 고개 숙이며, 무엇인가를 주문하기도 한다. 역마이고 천황에서는 단지나 동이에 물을 채우고 위에 올라서서 공수를 내리고 또는 이거나 입에 물기도 한다. 명패는 해당하는 십신으로 정하고 성품은 고요하지만 투명(透明)하지는 않을 것이다.

• 계절(季節)

꼭 필요한 것이나 소중한 것을 제외하고는 일체 감추어두거나 묻어두는 초겨울이다. 하여 추위를 견디기 위한 다양한 방법을 활용하게 되고, 밤이 길어지고 온도가 떨어지므로 자연도 겨울잠에 들어가는 경우가 많다. 하여 木은 움직임을 최소화하고 火는 가물거리는 열과 빛으로 존재를 알릴 뿐이다. 土의 기운도 공간들이 좁아지고 있으며, 金은 더욱 쪼그라들어 단단하고 水는 잠시 흐름을 늦추고 이물질을 가라앉게 한다.

• 시간(時間)

하루를 마감하는 때이며 다음을 위해 활동을 멈추고 휴식을 취해야 한다. 불생불멸(不生不滅) 하는 물처럼 지친 육신(肉身)이 회복하고 온전한 정신을 가다듬기 위하여 잠자리에 들어가야 한다. 이때를 놓치게 되면 다음 활동에 최선을 다할 수가 없게 되어 피해를 볼 수가 있다. 하여 정신과 육신을 이완시키기에 양(陽)의 기운으로 본다. 이 시간에는 대부분 활동을 하지 않고 어둠이 주는 공포로부터 피하려고 한다.

• 응용(應用)

　역마이지만 활동하는 반경이 좁으므로 제자리에서 설치는 것이다. 하여 만사가 진행되는 것이 더딜 것이고 무엇을 하여도 느리거나 결과를 찾기가 어렵다고 할 수 있다. 돼지처럼 활동성이 떨어지고 한자리에 머물러 있기를 좋아하는 성향이 강하기 때문이다. 하지만 깊이 탐구(探求)하거나 한 곳에 집중하게 되면 스스로 알게 되는 경우가 많다. 하여 근기(根氣)와 불안(不安)함을 동시에 품고 있으며 진행이 느리다.

11. 지지에 부여된 신명

　신의 세계는 바닷가의 모래 수 만큼이나 흩어져 있는데 이를 이름으로 다할 수가 없다. 하여 일상에서 많이 부르고 인간사와 깊은 관계를 맺고 있는 대표적인 신의 명패를 지지 부호에 적합하게 서술(敍述)하여본다. 그리고 무당과 관계되는 행위나 무구 등일 수도 있으며 부호에 따라서는 물질적이거나 도법일 수도 있다. 지지에 부여된 신명은 대부분이 인간과 인연이 있으며 깊이 관계를 맺고 있다.

子 : 수신/ 수자령/ 용신/ 청정수
丑 : 골메기/ 한 많은 조상/ 터신/ 측간 신
寅 : 산신/ 약명/ 천황잡이/ 걸립
卯 : 약명/ 손에 신기(神氣)/ 신침
辰 : 산 용신(산반 물반)/ 넋/ 용궁/ 제석/ 하늘 용궁/ 산신/ 가람신
巳 : 법사/ 노중/ 붉은 가사/ 걸립
午 : 대보살/ 신침/ 무당줄/ 자통(自通)

未 : 세존/ 공줄/ 신침
申 : 대 작두/ 무구/ 대사/ 걸립/ 신침/ 미륵
酉 : 법당/ 방울/ 소 작두/ 무구/ 불사
戌 : 산신/ 독성/ 천문/ 존자
亥 : 조왕/ 용신/ 천문/ 걸립

12. 지장간(地藏干)

  지장간은 지지에 천간을 감추어두었다는 뜻이다. 그리고 자연(自然) 계절(季節) 일일(一日) 시간(時間)을 천간 부호(符號)로 압축하여 표현하였다. 삼라만상(森羅萬象)을 지장간으로 문답할 수 있으며, 높은 차원까지 설명이 가능하게 만들어져 있다. 신(神)의 소속과 명패(名牌)와 도법(道法) 그리고 신의 언어와 해법까지 풀이할 수 있으며, 사주에 나타나는 일체를 지장간으로 소통한다. 일상에 쓰이는 도구(道具)와 같은 역할을 한다.

신명 세계를 깊이 들어가기 위해서 반드시 지장간을 이해하고 응용하여야 한다. 무당 사주학에서 영가(靈駕)와 소통 하는 방법은 오로지 지장간 뿐이며, 영가의 뜻을 알아가는 방편도 지장간을 이용하고 있다. 자연적으로 이루어진 것과 인위적으로 만들어진 것도, 천간 지지의 부호가 성립되었다면 원인과 결과는 지장간을 통하여 알 수 있다. 일상의 모든 비밀은 지장간을 통하여 풀어지기 때문에 인생 열쇠에 해당한다.

예)오행 계절 신명 지지의 천간 순서 십신 신명 순이다.
지지 오행(계절) = 신명(神明)
   천간 여기(餘氣)해석 = (십신)신명
      중기(中氣)해석 = (십신)신명
         정기(正氣)해석 = (십신)신명

子水(동짓달) = 수궁(흐르는 곳) 수신 강 수자령
  壬 물이 = (겁재)제석 용궁 장군
  癸 차고 맑다 = (비견)수궁 군웅

丑土(섣달) = 조상신(한(恨)많음) 골메기신 소산신 산소탈
  癸 맑은 물이 = (편재)수신 부친 조부 시집신 구두쇠신
  辛 얼어서 = (식신)불사 친가조모 동자 동녀
  己 덩어리진다 = (비견)소산신 도령 선녀

寅木(정월) = 약명(藥名) 산신(山神) 걸립(독종)
  戊 산과 들에 = (편재)산신 한량대감 부친 시집신
  丙 새싹이 = (식신)천상 친가조모 동자 동녀
  甲 돋아난다 = (비견)의술신장 당산신장 약명도령 선녀

卯木(이월) = 약명 신침(神針) 손(신이 손에 실림)
  甲 위로 자라면서 = (겁재)당산장군 약명도령 선녀
  乙 옆으로 펼친다 = (비견)당산군웅 약명도령 선녀

辰土(삼월) =산신 산용신 외국신(물건너옴) 넋
  乙 바람에 = (정관)당산 약명 의관대감 국사대감 남편
  癸 흩어져 = (정재)재정 조부 부친 삼촌 시집신
  戊 멀리까지 = (비견)산용궁 신장 도령 선녀
  戊癸合火순간 흩어짐 = (정인)허공 글문대감(임시직)

巳火(사월) = 노중(路中) 법사 걸립(허세)
  戊 산과 들에 = (식신)허공신 산신 친가조모 동자 동녀
  庚 수정하려고 = (편재)미륵 한량대감(초보) 부친 시집신
  丙 활동한다 = (비견)천상 신장(명예) 도령 선녀(모양만)

午火(오월) =보살(菩薩) 신침 화경 대무당(자통)
  丙 열이 = (겁재)천상 벼락신장 도령 선녀
  己 땅속으로 = (식신)지신 친가(온순함)조모 동자 동녀
  丁 스며든다 = (겁재)칠성(약하다) 도령 선녀(수줍음)

未土(육월) = 세존(世尊) 신침 공(供)줄 성황당(城隍堂)
  丁 빛이 = (편인)칠성 글문도사 거지신
  乙 살아나고 = (편관)당산 약명 국사 의관 남편신
  己 수분이 올라온다 = (비견)도당 지신(터) 골메기 도령 선녀

申金(칠월) = 미륵(彌勒) 작두 신침 걸립(조건)
  戊 높은 산에 = (편인)산신 글문도사 거지신
  壬 물은 = (편재)용궁 한량대감 부친 시집신
  庚 바위 틈에서 난다 = (비견)미륵 백마도신장 화엄신중 도령 선녀

(비천녀)

酉金(팔월) = 불사(佛師) 무구
　庚 열매가 = (겁재)미륵 장군 도령 선녀
　辛 단단하게 변화한다 = (비견)불사 화엄 호법 도령 선녀(비천녀)

戌土(구월) = 천문(天文) 산신 존자 독성 (말문)
　辛 열매가 = (상관)불사 외줄 조모 별상 동자 동녀
　丁 볕에 = (정인)칠성 글문 대감
　戊 속이 익어간다 = (비견)산신 군웅 도령 선녀

亥水(시월) = 용궁(멈추어 있는 곳) 용신 바다 외국신 걸립(내근)
　戊 산과 들에 = (편관)산신 국사 대감 남편
　甲 살아있는 것은 = (식신)옥황 친가 대신보살 동자 동녀
　壬 물을 내린다 = (비견)용궁 장군 도령 선녀

13. 24절기(節氣)

　절기는 한해를 24등분으로 나누어 정해진 것이다. 즉 태양의 움직임을 알아차리고 농사를 짓기 편리하게 15일 간격으로 끊어져 있다. 달은 음력으로 이루어지기에 편차(偏差)가 많은데, 절기는 양력으로 대입(代入)하였기에 편차를 크게 두지 않고 있다. 절기의 시작은 입춘부터이며 마지막에 대한을 두고 있으며, 낮과 밤이 늘어나고 줄어드는 것을 나타내고 있다. 그리고 봄 여름 가을 겨울의 자연 변화도 알기 쉽게 하였다.

- 입춘(立春)
  봄의 시작을 알리며 양력 2월 4일 전후이다.
- 우수(雨水)
  비가 내리고 싹이 트기 시작하며 양력 2월 19일 전후이다.
- 경칩(驚蟄)
  겨울잠을 자는 벌레 따위가 깨어날 때이며 양력 3월 5일 전후다.
- 춘분(春分)
  낮과 밤의 길이가 같을 때이며 양력 3월 21일 전후이다.
- 청명(淸明)
  공기는 맑고 하늘이 높아가니 이때가 양력 4월 5일 전후이다.
- 곡우(穀雨)
  비가 내려서 곡식이 잘자란다고 하여 양력 4월 20일 전후이다.
- 입하(入夏)
  여름이 시작됨을 알리는데 양력 5월 6일 전후이다.
- 소만(小滿)

열과 볕이 많아서 만물이 풍성하다고 하여 양력 5월 21일 전후이다.
- 망종(芒種)

  보리를 베고 벼를 심을 때이며 양력 6월 6일 전후이다.
- 하지(夏至)

  밤은 짧고 낮이 가장 긴 날이며 양력 6월 22일 전후이다.
- 소서(小暑)

  여름 더위가 본격적으로 시작됨을 알리는 양력 7월 5일 전후이다.
- 대서(大暑)

  한해 중에 가장 덥다고 하며 양력 7월 23일 전후이다.
- 입추(立秋)

  가을로 접어들었다는 때이며 양력 8월 8일 전후이다.
- 처서(處暑)

  더위가 수그러진다고 하는 양력 8월 23일 전후이다.
- 백로(白露)

  이슬이 내리기 시작할 때라고 하여 양력 9월 9일 전후이다.
- 추분(秋分)

  낮은 줄고 이날 이후 밤은 길어지는 양력 9월 23일 전후이다.
- 한로(寒露)

  찬 이슬이 내린다고 하는 양력 10월 8일 전후이다.
- 상강(霜降)

  서리가 내리기 시작하는 양력 10월 23일 전후이다.
- 입동(立冬)

  겨울이 시작됨을 알리는 양력 11월 7일 전후이다.
- 소설(小雪)

눈이 내리고 얼음이 얼기 시작하는 양력 11월 22일 전후이다.
- 대설(大雪)
  많은 눈이 내리기 시작하는 양력 12월 7일 전후이다.
- 동지(冬至)
  한해 중 밤이 가장 긴 날이며 양력 12월 22일 전후이다.
- 소한(小寒)
  혹한(酷寒)이 본격적으로 시작되는 양력 1월 5일 전후이다.
- 대한(大寒)
  혹한이 절정이라고 하는 양력 1월20일 전후이다.

14. 십신(十神)

 십신은 사주(四柱)를 풀이하는 언어(言語)이며 10마디로 이루어져 있기에 십신이라고 한다. 자연의 모든 무유형(無有形)으로 이루어진 것이나 인간사 신명(神明) 관계(關係) 물질(物質) 형상(形像) 색(色) 수(數) 언어(言語) 인과(因果) 등 오행(五行)을 바탕으로 하여 만들어진 학문(學文) 과학(科學) 천문(天文) 인문(人文) 법(法) 윤리(倫理) 정치(政治) 경제(經濟) 의학(醫學) 등등, 사람이 살아가는데 필요로 하는 모든 것을 나타낸다.

 십신은 오행을 음양으로 나누어 다른 오행과의 관계를 나타내는 것이다. 하여 오행이 기본적으로 가지는 십신은 木은 비겁(比劫) 火는 식상(食傷) 土는 재성(財星)이며, 金은 관성(官星) 水는 인성(印星)에 해당한다. 하여 음(陰)의 기운은 자기중심으로 모으려는 성향이 강하여 부정적이고, 양(陽)은 흩어지는 기운으로 자신을 희생하고 더불어 살아가려고 하기에 긍정적으로 해석을 하지만 십신 활용은 난해(難解)한 것이다.

십신을 육신(六神) 또는 육친(六親)이라고 하는데 이는 인간(人間)관계를 표현하는 것이며, 일상적으로 옳은 표현은 십신이다. 그리고 천간과 지지의 부호(符號)가 전하는 이미지와 사주의 위치를 알고, 합 형 충 파해 원진의 관계를 살펴서 상황(狀況)에 적합하게 풀어내면 된다. 십신은 22개의 부호에 따라 해석이 다르고 천간을 받쳐주는 지지에 따라 다르며, 같은 부호라고 하여도 위치에 따라 다양하게 해석한다.

십신을 크게 나누어보면 비견(比肩) 겁재(劫財)는 같은 것이고, 식신(食神) 상관(傷官)은 새롭다는 의미이다. 편재(偏財) 정재(正財)는 통제(統制)받는 것을 싫어하고, 편관(偏官) 정관(正官)은 규정대로 통제하려고 하는 것이다. 편인(偏印) 정인(正印)은 문자로 표현할 수 있는 모든 것의 불확실한 것에 긍정과 부정으로 나누어 인정하려는 것이다. 이러한 십신은 부호와 환경과 상황에 적합하게 이야기를 하여야 한다.

신명(神明) 세계도 십신으로 표현하여야 하는데, 방법을 알면 쉽게 팔만사천 제대 신명의 명패(名牌)와 도법(道法)과 관계(關係) 등을 알 수 있다. 그래서 부호의 이미지를 십신으로 풀어야 하고, 천간 부호 10개와 지지 부호 12개가 품고 있는 근본적인 뜻을 십신으로 해석하는 것이다. 하여 신의 세계에서 뜻을 알아차리고, 신과 이야기하듯이 신이 바라는 것을 십신으로 자유자재로 표현하여야 한다.

십신을 쉽게 이해할 수 없겠지만 기본에 충실하고 이를 상황에 맞게 늘이거나 줄여가며 이야기를 하여야 한다. 즉 비겁(比劫)은 남녀노소 장애 비장애를 불문하고 나처럼 살아있거나 성향(性向)이 비슷하다. 식상(食傷)은 내가 처음 경험하거나 새롭게 생산되는 것이고, 재성(財星)은 마음대로 하고 싶은 것이다. 관성(官星)은 인정을 받으려고 하며, 인성(印星)은 확실하게 알 수 없는 것이다.

1) 십신 만드는 방법

비견(比肩): 일간의 오행과 음양이 같은 것
    甲寅 乙卯 戊辰 戊戌 己丑 己未 庚申 辛酉
겁재(劫財): 일간의 오행은 같으나 음양이 다른 것
    丙午 丁巳 壬子 癸亥
식신(食神): 일간이 생(生)하여 주는데 음양이 같은 것
    丙辰 丙戌 丁丑 丁未 戊申 己酉 壬寅 癸卯
상관(傷官): 일간이 생(生)하여 주는데 음양이 다른 것
    甲午 乙巳 庚子 辛亥
편재(偏財): 일간이 극(克)을 하는데 음양이 같은 것
    甲辰 甲戌 乙丑 乙未 丙申 丁酉 庚寅 辛卯
정재(正財): 일간이 극(克)을 하면데 음양이 다른 것
    戊子 己亥 壬午 癸巳
편관(偏官): 일간이 극(克)을 받는데 음양이 같은 것
    甲申 乙酉 戊寅 己卯 壬辰 壬戌 癸未 癸丑
정관(正官): 일간이 극(克)을 받는데 음양이 다른 것
    丙子 丁亥 庚午 辛巳
편인(偏印): 일간을 생(生)하여 주는데 음양이 같은 것

丙寅 丁卯 庚辰 庚戌 辛未 辛丑 壬申 癸酉

정인(正印): 일간을 생(生)하여 주는데 음양이 다른 것

甲子 乙亥 戊午 己巳

2) 비견(比肩)

비견은 분명한 자기 몫을 챙기려고 하고, 편재(偏財)에 대한 명분(名分)을 가지고 극(剋)을 하려고 한다. 편재는 누구의 간섭(干涉)을 받기 싫어하고 마음대로 하려고 하는데, 비견은 자신의 몫을 주장하기에 반드시 가지려고 한다. 인간사에는 남녀에게 아버지 남자는 첩 여자는 시가(媤家)나 시어머니를 나타내고 있지만, 사회(社會)로 보면 재물(財物)과 수치와 관계가 깊고 능력(能力)을 나타내는 것이다.

하여 비견이 약하면 무사하나 왕성하면 편재는 괴롭다. 비견은 같다는 의미로 친형제 사촌 형제 친구 동창 동서 동기 동료의 순서이다. 같은 곳에서 같이 바라보며 치우침 없이 똑같이 분담하거나 나누어 가진다고 의미를 두고 하는 것이 좋다. 나눌 것이 없으면 능력에 따라서 철저하게 독립을 한다. 긍정적(肯定的)이며 동업 협력 관계인데 부정적(否定的)으로 보면 분리 이별 외로움 고독 단체투쟁이다.

비견은 편관(偏官)과 충돌을 피하려고 한다. 편관은 강력한 무력을 행사하는 무리로서 공정과 상식을 주장하는 비견을 강하게 억제하려고 한다. 비견이 많으면 경쟁과 시비 고집 의지(意志)가 강한데 편관이 있으면 조심한다. 부모 형제와 배우자나 자식과 인연이 약하고 자수성가를 하려고 하며, 약(弱)하면 편관에 굽신거리며 순종하고 살아간다. 여자도 남자와 비슷하며 한 가정을 지키는 것이 힘이 든다.

- 신명(神明)

　비견은 힘이 강하거나 독불이다. 하여 강력한 경쟁력을 가지고 있으며 힘으로 퇴마(退魔)하고, 사악한 귀신을 물리치는데 때로는 허주(虛主)가 되면 시비와 폭력적이다. 사주에 비견이 인성(印星)과 합하면 글에 관심이 많고, 관성(官星)과 합하면 국사로 본다. 하지만 재성(財星)과 합하면 욕심이나 한량이 될 수 있고, 식상(食傷)과 합하면 호기심과 언변(言辯)이 발달할 것이다.

　신의 세계에도 비견이 많으면 인간사처럼 경쟁과 투쟁이 끊임없이 벌어질 것이다. 특히 겁재(劫財)와 합을 하면 외곬수 이거나 장군이며, 식상(食傷)과 합을 하면 의술(醫術)로 본다. 재성(財星)과 합을 하면 한량(閑良)이라 통이 크고, 관성(官星)과 합을 하면 국사(國事)이며 겁이 많아 원칙을 주장하고 인내심이 강하다. 인성(印星)과 합을 하면 교육(敎育) 신장으로 똑똑할 것이다.

　노력보다 고집불통으로 원활한 소통은 기대하기 어려울 것이다. 특히 이간질하거나 수단 방법을 가리지 않고 상대를 잡으려고 하니 가히 옳다고 할 수가 없다. 심각하면 허주의 기질을 나타내고 재물에 대한 욕심이 많아서 찾아오는 사람을 겁박(劫迫)할 수 있다. 비견이 형 충 파 해 또는 원진이면 허주일 경우가 매우 높으며, 또 다른 도법을 받기 위한 부단한 노력으로 볼 수 있다.

　인간사에서는 친구 형제 동료 선후배 동업자 며느리 시아버지 등이며, 신명으로 보면 신장/ 장군/ 군웅/ 도령/ 선녀/ 걸립 등이다.

주체성/ 고집/ 자존심/ 감정적/ 의심/ 집념/ 자기중심/ 질투/ 갈등/ 고독/ 외로움/ 그리움/ 우정/ 애정/ 애착심/ 추진력/ 자수성가/ 이별/ 극부/ 극처/ 극재/ 독립적/ 분가/ 무모함/ 무계획/ 즉흥적/ 인색/ 완고/ 변화/ 변동/ 결정/ 투쟁/ 불화(재화)/ 강한 집념/ 스포츠/ 단체/ 동업/ 동격/ 의지/ 의리/ 활동/ 추진/ 선봉/ 분명/ 공개/ 협동/ 공격/ 따돌림/ 돌격/ 등으로 같다는 의미이다.

자신과의 경쟁이 분명하고 공정하며 자기중심적으로 내가 해야만 하고, 남을 믿지 않고 자신이 직접 나서거나 관리를 하려고 한다. 의지가 강하고 활동적이며 경쟁심과 자존심이 대단하다. 자기 마음에 들면 모든 것을 다 줄 것 같으며 싫으면 인정사정이 없다. 추진력으로 앞에 나서기를 좋아하고 분명하고 공정하여 인맥이 넓다. 공개적 이익을 좋아하는데 비견이 많으면 오히려 고집으로 대인관계가 불편하다.

3) 겁재(劫財)

겁재는 자신의 몫 이상을 가지려고 욕심을 부리는 것이다. 그리고 공정하게 나누고자 하는 마음보다 더 가지려고 하거나 덜 하기 위한 꾀를 부린다. 하여 정재(正財)에 대한 집착(執着)을 강하게 하며, 기회를 노리고 틈새를 공략하려고 한다. 정재는 재물(財物) 부귀(富貴) 배당(配當) 등이며 인간사는 부친과 그의 형제 시가(媤家)인데, 이러한 것에 탐(貪)내거나 이간(離間)으로 시비를 일으킨다.

하여 겁재가 약(弱)하면 무사하지만 강(强)하면 정재는 극(剋)을 당하거나 상당히 불안하다. 그래서 겁재는 몰래 행동하기를 좋아하고 남과 어울리면 자기주장을 강하게 하거나 주도권(主導權)을 가지려고

한다. 겁재는 같다는 의미에서 비견과는 다르게 욕심을 내며 눈치를 보고 빠지려고 하는 성향(性向)이 강하다. 또 한 책임을 회피하면서 더 많이 가지고자 하는 생각도 하고 있다.

겁재는 정관(正官)을 만나면 피하려고 한다. 정관은 합의된 규정으로 공정함을 따지기 때문이다. 그런데 겁재는 부정적인 생각과 행동 의리보다 실속이며, 야심이 많아서 비수(匕首)를 품고 무례 교만하여 규정과 윤리 준법 등을 무시하려 한다. 화합 동업 평등을 싫어하기에 불화와 고통이 따르고 처나 가족과 이별을 경험할 수 있다. 겁재를 탈재(奪財)라고도 하며, 욕심을 내다가 손해(損害)를 보는 것이다.

• 신명(神明)

겁재는 대부분이 야전에서 전투를 중심으로 하여 싸우거나 이를 지휘하는 장군 군웅에 해당한다. 하지만 겁재가 많으면 허주(虛主)처럼 욕심이 많고 지독하여 퇴마(退魔)를 잘한다. 비견(比肩)과 합하면 의기투합으로 고집이 세고, 식상(食傷)과 합하면 말이 거칠고 주장이 강하다. 재성(財星)과 합하면 욕심이 많고, 관성(官星)과 합하면 대감처럼 보이지만 탈선을 즐긴다. 인성(印星)과 합하면 아는 척한다.

신의 세계에서 겁재가 왕성하면 무질서(無秩序)하고 철저하게 개인적이며 욕심이 많아서 겁박(劫迫)을 많이 할 수가 있다. 또 한 시기와 질투로 잘 삐지며 비견(比肩)과 합하면 굉장히 친하지만 돌아서면 원수(怨讎)보다 더한 공격을 가할 수 있다. 그래도 합을 하여 성향이 변화하거나 진화한다면 매우 긍정적인데 형 충 파해 원진 관계로 이루어져 있다면 수고로움이 감당하기 어려울 것이다.

인간사에는 누이/ 자매/ 이복형제(異腹兄弟)/ 며느리/ 시아버지/ 선후배/ 친구/ 지인/ 등등 비견과 비슷하다. 신명으로 보면 패(敗)신장/ 장군/ 군웅/ 도령/ 선녀 등이 있다.

비견과 비슷하여 주체성/ 고집/ 자기주장/ 오만/ 불순/ 교만/ 이중성/ 투기/ 사행심/ 계산적/ 시기/ 암투/ 질투/ 경쟁심/ 운동(개인기)/ 손실/ 선동/ 강탈/ 공갈/ 협박/ 도둑/ 사기/ 투쟁/ 단체/ 보복성/ 피해의식/ 변절/ 변심/ 무시/ 비난/ 정보제공/ 밑바닥/ 청소/ 아랫것/ 신속/ 과감/ 투항/ 욕심/ 비윤리/ 강제성/ 주고받음/ 부정적/ 명령적/ 구속/ 극부/ 극처/ 극재/ 다승다패/ 사교성/ 색정/ 실속파/ 말더듬/ 불량/ 도심/ 스카웃/ 접근/ 감춤/ 분실/ 불복 등으로 나눔이 아닌 목적에 의한 댓 가성이다.

자기 위주로 하려고 하는 성격과 실속파로 계산이 빠르고 운동이나 오락에서 실력을 발휘하며 이기려고 한다. 대인관계에서 상대를 무시하고 위로 아부(阿附)하고 아래로 명령적이며 양보가 없다. 이중인격과 이기적이라 비난과 오해가 많고, 양인(兩刃)처럼 독(毒)한 성격을 숨기고 부드러운 것처럼 보인다. 비견처럼 똑같이 나누는 것이 아니고 자신이 많이 가지려는 욕심이 강하여 손해 보는 경우가 많다.

4) 식신(食神)

식신은 생산성으로 천복(天福)을 타고난 것이다. 하여 편관(偏官)을 만나면 설득하여 와해(瓦解)시킨다. 남자 편관은 자식 직장 권력 인내심이며 여자는 남친 자존심 질병에 해당한다. 식신이 약하면 무탈한데 많으면 편관이 힘들어 허약하고 천박하다. 또 한 배설(排泄)에 해당하

여 나눔과 희생 봉사를 잘하고 여자 사주에 식신이 많으면 부정적이며, 애교 색정으로 배우자에게 피해(被害)줄 수가 있다.

내가 낳은 것이 식신이라서 분신(分身)처럼 생각하며, 음식 요리에 관심이 많고 입으로 행하는 것이라 말도 잘한다. 수성(壽星)으로 건강과 장수할 명(命)이지만 때로는 비대(肥大)하고, 마음이 넓어 긍정성이 강하다. 식신이 사주에 많으면 부정적이고 인내력이 부족 할 수가 있고, 옷과 밥이며 총명하고 준수하다. 인상이 부드럽고 재치와 유머가 있고 붙임성이 좋으며 호기심이 강하고 추진력도 있다.

식신은 편인(偏印)과 같이 있으면 도둑을 만나는 꼴이라서 효신살(梟神殺) 또는 도식(盜食)이라 표현한다. 편인은 낙태(懶怠)하며 하고 싶은 것 이외는 관심이 없고, 식신처럼 활동적 적극적이거나 희생 봉사 솔직하고 부지런함에 대한 부정적 성향이 강하다. 이러한 것에 불만과 시기 질투를 부리므로 식신을 보면 공격적으로 변하여, 빈곤(貧困)하고 건강과 자식에게 불리하고 한순간에 무너진다.

- 신명(神明)

식신(食神)이 많으면 친가 할머니가 두 분일 수 있고 거짓말을 하거나 어리석을 수 있다. 허주가 들면 폭식(暴食) 비만(肥滿)으로 이어지거나 음식(飮食)을 소화하지 못하여 약골(弱骨)인 경우가 있다. 그리고 未土가 식신이면 선대 할머니의 공줄이 인연 있는 후손으로 이어지는 경우가 많다. 하지만 공망(空亡)이거나 형 충 파해 원진 관계로 이루어져 있다면 공줄을 무시하는 경향이 강하다.

신명에서 식신은 대부분이 친가(親家)에 해당한다. 비겁(比劫)과 합을 하면 평민이고, 식상(食傷)과 합을 하면 부유하고 너그럽다. 재성(財星)과 합을 하면 업(業) 대신이고, 관성(官星)과 합을 하고 있으면 높은 집안의 자손일 수 있다. 인성(印星)과 합을 한다면 문인(文人)이나 학자 집안 출신이다. 식신이 많으면 말이 많고 년주에 土가 식상일 경우 어릴 때 병(病)으로 고생을 하거나 산(山)바람이다.

인간사에서는 자식/ 장모/ 사위/ 손자/ 외조부 등이며, 신명으로 보면 친가/ 할머니/ 대신/ 동자/ 동녀 등이다.

연구/ 창조/ 창작/ 개발/ 전문성/ 탐구/ 궁리/ 감정적/ 예체능/ 발명가/ 과학자/ 기술학교/ 생산/ 총명/ 노력/ 교육적/ 상담/ 대변인/ 건설/ 재물/ 풍요/ 향락/ 편의/ 발전/ 도량/ 관대/ 탄생/ 개업/ 맛/ 요리 연구/ 서비스/ 신품/ 젊음/ 명랑/ 낙천적/ 활동성/ 협력 관계/ 후원자/ 요양/ 희생/ 봉사/ 성기/ 섹스/ 처녀/ 총각/ 유아/ 저학년/ 아랫사람/ 신혼/ 언어/ 처가/ 인정/ 가족/ 새로운 식구/ 건강/ 장수/ 덕망/ 효심/ 식복/ 부양/ 모성애/ 솔선수범 등으로 처음 시작되는 모든 것이다.

식신은 언어와 예의가 바르고 긍정적인 사고력과 인내심으로 연구(研究)와 개발에 관심이 많아서 인류 발전에 상당한 도움을 남긴다. 바른 실천력이나 육체적인 봉사이며 긍정적으로 행동하고 천진난만하여 건강하게 보인다. 특히 솔선수범으로 주변으로부터 많은 호응을 받기도 하고 다양한 방면에 관심이 많다. 일상에서 기부하는 것을 좋아하기에 좋은 호평을 받으면서 인격적으로 대우를 받는다.

5) 상관(傷官)

상관은 원래의 것을 그대로 유지하려 하지 않고 꾸미거나 변형하여 관심을 집중시키려고 한다. 하여 본래의 틀을 깨려고 하기에 정관(正官)을 무시하려고 한다. 정관은 규정이나 예의 윤리에 해당하며 법을 준수하려고 하고, 남자는 자식 직업 조직이며 여자는 남편 순결 정조 등에 해당한다. 상관이 강하면 부정적이라서 정관이 상처를 받지만, 약하면 애교스럽고 이쁘며 눈썰미가 뛰어나고 얌전하다.

하지만 상관이 강하면 정관을 무시하므로 남자는 직장을 그만둘 수 있고, 여자는 남편을 공격하기에 해로(偕老)가 어렵다. 애살스럽고 얌전하게 보이는데 이기적인 말로 자기주장을 하며, 다양한 핑계로 이익을 챙기는데 타고났다. 하여 부담스러울 수 있고 너그럽고 생각이 깊은 것처럼 보이지만 이는 겉치레에 불과하다. 눈썰미가 좋고 지배받기 싫어하며, 오히려 명령이나 지배를 하려고 하는 생각이 강하다.

상관은 정인(正印)을 만나면 피하려고 한다. 하지만 어머니 같은 심정으로 참고 기다리면서 상관의 불만을 들어주고, 타고난 재능을 찾아서 개발하여 주면 빼어난 인물이 된다. 예술적 감각과 언어 구사 행위에 대한 정확한 표현과 준법(峻法)을 가르쳐주면, 범법행위를 억제하는데 탁월한 능력을 발휘하는 경우가 많다. 모함(謀陷)에 대한 변호(辯護)를 잘하여 법 위에서 법을 다스리고자 한다.

• 신명(神明)

　상관은 외갓집 인연이라고 할 것이며, 특히 외할머니가 두 분일 수 있고 이모(姨母)에 해당한다. 그리고 건강이 좋지 못하거나 사고로 명

(命)을 다하지 못하였을 경우 별상으로 보며, 동자 동녀나 수행(修行)을 통하여 이루어지는 득도(得道)까지 상관에 해당한다. 총명하며 즉문즉답 식이고, 상당히 친근하게 대하고 애교와 눈치가 무척 빠르고 말을 조리(條理) 있게 잘한다.

상관이 비겁(比劫)을 만나면 군웅(軍雄)이 되고, 식상(食傷)을 만나면 다정다감하신 대신이다. 재성(財星)을 만나면 기예에 뛰어난 대감이고, 관성(官星)을 만나면 눈치가 빠르고 지혜로운 국사(國事)나 참모이다. 인성(印星)을 만나면 학문에 관심이 많은 대감이다. 심통 질투 집착 등 자기 뜻대로 안 되면 짜증을 내고, 타인의 신명을 무시와 비난한다. 기만(欺瞞) 책임 회피(回避)등으로 변명을 잘한다.

인간사에서는 자식/ 할머니/ 이모/ 외가/ 장모/ 조카/ 증조부 등이며, 신명으로 보면 외줄/ 이모/ 별상/ 사상자/ 대신/ 동자/ 동녀 등이다.

사회성은 예체능계/ 유흥/ 유통/ 기술/ 개방적/ 반항/ 위법/ 중고품/ 모방/ 대리점/ 호객/ 미적인 감각/ 사치/ 잔꾀/ 교육/ 수리/ 변호사/ 대변인/ 직속 상관/ 과부/ 재수생/ 유행성 언어/ 코미디/ 임기응변/ 상담사/ 고물상/ 빈곤/ 액세사리/ 이 미용/ 연예계/ 사기성/ 아는 척/ 무시/ 성(性)/ 행위/ 기능장/ 변화/ 자랑/ 자유 기교/ 집필/ 변화/ 묘사/ 꾼/ 포장/ 총명/ 눈치/ 센스/ 허세/ 수단/ 애교/ 자유분방/ 소비성/ 화려함/ 활동성/ 전문직/ 강사/ 얼굴마담/ 이성적/ 이중성/ 위기/ 융통성/ 타협/ 농담/ 놀이/ 상처/ 사고/ 기만/ 도통/ 득도/ 가출/ 출가/ 폭언 등으로 한 번 이상 경험한 것이다.

상관은 참지 못하고 밖으로 드러내야 속이 풀어지는 성향이기에 비평 평론을 잘하며 눈치가 빠르고 계산적이다. 희생하는 것 같지만 생색을 내고 비밀유지가 안 되며 구설 시비가 자주 발생한다. 규정과 예의에 어긋남이 많고 반항적 기질이 강하며, 기억력이 좋아 가슴에 담아두었다가 시비가 생기면 이간(離間)이나 험담을 한다. 아부(阿附)를 잘하는데 복종을 싫어하여 직업이 자주 바뀌며 기술을 가진 자영업이 많다.

6) 편재(偏財)

편재는 완전히 자율적인 힘을 발휘하려고 스스로 판단하는 기운이 강하다. 하여 간섭과 통제를 싫어하고, 편인(偏印)을 만나면 기회를 놓친다. 남녀의 편인은 양부모 전문가 학문 학자 환자 등으로 편재가 약(弱)하면 좋은데 왕성하면 편인은 몰락한다. 하지만 편재는 비견이 곁에 있으면 자신의 것을 지키려고 편인을 외면한다. 즉 편재가 편인으로부터 보호를 받기 위한 수단으로 비견을 이용하는 것이다.

능력을 이용하여 타인을 억압하거나 통제하여 자기의 이익을 극대화하려고 하는 성향이 강하다. 그래서 크게 소리치며 인심도 잘 쓰고 통도 크게 보이며, 즉석에서 인기와 시선을 집중시킨다. 편재가 사주에 많으면 능력이 분산되어 실력 발휘를 하지 못하고, 수익보다 지출이 많아서 빈곤하다. 남의 돈도 내 돈처럼 생각하고 신용이 없으며, 한탕을 노리고 투기를 하는데 분석력이 떨어져 승률이 낮다.

하지만 편재는 식신(食神)을 만나면 부단한 노력으로 생산성을 극대화한다. 목적을 정확하게 설정하고 분석하며, 부족한 부분을 수단과 방법을 가리지 않고 해결하려고 한다. 즉 하늘이 준 기회를 놓치지 않으려고 일생(一生)을 걸고 자신감 있게 진행하려고 하기에 성공률이 높다. 식신은 생산성이고 부지런하며 대인관계가 원만하여 사람을 보는 시야가 넓고 옳고 그름을 알고 잘 대처한다.

• 신명(神明)

한량 아버지 학문의 수준이 떨어지는 대감으로 보며, 몸주가 편재일 경우 재물 욕심이 많아 천황을 잡거나 일찍 돌아가신 부친이 들어오면 재물이 늘어난다. 그리고 합에 의하여 도법을 자유롭게 활용하려고 하는 신명도 많다. 하지만 편재가 왕성하면 자랑과 작은 일에도 큰소리 치고, 허세를 부리면서 한탕을 기다리지만 이루어지기 어렵다. 여기에 비겁이 붙어 있으면 궁색하거나 이중 직업을 가지는 경우가 많다.

편재는 천황잡이가 좋은데 寅木은 대나무 잡고 공수를 내리는데 목청이 좋고 흥이 많아야 한다. 巳火는 법사로 경문(經文)을 잘하여 신이 감동하게 하고, 申金은 작두를 타고 위엄(威嚴)으로 신을 겁박(劫迫) 한다. 하지만 亥水는 물동이에 오르거나 이고 들고 장수(將帥)처럼 신을 들어 매칠 수 있는 기상(氣相)과 재주가 있다고 보여주어야 한다. 아니면 한량(閑良)으로 신과 흥겹게 놀아주고 타협(妥協)을 잘하면 된다.

인간사는 아버지/ 처/ 첩/ 형수/ 처제/ 처남/ 외삼촌/ 시집/ 손자 등이며, 신명으로 보면 한량/ 3류 대감/ 매화부인/ 시집신/ 신분 높은 인간신/ 등으로 본다.

사회성으로는 회장/ 무역/ 경제/ 경영/ 재무/ 통제/ 관리/ 통솔능력/ 풍류/ 대충/ 즉흥적/ 물욕/ 디자인/ 설계/ 미결재/ 독재/ 결단성/ 속

전속결/ 과정무시/ 결과/ 먼 곳/ 마무리/ 사치/ 자신감/ 감독/ 건축/ 감리/ 거친 기술/ 소비성/ 노상 장사/ 고리대금/ 밀수/ 도박/ 투기/ 모험심/ 민첩성/ 가무/ 유흥/ 대형/ 사업/ 게으름/ 횡 재수/ 실직/ 파면/ 부도/ 생필품/ 생산/ 서비스업/ 부동산 개발/ 농림업/ 유통업/ 금융/ 다단계/ 수산업/ 변호/ 호탕/ 다정다감/ 호걸/ 신중성/ 농담/ 인심/ 기분파/ 의리/ 양보/ 장사/ 수완/ 사교성/ 속임수/ 큰손/ 주색/ 방탕 등으로 구속을 받지 않고 재물과 능력으로 이어진다.

편재는 통솔 융통 사교 절도 있는 행동으로 좋은 호평을 받으니 뛰어난 능력자이다. 그렇게 하려면 부단한 노력이 필요하니 타고난 기질(器質)을 개발하지 못한다면, 편재는 쓸모가 없어 낭비(浪費)가 많아 오히려 인생을 어렵게 살아가야 한다. 이익을 위하여 타인을 속이기도 하고 쉽게 생각하며 주색에 빠지는 경우가 많다. 지배욕도 강하지만 봉사와 활동을 많이 하고 타인의 비위를 잘 맞추며 수단과 방법이 좋다.

7) 정재(正財)

담력(膽力)이 약하여 지시하는 것을 능력껏 알아서 처리를 잘한다. 하여 약간의 간섭을 받지만 무리한 통제는 거부한다. 정인(正印)을 만나면 자기 뜻을 확장하려고 하는데 이는 부모(父母)가 화합하는 격이다. 하지만 겁재(劫財)를 만나면 일생이 꼬인다. 겁재(劫財)는 나 이외의 경쟁(競爭) 대상이고 겁탈(劫奪)이나, 수탈(收奪)의 대명사이기에 정재는 식상이나 관성의 도움을 받아야 감당할 수 있다.

정재는 수리(數理)에 밝아서 철저한 계획으로 꼼꼼하게 진행하는 버릇을 가지고 있다. 그래서 관리인으로 적합하며 특히 경제 관리에 적합하고 협상에 타고난 능력을 발휘한다. 정재가 많거나 강하면 따지거나 인색(吝嗇)하여, 확인과 확신을 요구하기에 오히려 불편하고 업무추진이 떨어진다. 경제적 감각이 뛰어나고 매사에 자신감으로 빈틈이 없다. 현실적으로 자기 이익을 우선으로 하며 근면 성실 검소하다.

발전적이지 못하고 보수적이며 분수(分數)에 적합하게 행동하기 때문에 믿음을 준다. 대인관계와 건전한 생활을 하기에 좋은 이미지를 남기고, 처음 시작한 직업을 천직(天職)으로 생각하고 부단한 노력으로 성공을 이루고자 한다. 하여 인성(印星)을 가까이하여 지금 하는 것에 나름대로 분석하고 계획하며, 항상 다양한 정보에 관심을 두고 배운다. 특히 투자분석 회계 정밀한 계산이 필요로 하는 직업이 좋다.

• 신명(神明)

꼼꼼한 대감이며 때로는 업 대감으로 해석한다. 항상 무엇인가를 하려고 하며, 함부로 대하지 않고 예를 갖추며 정확하게 듣고 명확한 답을 제시하려고 한다. 그런데 너무 강하면 재물복이 떨어지고 찾는 이가 줄어서 빈곤하게 살아갈 수도 있다. 융통성이 부족하여 학문으로 기록된 것만 인정하는 성향이 강하고, 고지식 하지만 속이 깊어서 남을 기망(欺罔) 하거나 속이는 것을 싫어 한다.

정재는 전해오는 도법을 계승(繼承)하지만 이를 발전시키거나 응용(應用)하지 못하니 답답한 신명이 많다. 비겁(比劫)을 만나면 가진 것을 내주는 겁보 도령일 수 있다. 식상(食傷)과 합을 하면 지혜로운 대신이

며, 편재(偏財)를 만나면 도법을 융통성 있게 활용하려고 한다. 관성(官星)과 합하면 원칙을 주장하는 국사일 것이고, 인성(印星)과 합하면 꽁생원 같은 대감이다. 융통성을 발휘하면 찾는 이가 많다.

인간사에서 처/ 아버지/ 삼촌/ 고모/ 처형/ 처제/ 형수/ 처남/ 시어머니/등이며, 신명으로 보면 3류 대감/ 아버지 형제 일신/ 고모/ 시집신/ 등이다.

사회에서는 기획/ 재정관리/ 위탁/ 관리업/ 경리/ 은행/ 금융관리/ 대부업/ 세무회계/ 정보수집/ 창고/ 물품관리/ 정찰제/ 상가/ 도소매/ 결론/ 결재/ 결실/ 단거리/ 월급/ 소탈/ 철저/ 정밀/ 기술/ 첨단과학/ 디자인/ 보수적/ 고지식/ 감정적/ 신용/ 명예/ 근면/ 성실/ 수리/ 계획적/ 결단성 결여/ 이해타산/ 상업중개/ 구두쇠/ 실속/ 이익/ 정리정돈/ 결과/ 탐욕/ 대리점/ 완제품/ 절약/ 느림/ 생각/ 망상/ 총명/ 알뜰함/ 소규모/ 상업/ 임대/ 법무/ 대서업/ 기록/ 통계/ 살림꾼 등으로 책임을 지지 않기 위해 지시에 의한 관리능력을 가진 것이다.

정재는 작고 정밀한 분야이므로 정확한 계산과 철저한 계획을 세우고 시작하면 좋은데, 너무 철저하게 하려고 하다 보면 기회를 놓치는 경우가 많다. 정밀기계 미세(微細)분야에 적합하며, 재산관리나 금융감사(監査) 세무 등 수학(數學)적인데 탁월한 재능을 발휘한다. 하여 기초에 충실하고 융통성을 발휘하면 관리자로 성공할 수 있다. 또 한 철저한 자기 관리와 근면 성실한 생활 말과 행동이 일치하여야 좋다.

8) 편관(偏官)

편관은 일방적으로 명령에 복종하고 철저하게 따르는 것이다. 하지만 식신(食神)을 만나게 되면 설득당하여 함부로 날뛰지 못한다. 식신은 변호 순수 원칙 아이들 장모 처가 등으로 식신이 강하면 편관이 물러나게 된다. 하지만 편관은 편재(偏財)의 지원을 받게 되면 식신도 두려워하지 않고 날뛰는 성향(性向)을 가지고 있다. 즉 권력을 남용할 수 있는 권한과 충분한 금전이 지원되면 식신을 잘 다스린다.

편관은 7번째 가서 충(沖)을 하기에 칠살(七殺)이라고 한다. 극과 극으로 향하는 기질 때문에 한순간에 무너져 고통 속으로 빠져들게 될지는 장담할 수가 없다. 특히 비견(比肩)을 보면 철저한 통제를 하려고 하는데, 악행으로 뒤가 순탄하지 않다. 비견은 의리 협력 동료 형제 친구 등인데 편관은 이러한 무리가 한곳에 모이는 것을 싫어한다. 하여 편관이 강하면 비견을 혼란 속으로 몰아가서 무자비하게 다스린다.

강한 정신력으로 철저한 계급(階級)과 명령으로 이루어진 곳이나 아니면 철저히 홀로 살아가면 좋다. 편관은 사주 속에 오직 하나만 있으면 총명한데 혼잡하면 간사(奸詐)할 수 있다. 인정(人情)이 많아 약자를 도우려 하며, 급진적이고 의협심이 강하여 호걸의 기질을 품고 있다. 의리 자존심 투쟁심이 강하고 수단은 좋으나 부모 형제 친구 동료와 인연이 약하고, 남자는 눈물이 많고 여자는 우두머리 기질이다.

- 신명(神明)

문무(文武)를 겸하신 대감 사신(使臣)이나 공무에 참여한 국사(國使)로 학문이 높고 위엄이 있다. 편관은 칠살(七殺)이라고 하여 형법(刑法)

을 다스리는 신명일 수 있는데, 많으면 형을 당하거나 고통으로 힘들어하는 대감 신(神)일 수 있다. 편재(偏財)가 곁에서 보필하고 있다면 권력을 휘두르는 대감으로 상당히 높은 대우(待遇)를 받을 것인데, 그러하지 못하고 편인(偏印) 위에 있다면 뒷전에 물러난 대감이다.

편관은 편재(偏財)를 만나면 도법과 인품이 뛰어나고, 비겁(比劫)을 만나면 낮은 국사(國事)이던가 망나니 도령이나 선녀 같다. 식상(食傷)과 합을 이루고 있으면 엄격하신 할머니나 똑똑한 동자 동녀이고, 정재(正財)와 합을 한다면 합리적이며 사고력(思考力)이 뛰어난 대감이다. 정관(正官)과 합을 하면 원칙을 따지는 대감으로 엄격하고, 인성(印星)과 합을 하면 지혜를 터득하신 대감이다.

인간사는 자식/ 남편/ 외할머니/ 매형/ 형부/ 며느리/ 시누/ 남친 등이며, 신명은 2류 대감/ 외할머니/ 문무 겸하신 대감/ 국사/ 높은 도법 등이다.

명예/ 권력/ 고통/ 군인/ 검찰/ 경찰/ 권위/ 높은 곳/ 복종/ 명령/ 희생정신/ 고생/ 인내/ 모험/ 참모/ 야당성/ 직업/ 독극물/ 브로커/ 불안/ 피로/ 장애/ 잔병/ 손실/ 재화/ 조급함/ 편굴/ 재가/ 구박/ 첩/ 정부/ 기생/ 비구니/ 신(神)병/ 신용/ 급진적/ 의협심/ 고집/ 자존심/ 주장/ 의리/ 명예/ 병액/ 환자/ 형액(刑厄)/ 투쟁/ 고독/ 야성적/ 총명/ 감사관/ 강제성/ 폭력/ 시체/ 귀신/ 강직/ 파직/ 용감/ 침착/ 막노동/ 3D업종/ 빈곤/ 반발/ 적개/ 구속/ 경쟁/ 피지배/ 통제/ 감정/ 경계/ 위험한 곳/ 천재지변/ 기억력/ 종점/ 돌출/ 체면/ 스트레스/ 법/ 정치/ 굴곡/ 절도 등으로 일방적으로 명령이 통하는 것이다.

편관은 인격과 권위는 있으나 타인과 투쟁을 많이 하고 술수(術數)가 뛰어나 상대방을 이용하고, 모험 도전 기회포착 등 과감하고 정확하여 논쟁을 잘한다. 약하면 의지하려고 하지만, 강하면 대담하고 난폭한 기질을 드러내어 사고를 치거나 반발 반항을 한다. 인정과 의리가 있고 눈물이 많고 강한 의지와 모험을 잘하는데 급한 성격으로 어렵다. 시기 질투 시비 관재(官災)가 자주 생기고 흉터나 단명할 수 있다.

9) 정관(正官)

원칙을 준수하며 명령에 충실하게 이행하려고 최선의 노력을 하는 것이다. 하지만 상관(傷官)을 만나면 뜻대로 하지 못하고 막힘이 많으며, 심각하면 정관의 구실을 하지 못한다. 그러나 힘으로 하는 겁재(劫財)를 보면 규정대로 집행하려고 하는데, 상관은 말을 앞세워서 규정을 파괴하려고 하기에 정관이 당하는 것이다. 하여 상관 운을 만나면 직업을 바꾸려고 하거나 또 다른 인생에 도전할 수 있다.

융통성은 부족하지만 성실하고 규정대로 일을 처리하며, 예의(禮義)가 바르고 신용을 목숨처럼 소중히 한다. 경우에 어긋나는 행위는 하지 않으며 책임감이 투철하고 자존심이 강하여 타인에게 신세 지지 않으려고 한다. 합리적인 언행으로 대인관계가 원만하고, 모범적인 사회활동을 하는 편이라서 장애가 많이 없다. 공직에 어울리며 철저한 계획과 과정을 중요시하며 실속보다 명예를 원하는 편이다.

정해진 규정을 거부하는 상관(傷官)을 만나면 정관은 상당히 괴롭다. 상관은 꾀가 많아서 정관을 골탕 먹이고, 시비와 잔재주 타고난 임기응변(臨機應變)으로 따지면 속수무책으로 당한다. 하여 상관이 강한

여자는 남편을 힘들게 하고 특히 첫 딸을 낳을 경우는 더욱 상관 기질을 발휘하여 남편을 무능(無能)하게 한다. 남자는 직장에 적응하기 어렵고 재주가 좋아서 수리나 자영(自營)을 하려고 한다.

• 신명(神明)

글을 알고 있는 선비에 해당하는 대감으로 국사(國事)에 해당한다. 신의 세계에서 도법을 가장 안정적으로 행사하려고 하며, 편법을 싫어하고 사실에 적합하게 설득하려고 한다. 한량이나 별상을 싫어하며 항상 책을 가까이 두고 글문을 깨치려고 부단하게 노력한다. 그리고 신분 고하(高下)를 막론하고 함부로 대하지 않고 인격을 갖추고, 예를 다하며 상대에게 대우(待遇)해드린다.

정관은 타의 신명과 합하면 십신(十神)에 따라 다양한 명패(名牌)가 있을 수 있다. 예를 들어 비겁(比劫)이면 예의 바른 도령이나 선녀 또는 보편적인 대감이고, 식상(食傷)이면 문예에 뛰어난 할머니다. 재성(財星)으로 변화하면 한량의 기질을 발휘하는 대감이며, 관성(官星)이면 위엄을 갖추신 대감이시다. 인성(印星)이면 글문을 가르치는 성균관 대감이며, 역마이면 방랑객이나 낭인(浪人)일 것이다.

인간사는 자식/ 남편/ 정부/ 며느리/ 외할아버지 등이며, 신명으로 보면 2류 대감/ 국사/ 남편/ 정편관이 혼잡하면 외할머니가 두 분일 수 있고 외줄과 인연 될 수 있다.

사회적으로는 직장/ 명예/ 표창/ 공직 중책/ 체면/ 형식적/ 양반 기질/ 계급승진/ 통제기관/ 용모/ 인격/ 책임감/ 신의/ 결백/ 보수적/

소심 옹졸/ 배려심/ 관공서/ 질서/ 정법/ 모범/ 내근직/ 군 경 검/ 행정관료/ 입찰/ 지배인/ 원리 원칙/ 신사/ 정찰제/ 인내심/ 타협/ 통합/ 장기적/ 합법적/ 명령계통/ 저장/ 암기/ 잔소리/ 옳고 그름/ 평범/ 자원봉사/ 세밀/ 트집/ 상식적/ 감사/ 정도/ 기본양심/ 검사원/ 국립/ 단체/ 여당/ 단정/ 온화/ 품행/ 예의/ 착실/ 청렴/ 가문/ 규칙적/ 습관/ 인정/ 정확성/ 판단력/ 명분/ 명랑/ 온후 등으로 국가나 타인으로부터 인정을 받고 명령에 따르며 합법적이다.

정관은 품행이 바르다. 생각은 긍정적으로 예의 예절 그리고 매사에 정확하고 공정하여 최고의 직업인으로 인정받는다. 정직 원칙 인품 약속 공정이라는 수식어가 따르지만 냉정하다. 정관이 강한데 상관과 합을 한다면 법을 교묘하게 이용하여 이익을 챙기려고 하고 겁재와 합하면 규정을 이용하여 이익을 챙기려고 할 것이다. 정관이 많으면 인격이 떨어지고 정편관이 혼잡하면 직업이 없을 수 있다.

10) 편인(偏印)

편인은 확실하게 알 수가 없거나 가장 전문적인 것을 나타낸다. 하지만 비견(比肩)을 좋아하고, 편재(偏財)를 만나면 하고 싶은 것을 할 수 없게 된다. 편재는 부친 처 재물 시집 등으로 인하여 통제를 받거나 억압을 당한다. 하여 편재가 좋아하는 식신(食神)을 잡아먹어 버리니 스스로 복과 수명을 줄이는 꼴이다. 궁리를 많이 하고 공상과 정신세계에 관심이 많으며, 그러한 쪽에서 탁월한 사람이 많다.

편인은 자신이 하고 싶은 것을 하려고 하는 성향이 강하고, 그러하지 않으면 몹시 게으르고 외모는 군자처럼 보이지만 옹졸한 생각을 많이

한다. 편인이 많으면 만사 불통하고 여러 직업을 경험하고 전문기술이나 기행(奇行)을 잘한다. 편관과 함께 있으면 고독과 인내심이 강하여 정신수련이나 철학 쪽으로 발달 된다. 자폐성이 강하여 특이한 재능이 있지만 멋대로 행동하고, 자유업이나 전문적인 것에 소질이 있다.

즉흥적 위기 모면이나 거짓말 기만성은 타의 추종을 불허하는데 자식 복이 약하고 본인이 싫어하는 것은 강하게 거부한다. 의견 충돌이 많고 비현실적이며 종교나 철학 참선(參禪) 기도 수행 같은 것이나, 무속(巫俗) 신비와 무형(無形)의 정신세계에 잘 빠져 든다. 부정적인 것을 잘 찾아내며 의심이 많고 불평불만도 많아서 비평가로 적합하다. 변덕 변태(變態) 시기 질투와 게으르며 잔소리가 많다.

• 신명(神明)

글문 도사(道師)에 해당하고, 정편인이 혼잡한데 정인(正印)이 많으면 어머니가 두 분, 편인(偏印)이 많으면 할머니가 두 분일 수 있다. 특히 土편인이 강하면 무속(巫俗)에 강한 기운을 가지고 있으며, 글을 분석하는 신기(神氣)를 타고 난 경우도 있다. 말을 논리적으로 잘하고 이론이나 응용력이 뛰어나서 막힘이 없을 정도이며, 명예를 좋아하지만 게으르고 노력은 하지 않는다.

편인의 도법은 글문이다. 하여 木이면 약명 火이면 천신 土이면 산신 金이면 존자 水이면 용신 글문이다. 하여 비겁(比劫)을 만나면 글문 도령과 선녀이고, 식상(食傷)을 만나면 별상 글문이나 글문 동자나 동녀가 된다. 재성(財星)을 만나면 한량 시인이고, 관성(官星)은 대학자이다. 정인을 만나면 글문 대감, 편인은 한가지는 특출한 도법을 가지고 있으며 이를 개발하면 신으로 명성이 난다.

인간사는 계모/ 서모/ 할머니/ 조부/ 사위/ 손자/ 어머니 등이며, 신명으로 보면 글문/ 도사/ 대감/ 할머니 등이다.

사회성은 창작/ 종교학/ 발명가/ 연구원/ 판결문/ 송사/ 소개서/ 보증서/ 변호사/ 천재성/ 예술성/ 기인/ 기술/ 교수/ 가문서/ 전문학/ 외국어/ 계약서/ 증권/ 보험/ 대행/ 신비/ 정신세계/ 침실/ 섹스/ 공상/ 가이드/ 잡지/ 소설가/ 환자/ 변덕/ 의심/ 임기응변/ 부도/ 도둑/ 사기/ 놀부/ 파재/ 단명/ 이별/ 고독/ 실패/ 실직/ 욕심/ 가난/ 불구/ 참모/ 비서/ 전문요리/ 검사/ 기술서적/ 세관원/ 감별사/ 분석가/ 정보/ 약사/ 약물/ 중독자/ 대인관계/ 수용성/ 인내심/ 식당/ 활인업/ 법무/ 서사/ 대서/ 공증/ 집요성/ 하자/ 문제/ 비평/ 비판/ 잔소리/ 중도하차/ 정류장/ 거짓말/ 거지근성/ 게으름/ 비밀/ 불확실/ 비공개/ 경솔/ 눈치/ 급한/ 군자/ 비상함/ 미완성/ 과정없음/ 싫증/ 태만/ 요령/ 결벽증/ 변명/ 경솔함/ 눈썰미/ 철학/ 비구상/ 추상파 등으로 알아차리기 어렵고 문자로 표현하였지만 불확실한 것이다.

변호사를 변호할 만큼의 언어 구사를 잘하는데 구속받는 것을 싫어하고, 좌절하면 자살 생각도 한다. 열심히 하는 것 같으나 싫증을 잘 내며, 까다롭고 분석을 잘하고 학자의 기질을 가지고 있다. 완주(完走)하기 어렵고 중도 포기가 많으나 인내와 노력이 있으면 반드시 성공한다. 전문적 연구나 공부 수행을 하면 좋은 결과가 있으나 지속성이 부족하다. 게으르지만 상상력이 뛰어나 꿈의 세계로 살아간다.

11) 정인(正印)

정인을 인수(印綬)라고 하는데 이는 확실성을 가정(假定)한 것으로 완전하다고 믿으면 안 되는 것이다. 정인은 겁재(劫財)를 보면 잘해주고 싶은 생각이 가득하고, 정재를 보면 부담스러울 것 같으나 오히려 정인은 더욱 완고해지고 때로는 약간의 불편함도 가질 수 있다. 정재는 부친이며 남자는 처(妻)이고, 여자는 시가(媤家)인데 서로 도와가며 좋은 환경을 만들려고 양보하며 참는다.

정인은 지식이나 학문으로 확실함을 보이고자 노력하고 이를 증명하려고 부단한 노력을 한다. 그리고 재물보다 책을 가까이하여 인격(人格)을 앞세우기를 좋아하고, 교육(敎育)에 가장 적합하다고 할 수 있다. 점잖은 성품에 부드러운 언어를 사용하며, 여유롭게 보이지만 때로는 상당히 인색(吝嗇)하다. 그리고 재물의 유혹(誘惑)에 강력하게 반발하는 것은 표면적이고, 실상은 그러하지 못하다고 할 것이다.

총명하고 눈이 맑아 온화하게 보이지만 이기적이고 글로 자신의 감정 표현을 풍부하게 나타내는 재주가 뛰어나다. 이해심과 아량이 넓어 긍정적인 생각으로 이해와 용서하려는 기풍(氣風)을 드러내고 있다. 자존심 명예를 중요시하며 깨끗한 환경을 좋아하고 앞에 나서는 것을 싫어하지만, 지혜와 언어구사력(驅使力)이 좋고 종교적 품위를 가지고 있다. 의리를 중요시하고 남을 해치려 하지 않는다.

- 신명(神明)

　글문 대감으로 인자하고 어질게 보인다. 요령(要領)보다는 사실적인 표현을 잘하고 해박한 식견(識見)을 가지고 있다. 재물보다 자신의 도법인 글문을 자랑하려고 하는 편이며 가르치듯이 이야기를 한다. 글문이 사주에 많으면 학문을 연마하는데 게으르고 타인에게 의지하려고 생각한다. 목적을 세우고 인내와 노력으로 최선을 다하면 반드시 뜻이 이루어지지만 그러하지 못한다면 나태(懶怠)하다.

정인의 글문 대감이 비견(比肩)을 만나면 평민층 대감이고, 겁재(劫財)는 까막눈 대감이다. 식신(食神)을 만나면 부지런하고, 상관(傷官)은 말이 앞서는 대감이다. 편재(偏財)를 만나면 글재주를 부리는 시인이나 창(唱)을 잘하고, 정재(正財)는 철두철미하신 대감이다. 편관(偏官)을 만나면 높은 학자이고, 정관(正官)은 국사에 해당한다. 편인(偏印)과 합하면 문예(文藝)에 밝거나 문맹(文盲)일 것이다.

인간사는 어머니 장인 사위 계모 등이며,
신명으로 보면 글문 대감/ 어머니/ 수행/ 보현 보살/ 등이다.

사회성으로는 교육/ 문서/ 수양/ 예술/ 학문/ 정신/ 윤리/ 추진력/ 집중력/ 직관력/ 예언/ 예감/ 지혜/ 총명/ 논리적/ 음덕/ 수명/ 학자/ 교육자/ 언론인/ 저자/ 대필자/ 종교계/ 도장/ 모성애/ 도덕성/ 눈치/ 글/ 자격증/ 덕망/ 얼굴/ 머리/ 의무와 책임감/ 고지식/ 기획/ 의학/ 정치/ 생산학/ 예복습/ 국어/ 부모덕/ 윗사람/ 귀인/ 생각뿐/ 바른말/ 학습지/ 보모/ 그림/ 서예/ 사진/ 영상/ 논문/ 번역/ 통역/ 활자/ 인쇄/ 복사/ 판결문/ 계획서/ 연설문/ 비밀/ 순수/ 진실/ 인성 등으로 문자로 표현하는 것이나 확인이 가능한 것이다.

차분한 인품에 행동이 어질고 실천을 하려고 노력하며, 솔선수범으로 타인의 귀감(龜鑑)이 되도록 선행한다. 정인은 보호하려는 정신이 강하며 말하는 것 보다 보여주는 교육을 하고자 노력한다. 말수가 적으며 정확하고 믿음을 주면서 차분하고 논리적이며, 자식을 위해서 희생을 하는 편인데 정인이 많으면 건강에 문제가 있을 수 있다. 쉽게 결정하지 않으며, 여러 방면으로 분석하여 확신을 주고자 한다.

12) 십신(十神)과 육신(六神) 조견표(신명)

육친	남여	가족관계(신의세계)	기타(시장경제)
비견 겁재	남	형제 자매 며느리 (도령 군웅 장군 신장)	친구 동창 동료 경쟁자 (나눔의 대상)
	여	형제 오빠 남편의 여친 (선녀 여신장)	친구 동창 동료 경쟁자 (나눔의 대상)
겁재 劫財	남	형제 여형제 (도령 장군 군웅)	여자친구 동기 (나와 경쟁관계 호객)
	여	자매 남형제 (선녀 여장군)	남자 친구 동기 (나와 경쟁관계 호객)
식신 食神	남	손자 손녀 처가식구 (조왕 친가 할머니 동자 설녀)	초보 새로움 건강 먹거리 노력 (생산 신제품 분점)
	여	아들 딸 (친가 할머니 삼신 할머니 조왕)	순수 첫경험 호기심 활동 (서비스 주방 요리)
상관 傷官	남	처가 식구 (외가 할머니 별상 동자 동녀 군웅)	중고 편법 기술 장애 (고물상 눈속임 서비스 기사)
	여	아들 딸 (외가 할머니 이모 별상 동자 동녀)	꾸밈 수정 애교 장애 (수다 사치 자랑 화장 성형)

편재 偏財	남	부친 여자친구 삼촌 고모 (한량 부친 업대신)	능력 횡재 유흥 도박 연봉 상속 (무역 사업 투자)
	여	부친 시집 식구 (한량 부친 시집신 업대신)	재물 사업 투기 (과시 패물 복부인)
정재 正財	남	부친과 그의 형제 시집 (부친 고모 업대감)	관리 월급 수단 연금 유산 (상업 저축 주식)
	여	부친 삼촌 고모 시집식구 (부친 시집신 업대감)	관리 수완 재능 (장사 고정수익)
편관 偏官	남	아들 딸 (문무대감 존자 산령 외조모)	권력 높은 직위 고통 인내 직업 (특수직업 고소득 저임금)
	여	남편 남자 친구 (문무대감 남편신 존자 신령 외조모)	대표 권한 위임 (경영인 특수직 귀인)
정관 正官	남	아들 딸 (국사 대감)	관직 자격증 직업 규정 (인증기관 정품 정찰제)
	여	남편 남자 친구 (국사 대감 남편신)	자격증 공직 직원 (직장 공무원 원칙)
편인 偏印	남	할머니 모친 (글문도사 걸신)	전문 지식 기술자 공책 (단일품 미완성 속임수 어음)
	여	할머니 모친 (글문도사 여자글문)	여행 가이드 통역 밀실 (외상장부 거래내역)
정인 正印	남	모친 (글문 대감)	가르침 서적 교육기관 (문구 확인 수표 인증)
	여	모친 (글문 대감)	선생 보육 문서 (계약서 증명)

15. 십신(十神)과 신(神)의 명패

　신의 명패는 일간을 중심으로 하여 부호에 따라서 붙여진 십신으로 정하는 것이 원칙이며, 삼합과 방위합 그리고 육합으로 변하고 형 충 파해 원진 등으로 다양한 명패가 정해지는 것이다. 즉 지지 12개의 부호마다 십신을 붙이면 120개의 명패가 출현(出現)되고, 여기에 10개의 천간까지 더하여 기본으로 정해진다. 팔만사천(八萬四千) 제대 신명이란 자연으로 드러내는 것은 일체가 신이라는 뜻이다.

천간의 부호와 지지 부호가 인연 되었을 경우 겉으로 드러나는 명패는 다양할 것이다. 이는 같은 십신이라고 하여도 부호에 따라서 다르고 위치에 따라서 다르며, 천간이 합을 하는 경우와 지지 부호가 합을 하여 변화하기 때문이다. 신의 명패는 인간이 지어주는 것이 아니고 신명계에서 부여받고 인간계로 내려오는 것이기에 확실한 명패를 알기 어렵다. 사람도 살아가면서 3번 정도의 개명을 하는 경우와 비슷하다.

부호는 무시하고 십신이 인연 될 경우만 서술(敍述)하는데, 천간은 신명 세계이고 지지는 도법이나 명패를 결정하는 것이다. 그리고 년월일시에 따라 명패와 도법이 다를 수가 있고, 합 형 충 파해 원진으로 도법이 변화할 수가 있음을 명심하기 바란다. 자연의 모든 것이 신이고 도법에 해당하며, 함부로 파괴하는 것은 신을 제거하는 것과 같다. 꼭 필요할 경우 먼저 신께 뜻을 전하고 이행한다면 무탈할 것이다.

또한 일반적으로 몇 대조의 인연을 알고 싶어 하는 경우가 많다. 정확하게 알 수는 없지만 그래도 어느 신명이 누구를 통하여 인(因)을 지어오는가를 유추할 수가 있다. 즉 년주에 인연이 되면 오행에 부여된 수치(數値)와 십신을 붙여서 읽어야 한다. 이러한 방법으로 월일시에 인연 된 신명도 알 수 있으며 1년 정도의 공차가 있을 것이다. 보이지 않는 신의 세계에서 전해주는 것을 무당이 받는 것이다.

1) 비견(比肩)

신장/ 장군/ 군웅/ 도령/ 선녀 등이며
신장은 비견이 강하고 편관과 인성을 만날 때
도령 선녀는 비겁이 비겁을 만날 때로 본다.

비견 = 신장/ 장군/ 장수/ 도령 선녀
겁재 = 장군/ 장수/ 군웅/ 도령 선녀/ 욕심 많은 도령 선녀
식신 = 할머니(대신)/ 순진한 도령 선녀/ 동자 설녀
상관 = 별상도령 선녀/ 꾀 많은 도령 선녀(동자 설녀)/ 창부대신
편재 = 한량대감(평민)/ 시집(형제)/ 부친(평민)
정재 = 대감(농부)/ 착실한 도령 선녀/ 시집(평범함)
편관 = 대감(머슴)/ 폭력배(도령)/ 고집 센 도령 선녀
정관 = 국사(하급관리)/ 착실한 도령 선녀(고지식함)
편인 = 공부하는 도령 선녀/ 구걸하는 도령 선녀(거지 대감)/ 가장(家長) (도령 선녀)
정인 = 장군(참모)/시골 선비

2) 겁재(劫財)

장군(패)/ 군웅/ 도령/ 선녀 등이며
장군은 비겁이 강하고 정관을 만날 때
군웅은 비겁이 상관과 겁재를 만날 때로 본다.

비견 = 패(敗) 신장/ 장군(폭력)/ 무리 두목(도둑)
겁재 = 군웅(특공대)/ 도령 선녀(이해심 부족)
식신 = 할머니/ 동자 설녀(이기적)
상관 = 별상/ 대신/ 동자 설녀(눈치 빠름)
편재 = 업 대감(방물장수)/ 부친의 형제/ 시집(시누)
정재 = 촌로(村老)/ 부친 형제/ 시집
편관 = 패 장군/ 군웅(독종)/ 특별국사/ 대감(낙향)/ 도령 선녀(겁박)
정관 = 하급국사/ 나인/ 대령 숙수(남자요리사)/ 무수리
편인 = 글문(까막눈)/ 게으른 대감(글문)/ 유랑하는 대감
정인 = 글문 대감(글 동냥)/ 욕심 많은 대감(어진척함)

3) 식신(食神)

식신: 친가/ 대신/ 동자/ 동녀/ 수자령 등
친가는 식신이 있거나 재성으로 이어질 때
대신(할머니)은 식상이 있거나 인성을 만날 때
동자 동녀는 식상이 있거나 타 십신과 합하여 식상일 때
수자령은 식상이 형 충 파해나 겁재가 되었을 경우가 많다.

비견 = 젊은 할머니(대신)/ 인자한 대신/ 숫총각 처녀
겁재 = 욕심 많은 할머니/ 일찍 죽은 조모/ 도령 선녀(눈치 본다)

식신 = 대신(친가)/ 꽃 대신/ 동자 설녀(귀염둥이)
상관 = 별상 대신(외줄)/ 꽃 대신/ 할머니(아는 척)/ 동자 설녀(꾀돌이)
편재 = 업 대신(재물)/ 시집(할머니)/ 인자하신 부친/ 개구쟁이 동자 설녀
정재 = 업 대신(소규모)/ 알뜰한 할머니/ 부친의 형제(착함)
편관 = 사도세자/ 단종/ 가난한 대신/ 가난한 동자 설녀/ 어진 대감
정관 = 양가집 대신/ 착실한 동자 설녀/ 초보 국사
편인 = 연약한 대신/글문 대신/ 병(病)환 동자 설녀/ 주모(酒母)대신/ 벙어리
정인 = 어진 대신/ 글문 동자 설녀

4) 상관(傷官)

상관: 외가/ 별상/ 대신/ 동자/ 동녀/수자령 등
외가는 상관이 있거나 인성으로 이어질 때
별상은 상관이 있거나 비겁과 약명으로 이어질 때이다.

비견 = 별상 장군/ 별상 도령 선녀(일반)
겁재 = 별상 군웅/ 별상 도령 선녀(사고)
식신 = 별상 대신(친가)/ 별상 동자 설녀
상관 = 별상 군웅/ 별상 대신(외줄)/동자 설녀(눈치9단)
편재 = 별상 대감(한량)/ 업 대감(약재)/ 별상 부친/ 시집별상/ 남사당
정재 = 부친 형제 별상/ 시집형제 별상
편관 = 별상 국사/ 별상 장수/ 별상 대감(남편)
정관 = 별상 국사(외줄)/ 영선(營繕)대감
편인 = 별상 글문/ 별상 대감(장애)/ 별상 대신(할머니)

정인 = 별상 대감(글문)/별상 대신(어머니)

5) 편재(偏財)

편재: 3류 대감/ 한량/ 창부/ 업(業)/ 부친 삼촌 고모/ 시집 등
한량은 편재가 역마나 타 십신으로 정해짐
일지에 편재가 있을 경우
창부는 편재가 식상이나 합하여 재성일 때
업은 未土가 재성(편재)일 경우가 많다.

비견 = 한량(남사당)/ 한량 도령 선녀/ 악사/ 시형제
겁재 = 업 대감(특산물)/ 장돌뱅이/ 사기꾼/ 시숙
식신 = 업 대신/ 방물장사/ 한량 동자 동녀/ 주모(酒母)/ 시조모/ 앵벌이 영감
상관 = 업 대신(사치품)/ 별상 한량/ 장애 문둥이/ 시집별상
편재 = 업 대감(거상)/ 한량 대감/ 아버지/ 시집 신
정재 = 업 대감(관리인)/ 부친형제 일신(고모)/ 시집신
편관 = 업 대감(무역)/ 산적(山賊)/ 건달/ 사당패/ 시집조상
정관 = 업 대감(허가받은 교역)/ 시가 국사/ 궁중 무용/ 궁중 악사
편인 = 업 대감(전당포)/ 고리대금/ 시집 글문도사/ 유랑객(글문)
정인 = 업 대감(주막)/ 시집 글문대감

6) 정재(正財)

정재: 3류 대감/ 업/ 부친 삼촌 고모/ 시집 등
대감은 재성이 인성을 만날 때
부친 고모는 월주에 있거나 일주가 재성과 합할 때
시집 관성이 재성과 동주(同柱)하여 일주와 합할 때

비견 = 대감(평민)/ 부친(서민)/ 시집 형제(도령 선녀)
겁재 = 대감(욕심 유배)/ 고모 삼촌(도령 선녀)
식신 = 대감(너그러움)/ 시집(조모)/ 시집(동자 설녀)
상관 = 별상 대감(병약함)/ 시집 별상 대신/ 시집 별상 동자 동녀
편재 = 대감(한량기질)/ 부친 형제/ 한량 고모/ 시집 한량
정재 = 대감(고지식함)/ 시 어른(대감)/ 고모(부친형제)
편관 = 대감(엄격함)/ 재정(財政) 국사대감/
정관 = 대감(원칙주의)/ 재정 국사/ 남편
편인 = 대감(걸인)/ 승정원 대감(기록)
정인 = 대감(글문)/ 훈장

7) 편관(偏官)

편관: 최고 권력/ 문무 대감/ 국사(國使)/ 남편/ 외조모
문무대감은 편관은 강한 편인을 만날 때
국사는 관성이 인성이나 역마를 만날 때가 많다.

비견 = 국사(군사(軍士))/ 난폭한 도령 선녀
겁재 = 국사(별정직)/ 귀향간 대감(낙향)/ 요절한 남편
식신 = 국사(보급)/ 율사(律士) 대감/ 외할머니

상관 = 국사(별상 의약)/도통군자/ 별상 남편
편재 = 국사(의전)/ 광대/ 외할아버지/ 한량 남편
정재 = 국사(재정)/ 빈곤한 대감
편관 = 국사(특별직)/ 암행어사/ 정승(政丞) 대감
정관 = 국사(인솔자 총책)/ 포도대장
편인 = 국사(보좌관 문무관)/ 왕의 스승(국사(國師))/ 도적/ 걸신
정인 = 국사(기록원)/ 글문 대감/ 승정원 서기/ 내관(內官)

8) 정관(正官)

정관: 2류 대감/ 국사(國事)/ 남편 /외조모 등
남편은 관성이 일주와 합할 때
외조모는 정편관이 혼잡할 때 본다.

비견 = 국사(國事)(일반직)/ 장군/ 착한 도령 선녀
겁재 = 국사(임시직)/ 거만한 도령 선녀/ 무수리(시중드는 도령 선녀)
식신 = 국사(취사)/ 어진 대감/ 대신(귀부인)
상관 = 국사(의전관)/ 어의(御醫) 대감/ 별상 대감/ 대신(나라기생)
편재 = 국사(수행원)/ 궁중 악사
정재 = 국사(관리직)/ 대감(소도시)/ 착한 남편
편관 = 국사(감사관) 대감(독거 노인)/ 모진 남편
정관 = 국사 대감/ 관직에 오른 남편
편인 = 국사(통역관 별정직)/ 무식한 남편
정인 = 국사(도서관)/ 성균관/ 글문 남편

9) 편인(偏印)

편인: 1류 대감/ 글문 도사/ 할머니/ 걸인 등
글문도사는 편관이 있고 편인이 편인을 만날 때
걸인은 편인이 식상을 만날 때

비견 = 글문 대감(평민)/ 문예 도령 선녀/ 거지 도령 선녀
겁재 = 글문 대감(까막눈 독학)/ 까막눈 도령 선녀
식신 = 글문 대신(문예)/ 글문 동자 설녀
상관 = 별상 글문(외줄)/ 별상 대신/ 별상 글문 동자 설녀
편재 = 훈장 어른/ 업 대감(문구)/ 창부 대신/ 한량 글문
정재 = 글문 대감(훈장(訓長))
편관 = 교주/ 당파 총책/ 글문 대감(대서)
정관 = 성균관장/ 글문 대감(교지(校誌))/궁중 요리
편인 = 글문 도사/ 거지 대감
정인 = 글문 대감

10) 정인(正印)

정인: 1류 대감/ 글문/ 어머니 등
대감은 인성 관성 재성이 타 십신과 합할 때
글문 대감은 정인이 인성과 관성을 만날 때
대신(할머니)은 정인이 식신을 만날 때
상관을 만나면 외가 이모 등으로 본다.

비견 = 글문 대감(평민)/ 글문 도령 선녀
겁재 = 글문 대감(까막눈)/ 도령 선녀(문맹(文盲))

식신 = 어진 대신/ 글문 동자 설녀

상관 = 별상 대신(문예)/ 글문 별상동자 설녀

편재 = 시집 글문 대감/ 글문 대감(서예)/ 글문(부친)

정재 = 글문 대감(2류)/ 글문(부친형제)

편관 = 글문 대감(1류)/ 글문(남편)

정관 = 글문 선생/ 훈장(訓長)

편인 = 글문 대감(도사수준)/ 글문 대신

정인 = 글문 대감(1류)/ 글문(모친)

하지만 다양한 변수(變數)로 명패가 바뀌는 경우가 많음을 알아야 한다.

11) 예문

사주팔자에서 팔만사천 제대 신명과 불보살을 유추(類推)하는 것은 해변(海邊)의 모래 속에서 바늘을 찾는 것과 같으며, 오행과 합 형 충 파 해 원진 등으로 많은 변수(變數)가 작용한다. 하여 신의 도법(道法)을 알아가는데 부호와 십신을 활용하여야 알 수 있고, 헤아릴 수 없는 만큼의 많은 명패(名牌)는 인간사의 이름보다 더 다양하다. 신명 세계에 따라서 같을 수도 있고 다를 수도 있음을 인정하여야 한다.

예문)1

시 일 월 년

丙 乙 庚 辛

戌 未 子 亥

丙火상관의 천신 대보살은 시지 戌土의 지장간에 辛金편관과 合을 하는데 이는 월주와 乙庚合金하여 정 편관이 혼잡하니 아버지의 외할머니가 亥未合木비견 선녀가 되어 乙未에 인연 줄로 들어오는 것이다. 하여 시주 丙戌정재가 일주 乙未편재를 戌未파형(破刑)하고, 乙木의 꽃으로 피어나고자 하는 것이다. 이렇게 회오리바람처럼 돌고 돌아서 들어오는 인연을 쉽게 알 수 없다. 년주 辛亥정인 글문대감은 외가의 4대조(辛金)이다.

庚金정관 국사는 부친의 4대조이며 乙未와 子未원진으로 인연은 없다. 하지만 위와 같이 인연을 찾아볼 수도 있다. 사주팔자에 나타내는 다양한 변화를 풀이하는 방법이 난해(難解)하다. 하지만 무당도 신(神)에서 전해주는 공수가 증명되지 않으니 참 신인지 허주 신인지 구별하기 어렵다. 하여 무당이 사주(四柱)를 배우면 글을 보고 신이 내리는 공수를 확인할 수 있기에 누구도 이를 따라올 수 없는 것이다.

예문)2

시 일 월 년
丁 戊 庚 丙
巳 申 子 午

일주 戊申식신은 9대 조부(申金)일 것이다. 가장 가까운 조상은 申金식신 4대조 할머니가 월주 庚子에 합하였으니 金은 미륵이고 水는 용궁으로서 이를 조합하면 4대조 할머니가 용궁 미륵에서 오신 것이다. 여기서 申子辰合水를 하는데 辰土비견이 보이지 않으니 고여 있는 곳이 아니고 흐르는 물인데 庚金에서 子水가 떨어지기에 폭포의 용소(龍沼)인 것이다. 년주 丙午편인은 천신 글문 도사로서 조부(祖父)의 2,7대조이다.

하지만 년주 丙午천신글문 도사는 월주 庚子용궁미륵을 과감하게 충(沖)하고 일주 戊申산신 미륵 대신을 선택하려고 하는데, 월주 庚子용

궁 미륵이 습水편재 한량으로 바꾸어서 학문에 관심을 두지 못하게 하고 즐거움에 빠지도록 하여 뜻을 펼치지 못하게 막고 있다. 인연은 하나인데 여러 신명과 인연 되어있으면 제자는 갈팡질팡하게 되는 것이다. 하지만 제자가 어느 신명이 허주인가를 정확하게 알면 바로 신 가림을 정확하게 할 수 있다.

16. 12운성(運星)과 신명(神明)

 모든 신명은 천간을 중심으로 하여 지지에 인연 되어 나타내고, 신의 강하고 약함을 12운성으로 판단한다. 지장간을 통하여 명패(名牌)와 도법(道法)과 성향 그리고 인연 되어 들어오는 신명(神明) 등을 다양하게 표현할 수가 있다. 또 한 계절에 따라서 천간의 활동성을 추정(推定)하고, 천간이 원하는 것은 지장간을 통하여 표현하고 있다. 즉 신의 뜻을 전하는 것이 지장간과 12운성 이기에 충분한 이해가 필요할 것이다.

일반적으로 알려진 신명 세계는 일부분이며, 자연 속의 신명 세계는 엄청나기에 팔만사천 제대 신명이라고 하였다. 무당은 인연 되어 들어온 신이 전해주는 소리를 받아들이는데 진가(眞假)를 구분하지 못하고 있다. 사주는 문서이며 60갑자로 한정되어 있다고 생각할 수 있겠지만 다양한 명패를 함부로 지어 부르는 것도 큰 오류(誤謬)이다. 또 한 불가능한 명패를 주장하는 수도 있는데 이 역시 잘못이라고 생각한다.

지장간은 자연의 이치와 인간과 신의 세계까지 압축한 부호(符號)이다. 그래서 원리를 알면 자유자재로 팔만사천 제대 신명이 전하는 것을 풀어낼 수가 있다. 인간사보다 더 복잡한 신의 세계를 알고 타협하여 알아주면, 신(神)도 즐거워하고 인연과 공생하면서 서로의 이익과 진화를 바란다. 무당이 신의 도력이 부족하면 학문으로 보충하고, 자질(資質)이 부족하면 수행(修行)을 통하여 인연 된 신과 공존(共存)하는 것이다.

신의 도움 없이 온전히 인간의 노력으로 이루어지는 것은 불가능하다. 이는 신이 인간의 마음과 생각과 행동을 조절하기 때문이고, 신이 훼방을 놓게 되면 인간이 바라는 뜻은 이루어지지 않는다. 상담을 하려고 찾아오는 분의 하소연을 듣고 지장간을 통하여 해결(解決)하는 방법을 찾아야 한다. 신(神)이 전하는 모든 것 즉, 유무(有無)와 물질(物質)과 인물(人物)과 인간의 능력까지 지장간을 통하면 알 수가 있다.

1) 60갑자와 12운성과 지장간의 신명

갑(甲) : 목욕(沐浴)지에 있어서 나 홀로 박사 신침(천상)
자(子) : (정인) = 천상 글문 대감으로 영검 하지만 표현이 약함
　　　(壬)편인 = 글문 도사, 게으름
　　　*미약하게 깨친 제석 글문
　　　(癸)정인 = 글문 대감
　　　*상식은 있어도 깊이가 없는 수신

을(乙) : 쇠(衰)지에 들어서 실천하지 못하고 생각이 많음(약명)
축(丑) : (편재) = 재물로 고통을 받거나 쓰지 못하고 죽은 조상

　(癸)편인 = 까막눈

　*글을 모르는 한 많은 조상

　(辛)편관 = 대감 신침 변화 뼈를 깎는 고통

　*득도를 기다리는 불사 수행승

　(己)편재 = 조부 부친 약초(귀함) 구할 재물이 없음

　*소극적이고 조심성이 많고 자린고비 대감

병(丙) : 장생(長生)지로 여러 가지에 관심을 가짐(천신)
인(寅) : (편인) = 천신 약명 글문 도사가 되려고 공부를 시작함

　(戊)식신 = 친가 산신보살 동자 말과 글에 밝음

　*많은 사람과 소통하며 어질다.

　(丙)비견 = 천신 벽력신장 일광장군 천황잡이 도령 선녀

　*천방지축 같은데 침착하고 서두르지 않는다.

　(甲)편인 = 글문 도사 공부를 시작함 (신침)

　*대가(大家)를 꿈꾼다.(약명)

정(丁) : 병지(病地)에 있어 전문지식을 가짐(칠성)
묘(卯) : (편인) = 칠성약명 글문, 신침 뜸 전문 약학 서적

　*향 초를 밝히고 두손모아 공들임

　(甲)인수 = 태상노군 당산 약명대감(침)

　*노자(도덕경)

　(乙)편인 = 천관도인 당산 약명도사

　*활동성이 약하지만 약손과 부적(符籍)

　*붉은 꽃이 피는 약초

무(戊) : 관대(冠帶)로 다양한 경험과 부단한 노력(산신)
진(辰) : (비견) = 산 용신 신장 장군 도령 선녀, 산천으로 수행함

    (乙)정관 = 국사(당산약명)

    *내의(內醫)관

    (癸)정재 = 하늘역마 수궁대감 부친형제

    *넋이(戊癸合火) 되어 구천에 떠돌고 있다.

    (戊)비견 = 대산 신장

    *주장과 고집이 세고 이해심이 많으며 너그러움

    (戊癸合火)정인 = 일광보살 글문대감(머슴)

    *어깨너머로 순간순간 글을 익힘

기(己) : 제왕(帝王)으로 아는 것은 없어도 왕성한 활동(산신글문)
사(巳) : (정인) = 고을 글문대감 삿갓어른 노중글문

    (戊)겁재 = 산신 군웅 도령 선녀

    *골목 대장 골메기 신

    (庚)상관 = 외줄 인연(모친 형제)

    *출가하여 뜻을 이루지 못한 노중

    (丙)인수 = 천상 글문대감

    *잡학에 능통한 대감

경(庚) : 목욕(沐浴)지에 있어서 진행을 담당함(미륵 국사)
오(午) : (정관) = 미륵 대사 의전(儀典)

    (丙)편관 = 천신대감 일광(日光)보살 문무대감

    *의식과 경호를 담당하는 총책

    (己)인수 = 행정관 집사(執事)

　　*내관

　　(丁)정관 = 칠성국사

　　*대감이 고개를 숙임

신(辛) : 쇠(衰)지에 있어서 간혹 글을 가르침(불사 세존)
미(未): (편인) = 대사줄 불사세존 수행승, 인연 된 사람이 불사 세존을
　　　　　　　모심
　　*흰 단지에 쌀을 9부정도 채우고 고깔에 염주를 걸어둠
　　(丁)편관 = 칠원성군 자미원(자미대제)
　　*향과 초를 밝히고 공을 들임
　　(乙)편재 = 업(業)대신 당산약명 약초상인
　　*바라 범패 어산 등의 기예에 능통함
　　(己)편인 = 약명도사(신침) 가는 글체의 비법서적
　　*수행중 불상(佛像)앞에 엎드림

임(壬) : 장생(長生)으로 능력 발휘할 준비를 함(용궁미륵)
신(申) : (편인) = 제석글문 미륵 역마(거북이) 신침(쇠) 뜻을 품은 대감
　　(戊)편관 = 허공 산신대감 용궁국사
　　*무리들이 모임
　　(壬)비견 = 용궁군웅 도령
　　*기초를 익히기 시작함
　　(庚)편인 = 미륵 글문
　　*자율적이지만 철저함

계(癸) : 병(病)지에 들어 글을 가까이 하나 게으름(수궁불사)
유(酉) : (편인) = 출가수행 낭인(浪人) 주정뱅이 거지신
　　　*토굴에서 학문을 익히는 게으른 대감
　　　(庚)정인 = 미륵 불사 수도승 독성
　　　*느긋하게 수행함
　　　(辛)편인 = 불사 수도승 탁발(托鉢) 신침
　　　*노력 없이 무작정 기다림

갑(甲) : 양(養)지로 늦게 싹을 틔우고자 함 신침(옥황상제)
술(戌) : (편재) = 천상 당산(고목) 한량 거상, 최고 또는 귀한 것
　　　(辛)정관 = 의관(침) 불사
　　　*명의(名醫) 약명 침술
　　　(丁)상관 = 외가인연 달변 이모 도통
　　　*아랫것 무시 편향됨
　　　(戊)편재 = 한량산신 풍류에 뛰어남(의술 그림 서예 시)
　　　*천하 한량대감

을(乙) : 사(死)지에 들어서 활동을 하지 않고 경험을 집필(당산용궁)
해(亥) : (정인) = 약명(탕) 당신글문 약명모친, 알아주는 이가 많이 없음
　　　(戊)정재 = 허공장
　　　*한 곳으로 모으려고 함
　　　(甲)겁재 = 천상 당산 약명군웅 도령 선녀 침술서적
　　　*귀동냥으로 배움
　　　(壬)인수 = 수궁 글문 검은 부적
　　　*한 곳에 집중함

병(丙) : 태(胎)지에 있으므로 기본을 지도받음(천신국사)
자(子) (정관) = 천신 대감 국사(하급), 불만으로 투덜거림
　　*천신이 약하여 제석과 허공장의 간섭을 받음
　　(壬)편관 = 제석천신
　　*하급 신명으로 고집 세고 급한 성격
　　(癸)정관 = 불만스런 대감
　　*천신의 앞을 가리고 있음

정(丁) : 묘(墓)지에 들어서 억울함을 호소하며 기다림(칠성대신)
축(丑) : (식신) = 친가 칠성줄 한(恨)많음 할머니 동자 동녀(수자령)
　　(癸)편관 = 대감(행불) 고통(丁癸沖으로 못들어감)
　　*지극히 가난한 대감(머슴)
　　(辛)편재 = 아버지 한량 출가(염불 승무)
　　*변화하려고 노력함
　　(己)식신 = 조왕 터주 친가 할머니 동자 동녀
　　*장독이나 부엌에 촛불 밝힘

무(戊) : 장생(長生)으로 경험 부족(산신약명)
인(寅) : (편관) = 산신 산신약명 골메기당산 선거리(장군)
　　(戊)비견 = 허공신 도당신 산신걸립 장군 도령 선녀
　　*하늘을 지붕삼아 산천을 헤맴
　　(丙)편인 = 천신 글문대감(견문(見門) 천안통)
　　*아는 것은 많아도 깊이가 없음
　　(甲)편관 = 산왕 약명(신침) 당산
　　*과감하고 강직한 성품

기(己) : 병(病)지로 일선에서 물러남(소산신)
묘(卯) : (편관) = 대감(교육관계) 약명 당산 동제신 쌍침
　　　(甲)정관 = 국사 약초 연구하는 대감
　　　*최고에서 물러난 내의관(醫官)
　　　(甲己合土)비견 = 군웅 평민 도령 선녀 (파직 모함)
　　　*평민으로 돌아옴
　　　(乙)편관 = 당산 약명 전령(傳令)
　　　*산천에 약초 찾으며 자유롭게 살아감

경(庚) : 양(養)지로 학문을 익힘 하늘용궁 미륵 대사
진(辰) : (편인) = 글문도사(전문성을 배우기 전에 다양한 지식을 익힘)
　　　*독학 수행 박학다식
　　　(乙)정재 = 약명 당산대감
　　　*귀동냥으로 익힌 민간요법
　　　(乙庚合金)비견 = 미륵약명 장군 약명도령
　　　*약용열매 연구 부전공 검법
　　　(癸)상관 = 외가 별상 동자 동녀 외줄형제 일신
　　　*사고나 아파서 죽음
　　　(戊)편인 = 도인 도사 산신 대감 대신할머니
　　　*다양한 학문을 많이 익힘
　　　(戊癸合火)정관 = 국사 대신
　　　*별상이 공부하다 갑자기 무지개(戊癸合火)타고 옴

신(辛) : 사(死)지로 심부름하는 말단(불사) 신침(열을 가함)
사(巳) : (정관) = 국사(전령) 노중 탁발(托鉢)승

　　(戊)정인 = 대감 글문 대신(청춘에 가신 할머니 또는 어머니)
　　*수행원(가마꾼) 임직(유생) 승려(유학) 많은 경험
　　(庚)겁재 = 장군 군웅 도령 선녀
　　*가출(출가)한 형제나 일가친척 행방불명
　　(丙)정관 = 천신대감 국사
　　*집사(다양한 일을 처리하는 사람)
　　(丙辛合水)식신 =천 궁불사 친가 할머니 동자 동녀
　　*언어장애 버릇없음

임(壬) : 태(胎)지로 갓 성인이 된 대감(제석 용궁)
오(午) : (정재) = 신입 용궁약명대감(거북이 타고옴)
　　(丙)편재 = 한량 대감
　　*丙壬沖하여 난폭한 성격 좌충우돌하며 배움
　　(己)정관 = 국사 (내시(內侍))
　　*몸을 낮추고 고개를 숙임
　　(丁)정재 = 용궁 칠성대감 제석칠성 칠원성군 천신용궁
　　*관리에 능통하며 다양한 능력을 지님
　　(丁壬合木)상관 = 외줄 별상 당산용궁 약명 대신 동자 동녀
　　*불과 물을 이용한 약명 (꾸준함)

계(癸) : 묘(墓)지라서 활동성이 떨어짐(하늘역마)
미(未) : (편관) = 조왕 세존(관직을 원함) (검은 단지)
　　(丁)편재 = 칠성 업대감(주당) 한량 대감
　　*한 곳에 집중하며 재물 욕심
　　(乙)식신 = 친가 마고할미 당산약명 동자 동녀

*조왕(주방) 공양주(供養主)

(己)편관 = 대감(감정변화가 심한) 좌천됨 대감

*낮은 직위 주장은 강함

갑(甲) : 절(絶)지로 참고 견딤(천상 약명 대감)
신(申) : (편관) = 문무 대감(수감됨) 당산 약명 삼불제자 팔부중

(戊)편재 = 한량대감

*궁궐에서 기예를 담당함 직언(直言) 다재다능함

(壬)편인 = 거지 도사 용궁글문 대감

*글문에 관심은 많으나 근기가 약함

(庚)편관 = 문무대감(조건적인 활동함)

*고집 세고 명예 원함

을(乙) : 절(絶)지에서 새로운 인연을 기대함(당산약명 불사)
유(酉) : (庚)정관 = 국사(내의원) 당산 불사 불사약명

(乙庚合金)편관 = 미륵 약명대감

*당산미륵 약명 미륵신장(약명을 터득함)

(辛)편관 = 의관(침 전문)

*침술중 실수로 교수형(絞首刑)

병(丙) : 묘(墓)지로 높은 학문을 연구(천신)
술(戌) : (辛)정재 = 변화를 희망하는 대감

(丙辛合水)정관 = 광과천신 천궁불사 국사(암행어사)

*밀사(密使)로 수행중 구속 사망(사약)

(丁)겁재 = 칠성장군 군웅 도령 선녀

　　*뜻을 이루려다 실패한
　　(戊)식신 = 친가 천상(天上)대신
　　*먹지 못해 죽은 조상

정(丁) : 태(胎)지로 경험 부족 말단국사(용궁칠성)
해(亥) : (戊)상관 = 외줄별상 수살고 수자령 동자 선녀
　　*약을 잘못 먹었거나 물에 투신
　　(甲)인수 = 천상글문 당산약명글문
　　*글문으로 다시 태어남
　　(壬)정관 = 용왕 용궁제석 용궁국사
　　(丁壬合木)인수 = 용궁칠성 글문대감 칠성약명 용궁약명
　　*탕과 뜸을 연구하고 공부함
　　*용왕님을 전담하는 의관(醫官)

무(戊) ; 태(胎)지에 있어 생색을 냄(산용궁)
자(子) : (壬)편재 = 제석 용궁한량(작사) 업대감
　　*흥이 많아도 드러내지 못함
　　(癸)정재 = 역마 대감(몰래 학문을 배움)
　　*하고 싶은 것은 많으나 실천하지 못함
　　(戊癸合火)인수 = 글은 짧아도 많이 아는 척
　　*재물에 밝고 학문은 부족함

기(己) : 묘(墓)지에 구속됨(소산신 한빙지옥)
축(丑) : (癸)편재 = 거지대감 귀향대신 한량 골메기 측간
　　*잡기에 능함(홀로 즐김)

(辛)식신 = 친가 불사대신 신침

*후천적으로 익힘

(己)비견 = 패장군(포로) 터주 도령 선녀

*힘든 고통으로 설움과 한이 많음

경(庚) : 절(絶)지로 인연줄이 없음(미륵 약명)

인(寅) : (戊)편인 = 도사 글문(독학)

*약초 환 심마니

(丙)편관 = 무관(산적) 천신

*글을 알지 못함

(甲)편재 = 한량 범패(梵唄) 천황잡이 당산약명

*후천적으로 익힘

신(辛) : 절(絶)지로 지독함(약사 불)

묘(卯) : (甲)정재 = 약명대가(침) 당산 불사약명 부친형제

*법제하여 환으로 만듦 대침 줄기나 건초 약재(藥材)

(乙)편재 = 당산한량 약명(업) 부친 시집 약손(氣)

*귀동냥으로 익힘 열매약재(藥材)

*손에서 나오는 기(氣)침 치료

임(壬) : 묘(墓)지에 들어가 활동성이 떨어짐(용궁 제석)

진(辰) : (乙)상관 = 외줄별상 이모 동자 동녀 군웅

*유행병이나 사고사(死)

(癸)겁재 = 군웅 도령 선녀

*인연이 흩어짐

　　(戊)편관 = 국사 대감
　　*귀향이나 낙향한 대감
　　(戊癸合火)정재 = 천신 허공 대감
　　*물에 빠져 죽은 부모나 형제일신

계(癸) : 태(胎)지에 임하여 하급 관리(전령(傳令))
사(巳) : (戊)정관 = 산신국사 허공대신
　　*여기저기 돌아다님
　　(戊癸合火)편재 = 천신한량 급사한 부친 시집
　　*갑자기 나가서 사라짐(부정행위)
　　(庚)인수 = 미륵도인 독성 글문대감 단명한 모친
　　*자연으로 깨침 어질다
　　(丙)정재 = 천신 관리대감 일광(日光)
　　*잡일에 능하며 낭비가 많음

갑(甲) : 사(死)지로 다음을 준비함(천상 별상공주 대보살)
오(午) : (丙)식신 = 친가할머니 명신동자 동녀(대나무에 붉은깃발)
　　*자신보다 남을 배려하는 마음
　　(己)정재 = 대감 당산성황 골메기 마고 시집 부친일신
　　*작지만 자기 위주
　　(甲己合土)정재 = 당산성황 천상 매화부인
　　*당산성황이 천상으로 화함
　　(丁)상관 = 칠성 별상(화침) 동자 동녀
　　*말이 거칠고(거짓) 특출함 눈치 꾀

을(乙) : 양(養)지에서 새로운 준비를 시작(당산세존)
미(未) : (丁)식신 = 친가 칠성대신 동자 동녀(똑똑함)
　　　*순진하며 활동적임
　　　(乙)비견 = 당산약명 군웅 도령 8선녀(평민) 형제일신
　　　*평범하지만 성실함은 부족
　　　(己)편재 = 한량 업 성황당
　　　*항상 자신을 낮추고 겸손함

병(丙) : 병(病)지로 후학 양성함(천신 미륵)
신(申) : (戊)식신 = 친가 대신 산신동자 동녀 미륵 글문
　　　*똑똑하고 점잖함 실천적이고 배려심 많음
　　　(壬)편관 = 문무대신 교관(教官)
　　　*냉정하고 무섭다
　　　(庚)편재 = 건달바 미륵 한량 작두
　　　*한량 기질을 타고남

정(丁) : 장생(長生)으로 후천적 공부(칠성당)
유(酉) : (庚)정재 = 형제 일신 수도승 출가승
　　　*뜻을 가지고 수행이나 출가함
　　　(辛)편재 = 독성 신(神)침 한량 바라춤 무구
　　　*나름 부단한 노력을 함

무(戊) : 묘(墓)지에서 공부를 준비함(산신 신장)
술(戌) : (辛)상관 = 별상 신침(찜질) 도통
　　　*새로운 변화

　　(丁)인수 = 칠성도인 허공글문 산신칠성
　　*한 우물만 파는 성격
　　(戊)비견 = 신장(오방) 산신도령 선녀 군웅
　　*형제일신이 입산수도

기(己) : 태(胎)지로 어리고 근기가 약함(수궁)
해(亥) : (戊)겁재 = 군웅 도령 선녀 잃어버린 형제
　　*천문에 관심
　　(甲)정관 = 국사(대기함) 대감 당산 성황 약명(약탕)
　　*낮은 벼슬
　　(甲己合土)비견 = 당산 성황장군 도령 8선녀(공주)
　　*양자로 갈 수 있음
　　(壬)정재 = 수신(수궁) 대감 도령 우물 저수지
　　*무지하고 노력하지 않음

경(庚) : 사(死)지에 들어서 활동성 약함(미륵 용궁)
자(子) : (壬)식신 = 친가 할머니 용궁동자 동녀
　　*춥고 배고파서 활동하지 못함
　　(癸)상관 = 별상 이모 수자령 수신
　　*말이 어둔하고 아프다

신(辛) : 양(養)지로 새로운 인연을 찾으려고 함(불사 대감)
축(丑) : (癸)식신 = 친가 할머니 동자 동녀 걸신
　　*거처도 없고 구걸하는 한 많은 인연
　　(辛)비견 = 형제 일신 도령 선녀 군웅

*신분상승 하려고 인연을 기다림
　　　(己)편인 = 걸신 글을 몰라 한이 많은 조상
　　　*글을 모르고 건강이 나빠서 죽은 윗대 조상

임(壬) : 병(病)지로 경륜이 많음(용궁 약명)
인(寅) : (戊)편관 = 군의관 무관
　　　*약초의 수액으로 치료함
　　　(丙)편재 = 천신 한량(퇴임)
　　　*다양한 경험으로 나름 새로운 것에 도전
　　　(甲)식신 = 친가 3불제석 동자 동녀 용궁 약명 천황잡이
　　　*천상과 용궁을 왕래함

계(癸) : 장생(長生)으로 새로운 것을 익힘(수궁 약명)
묘(卯) : (甲)상관 = 별상 명의 득도 목침
　　　*나무 수액 명약(담금 발효)
　　　(乙)식신 = 친가 약명대신 당산 동자 동녀 조왕
　　　*약손이며 정성이 지극함

갑(甲) : 쇠(衰)지로 풍부한 경험(옥황상제)
진(辰) : (乙)겁재 = 장군 도령 선녀 형제 일신이 천하 한량이다
　　　*바람처럼 재주를 부리며 다님(소문)
　　　(癸)인수 = 수궁 글문대감 도서관장
　　　*알지 못하는 숨은 실력
　　　(戊)편재 = 부친 한량 산신대감 앉은거리
　　　*뛰어난 재담(才談)꾼

(戊癸合火)상관 = 천상 득도 별상 대신 동자 동녀
*언변 바라춤 창(唱) 서화(書畵)등 즉흥적임

을(乙) : 목욕(沐浴)지로 멋을 부림(노중 별상)
사(巳) : (戊)정재 = 산신 대감
　　*허세를 부림
　　(庚)정관 = 국사(가마꾼) 대감(이방) 독성
　　*수행원에 불과함 낮은 관직
　　(乙庚合金)편관 = 당산미륵 수행원 호위무사 보건의
　　*겸직하는 수행원(국사)
　　(丙)상관 = 외줄 별상대신 동자동녀 군웅 모친일신
　　*행방불명 야반도주

병(丙) : 제왕(帝旺)으로 일방적임(천신 벼락장군)
오(午) : (丙)비견 = 일광신장 도령 선녀 명신보살 법사
　　(己)상관 = 외줄 별상대신 도령 선녀
　　*모든 것을 받아줌
　　(丁)겁재 = 칠성장군 군웅 도령 선녀
　　*고집과 주장이 강함

정(丁) : 관대(冠帶)로 공줄이 강함(칠성 세존)
미(未) : (丁)비견 = 칠성장군 도령 선녀
　　*주장이 강하지만 기복(起伏)이 심함
　　(乙)편인 = 당산약명(뜸) 글문대감 의서(醫書)
　　*풍병(風病) 전문

(己)식신 = 친가 대신 동자 동녀 조왕
*외소한 체격과 조용하다

무(戊) : 병(病)지로 일선에서 물러남(산신 미륵)
신(申) : (戊)비견 = 산신장군(새내기) 미륵도령 선녀
　　*형제 일신이 산천으로 다님
　　(壬)편재 = 한량 작두 대신 산신제석
　　*조건에 맞으면 실력을 드러냄
　　(庚)식신 = 친가 미륵대신(산기도) 산신 미륵동자 동녀
　　*부지런하고 잘 따름 순진하다

기(己) : 장생(長生)지로서 이제 시작함(불사 작은암자)
유(酉) : (庚)상관 = 별상 불사대신
　　*건강을 위하여 기도와 수행함
　　(辛)식신 = 공양주 문수동자 동녀 신침(철)
　　*식견(識見)은 좁지만 똑똑하고 노력형

경(庚) : 쇠(衰)지에 있어 과거를 소중히 함(산신 미륵)
술(戌) : (辛)겁재 =장군 군웅 미륵 도령 선녀
　　*형제 일신 또는 출가
　　(丁)정관 = 칠성 국사(서고 출납관) 노자
　　*초보 수행원으로 원칙을 주장함
　　(戊)편인 = 미륵글문 산신도사 독성
　　*높은 경지의 학문을 연마

신(辛) : 목욕(沐浴)지로 득도가 목표임(용궁 불사)
해(亥) : (戊)인수 = 산신글문 대감
　　　*차원 높은 공부에 빠짐
　　　(甲)정재 = 천상용궁 당산 약명 독침
　　　*나름 최고를 꿈꾸며 수행중
　　　(壬)상관 = 외가 별상 대신 걸립 물귀신 사약(死藥)
　　　*외줄에 음독자살 또는 수살(水殺)

임(壬) : 제왕(帝旺)지로 강한 양인(제석 천신)
자(子) : (壬)비견 = 제석 용궁 신장 장군 군웅 도령 선녀
　　　*투명하고 주장과 고집으로 어려움이 많음
　　　(癸)겁재 = 수궁 장군 군웅 도령 선녀 수살귀(鬼)
　　　*자신을 드러내지 않으려고 함

계(癸) : 목욕(沐浴)지로 뒤에서 수작(한 많은 조상)
축(丑) : (癸)비견 = 한빙 신장 군웅 도령 선녀(구속)
　　　*차갑고 냉정하며 변화를 싫어함
　　　(辛)편인 = 까막눈 쇠약함
　　　*글을 몰라서 억압받아 쌓인 서러운 한(恨)
　　　(己)편관 = 노비(奴婢) 머슴 천박 억압받는 사람
　　　*구속되어 활동에 제한을 받음 비활동적

갑(甲) : 건록(建祿)으로 왕성함(천상장군)
인(寅) : (戊)편재 = 한량 창부(倡夫) 천황잡이
　　　*부단한 노력을 하지만 현실은 약함

(丙)식신 = 장군동자 동녀 당산 일광 명신동자
　　　*명신이 될 가능이 높으며 두루 살핌
　　　(甲)비견 = 신장(당산 8부) 8선녀 도령 약명 신침 걸립
　　　*느리지만 끝까지 최선을 다함

을(乙) : 건록(建祿)으로 부드러움(당산 약명)
묘(卯) : (甲)겁재 = 당산 약명 의술장군신침(쌍) 군웅 도령 선녀
　　　*어깨 넘어 배운 침술 최고의 대우를 원함
　　　(乙)비견 = 당산 약명선녀 도령 약향(藥香) 지압
　　　*형제일신의 약사줄(약초)로 소문남

병(丙) : 관대(冠帶)지로 한량없이 넓음(천신 여의주)
진(辰) : (乙)인수 = 약명 글문대감
　　　*풍문으로 익힘 민간요법
　　　(癸)정관 = 국사(포졸) 훼방꾼
　　　*도움이 되지 않으나 규정을 담당함
　　　(戊)식신 = 친가 대신 명신동자 동녀
　　　*식견이 밝고 높으며 명신이다
　　　(戊癸合火)겁재 = 허공장군 도령 선녀
　　　*무지개 타고 순간적으로 공간 이동함

정(丁) : 제왕(帝旺)으로 칠성(칠원 성군)
사(巳) : (戊)상관 = 외줄 별상 대신 산바람
　　　*허약 허세 가식적 구걸 방황 노중객사(客死)
　　　(庚)정재 = 칠성 미륵대사 월광

　　　*고통을 견디며 뜻을 이루고자 노력함
　　　(丙)겁재 = 천상장군 걸립 도령 선녀 일광
　　　*걸립으로 들어선 선녀법사

무(戊) : 제왕(帝旺)으로 물러나지 않음(산신 대보살)
오(午) : (丙)편인 = 문수 산신글문 대보살
　　　*박학다식하나 엄격함
　　　(己)겁재 = 골메기 도당장군 지관 터주 군웅 도령 선녀
　　　*많은 것을 욕심냄
　　　(丁)인수 = 칠성 글문
　　　*마음이 곧아서 한결같음

기(己) : 관대(冠帶)지로 새로운 시작을 원함(근기가 약함)
미(未) : (丁)편인 = 칠성 글문
　　　*강한 칠성 공줄이 몸에 실려있음
　　　(乙)편관 = 당산서낭 약명(건초) 침(쑥뜸) 국사(임직)
　　　*기복이 심하여 때로는 사고로 이어짐
　　　(己)비견 = 당산성황 선녀 도령 지관(地官)
　　　*몸을 낮추고 배우는 자세로 살아야 함

경(庚) : 건록(建祿)으로 강건함(백마 신장)
신(申) : (戊)편인 = 산신미륵 글문도사 작두천황
　　　*조건에 강하며 부드럽다
　　　(壬)식신 = 친가 제석대신 용궁동자 동녀
　　　*호기심 많고 궁리하고 노력함

(庚)비견 = 작두장군 건립 미륵도령 선녀
*유연하여 강하다

신(辛) : 건록(建祿)으로 고집과 주장이 강함(불사 법당)
유(酉) : (庚)겁재 = 미륵대사 독성 수도승
　　*스스로 내려놓고 수행함
　　(辛)비견 = 불사선녀(비천녀) 의술신장(쇠침 근골전문)
　　*스스로 깨치기 어려움
　　*방울 은장도 엽전 쌀 무구

임(壬) : 관대(冠帶)지로 높은 의식(제석천 폭포)
술(戌) : (辛)인수 = 글문(인체혈도) 불사
　　*후천적이며 기록을 남기고자 함
　　(丁)정재 = 칠성 칠원성군 남극노인(노자)
　　*뜻을 정하고 일방적으로 진행함
　　(丁壬合木)상관 = 외줄 칠성약명 별상대신 동자 동녀
　　*별상으로 항상 건강에 문제
　　(戊)편관 = 독성 천문 강직함 국사(어사)
　　*폭포에서 수행 집중과 인내심

계(癸) : 제왕(帝旺)지로 고요함(수궁장군)
해(亥) : (戊)정관 = 천문성 국사(별정직) 산신 수궁 남편
　　*용소처럼 돌고 돌아도 그 자리
　　(戊癸合火)편재 = 한량 놀이꾼
　　*순간의 재치나 눈치가 빠름

(甲)상관 = 외줄 약명 별상동자 동녀 탕제 발효
*여리고 외부의 도움이 필요함
(壬)겁재 = 수궁 장군 군웅 도령 선녀 수살고
*모습을 드러내지 않으려고 함

17. 지지 합(合)

어떠한 원인이나 사연으로 묶어지는 것을 합이라고 한다. 합이 일어나는 방법은 3가지이며, 첫째는 삼합(三合)으로 목적(目的)을 이루기 위하여 서로 다른 오행이 뭉쳐진 것이다. 둘째는 방위(方位) 합으로 같은 오행끼리 같은 방향(方向)으로 진행하기 위한 합이다. 셋째는 육합(六合)으로 조건(條件)에 의하여 합하였다가 뜻이 이루어지면 자형(自刑)이나 파형(破刑)으로 깨어지는데 그러하지 못하고 영원히 合하는 경우도 있다.

합을 신명으로 해석하려면 년월일시의 부호에 부여된 십신이 합을 하여 어떠한 오행과 십신인가에 따라서 해석을 달리한다. 즉 어느 곳에서 어떠한 신명이 어떤 도법을 가지고 어떻게 진화(進化)나 변화(變化)하는지 알 수가 있다. 하여 삼합은 확실한 목적을 두고 합을 이룰 것이며, 방위합은 지금의 도법을 더욱 확고히 하거나 방향을 틀기 위한 합이다. 육합은 필요에 따라서 도법을 익힌다고 할 수가 있다.

자연의 이치에 적합하게 해석을 하여야 하는데 합의 순서가 들쑥날쑥하여도 해석은 순서에 따라가며 풀어야 한다. 예를 들어 나무가 곧게

위로 자라지 못하고 어떠한 장애로 인하여 굽어지는 경우를 생각하면 된다. 위로 자라다가 아래로 휘어질 수는 있어도 몸통의 아래위가 바뀔 수는 없다. 합하려는 본래의 목적(目的)을 위하여 강한 힘을 발휘하는 것과 결과(結果)가 어떻게 변화하는가를 알아야 한다.

1) 삼합(三合)

과거(過去)에 이어서 현재(現在)까지 나타내는 亥卯未合木이 있으며, 현재를 소중하게 생각하여 세력을 부풀리는 寅午戌合火가 있다. 그리고 지금 목적(目的)을 위하여 합을 하지 않으면 때를 놓치게 되어 종말(終末)을 맞이하는 巳酉丑合金과, 미래(未來)를 위하여 끊어지지 않게 이어가려는 申子辰合水가 있다. 이러한 합은 서로 뜻을 같이하려고 하며 목적이 시간(時間)에 따라서 다르게 나타내기도 한다.

亥卯未合木

생명(生命)의 탄생(誕生)은 영원(永遠)히 이어간다는 합이다. 木이라는 것은 살아있는 것을 나타내며, 이를 유지하기 위한 많은 방법(方法)과 방편(方便)을 최대한으로 줄여진 표현이다. 자연의 어머니시고 젖줄인 亥水는 과거(過去)로부터 지금까지 변함없이 그대로이다. 이곳에서 생명을 부여받고 자연의 변화(變化)를 견디어 살아남는 것으로 가장 낮은 자세로 공간과 시간을 활용하고 있기에 亥卯未合木은 음(陰)의 기운이다.

어떠한 공간에서 木을 만들기 위한 목적(目的)으로 오래전부터 亥水가 근본(根本)이 되어 卯木의 성장(成長)을 주도한다. 그리고 未土에서 다음을 위한 金의 기운을 모으기 시작한다. 木을 보전하기 위해 金오행

으로 변화한다. 오랜 시간을 두고 합을 이루었기에 쉽게 깨지지 않으며, 주권(主權)은 亥水가 가지고 있다. 卯木의 굳은 의지와 강(强)인함이 未土에서 결과(結果)를 보려고 하며, 종족 번식의 원칙을 이어간다.

신(神)의 세계로 가보면 아득한 시절부터 亥水 용궁(龍宮)에만 있다가 배움의 뜻을 두고 卯木의 약명(藥名)이나 당산(堂山)으로 유학을 한다. 이곳에서 부단한 노력으로 약명을 익히고 손에 감각(感覺)을 익혀서 침술(鍼術)을 배운다. 이후 未土의 산신(山神)과 성황당(城隍堂)에서 공(供)을 들여 손에 기(氣)를 조절할 수 있는 약명 도법(道法)을 가진 것이다. 이를 전수(傳授)하려고 부단히 노력할 것이다.

종교(宗敎)로 보면 대(代)를 이어 조상(祖上)을 섬기고, 정신 사상(思想)보다 육신 사상을 중요하게 생각한다. 실천(實踐)적이며 인간성(人間性)이 어질고(仁) 의롭고(義) 예(禮)를 소중히 여기고, 지혜로운 삶을 갈망(渴望)하는 유교(儒敎)에 속한다. 亥水의 고요함과 卯木의 낮은 자세 그리고 未土의 공덕이 하나로 뭉쳐진 삶이다. 지금은 이러한 종교의 뜻은 저버리고 오로지 자기중심적이고 철저한 개인주의다.

亥: 역마로서 과거에서부터 움직임이 약하거나 제자리에 맴돌고 있기에 고요하다.(용신 수신)

卯: 풀뿌리처럼 가장 낮은 곳에서 생명을 이어가기 위해 물을 찾아서 빨아들이는 역할을 한다.(당산 약명 손재주 신침)

未: 자연의 순환기에서 반환점을 돌아서는 지점으로 木의 성장을 멈

추고 다음을 위해 희생을 한다.(산신 터신 공줄 신침)

合木: 살아남기 위하여 합을 하는 것이다. 이러한 과정을 무시하면
종족 번식을 할 수 없다.(다양한 약은 木에서 나옴)
예문)

시 일 월 년
乙 乙 乙 戊
酉 亥 卯 申

乙卯월 봄기운이 한창 오르는 때이지만 늦은 오후인 乙酉시에 태어나서 卯酉충의 풍파(風波)도 많고, 亥卯未合木비견으로 위로 합하고 아래는 자형으로 살아갈 팔자이다. 戊申정관의 생각과 다르게 乙亥정인이 이를 주도하여 木비견이 생존하고 있다. 대운의 흐름으로 보면 열매가 단단하게 익어갈 무렵이라 수확할 준비를 하여야 하기에, 戊申정관을 45세 전후하여 노적봉을 넘보지만 53세 寅木겁재 운에 돌려주어야 한다.

신명으로 보면 년주 戊申은 癸未로 변환하여 亥卯未合木이 되어 몸주 乙亥가 전생에 친구를 통하여 숨겨놓은 재물을 찾으려고 한다. 이는 戊申을 癸未로 변하여 할머니가 청정수를 올리고 재복(財福)을 빌고 그 기운이 乙亥에게 전하다. 卯申원진으로 戊申대감은 乙卯비견인 욕심 많은 도령과 선녀를 의심하고 있다. 하여 乙亥대감이 戊申정재에 申亥害하여 야금야금 빼내고 있다. 이를 申酉合金 편관이 되어 돌려주게 된다.

寅午戌合火

살아있는 것은 성장(成長)하거나 늘어나는 합이다. 火라고 하는 것은 펼쳐지는 것을 나타내지만 영원하지 못하고 줄어들거나 시들거나 사라지는 것이다. 현재 그러한 것이지 예전부터 이어지는 것이 아니므로 영원하지 못하다. 그리고 火는 색(色)으로 영원히 유지할 수 없다. 하여 자연은 왕성하면 반드시 시들어 흔적 없이 사라졌다가 다시 살아나는 것이다. 그래서 寅午戌合火는 양(陽)의 기운에 해당한다.

火를 만들기 위한 목적으로 현재 돋아난 寅木은 서서히 성장하여 午火에서 가장 왕성하게 펼쳐지고 진한 색을 가진다. 이후 戌土에서 늘어남이 줄어들기 시작하여 水의 기운으로 돌아가기 시작한다. 이러한 합은 많은 시간이 필요로 하지 않고 공간확장을 위하여 합하며, 쉽게 시작을 하지만 과정에서 깨어지기도 한다. 이는 午火가 한곳에 집중하고자 하는 성향이 강하기에 적당한 시간이 지나야 이루어지는 합이다.

신(神)의 세계는 그렇게 오래되지 않았으며 현재까지 존재하는 寅木의 당산(堂山)이나 약명(藥名), 산신(山神)에서 부족한 도법(道法)을 채우기 위해서 午火의 천신(天神) 기도로 신안(神眼)을 열고 깊이 들여다볼 수 있다. 이후 戌土의 천문(天文)공부를 마치고 높은 단계로 올라 법을 펼치고자 하는 것이다. 십신에 따라서 뜻을 같이하거나 추종(追從)하는 신들이 모이기도 하지만 寅木이 주체가 되어 이루고자 하는 것이다.

종교적으로 비교하여 보면 유일신(唯一神)으로 천지창조(天地創造)를 주장하는 기독교이며, 세력(勢力)을 확장하기 위해 어떠한 수단과 방법을 가리지 않고 타 종교와 대결(對決)을 피하지 않는다. 이는 午火의 기운을 그대로 나타내어 불같이 일어나고 사방(四方)으로 전도(傳道)하며, 이념(理念)이 강하여 틈만 나면 새로운 종파(宗派)가 생겨난다. 사랑과 믿음과 평화를 강하게 주장을 하지만 상당히 이기적(利己的)이다.

寅: 현재 무엇인가가 시작을 하여 천천히 인내(忍耐)하면서 세력을 확장하려고 한다.(산신 약명 당산)

午: 서서히 열을 모아서 강력한 팽창을 준비하고 있으며, 이를 빛이나 색으로 드러내기 시작한다.(천신 신침 대보살)

戌: 자연의 전환기에 들어서면서 서서히 水의 기운을 준비하기 시작하여 火의 팽창을 멈추게 한다.

合火: 세력을 부풀리기 위한 합이다. 이러한 과정이 없으면 자연적인 번식을 하지 못한다.(火에서 천신이 밝아짐)

예문)

시 일 월 년

庚 戊 戊 辛

申 寅 戌 亥

높고 맑은 가을 오후 寅午戌合火편인 햇볕에 庚申식신 열매가 단단하게 영글어 수확을 기다리는데, 갑자기 辛亥의 우박이 寅亥合木편관이 되어 寅申충 형으로 떨어지거나 상처를 남긴다. 하여 천천히 준비하여 수확하려는 기대가 무너지고 寅申충을 하니 집안이 불편하여 년주 辛

亥상관 편재에서 마음을 쉬게 하려고 한다. 즉 꿈과 희망으로 키운 庚申식신을 전생의 인연으로 인하여 지키기 어려울 것이다.

신명으로 보면 몸주 戊寅편관은 辛亥시집인 별상과 합하여 큰 뜻을 이루어보려고 노력을 하지만 파형으로 깨져버린 것이다. 그래서 별상은 庚申식신 때문이라고 생각하여 寅申충으로 잡아가게 된 것이다. 즉 별상은 높은 학문인 戊亥천문 공부를 戊寅을 통하여 寅午戌合火편인 공부는 하지 않고, 辛亥편재에 욕심을 내고 있으니 辛金별상의 미움을 받게 된 것이다. 하여 寅木편관이 申金식신에 충을 하여 벌(罰)을 내린다.

巳酉丑合金

지금 실천(實踐)하지 않으면 안되는 합이다. 때를 놓치면 목적을 이룰 수가 없는 金오행으로 보전(保全)과 보존(保存)을 하기 위한 수단이다. 金은 火에 의하여 만들어지는데 시작과 과정과 마무리가 정확하게 맞아야 목적이 이루어진다고 볼 수가 있다. 하여 자연은 스스로 조절하는 능력이 있으며, 火의 기운에 따라서 金기운에 합하여 목적이 결정된다. 그래서 음(陰)의 기운이 강하기에 보전이나 보존을 할 수 있다.

火의 기운이 표면(表面) 가까이 다가올 때를 기다려 합을 시도(試圖)하려고 한다. 이는 때를 알지 못하고 합하면 뜻을 이룰 수 없고, 巳火의 열(熱)에 의하여 표면(表面)이 늘어나 틈이 생기거나 펼쳐질 때 합의 수정(受精)이 가능하다. 酉金의 뜻을 이루기 위한 위험(危險)한 과정을 많이 경험하고 난 이후, 목적(目的)이 이루어진다. 그리고 丑土의 차고 어두운 공간에서 기회가 올 때까지 기다리고 있게 된다.

지금 신의 세계로 들어가서 때가 올 때까지 참고 수행으로 기다리겠다는 것이다. 하여 巳火의 노중(路中)이나 법사(法師)가 오랜 시간 동안 고통(苦痛)을 견디면 수행(修行)하여 酉金의 불도(佛道)를 이루게 되는 것이다. 이후 이를 전해주기 위하여 丑土의 조상신(祖上神)이나 이루지 못한 자신의 한(恨)을 가진 인연(因緣)과 때를 기다리고 있다. 년월일시에 따른 십신으로 명패와 어느 조상인가를 알게 된다.

金은 불교(佛教)이며 土의 산신신앙(山神信仰)과 비슷하다. 그래서 신명들도 산(山)과 불교에서 많이 의지하는 신(神)들로 이루어져 있다. 태어난 곳을 떠나 타지에서 부흥(復興)한 이색적(異色的)인 종교이며, 자비(慈悲)와 중도(中道)사상으로 자타일시(自他一時) 성불(成佛)을 주장한다. 무리 속에 철저한 개인적 수행(修行)을 하며, 생각(生角)과 욕심(欲心)에서 벗어나 마음을 알아차리고 영육(靈肉)을 같이 수행하는 종교이다.

巳: 열이 오르기에 자연은 팽창하기 시작하고 가볍기에 왕성한 활동을 시작한다.(노중 법사)

酉: 밖으로 단단하고 안으로 번식을 위한 씨방을 준비하여, 최적의 상태를 만들어야 한다.(불사 출가 승려)

丑: 지금의 혹독한 자연을 견디어 낼 수 있게 최대한 응축하여 木의 기운을 기다리고 있다. (한 많은 조상신 골메기신 측간 신)

合金: 종족 번식의 책임을 다하기 위한 합이다. 즉 보전하려고 지금

공간과 시간에 최대한 활용하여야 한다.(金은 영원한 미륵)
예문)

시 일 월 년

丁 戊 辛 辛

巳 戌 丑 酉

얼어붙은 대지 위로 辛丑의 서릿발이 솟아오르고, 매서운 찬 서리가 아직 녹지 않고 丁巳의 태양 빛에 반짝이고 있다. 다행히 온도가 오르는 시간에 서리가 녹으면서 재물로 변화하니 일찍 상속을 받을 수 있다. 巳酉丑合金상관 이라서 변화무쌍한 성격으로 이익에 따라 타협과 배신 또는 과장된 표현이나 행위를 할 수 있다. 하지만 丑戌형을 가지고 있기에 생각하지 못한 것으로 인하여 위기를 경험할 수 있다.

신명으로 보면 년월의 辛金이 巳酉丑合金상관이 깊이 뿌리를 내리고 있으니 외줄 인연이다. 시주 丁巳편인의 지장간에 丙火가 辛金과 合水 정재로 천궁불사가 주장신이며 설판도 본다. 그리고 천궁불사는 시주 丁巳편인 글문도사가 노중과 합하고 있으며, 경험으로 알아가기에 깊이는 없다. 고집 센 몸주 戊戌산신 선녀가 앞으로 나서서 丑戌형 巳戌원진으로 천궁불사와 글문을 무시하고 마음대로 하려고 한다.

申子辰合水

현재(現在)에서 미래(未來)로 이어가려는 합이다. 늘어남도 줄어듦도 없는 水오행은 현재 火에 의하여 흐려져 있는데 다음을 위하여 火기운을 제거하고 본성을 회복하여 먼 미래까지 변함없이 이어가고자 하는 목적으로 합을 이루고 있다. 즉 액체(液體)에서 혼탁(混濁)하여지는데 이를 기체(氣體)로 승화(昇化)하면서 자정(自淨)하고 오물(汚物)만 남겨두는 것이다. 그래서 양(陽)의 기운이 강하게 작용하고 있다.

水의 본성(本性)을 회복하기 위하여 미세(微細)한 구멍이 있는 바위틈으로 스며든다. 이는 온도가 올라가면서 미세한 공간을 활용하는데 계절로 보면 未月 이다. 이후 申月부터 온도가 떨어지고 공간이 줄어들기 시작하면 오랜 시간 동안 밀려 나온다. 子月에 가장 맑고 丑月의 추위에 정화(淨化)되어 차고 맑아진다. 이후 다음 해 辰月이 되면 서서히 수온이 오르기 시작하면서 木을 위한 희생이 시작된다.

신(神)으로 보면 알 수 없는 그곳에서 변함없이 돌고 돌아 많은 경험을 쌓고 어느 정도의 경지(境地)에 오른 신명(神明)일 것이다. 하여 대범(大梵)천신 제석(帝釋)천신 하늘용궁(龍宮) 용왕(龍王) 등으로 표현하고 있다. 아득한 申金미륵 세계에서 어떠한 뜻을 가지고, 子水의 제석천에서 모든 것이 통하는 투명(透明)함으로 모나지 않고 부족함 없이 수행한다. 이후 辰土의 산신이나 용궁에서 도법을 펼치고자 한다.

종교로 보면 도교(道敎)로 인간도 신선(神仙)이 될 수가 있다는 사상(思想)을 펼치는 노자를 교주(敎主)로 모시고 있다. 자연(自然)과 더불어 생활을 하면서 자연을 숭배(崇拜)하고, 자연의 이치를 교리로 하여 무술(巫術)이 발달한 종교이다. 인간의 힘으로 해결할 수 없는 모든 것을 깨끗한 물(水)을 올려 방술(方術)로 신(神)을 청하여 배우는 것이다. 무당(巫堂)이 청수(淸水)를 올리고 신과 교류(交流)하는 것과 같다.

 申: 조건에 따라서 움직임이 다르고 물이 돌아서 북쪽으로 흐르기 시작하면서 수온이 떨어진다.(미륵 대사 신침)

子: 차고 맑아지면서 여과를 하여 빨리 흘러가려고 하는데 아직 완전한 정화(淨化)는 아니다.(제석 용신 수신)

辰: 자연의 전환점에서 확장기로 접어들기에 폭넓게 흩어지면서 水의 희생으로 火가 살아난다.(용궁 대범 산신)

合水: 다음을 위하여 흩어지고자 하는 성향이 강하다. 이렇게 자연은 확장하는 것이다.(水는 신(神)들의 고향)

예문)

시 일 월 년

丁 庚 庚 庚

丑 申 辰 申

庚辰월 丁丑시에 아무도 찾지 않는 호수에 물결이 일렁거리고 물에 잠긴 달그림자 조각조각 부서져 흐려지고 있다. 丁火정관은 어느 庚金과 어우러져야 하는지 아리송하다. 년주에서 申子辰合水식신을 두고 다시 일주에서 申子辰合水식신을 두면서 丁丑정관이 庚辰비견에 의하여 깨지는 팔자이다. 강한 金기운을 다스리기 위해 丁火는 木을 사용하는 직업으로 가야 하는데 申金의 지장간에 壬水식신과 합하여도 깨지기 쉽다.

신명으로 보면 시주 丁丑정관 국사 주장신이 묘지(墓地)에 있으니 몸주 선녀나 장군을 감시하는 감사관 어사 같은 대감이다. 설판은 申辰合水식신 글문 동자가 양쪽에서 용궁 미륵도사를 시중드는데 주장신의 명을 받기 싫어하고 오로지 몸주만 따라 다닌다. 즉 몸주와 설판이 합하여 주장신을 외면하니 갈 곳이 없어 웅크리고 있다. 하여 작은 암자(庵子)를 하나 마련하면 몸주와 동자들이 좋아하면서 조건을 들어줄 것이다.

2) 방위합(方位合)

현재(現在) 흐르는 계절(季節)을 묶어둔 것이 계절 합이며, 묶어진 오행이 같은 방향(方向)을 나타내기에 방위합이다. 어떠한 목적(目的)을 이루기 위하여 성질(性質)이 비슷한 오행이 같은 방향으로 가려고 하는 것이다. 하여 亥子丑合水는 子水에서 맑아지고 寅卯辰合木은 卯木에서 빠르게 성장(成長)한다. 巳午未合火는 午火에서 팽창하고 申酉戌合金은 酉金에서 단단하고, 이때를 지나면 서서히 변화한다.

亥子丑合水

亥水에서 흐름은 잠시 느리게 하여 수온(水溫)을 내리면서 부유(浮游)물도 아래로 가라앉는다. 이렇게 여과(濾過)를 하게 되면 子水에서 빠르게 흐르면서 표면(表面)부터 얼기 시작하여 저온 살균(殺菌)을 시작한다. 丑土에서 깊이 두껍게 그리고 급속 냉동(冷凍)시켜서 미세한 균(菌)까지 초저온으로 소독(消毒)을 한다. 이렇게 合水하는 목적은 본성(本性)을 회복하여 흐름을 이어가기 위함이다.

水의 신명(神明)은 두 가지로 나눌 수가 있다. 즉 용궁(龍宮)과 수궁(水宮)인데 고여있으면 용궁이라 하고, 흐르거나 새로운 물이 계속 들어오면 수궁이라고 한다. 하여 고여있는 亥水는 용궁에 머물고 있던 신(神)이 子水의 수궁으로 이어져 새로운 도법(道法)을 받는다. 이후 丑土에서 한(恨)을 풀고 싶어 조상신(祖上神)으로 이어질 수가 있다. 흐름은 합의 순서에 우선이고 년월일시는 굽이치는 것이며 명패는 십신으로 정한다.

亥 : 과거에 이어서 현재까지 이어가려고 하는 부드러운 성향으로 변화를 싫어하며, 뜻을 이루기 위해 제자리에 머물고자 한다.(용궁 수신)

亥子 : 수궁에서 용궁으로 흐름

子 : 차고 맑고 냉정하여 습득이 잘되며, 정확한 판단을 하려고 한다.(정한수)

子丑 : 흐름을 멈추고 숨어서 기다림(냉혹한 조상신)

丑 : 차고 어둡고 가장 낮은 곳에서 기다리며 한이 쌓여 있다.(터신 조상신)

亥丑 : 과거부터 이어오면서 일체의 변화를 거부하고 있음(측간 골매기신)

合水 : 비슷한 성향끼리 水의 뜻을 완성하려고 합하였다.(용궁 수궁에서 기다리며 한(恨)을 풀고자 함)

예문)

시 일 월 년
辛 壬 癸 丁
亥 子 丑 丑

맹추위가 기승을 부리는 섣달 밤하늘에 丁壬合木하여 별이 반짝이고, 亥子丑合水겁재로 흐르는 강물은 꽁꽁 얼었다. 그 위에 壬子 癸丑의 눈이 쌓이고 壬丁合木상관은 丁癸충 하여 얼음 깨어지는 소리가 요란하니, 壬子는 丁丑과 잘못된 합을 한다. 월주 癸丑겁재 정관은 잃어버리거나 팽개친 자식일 것이고, 낙태로 볼 수 있다. 丁火정재를 만나서 子丑合土정관을 두지만 50대 중반 火운에 얼음이 녹는다.

신명으로 보면 년주 丁丑조상이 壬子를 보살펴주고 있는데 癸丑이 태어나면서 조상을 외면하니 자식들이 벌(罰)을 받는다. 일주壬子는 丁丑과 습土정관으로 설국(雪國)에 장수로 재정을 담당하는 국사이다. 하여 丁丑국사의 주장신을 중심으로 하여 壬子몸주와 합을 하고 辛亥글문 도령이 설판을 담당한다. 그런데 몸주가 너무 강하여 주장신과 설판을 좌지우지하고 있으니 그 누구도 이를 꺾지 못할 것이다.

寅卯辰合木

살아있는 것은 뿌리부터 내리면서 수분(水粉)을 찾는다. 그래서 寅木에서 튼실하게 뿌리를 내리면서 조심스럽게 솟아나기 오르기 시작한다. 이렇게 땅 위로 올라온 木은 몸집을 키우기 시작하면서 서로 의지(依支)하고 소통(疏通)과 더불어 경쟁(競爭)과 화합(和合)으로 낮은 곳에서 높은 곳으로 성장(成長)하려고 하는 것이 卯木이다. 이후 辰土는 외형을 확장하고 종족번식(種族繁殖)을 위해 넓은 곳까지 흩어질 것이다.

木의 신명은 당산과 약명(藥名)으로 나누어지는데, 시작은 당산에서 약명으로 진화하여 산신이나 용신의 도법을 익혀간다. 하여 寅木당산에서 기본적인 법을 익히고 卯木약명에서 신침과 약손을 터득하게 된다. 이후 辰土 산신이나 용궁으로 인연 되어서 폭넓은 도법을 완성한다. 이는 합을 하는 순서에 따라서 신명이 진화해가는 것이다. 사주에 木이 많으면 신(神)의 소리를 듣고 火가 같이 있으면 신(神)을 볼 수 있다.

寅 : 역마의 성향이 강하고 천천히 끝까지 뜻을 이루고자 하며, 뿌리에서 줄기로 성장한다.(약명 산신 당산)

寅卯 : 터가 없으니 불안하다.(약명으로 뿌리와 잎과 줄기에 해당함)

卯 : 약명으로 나무 침이며 두 개 이상을 놓는다. (약명 약손 신침 당산(2그루 이상))

卯辰 : 뿌리가 없으니 뜻을 이루기 어렵다.(약명이 용궁으로 가려고 함)

辰 : 많은 약성과 성분을 배우고 넓은 곳으로 전환(轉換)하려고 한다.(산신약명 용궁약명)

寅辰 : 뿌리를 내리고 있지만 아직 왕성한 성장은 하지 못한다.(산신 용궁약명)

合木 : 지금 전해지고 있는 약명을 더 연구 개발하여 후대로 이어가기를 바라는 것이다.(과거로부터 이어지는 것이 木이다.)

예문)

시 일 월 년
癸 庚 辛 丙
未 辰 丑 寅

辛丑월 맹추위에 寅卯辰合木합을 하려고 쌓인 눈 아래에 寅木이 고개를 쳐들고 있다. 그나마 다행으로 눈이 포근하게 덮어주고 햇볕이 따스한 癸未시에 태어나서 얼어 죽지 않는다. 즉 년주 丙寅편재가 가장 힘들고 丙火와 합하는 辛金겁재도 괴로울 것이며, 다음은 음신으로 작용하는 己卯인성이다. 辛丑월 눈이 얼어서 단단한데 이를 깨고 살아남으려고 한다. 한낮이라서 丙火가 장생이 가능할 것이다.

신(神)으로 보면 몸주는 庚辰글문이 丙寅편재에 합을 하여 이름을 내고 싶다. 하여 하늘 용궁 글문도사가 년주의 丙寅은 약재를 다스리는 거상(巨商)으로 주장신이 되어 재물 욕심을 낸다. 설판은 시주 癸未로 물 떠놓고 공(供)들인 할머니가 몸주를 통하여 丙寅주장신과 庚辰몸주와 하나가 되려고 한다. 하여 寅卯辰合에서 음신 己卯약명 선생이 설판 癸未와 합하는데 丙辛合水상관 천궁 별상이 가로막아 잠시 멍하게 있다가 공수가 나온다.

巳午未合火

공간(空間)을 확장(擴張)하기 위해 열(熱)이 절실하게 필요로 한다. 하여 巳火는 내실(內實)을 다지기 전에 외세(外勢)부터 확장하려고 수분(水分)을 밀어내기 시작한다. 午火에서 강력한 열을 발산(發散)하기 시작하면서 공간을 확보하고 다음을 위하여 열을 안으로 최대한 저장(貯藏)하기 시작한다. 차고 넘치는 열은 땅속에 수분을 밖으로 밀어내기

시작하면서 未土의 공간이 극도로 혼란이 일어난다.

火는 천신(天神)과 칠성(七星)으로 인연을 맺고 있어 신(神)의 기운을 강하게 품고 있다. 그래서 巳火노중이나 법사(法師)에서 木火의 기운이 강해지면 무당(巫堂)의 기질을 발휘하려고 하는데 이때가 午火이다. 그리고 未土 공줄과 인연이 된다면 화경(畵鏡)이 밝고 통령(通靈)이 이루어지는 것이다. 이는 조상(祖上)의 인연이 있어야 가능하고 巳火의 수행이나 未土의 공줄이 있어야 가능하며, 명패(名牌)는 십신으로 결정한다.

巳 : 밖으로 활동하려는 성향이 강하지만 내공이 빈약하여 깊이가 없다.(노중 법사)

巳午 : 수행으로 내공을 올렸는데 기도가 부족하다.(법사 대보살)

午 : 자형으로 스스로 깊이 파고들고자 하며, 한곳에 모여 강력한 폭발력을 가지고 있다.(화경 대보살 무당줄)

午未 : 같은 열성(熱性)인데 기질(器質)이 다름(기도와 섬김)

未 : 지극한 정성을 들이고자 하지만 일상(日常)이 고르지 못하여 생각처럼 뜻을 이루기 어렵다.(공줄 세존 성주단지)

巳未 : 시작은 거창한데 결과가 불확실함(노중 기도 탁발)

合火 : 부단한 노력으로 수행과 기도를 통하여 신안(神眼)이 열림(천신)

예문)

시 일 월 년
辛 辛 丁 丁
卯 巳 未 巳
戊 丁 丙 乙 甲 癸 壬
戌 酉 申 未 午 巳 辰

여름 무더위가 강렬한 햇볕으로 바뀌는 丁未월 辛卯시에 卯未合木하여 풀잎에 辛金이 巳火의 지장간에 丙火와 合水하여 이슬로 태어났다. 하여 년월의 丁火빛에 곱게 보이지만 巳午未合火관성 방향으로 흐르는 대운에 견디지 못하고 사라질 것이다. 즉 27세를 전후하여 관성(官星)에 의하여 이슬은 사라지고 무더운 열기와 습도로 짜증만 올라갈 것이다. 여름날 낮은 길고 더위는 쉽게 식지 않으니 戊戌부터 편안하다.

신명으로 보면 정편관이 혼잡하여 외가 할머니가 두 분이고 작은 할머니께서 공을 들였는데 그 줄이 丁未모친을 통하여 辛巳로 몸주로 들어온 것이다. 하지만 음신 庚午미륵 도령과 합하여 공부를 멀리하고, 음신 丁亥한량 대감이 허주임을 모르고 따라가려고 丁巳주장신과 충을 하여 힘들어진다. 하여 午火지장간 丙火천신과 합하여 천신불사를 설판으로 하지만 능력이 부족하여 정(情)을 붙이지 못할 것이다.

申酉戌合金

열(熱)에 의하여 새로운 물질(物質)이 생겨나기 시작하며 이를 金이라고 한다. 시작은 부드럽고 끊임없이 부피가 늘어날 것 같은 申金도 열이 식어가면서 가장 깊숙한 곳에 핵(核)을 감추기 시작한다. 이후 표면부터 단단하게 변화(變化)하는데 이는 酉金의 몫이다. 필요에 따라서 껍질만 단단할 수 있고 전체일 수도 있는데 이는 火가 결정(決定)하는 것이다. 이러한 과정을 마무리하고 정리하는 것은 戌土의 책임이다.

金은 미륵(彌勒)과 불사(佛師)로 나눈다. 미륵은 아득하고 변화를 거부한다는 의미이다. 하여 한번 받은 도법을 지키거나 다른 도법은 받지 않겠다는 뜻이다. 독성으로 수행(修行)을 시작한 申金은 상당한 내공으로 酉金의 불사에 입문하여 불퇴지(不退地)의 단계를 증득(證得)하고, 戌土의 높은 도법을 펼치고자 한다. 이는 십신으로 명패(名牌)를 정하고 합의 순서에 따라 수행의 과정과 승패(勝敗)를 알 수 있다.

　申 : 원하는 조건이 맞으면 과감하게 변화를 하려고 하지만 그러하지 못한다면 볼품이 없다.(미륵 대사)

　申酉 : 미륵과 불사는 하나 같은 둘이며 결과를 기다린다.(미륵 대사 수도 법당 무구)

　酉 : 자형으로 현재에 만족하고 그곳에서 뜻을 이루고자 한다. (불사 법당)

　酉戌 : 소행을 통하여 득도를 원하는데 뜻을 이루기 어렵다.(법문 존자 천문)

戌 : 강한 인내(忍耐)로 높은 곳을 바라보며 내공을 쌓아가고자 부단한 노력을 한다.(독성 글문)

申戌 : 미륵에서 수행을 하는데 과정 없이 뜻을 이룰 수 있으나 근기가 부족하다.(미륵 천문 존자 대사)

合金: 밖으로 깨지지 않게 연마하고 안으로 부드러움을 감추고 영원히 전하고자 한다.(미륵 불사)

예문)

시 일 월 년

丙 庚 丁 辛

戌 戌 酉 酉

丁戊己庚辛壬癸甲乙

未午巳辰卯寅丑子亥

9 8 7 6 5 4 3 2 1

열매가 단단하게 익어가는 丁酉월 가을인데 庚戌은 이미 성숙하여 떨어진 것이다. 하여 새로운 싹이 돋아나려면 38세를 지나야 가능할 것이다. 그리고 50세를 지나면서 火운을 만나면 자생(自生)하기 시작하고 넓게 펼치려고 할 것이다. 월주 丁酉의 조건으로 도움을 받게 된다면 거목으로 자랄 수 있을 것인데 丑未土를 만나면 위험하니 스스로 자숙(自肅)하여 피할 수 있다. 음신으로 戊申비견이 밖으로 유인할 것이다.

신명으로 보면 몸주 庚戌은 글을 잘하는 장군으로 칠성불사 국사 대감하고 가까이 지내고 싶은 생각은 없는 듯하다. 하여 戊申글문 미륵을

만나면 丙戌의 주장신이 반가워할 것이다. 년주 辛酉글문 도령이 酉戌 해(害)로 인하여 글을 포기하고 丙火천신에 합을 하여 천궁불사가 설판을 보려고 하지만 뜻을 이루기 어려울 것이다. 하여 몸주가 주장신과 설판을 함께하려고 한다면 반드시 戊申의 산신 미륵의 도움이 절실할 것이다.

3) 육합(六合)

육합은 필요에 따라서 다른 오행과 합을 하는 것이다. 하여 과거(過去)로부터 합을 하는 子丑合土, 과거에서 현재(現在)로 이어지며 합을 하는 寅亥合木이 있다. 현재에서 미래(未來)로 이어가기 위한 卯戌合火, 보전(保全)과 보존(保存)을 위한 辰酉合金이 있다. 그리고 지금 조건(條件)을 맞추기 위해 급히 합하는 巳申合水와 버리고 새로운 것을 찾으려는 午未合火가 있다. 이들은 뜻을 이루면 깨지려고 한다.

子丑合土

흐르면 水가 되고 멈추면 土가 되는 합으로 과거(過去)에서 현재(現在)와 미래(未來)까지 합을 할 것이다. 합이 깨어지면 종말(終末)을 초래할 것이다. 보이지 않는 곳에서 본성(本性)을 지키며, 조용히 머물고 있다가 조건에 따라 드러내면서 본래의 성품(性品)이 흐트러진다. 이는 멈추지 못하고 흐르는 동안에 다양한 합을 이루면서 성질(性質)까지 변화하기 때문에 음(陰)의 성향이 매우 강한 합으로 빠르게 회복(回復)한다.

子水의 신(神)은 수궁(水宮)에서 丑土와 합하여 영원히 골메기신 도당신 마고나 측간신으로 있으려고 한다. 또는 작은 산신(山神)이나 저수지 우물 샘 골짜기 동굴 같은 곳에서 머물고 있으면서 인연을 기다릴 수 있다. 하지만 아무도 찾지 않으니 한(恨)이 쌓인 조상신(祖上神)이 될 수 있고, 물이나 춥고 어두운 곳에서 빠져나오지 못하는 지박령 일 수도 있다. 십신으로 판단하여야 하며 도력(道力)은 약하나 지독(至毒)하다.

子 : 드러내고 싶지만 그러하지 못하고 하염없는 시간을 보내려고 공간을 찾아 헤매고 있다.(떠도는 수신)

丑 : 보이지 않게 숨어서 인연이 찾아오기를 기다리고 있으니 한이 쌓여가고 있다.(한 많은 조상신)

濕土 : 한 번 빠져들면 헤어나지 못하는 합으로 단단하게 뭉쳐진다.(어둠에 갇힌 신)

예문)

시 일 월 년
乙 甲 乙 乙
丑 子 酉 丑

酉월 야심한 밤 골짜기에 乙木바람이 세차게 몰아치니 子丑濕土의 조그마한 저수지에 고인 물이 일렁거리고 있다. 골짜기 응달에 개간한 丑土 과수원에 열매가 익어갈 무렵에 바람에 흔들리어 떨어져 쓸모가 없다. 그래도 甲子는 날이 밝으면 밖으로 나가서 성한 것을 모아 보려고 하는 때가 25세 전후이다. 골짜기에 빛이 들어 밝아지려면 37세를 넘으면서 새로운 무엇인가를 찾으려고 하는데 42세 전후하여 수정이 이루어진다.

신명으로 보면 甲子는 전생에 같이 공부하던 乙丑 겁재와 단짝이었다. 하지만 乙丑은 酉丑합하여 유학 또는 호흡기 계통이 불편하여 급사(急死)하였는데, 그를 찾아오니 지금의 아버지로 만나므로 원앙(鴛鴦)이 된 것이다. 초라한 마을에 글문 대감이 몸주이고 乙丑과 乙酉를 때리면서 가르치려고 하니 성격이 모질 것이다. 乙丑조상이 甲子를 놓아주지 않으니 동구 밖으로 나갈 수 없고 丁巳노중이 찾아오기를 기다리고 있다.

寅亥合木

寅木은 亥水의 도움이 없으면 木으로 갈 수 없다. 하여 그곳에 기다리는 亥水는 스스로 寅木을 위하여 오래전부터 합하여 현재까지 이어진다. 즉 살아있는 木은 水의 도움으로 번창하고 번식(繁殖)하는 조건이다. 때를 맞추어서 합을 하면 오랫동안 함께하다가 뜻을 이루면 亥水가 물러난다. 寅木은 양(陽)의 기질을 가지고 성장을 하려고 하는데 숨어있는 亥水를 찾아가는 지혜(智慧)와 근기(根氣)가 절실하다.

寅木은 산신 목신(木神) 당산 약명인데 특히 줄기나 가지에 약성(藥性)을 말한다. 亥水는 용궁의 다양한 신이며, 이들이 합하여 새로운 도법(道法)을 연구하고 이어가려고 하는 목적이다. 좋은 재료(材料)와 청정한 물이 어우러져 발효(醱酵)하거나 탕(湯)으로 만들어진 약(藥)이다. 십신으로 명패를 알 수 있으며 거듭 진화할 것이다. 인간사에서 寅亥합은 대를 물동이에 꽂아서 굿판을 주도하는 천황잡이다.

寅 : 살아남기 위하여 근기(根氣)를 가지고 끝까지 찾아야 하는데 그러하지 못하면 뜻을 이루지 못한다.(산신 당산 약명)

亥 : 어디서 어떻게 이어졌는지 모르지만 모든 것을 품고 있으며 필요에 따라서 변화한다.(용소 용궁)

合木 : 목적을 위해 긴 시간 동안 합을 하지만 영원한 것은 없다.(용궁 약명)

예문)

시 일 월 년
辛 乙 辛 壬
巳 丑 亥 寅

辛亥월 辛巳시에 亥丑合水의 개울물이 고여있는 곳에서 꽃을 피우지 못한 乙丑의 들풀이 웅크리며 자라고 있다. 그래도 巳시에 태어나서 날씨는 따스하고 좋다. 하지만 년과 시지에 寅巳해형(害刑)의 비밀을 알 수 없지만, 辛巳는 집안에서 壬寅겁재는 밖에서 들어온 지인으로 돌보는 형제나 지인이다. 즉 乙丑을 책임져야 할 辛亥가 壬寅에게 부탁하니 집안에서 寅巳해형(害刑)되어 巳亥충으로 어머니의 가슴을 아프게 하였다.

신명으로 보면 몸주는 乙丑자린고비 대감으로 년주 壬寅용궁글문 도령으로 있었다. 주장신으로 辛亥용궁 불사와 합하여 몸주를 가르치는데 전생의 앙숙인 불사노중 辛巳가 설판을 보겠다고 안으로 들어서서 천궁불사처럼 행세하며 눈속임을 하고 있으니 분명한 허주이다. 하여 몸주를 이용하여 주장신과 巳亥충(沖)을 하고 전생의 원한을 풀기 위해 寅巳해(害)로 희롱하고 형(刑)으로 사고를 일으켜서 공부를 못하게 한다.

卯戌合火

끝없이 늘어나기를 원하는 합으로 부드럽고 강한 卯木이 성장(成長)을 주도하여 주어진 책임을 다하며 戌土에 이르면 드러내지 않고 다듬어서 다시 성장할 준비를 하는 것이다. 하여 서로 집단(集團)을 이루고 화합(和合)으로 도와가며 끝없이 높은 차원으로 올라가는 목적이다. 그래서 卯木의 음(陰) 기운으로 한곳에 모이고, 戌土의 양(陽) 기운을 만나서 위로 오르고자 한다. 이러한 욕망은 끝이 없다.

신으로 보면 卯木은 쌍침(針)이며 약명(藥名)의 특이한 기운을 손에 쥐고 있다. 약성(藥性)은 뿌리 잎 꽃에 있고, 때로는 여러 그루의 당산(堂山)에 해당한다. 戌土는 높은 곳에서 어려운 수행으로 존자 독성 산신 가람 터신 등으로 천문(天文)에 해당한다. 살아있는 것을 채취하여 건조하면 약성이 높고 찜질이나 뜸으로 해석한다. 낮은 자세로 살아가다 뜻을 세워서 높은 곳에 오르고 이후 천신(天神) 도법을 가지려고 한다.

  卯 : 살기 위한 수단으로 흩어져 나름대로 영역을 확보하려고 노력하며 장애가 생기면 피해 간다.(손재주 약명)

  戌 : 상당한 경험을 바탕으로 하여 높은 곳을 바라보며 뜻을 이루기 위한 부단한 인내를 가지고 있다.(문수 천문 산신불사 존자)

  合火 : 근기와 욕망이 강하여 뜻을 일어날 때까지 노력한다.(산신약명 천신)

예문)

시 일 월 년
庚 壬 辛 辛
戌 子 丑 卯

섣달 추위로 물가에 나무도 얼어버린 밤 庚戌의 둥근 달도 추위에 떨고 있다. 하염없이 내리는 壬子 폭설은 子丑合土하여 계곡에 얼어붙은 얼음까지 덮어버렸다. 눈의 무게를 견디지 못한 나뭇가지는 子卯형으로 부러지니 할머니가 두 분이다. 壬子는 辛丑 작은 할머니의 인연이라 辛卯 큰할머니의 미움으로 인성의 덕이 부족할 것이다. 그래도 辛丑의 도움으로 정관에 인연을 맺고 卯戌合火정재 기능직으로 끝까지 갈 것이다.

신명으로 보면 정편인이 혼잡하여 윗대에 할머니가 두 분이고 辛卯 큰 할머니의 재물을 辛丑 작은 할머니의 도움으로 壬子에게 안겨준다. 즉 몸주 壬子는 辛丑주장신과 합하여 하위직 국사가 된다. 하지만 설판 辛卯상관과 형(刑)을 하고 있으니 말이 없을 것이며, 주장신은 庚戌산신 미륵대감이 설판의 재물을 가져다주며 辛丑의 친할머니를 丑戌형(刑)을 하고 있다. 하여 살아남기 위해 모친과 떨어져 있으면 좋다.

辰酉合金

辰土의 뜻은 넓고 우람하며 있는 그대로 보전(保全)하기 위해 끊임없이 펼쳐나가고자 하는 것이다. 酉金은 더 늘어나지 않게 표면(表面)을 단단하게 하고 내성(耐性)을 강하게 하여 보존(保存)을 하려고 한다. 이러한 목적을 두고 조건적 합을 하였기에 종말(終末)을 두려워하지 않는 것이다. 흩어지려는 양(陽)의 기운은 부족하고 때에 이르면 음(陰)의 기운이 발동하여 한 곳으로 모이려고 하거나 흩어지려는 성향이 약하다.

辰土의 신(神)은 거대한 산신 용신 수신 산(山)용궁, 넓은 터 신에 해당하며 인간의 넋으로 표현한다. 酉金은 수행승 수도승 법당 등의 불사(佛事)에 관계되는 경우가 많으며, 특히 수행(修行)을 목적으로 할 것이다. 무당(巫堂)이 행위(行爲)를 할 때 사용하는 무구(巫具)이며, 산과 물과 터가 좋은 곳에는 반드시 기도처나 사찰(寺刹)이 있다. 산신이나 용신은 불사의 조건을 맞추는 것이 아니고 암자(庵子)를 지으려고 하는 것이다.

辰 : 많은 것을 품으려고 하는 성향이며 성품이 부드럽다. 하여 편안하지만 인내가 부족할 수 있다.(산신 용궁 수살고 넋)

酉 : 자신을 위해 강한 인내심으로 독립적이고 때를 만나면 반드시 자생(自生)한다.(불사 법당 방울 소작두)

合金 : 다양한 조건으로 이어가려 하기에 변화무쌍할 것이다. 하여 환경에 따라서 다르게 보는 것이다.

예문)

시 일 월 년
戊 壬 辛 辛
申 辰 丑 酉

丑월 오후에 辛金정인의 땅거미가 늘어나기 시작할 때 申辰合水의 넓은 바다를 붉게 물들이고 있을 무렵에 태어나서 보기는 좋다. 하지만 酉丑合金인성으로 맺어진 인연은 丑辰파로 깨어질 것이고 40대를 넘어가면서 戊申편관과 친구처럼 인연을 맺을 것이다. 차가운 사주의 흐름은 火의 직업을 가지거나 운(運)을 만나면 편하게 바꿀 수가 있으며, 그러하지 못하면 水비겁을 상대로 하여 강한 申金편인의 전문직이 좋다.

신명으로 보면 몸주 壬辰은 戊申산신 미륵을 주장신으로 하여 申辰合水비견이 되어 용궁 신장이 되려고 한다. 정편인이 혼잡하여 할머니가 두 분인데 辛丑의 작은 할머니와 인연이 없고 辛酉큰할머니와 인연을 맺어 불사 대신 할머니가 설판을 보시는 것이다. 이는 辛酉가 글을 가지고 戊申주장신을 통하여 몸주로 壬辰에 合水비견으로 글문선녀라고 볼 수도 있다. 선녀가 辛丑의 한(恨)을 풀어주면 재물이 들어올 것이다.

巳申合水

강한 양(陽)의 기운을 가진 것끼리 합을 하는데 巳火는 지금 열(熱)이 오르는 과정에 있으므로 부드럽고 열정(熱情)적으로 확장(擴張)하려고 한다. 그리고 申金도 무엇을 남기려고 한다. 이들의 순간적으로 합하여 무엇을 이루고자 하는데 지극히 일부만 뜻을 이룬다. 이는 합하고 이어서 파하니 떨어져 책임을 다하지 않으려고 할 것이고 그냥 자연스럽게 형성되는 것이 형(刑)이 되어 진화하거나 변화할 수밖에 없다.

신(神)으로 보면 巳火는 노중(路中)이 대부분이며 가끔 천신(天神)으로 이어질 수 있다. 인간사로 보면 법사(法師)에 해당하고, 申金은 미륵 독성 대사 작두 등으로 불사(佛事)와 관계가 깊다고 할 수 있다. 즉 노중이 어느 순간 미륵에 합을 하여 뜻을 펼치고자 할 것이며, 미륵은 이를 간직하여 새로운 경험을 하게 된다. 하지만 근기가 약한 巳火는 허세부리다 떠나고 申金은 인내로 때를 기다려 뜻을 이루고자 한다.

巳 : 시작은 화려한데 근성이 약하여 쉽게 포기하려는 성향이 매우 강하다.(노중 법사 반보살)
申 : 하염없이 몸집을 부풀리고자 하는 강한 기운도 뜻을 이루기 위하여 스스로 기운을 안으로 모이게 한다.(미륵 대사 독성)

合水 : 어디서 어떻게 시작하였는지 모르는 한 방울의 물과 같으나 결과는 영원할 것이다.(미륵용신 천상수신)
예문)

시 일 월 년
丁 戊 庚 丙
巳 申 子 午

동짓달 오전에 丙午태양이 높이 뜨기 시작하면서 아직 저물지 못하고 미련을 두고 있는 庚의 달은 물에 잠기어 있다. 子午충(沖)으로 찰랑거리는 물결에 丁巳의 빛은 巳申合水식신으로 순간순간 반짝거리고 있다. 보이지 않는 申子辰合水하여 검은 그림자가 음신으로 들어오는데, 다른 방향에서 巳午未合火정인의 밝은 빛으로 이를 막으려고 未土를 음신으로 모시고자 한다. 즉 음과 양의 대립이 강력하게 일어나고 있는 사주이다.

신명으로 보면 몸주가 戊申식신으로 친가의 할머니가 될 수 있으나 신명을 올리게 되면 9대 조부의 글문 대감이시다. 하지만 주장신으로 丙午의 천신 글문도사가 丁巳칠성 노중을 통하여 戊申과 合水식신 친가 할머니에게 설판을 보라고 부탁하면서 글을 가르치고자 한다. 하여 노중을 따라 왔다 갔다 하면서 공부하려고 하지만 집중력이 떨어진다. 하여 몸주 戊申은 巳火노중과 子水용궁 사이에서 헤매게 될 것이다.

午未合火

午火는 열(熱)이 강하여 안으로 가두어두고 있으니 음(陰)의 기운이 강하다. 이렇게 모인 기운이 계속 들어와 합을 하려고 하니 본래 있던 음(陰)의 기운이 밖으로 밀려나는데 이를 未土라고 한다. 하여 새로운 열이 뭉쳐져 있는 고기류(高氣流)는 먼저 뭉쳐진 열(熱)이 식으면서 水의 기운으로 변화한 저기류(低氣流)와 충돌(衝突)하는 것을 합으로 표현하였다. 즉 같은 火의 기운이지만 성향이 다르다.

신(神)의 세계에서 午火는 음(陰)의 기운이 가득하여 터져 나오기에 큰 무당(巫堂)이다. 未土는 음(陰)의 기운으로 뭉쳐진 공덕(功德)을 펼치고자 양(陽)의 기운을 가진 후손과 인연(因緣)을 맺으려고 한다. 후손은 표적(表迹)을 만들어서 섬기며 공생하는데 선택은 신의 권한이고, 거부하면 신의 고통을 내리며 일상(日常)을 불편하게 한다. 가정이나 신당(神堂)에 모시고 공들이는 사람을 제자(諸子)라고 한다.

午 : 깊숙이 파고드는 성질을 가지고 있어서 거부하지 못하고 차고 넘치거나 폭발할 때를 기다려야 한다.(천신 대보살 무당)

未 : 변화가 심하여 뜻을 따르기 난감하고 꾸준하게 공을 들이면 후에 덕(德)을 받을 것이다.(세존 공줄 골메기신 마고신)

合火 : 차면 넘치게 되고 많은 공(供)을 들이면 신이 감응하는 것이다.(무당 기도 공덕)

예문)

시 일 월 년

庚 丁 丙 丁

戌 未 午 未

丙午월 庚戌시에 丙午태양은 어둠으로 바뀌고 戌土 지장간에 辛金이 丙辛合水로 둥근 달무리가 되어 흐리게 보인다. 어둠 속에 합하여 水가 되는 것은 丁火 입장에서 壬水로 보이기에 丁壬合木편인으로 학교 공부가 아니고 전문기술을 익히는 것이다. 이러한 合木은 丁火보다 丙火를 더 반가워하기에 丁未는 경쟁에서 밀려나고 丙辛合水편관은 丙午겁재를 따라가는 것이다. 원인은 火의 본성은 午未合火하여 午火 것이기 때문이다.

신명으로 보면 土식상이 혼잡하여 친가에 할머니가 두 분이고, 공을 많이 들이신 분이 몸주로 계신다. 하여 자상하지만 욱하는 성격을 가지고 있어 주변과 화합이 어렵다. 몸주 丁未식신은 친가이며 칠성세존을 섬기는 할머니이며, 주장신 丙午천신 도령과 午未合火비견이 되어 항상 시비와 다툼으로 불편한 관계이다. 그러나 설판인 庚戌미륵 별상 동자는 주장신과 합을 하여 몸주를 외면하고 있다.

18. 형(刑)

  형(刑)이라고 하는 것은 본래의 모습에서 벗어난 것이나 알아볼 수 없을 만큼 변형(變形)된 것을 이야기한다. 그렇게 되려면 강력한 힘을 발휘하는 삼형(三刑)으로 寅巳申의 시작하는 장생(長生)과 子卯의 가장 강한 제왕(帝王) 그리고 丑戌未의 마무리인 묘지에서 형을 일으키고 있다. 진행하는 과정에서 부분적으로 변화가 일어나면 육형(六刑)인데, 寅巳 寅申 巳申 丑未 丑戌 戌未로 힘보다는 속도를 원하는 형이다.

辰土 午火 酉金 亥水가 스스로 변화하기에 자형(自刑)로 나누어져 있다. 신명(神明)으로 보면 스스로 변화하거나 허주(虛主)일 경우에, 신당(神堂)을 접기도 하고 펼치기도 하고 신(神)의 성격(性格)이나 행위(行爲)를 판단하기도 한다. 형(刑)은 폭력적(暴力的)이며 십신(十神)으로 관계를 판단하며, 명패(名牌)를 보고 신(神)들의 관계를 판단한다. 때로는 도법(道法)을 바꾸기 위한 수단(手段)으로 표현하기도 한다.

형(刑)이라고 부정적인 생각을 하면 무리이며, 강력한 변화를 하기 위한 수단으로 이야기할 수 있다. 목적이나 뜻을 이루기 위한 강한 근성을 가져야 가능하며, 형은 누구나 쉽게 다스릴 수 없으며, 이를 견디면 편안하고 그러하지 않으면 고생한다. 신명도 형을 견디면 도력(道力)이 상승하여 높은 신명으로 도법(道法)을 펼쳐나갈 수 있는데, 형의 무게는 신명이나 인간이 견딜 수 없을 만큼 강하여 어긋남이 많다.

신명으로 보면 조건에 의하여 신속하게 도법을 높이려고 함을 하고자 하며, 뜻을 이루면 좋은데 그러하지 못하면 허주가 된다. 원인은 잘못

된 선택과 만남이라고 할 수 있으며, 원만한 타협을 하지 못하니 서로 불신하는 과정에서 허주로 진화하는 것이다. 하여 원진(怨嗔)은 대인기피로 불안을 조성하고, 해(害)는 자해로 겁주고, 파(破)는 기물 파괴로 허세를 부리고, 충(沖)은 시비로 위협하고, 형(刑)은 폭력을 행사하려고 한다.

1) 삼형(三刑)

느리지만 강한 세력으로 서로의 뜻을 굽히려고 하지 않고 끝까지 밀어붙이려다가, 문제가 발생하여 사건 사고로 진행하게 되어 본성을 회복하기 어려워진다. 이러한 현상은 처음 시작하면서 발생할 수도 있으며, 때로는 일이 순조롭게 진행을 하다가 가장 왕성할 단계에서 의견이 틀어지는 경우가 있다. 이보다 더 심각한 문제는 결과가 나오면서 마무리 단계에서 무리한 주장을 하여 일을 망치는 경우는 회복 불능이다.

신(神)이 원하는 삼형은 세상을 알기 전에 강한 신의 기운이 들어오는 경우와 살아가면서 가장 왕성할 때 신의 길로 가자고 하는 경우가 있다. 그리고 인생사의 많은 경험을 하게 한 후에 신명(神明)의 길을 가도록 형을 두고 있다. 때로는 인생의 전환기나 속을 가득 채워서 스스로 터져 나오는 자형과 오랜 수행으로 저절로 터득하거나 정체된 삶이 고통스러워 스스로 변화를 원하는 자형(自刑)으로 이루어져 있다.

寅巳申

시작부터 심각한 문제가 발견되어서 전체를 수정(修正)하여야 할 필요가 있게 되어 무엇을 진행하지 못하는 경우이다. 준비(準備)와 경험(經驗)은 부족하고, 의욕(意欲)만 충만할 경우 형으로 진행할 수 있다. 즉 寅木은 늦어도 끝까지 하여보자고 주장하는데, 巳火는 내용보다 형식(形式)에 집중을 원하고, 申金은 과정보다 결과(結果)를 소중하다고 주장하므로 서로의 뜻이 상반(相反)되어 화합하기 어려워 형(刑)을 받는다.

신(神)으로 보면 처음 도법(道法)에 뜻을 두고 있었지만, 어떠한 사유(事由)로 인하여 방법(方法)이나 도법을 바꾸려고 한다. 즉 산신(山神)과 노중(路中)과 미륵(彌勒)이 어울리면 처음부터 도법이 서로 통하지 않으니 다툼이 생기면서 문제가 발생한 것이다. 하여 진정(眞情)한 신(神)으로 보기 어렵고 허주(虛主)의 특성을 나타내게 되면서 폭력(暴力)적으로 변질(變質)된다. 그래서 거칠고 강압적이다.

寅 : 자신의 뜻을 굽히려 하지 않고 끝까지 가려고 한다.(약명 산신 당산 걸립) 대나무 잡고 뛰는 선거리다.

巳 : 보여주기 위함으로 내용은 부실하다.(노중 법사 걸립) 붉은 가사의 송경(誦經) 법사이다.

申 : 확실한 뜻을 가지고 시작하려고 한다.(미륵 작두 걸립) 작두에서 위엄을 보이는 선거리다.

예문)

시 일 월 년
壬 甲 乙 壬
申 寅 巳 子

乙巳의 따스한 바람으로 불어오는 오후에 그림자가 늘어지고 있다. 옹달샘을 채우고 남은 물은 우거진 甲寅 숲을 지나 乙巳돌 틈 사이로 흘러서 壬子와 어울려서 하염없이 흐를 것이다. 巳申合水하여 부딪치고 스며들고 때로는 잠깐 모습을 드러내기도 하며 寅申충(沖)하고 寅巳해형(害刑) 하며 흐르는 것이다. 그래도 甲寅은 흔들림 없이 그곳을 지키고 있으니 대단하다. 乙巳의 괴롭힘까지 묵묵하게 견디어 내고 있다.

신명으로 보면 몸주甲寅 당산신장이나 천상선녀는 壬子용궁 글문의 주장신을 거부하고 乙巳식신 설판과도 관계가 원만하지 못하여 곤욕스러울 것이다. 하여 주장신은 壬申용궁 미륵을 통하여 몸주 甲寅을 충형으로 강력하게 다스려서 고집을 꺾으려고 한다. 하지만 乙巳식신 설판은 용궁미륵과 잠시 巳申合水 편인으로 공부를 하는 척만 할 뿐이다. 하여 주장신은 설판을 다스리고자 하는데 몸주는 이를 거부하는 것이다.

丑未戌

진행(進行)하면서 결과(結果)나 마무리 단계에서 타협(妥協)을 좁히지 못하여 일어나는 형이다. 丑土는 최대한으로 줄이고 필요한 공간(空間)만 두자는 것이고, 未土는 이래도 좋고 저래도 좋다며 우유부단하다. 戌土는 안전(安全)보다는 높이를 주장하며, 공간을 최대한 높이려고 주장한다. 나름대로 생각을 하고 있으니 화합하기 어렵고 심각하면 마무리가 안 되어 형(刑)으로 원상회복이나 대대적인 변화를 원한다.

신명(神明)은 丑土는 한 많은 조상(祖上)신으로 몸을 감추고 때를 기다리고 있자고 하는데, 未土는 시공간을 따지지 않고 공을 들이면 이루어진다고 주장한다. 그런데 戌土의 독성(獨聖)은 접근하기 어려운 곳으로 올라가서 득도하려고 강력한 인내심을 가져야 한다고 주장하니 화합은 어렵고 서로 대립을 하고 있다. 이렇게 화합은 어렵고 허주(虛主)가 되어 폭력(暴力)적 칩거(蟄居) 견제(牽制)가 극심할 수 있다.

丑 : 담아두거나 묻거나 감추기 위하여 만들어진 공간이다.(조상 원한) 골짜기 실개천 같은 곳에서 한(恨)을 풀어낸다.

戌 : 티끌 같은 먼지가 쌓여 바위처럼 깨지지 않는 공간이다.(독성 천문) 기가 많이 나오는 바위에서 기도한다.

未 : 공(供)줄이 끊어지지 않으려고 하는 기운이다.(세존 공줄) 조상이 공들이는 곳에서 해원(解冤)을 한다.

예문)

시 일 월 년
乙 辛 己 壬
未 丑 酉 戌
丙丁戊己庚辛壬癸甲
辰卯寅丑子亥戌酉申
9 8 7 6 5 4 3 2 1

먹구름이 하늘을 덮고 있는 酉월 未시에 바람이 구름을 밀어내고 있다. 즉 乙未편인이 己酉와 壬戌의 먹구름이 辛丑으로 오지 못하게 밀어붙이고 있다. 하지만 30대에 亥水운이 오면서 어쩔 수 없이 辛丑은 戌未土와 삼형을 일으키게 되어 강한 폭풍우를 피할 수가 없을 것이다. 하여 또 강력한 변화를 하게 될 것이며 이후 하늘은 맑아지고 새로운 삶이 시작될 것이다. 이렇게 土인성이 삼형(三刑)으로 학업에 문제가 있다.

신명으로 보면 몸주 辛丑편인 4대조의 글문대감인데 조상줄이다. 주장신은 壬戌의 지장간에 丁火편관이 丁壬合木편재이므로 8대조의 약명으로 재물을 가지고 있다. 이 신명이 설판을 겸하고 있다. 즉 辛丑은 己酉부모궁에 합을 하여 음신 癸巳정관의 노중을 따라 다니게 되므로 어릴 때 壬戌의 형(刑)을 피할 수 있다. 하지만 30대 중반을 전후하여 辛亥상관 대운에 己土구름이 비가 되어 내리면서 壬戌의 높은 도사를 만난다.

土정편인이 혼잡하여 윗대에 할머니가 두 분인데 본처가 후손을 낳지 못하고 후처가 자손을 이어간다. 그런데 辛丑의 인연은 壬戌 본처인 큰 할머니이고 주장신이며, 설판을 보니 몸주 辛丑은 힘이 없고 무조건 주장신을 따라가면 편안하다. 여기서 丑戌未삼형은 학문을 하지 못하게 가로막는 것이고 대신 己酉의 구름이 壬戌의 높은 하늘을 덮고 있었는데 乙未바람이 辛亥상관 대운에 비가 되어 내리니 높은 신명이 밝게 보인다.

子卯

인내(忍耐)를 가지고 진행하여야 하는데 그러하지 못하고 가장 왕성한 과정에서 성급(性急)한 결정으로 망치는 것이다. 子水의 차고 맑음을 좀 더 진행하여 여과(濾過)까지 하여야 본성을 회복할 수 있는데 이를 참지 못한 것이다. 卯木이 살아남기 위하여 왕성하게 팽창하여야 하는데 형으로 꺾이면 안 된다. 그래서 서로 마주하게 되면 형을 일으키게 되어 지울 수 없는 상처를 주는데 이는 고통과 기다림을 거부한 결과이다.

신명(神明)으로 보면 子水의 용신(龍神)이 차고 냉정하며, 卯木의 약명(藥名)은 온화하다. 하지만 형(刑)으로 작용하게 되면 독약(毒藥)에 해당하거나 독성(毒性)이 강한 약초 또는 독침(毒針)으로 해석하게 될 수 있다. 어떠한 상황이 극(極)에 달하여 선택하는 것으로 이를 극복하지 못할 경우는 반드시 형으로 진행하여 허주(虛主)가 될 수 있다. 하여 무례하거나 독설을 하고 독극물 사고 등으로 회복(回復)할 수 없는 피해를 남긴다.

子 : 차고 맑게 정화(淨化)되어 빠르게 흐른다.(용신 수신 제석) 신의 연결고리로 맑은 물을 사용한다.

卯 : 깊고 섬세하게 신속히 침투하려고 한다.(약명 신침) 나무에서 다양한 약과 침을 구한다.

예문)

시 일 월 년
癸 己 乙 戊
酉 酉 卯 子

乙卯월 癸酉시에 戊癸合火의 붉은 노을이 먼 산을 넘어갈 때 한점 구름이 되어 태어난 것이 己酉이다. 그런데 戊癸合火인성이 늙어갈 때 산 아래 구름이 子酉파 하여 흩어지니 학문에 뜻을 두지 못할 것이고, 년주 戊子겁재를 파(破)하여 형제와 교우 관계가 엉망일 것이다. 월주 乙卯편관과 년주 戊子가 子卯형을 일으키고 있으니 관성에 도움을 받지 못하게 되어 남자는 취업할 때, 여자는 남자와 인연이 희박할 수 있다.

신명은 戊癸合火편인 글문으로 연합하여 주장을 보려고 하였으나 子酉파(破)로 깨지고 乙卯편관이 子卯형(刑) 卯酉충(沖)으로 제압하고 주장신이 된다. 그리고 己酉작은 암주(庵主)인 친가 할머니가 몸주이며 설판까지 보는데 다양한 구실(口實)을 하다가 戊子산신 대감으로부터 子酉파를 당한다. 후에 乙卯편관 약명으로부터 卯酉충까지 당하여 근기는 약해지고 성질은 모질고 몸은 게으르니 신(神)도 이러한 인간을 외면할 것이다.

2) 육형(六刑)

비록 강하지 않아도 진행하는 속도(速度)가 빠르기에 힘이 배가 되는 경우이다. 이들은 사전에 경고(警告)하거나 충고(忠告)도 하지만 화합(和合)을 도모(圖謀)하기도 한다. 그런데 성급할 경우 아무런 경고나 충고도 없이 직선(直線)적으로 형(刑)을 가할 수도 있다. 이러한 경우 화합은 어렵고 종말(終末)을 보고자 하기에 무지막지한 과정을 경험할 수도 있다. 속도가 힘을 가중(加重)시키기에 쉽게 생각하면 안 된다.

신명으로 보면 조건에 의하여 신속하게 도법을 높이려고 합을 하고자 하며, 뜻을 이루면 좋은데 그러하지 못하고 허주가 된다. 원인은 잘못된 선택(選擇)과 결정(決定)이라고 할 수 있으며, 원만한 타협을 하지 못하니 서로 불신(不信)하는 과정에서 허주로 진화하는 것이다. 육형은 허주로 진화하는 과정에서 반드시 전조현상을 드러내면서 경고를 하게 된다. 이때 알아차리면 피할 수 있고 그러하지 못하면 본색이 드러난다.

寅巳

장기적 계획으로 모양부터 갖추고자 하지만 뜻대로 진행하지 못하고 거듭되는 실수(失手)를 극복하며 노력의 댓 가를 얻으려고 한다. 그래서 포기하지 않고 근기(根氣)를 가지고 결과를 보기 위해 수정하고 보수하면 가능한데, 그러하지 못한다면 성과를 이루지 못할 것이다. 자연은 단번(單番)에 이루어지는 것이 없듯이 많은 장애(障礙)와 시련(試鍊)을 견디어야 영생(靈生)할 수 있기에 해(害)에서 형(刑)으로 진행하는 것이다.

신(神)으로 보면 寅木산신(山神)이나 당산약명(堂山藥名)과 巳火노중(路中)이 사소한 시비(是非)가 발생하였다면 빨리 화해(和解)하여야 한다. 만약 서로 주장하거나 참지 못하고 다투게 되면 폭력으로 진행하여 허주(虛主)로 돌변한다. 이는 巳火노중의 입장에서 寅木약명이나 산신에게 부탁하는데 거절당하여 발생하는 것이다. 하여 寅巳가 함께 한다면 반드시 午火천신(天神)의 중재(仲裁)를 필요로 한다.

예문)

시 일 월 년
丁 戊 戊 庚
巳 辰 寅 子

戊辰의 높은 산에 庚子의 차고 맑은 물이 흐르고 戊寅숲에 丁巳의 새싹이 트기 시작할 무렵에 넓은 가슴을 가진 戊辰이 태어난 것이다. 푸르고 넓은 하늘에 달이 지지 않고 우람한 나무속에서 밖으로 헤집고 나오는 丁巳정인은 戊寅부모가 잔소리와 매를 들고 강요하지만 戊辰은 丁巳와 지망(蜘網)이라서 필요성을 느끼지 못하고 戊寅과 합하여 庚子를 따라서 흘러가기를 원하고 있으니 부모가 괴로울 것이다.

신명으로 보면 몸주 戊辰산신 선녀이거나 도령이고, 주장신은 丁巳정인의 칠성 글문대감인데 노중이 되어 돌아다니기를 바라는 것이다. 설판은 흐르는 물처럼 말이 저절로 나오는 庚子미륵 용궁 동자가 친가 할머니 손을 잡고, 선녀를 찾아오는데 戊寅산신 약명대감이 가로막는다. 그리고 몸주 선녀와 합하여 집에서 丁巳의 글을 배우라고 호되게 하였으나 寅巳해(害)로 눈치 보고 있다가, 형(刑)으로 도망을 친 것이다.

寅申

과감하게 정리(整理)하고 조건(條件)에 맞는 것으로 뜻을 이루고자 다시 시작하는 것이다. 그래서 필요하지 않거나 장애(障礙)가 되는 것은 미련(未練)을 두지 않고 제거(除去)하여 버린다. 즉 끝까지 갈 수 있는 것만 남겨두고 나머지는 인정사정 보지 않고 정리하면서, 목적(目的)을 위하여 강력하게 추진(推進)한다. 그래서 충(沖)으로 강력하게 경고

(警告)와 동시에 형(刑)으로 정리하고 결과를 기다리는 것이다.

신명(神明)으로 보면 寅木이 산신(山神)일 경우 申金은 미륵(彌勒)으로 생각하여야 하고 寅木이 당산약명(堂山藥名)이면 申金은 작두로 비교하여야 한다. 서로의 도법(道法)이 다르고 바탕이 다르기에 항상 충돌할 가능성을 품고 있다. 하여 사주 원국에 寅申이 붙어 있는 것보다는 떨어져 있는 편이 좋다고 할 수가 있다. 만약 허주(虛主)일 경우 공갈 협박이 위협적으로 변하고, 도법은 완벽한 변화(變化)를 요구하는 것이다.

예문)

시 일 월 년
辛 甲 丙 甲
未 申 寅 寅

寅월 오후 하늘 가운데를 지나가면서 나름대로 열을 토(吐)하여 보지만 효과는 강하지 않아도 관심을 집중하게 한다. 하여 우거진 숲속 여기저기에는 새싹이 트기 시작하고 나름대로 결실을 보려고 寅申충(沖)하여 申金의 지장간 壬水에 의지하며 살아가야 한다. 그러나 이를 알지 못하고 丙辛合水에 의지하려고 寅申충을 한다면 甲申은 고통스러울 것이고, 뿌리 깊은 甲寅은 지장간 丙火가 시주의 辛金과 合水하여 갈증을 해소하며 살아간다.

신명으로 보면 몸주는 甲申당산약명 미륵 대감인데 주장신은 丙辛合水정인 천궁불사 글문대감이다. 설판은 丙寅천신 선녀 손을 잡고 오는 명신(明神) 동자이다. 동자는 甲寅팔선녀의 사랑을 독차지하면서 몸주 甲申대감을 寅申충으로 무시하고 동자가 날뛰고 있다. 천궁불사의 뜻

은 甲申대감과 寅申충하여 癸水용궁 글문 도법을 받고 다시 寅申충으로 동자와 팔선녀를 모질게 가르쳐서 진화되면 팔도의 선녀들이 고개를 숙일 것이다.

巳申

지금 서로의 조건(條件)을 맞추고 뜻을 이루기 위하여 합을 이루지만, 조건만 이루어지면 등을 돌리고 모른 척하는 것이다. 이렇게 급조(急造)된 합은 성공(成功)하기 어렵고 뜻을 이룬다고 하여도 과정(過程)이 엄청나게 험난(險難)하다. 이마저 때를 놓치면 종말(終末)을 맞이하여야 하니 비록 순간의 합이라 무시하면 안 된다. 양(陽)의 기운이 강하여 빠르게 합을 하지 않으면 흩어져 버리게 되어 뜻을 이룰 수가 없다.

신명(神明)으로 보면 巳火노중 법사(法師)가 申金미륵(彌勒)과 순간 巳申合水하여 제석이나 용궁 도법(道法)을 터득하는 것이다. 즉 내면(內面)을 강하게 다지지 못하고 헤매던 巳火노중이 내면이 강한 申金미륵을 만나면서 순간 깨어나는 것이다. 이때를 모르면 기약 없는 세월을 보내게 될 것이고 파(破)하여 방향을 바꾸거나 형(刑)으로 포기하고 허주가 되어 성격(性格)이 조급하고 극단적인 행패(行悖)나 폭행으로 나타낼 수 있다.

예문)

시 일 월 년
丁 戊 庚 丙
巳 申 子 午

동짓달 추위 속에 丙午의 태양이 솟아올라 戊申의 큰 바위를 비추어 보지만 여전히 한기를 느끼며 태어난 戊申이다. 서편 하늘에 빛을 잃고 떠 있는 庚子달은 강물을 따라가다가 子午충 하여 태양 뒤로 사라진다. 즉 巳申合水되어 순식간에 일어나고 이어서 파(破)가 되어 일상은 깨어지고 이어서 형(刑)으로 진행하니 본래대로 돌아가야 할 것이다. 이러한 현상은 水편재가 강하여 戊申의 결정할 권한이 없다.

신명으로 보면 몸주 戊申은 주장신 丙午의 대리 또는 비서격인 丁巳칠성 노중 글문 대감과 合水하여 공부는 하지 않고 놀이에 빠지게 된다. 하지만 즐거움도 오래가지 못하고 파(破)하여 다툼이 일어나고 이어서 형(刑)으로 진행되어 戊申은 巳火 글문 노중의 꾐에 빠져 合水편재로 인하여 엉망이 되어 후회(後悔)할 일이 생길 것이다. 이를 戊申이 알아차리면 파형(破刑)으로 진행하지 못하도록 합을 거부하여야 한다.

丑未

마무리에서 과감(過感)하게 수정하거나 철거(撤去)하려고 신속한 결정과 진행이 이루어진다. 하여 강하게 충을 하여 견디지 못하면 형으로 정리하는 것이 옳은 방법이기 때문이다. 즉 차고 어두운 공간(空間)에서 고요하게 머물고 있는 丑土의 음(陰)기운을 열(熱)이 확장되어 출렁거리는 未土의 음(陰) 기운이 들어가면 강력한 충돌이 일어나 빠르게 형(刑)으로 진행되면서 공간(空間) 변화를 일으키게 되는 것이다.

신(神)으로 보면 원한(怨恨)을 품고 있는 丑土조상이다. 그리고 뜻을 이루기 위해 지극정성으로 공(供)을 들이고 있는 未土기운(氣運)이 정면으로 충돌(衝突)하는 것이다. 그리고는 형(刑)으로 진행하여 훼방(毁謗)

하면 허주(虛主)가 되어 언행이 조급하고 거칠며 과감해진다. 시작할 때와는 다르게 마무리를 하지 못하게 마장(魔障)이 들고, 도법(道法)과 방법(方法)의 차이와 기운(氣運)이 다름을 확실하게 나타내고 있다.

예문)

시 일 월 년

甲 乙 辛 己

申 丑 未 亥

습도와 온도가 높은 辛未월 甲申시에 태어났다. 거대한 甲申의 고목 나무가지 사이로 乙丑의 서늘한 바람에 불어 辛未와 충(沖)으로 부딪치어 형(刑)으로 열이 식어갈 무렵에 乙丑이 태어났다. 위로 亥未合木 비견이 되어 많은 형제가 연약한 乙丑을 괴롭히고 있으니 견디기 어려울 것이다. 하여 己亥정인 할머니 손에 의지하여 힘겹게 살아보려고 하는데, 亥水인성에서 만난 未土편재 친구들이 합심하여 丑未충형(沖刑) 당한다.

신명으로 보면 몸주乙丑은 년주 조상에서 우물에 물을 떠 올리고 자손의 건강을 위해 공을 들인 己亥용궁 글문 대감을 주장신으로 未土의 지장간에 丁火식신 칠성 동자가 설판을 담당하고 있다. 하지만 아직은 卯木 약명의 완전한 도법을 받지 못한 상태에서 乙丑을 상대로 하여 丑未충(沖)으로 강하게 침을 찌르게 되어 허약한 丑土는 견디지 못하고 형(刑)을 당하게 된다. 즉 선무당이 사람을 잡은 것으로 생각하면 된다.

未戌

마무리 과정에서 부분적으로 정리를 원하는 것이다. 하지만 결과는 불투명하고 속단(速斷)하기도 어렵다. 원인(原因)은 불안한 공간 속에 무엇을 이루어보고자 하기 때문이다. 하여 부분적으로 파(破)하여 조사(照査)나 보수를 하여 그 위에 결과(結果)를 찾아야 한다. 未土의 생각은 허물고 싶은데 戌土는 그대로 진행하려고 할 것이다. 하여 파(破)로 부실이 드러나고 깨지면서 형(刑)으로 무너져 철거하게 되는 것이다.

신(神)으로 보면 지속적(持續的)으로 집중(集中)하지 못하고 하다 말고 하는 未土의 근기로 공덕을 쌓기는 쉽지 않을 것이다. 하지만 높은 기상(氣像)과 근기(根氣)로 집중(集中)하는 戌土신명(神明)이 바라보면 서글프고 중도에 포기 할 것 같아서 원망하게 된다. 그리되면 허주가 되어 기물 파괴나 집어 던지면서 폭력적인 기질을 드러낸다. 未土는 戌土을 본보기로 하고, 戌土는 未土를 이해하고 근기와 인내를 가르치면 성공한다.

예문)

시 일 월 년
丙 乙 庚 辛
戌 未 子 亥

庚子의 동짓달 밤은 丙戌의 어둠에 깊어가고 庚金정관 달은 子水편인 위에서 빛을 내지 못하고 있으니 乙未에게 도움이 되지 못한다. 그래도 子월의 水는 맑아서 학문에 취미를 느껴서 해보려고 하지만 戌未 재성이 파형으로 부친이나 금전적인 부담으로 포기할 수밖에 없을 것이다. 년주 辛亥와 일찍 合木하여 보지만 힘들기만 할 뿐이고, 未土편재를 따라서 이런저런 장사를 해보아도 뜻을 이루기 어려울 것이다.

신명으로 보면 乙未공줄을 타고나서 업(業)을 모시고 살아가야 할 팔자인데 거부하면 고통을 받는다. 하여 시주 丙戌상관이 戌未파(破)하여 재성과 인연이 없음이고 형(刑)으로 새로운 시작을 하라고 하는 것이다. 즉 음신(陰神) 丙午천신 대보살을 주장신으로 모시고 살아간다면 戌未식상을 설판으로 하여 완벽한 변화를 약속하는 것이다. 즉 천신대보살이 乙未몸주와 丙戌설판을 辛亥에 합하게 하여 약명 글문으로 진화한다.

丑戌

경고(警告)나 충고(忠告) 없이 내려진 결과(結果)에 따라가야 한다. 하여 어떠한 조건(條件)도 통(通)하지 않을 것이다. 높이 오르고자 한다면 뿌리가 깊어야 하는데 이를 거부(拒否)하고, 서로의 주장(主張)으로 정면대립(正面對立)이 이루어져 동안의 수고로움이 순간에 무너지는 형(刑)이다. 모든 것을 감추고 묻어두려는 丑土의 성향(性向)과 드러내고 싶어서 더 높이 오르고자 하는 戌土의 성향이 형(刑)으로 진행하는 것이다.

신(神)으로 보면 수준 차이를 나타내는 것으로 丑土조상신과 戌土존자나 독성의 도법(道法)은 비교가 안 된다. 하여 조건(條件)까지 무시하고 서로 상대(相對)하기를 거부하니 허주(虛主) 기질(氣質)이 강하게 발동하면 일상이 극단적으로 보게 된다. 즉 丑土는 차고 어둡고 어쩌다가 사람마저 꺼리는 곳에서 활동하는 신이다. 그런데 戌土는 함부로 들어갈 수 없는 신령(神靈)하고 비밀스러운 곳에서 대우받는 신이라고 할 수 있다.

예문)

시 일 월 년
丁 己 壬 癸
卯 亥 戌 丑

壬戌월 늦가을 丁卯시 丁壬合木하여 새싹을 피우고 있다. 추운 겨울을 눈앞에 두고 피어난 木편관은 己土와 습土비견으로 몸을 낮추고 살아가려고 한다. 하지만 壬戌정재는 이를 알지 못하고 癸丑편재를 위하여 丑戌형(刑)으로 갈아 엎어버린다. 그리고 己亥는 丑土와 合水편재를 위하여 희생을 강요 당하는 것이다. 즉 壬戌부모가 癸丑어릴적부터 아무런 이유도 조건도 알려주지 않고 형(刑)을 하여 버린 것이다.

신명으로 보면 癸丑조상이 몸주 己亥조그마한 용궁 대감과 합을 하여 깊은 곳에서 꼼짝없이 그대로 멈추어 있기를 바라는 것이다. 하여 주장신으로 丁壬合木용궁칠성 약명대감이 구하려고 하였으나 설판을 담당하는 壬戌용궁 대감이 변절하여 己亥를 밖으로 유인하여 조건 없이 丑戌형(刑)으로 반항하지 못하게 만들어 버린 것이다. 이후 설판이 몸주를 영원히 卯戌合火편인으로 보호하는 것처럼 위장하여 구속하기 시작한 것이다.

3) 자형(自刑)

자형이라고 하는 것이 상대(相對)가 있어서 발생하는 것이 아니고 어떠한 성향(性向)으로 인하여 저절로 또는 스스로 일어나는 것이다. 제각기 특성(特性)이 있기에 동일(同一)한 의미(意味)로 해석하면 안 된다. 하여 알아서 보이지 않는 곳까지 흩어지려는 辰土, 열(熱)을 토(吐)할 때까지 저장하려는 午火, 단단하게 하여 오랫동안 유지할 목적인

酉金, 머물러서 이물(異物)을 정리하려는 亥水로 나누어져 있다.

신명에서 생각하는 자형은 스스로 결정하려는 성향이 강하기에 신을 모시거나 신당을 엎으려고 한다. 하여 형(刑)이 많을수록 반복적으로 일어난다고 생각하며, 辰土는 필요에 따라서 반복적이고 午火는 참고 기다리는 성향이 강하며, 酉金은 신명에서 불사로 바꾸려고 신당을 엎는 경우이다. 亥水는 과거에 신을 모신 경험으로 다시 모시거나 그대로 방치(放置)하는 경우가 많으므로 후손으로 이어져 갈 수 있다.

辰

辰土의 성향(性向)은 따스한 기운이 감돌기 시작하면서 상승기류(上昇氣流)를 이용하여 먼 곳까지 흩어지도록 하는 시기(時期)이다. 이렇게 하는 목적(目的)은 자신의 영역(領域)을 확보하기 위함이거나, 다양한 의미를 나타내며 때로는 번식(繁殖)을 위한 방법이기도 하다. 이러한 방법은 성공률이 낮기에 동시다발(同時多發)적으로 흩어지게 하는 경우가 많은데, 부드러운 양(陽)의 기운을 강하게 드러내고자 한다.

辰土의 신명(神明)은 신출귀몰(神出鬼沒)하다. 하여 스스로 공간(空間)을 선택하며, 무변신(無邊神)에 가까운 신통(神通)과 도법(道法)을 가지고 있다. 즉 높게는 하늘 용궁과 제석천 또는 대범 천신으로 대부분은 용신 수신 우람한 산신이다. 그리고 산이나 호수 거대한 강(江)에 존재하는 용궁으로 통한다. 낮게는 넋으로 해석하며 스스로 법(法)을 거두어들이기도 한다. 이는 어느 부호(符號)와 합(合)을 하는가에 결정된다.

예문)

시 일 월 년
丙 戊 戊 庚
辰 辰 寅 子

寅월 이른 오전에 하늘은 맑고 날도 밝은데 호수에 잠긴 庚子달이 빠져 나오지 못하고, 흘러 들어오는 물을 맞이하려고 戊寅의 거대한 왕버들이 늘어서 있다. 아직 추위가 남아있고 물이 찬 초봄이라 푸르지 못하고 앙상할 뿐인데, 무엇이 그리워 태어난 戊辰이다. 하여 주변에 土비견과 어울려서 庚金식신을 위하여 희생하고 보잘것 없는 子水에 합하고 좋아하며, 寅木편관과 큰 희망을 가지고 열심히 살아가려고 한다.

신명으로 보면 土비견이 강하여 무속적인 종교를 좋아할 것이며, 산신 주력(主力)이 강하게 타고 난 것이다. 몸주는 산신 용궁 선녀라고 생각할 것이다. 하지만 실체는 辰辰자형(自刑)으로 거대한 산에 자연스럽게 만들어진 용궁에 붉은 여의주를 물고 꿈틀거리는 용궁 글문대감의 시자(侍者)이다. 그런데 이를 거부하고 스스로 寅辰合木하여 산신을 따라가고 있으니 그 삶이 팍팍하여 엎으려고 할 것이다.

午

午火의 성향(性向)은 열(熱)을 안으로 깊숙이 품으려고 하는 것이다. 이는 뜨거운 열기(熱氣)가 오르기 시작할 때부터 저절로 저장(貯藏)된다. 깊이와 양(量)은 알 수 없고 열이 생겨나면 받아들이고, 빛으로 전환(轉換)할 때까지 계속된다. 품고 있던 열을 토(吐)해내기 시작하면 다양한 변화(變化)가 일어나면서 자연이 순환(循環)한다. 강한 양(陽)의 기운을 음(陰)으로 저장하였다가 다시 양(陽)의 기운으로 발산(發散)한다.

午火의 신명(神明)은 스스로 내공(內供)을 강하게 하지만 드러내기 위함은 아니다. 필요에 따라서 강력하게 표현을 하지만 대부분은 스스로 자신의 도법(道法)을 감추고 때를 기다리는 신(神)이다. 하여 높게는 천신(天神)에 해당하고 일반적으로 도력(道力)을 숨기고 있는 대보살(大菩薩)의 기운(氣運)을 가지고 자통(自通)하게 된다. 하여 형편(形便)에 맞지 않으면 스스로 정리(整理)하는 기운을 가지고 있으며 타협을 싫어한다.

예문)

시 일 월 년
癸 戊 壬 庚
亥 辰 午 午

壬午월 癸亥시에 庚午달 욕지(欲地)에 앉아서 스스로 부풀고 있다. 스스로 壬午 달무리를 벗어나면서 하늘은 맑아지고 戊癸合火의 별들이 하나둘 반짝이며 무리를 지어가기 시작할 무렵에 자연분만으로 태어났을 것이다. 하여 자형으로 이루어져 있기에 매사 알아서 하려는 성향이 강하고, 주장과 고집 기질(氣質)은 강한데 午午자형(自刑)으로 이루어져 있으니 순간 자신도 모르는 사이에 폭발하면 庚金식신(급성폐렴)이 녹아서 사라질 것이다.

신명에서 몸주는 戊辰으로 물이 넘쳐나는 거대한 산신 신장이며, 년주 庚午대보살이 설판을 담당하고 壬午용궁제석 글문 대감이 거북이를 타고 들락거리고 있으니 주장신이다. 몸 안에 신명이 화합하지 못하고 빈약한 壬午는 庚午설판의 눈치를 보고, 몸주 戊辰은 스스로 강인함을 드러내고 있으니 午午자형(自刑)과 항상 폭발할 준비가 되어 있다. 즉 몸주가 설판을 통하여 주장신을 통제하려는 것이 문제다.

酉

酉金의 성향(性向)은 보전(保全) 또는 보존(保存)하는 방법(方法)이나 수단(手段)으로 외형(外形)을 단단하게 한다. 필요에 따라서 속까지 단단하게 할 경우도 있으며, 겹겹이 단단하거나 부분적으로 단단하게 하기도 한다. 이는 본래(本來)의 목적으로 뜻이 일어나기 시작하면 저절로 떨어지거나 깨지거나 부드럽게 하기도 한다. 음(陰)의 기운으로 뭉쳐지는데 스스로 환경에 적응하려고 하는 자형(自刑)이다.

신명에서 酉金은 불사(佛寺)와 깊은 인연(因緣)을 가지고 있어 불심(佛心)이 강하다. 그래서 신명(神明)에서 법당(法堂)을 나타내고 불교(佛教)와 관계 깊은 신(神)으로 나타내는 것이다. 하여 높게는 천신(天神)불사 천궁(天宮)불사에 해당하지만 대부분 수도(修道) 수행(修行) 탁발(托鉢) 출가(出家)승 등으로 본다. 스스로 선택한 수행이기에 스스로 득도(得道)를 이루거나 그만둘 때까지 기다려야 한다.

예문)

시 일 월 년
己 辛 辛 癸
亥 酉 酉 酉

辛酉가을이 중순에 접어들고 열매는 착색(着色)되기 시작하고 밤하늘에 己亥의 검은 구름이 흩어지면서 辛酉가 태어났다. 지지가 자형(自刑)으로 이루어져 있어 매사를 스스로 찾아가며 살아가려 하고, 酉金 비견이 자형으로 이루어져 있으니 가족이나 친구들과 어울리는 것을 싫어할 것이다. 亥水상관도 자형이니 혼자 궁리하고 노력하여 꾀를 부리며 살아가려고 하지만 이렇게 金기운이 강하면 저절로 깨지고 떨어질 수 있다.

신명으로 보면 몸주는 분명 고집 센 辛酉선녀 또는 도령이다. 사주에 金비견이 총총하여도 어울리지 못하고 서로 경쟁하는 관계의 신이다. 살아남으려면 상대를 떨어뜨리거나 깨져야 한다. 불사로 보면 망자들을 인도하는 비천녀(飛天女)이며, 己亥상관은 공부하다 병(病)으로 죽은 5대조 별상 글문대감이다. 癸酉식신 친가의 불사 할머니가 설판을 담당하는데 화합을 하지 못하고 요란할 뿐이다.

하여 불릴 수 없는 신(神)인데 지인의 소개로 박수무당을 만나서 신내림을 받고 집에 신당을 차려주고 떠난 신(神) 선생은 연락을 끊어 버렸다. 속절없이 버려진 제자로 신당의 방문을 걸어 잠그고 신을 퇴송(退送) 하려고 하니 거금을 요구하는 무당 때문에 한숨과 눈물과 원망으로 지내다가 결국 亥水상관의 약을 먹고 자살하였다. 이도 자형(自刑)이라 스스로 선택한 극단적인 행위로 젊은 나이에 생을 마감하였다.

亥

亥水는 움직임을 최소화하여 수온(水溫)이 떨어지면서 이물질(物質)을 가라앉게 한다. 이는 빠르게 본성(本性)을 회복(回復)할 기회를 주는 것이므로 스스로 활동(活動)을 줄이고 자의(自意)와 타의(他意)에 의한 이물(異物)을 분리(分離)하기 위한 것이다. 이렇게 하지 않으면 물이 더럽고 흐름이 느려진다. 하여 양(陽)의 기운으로 자형(自刑)이 되어 온기를 흩뜨려서 불순물을 제거하려고 자정(自淨)하는 것이다.

亥水의 신명(神明)은 수신(水神)이나 용신(龍神)에 해당한다. 하지만 움직임이 없거나 미약(微弱)한 곳에 존재(存在)하는 신명으로 크게는 바다 호수 용소(龍沼) 같은 곳인데, 일반적으로 저수지 우물 샘터 또는 옹달샘 같은 곳으로 흐름이 흐리거나 멈추어 있는 것으로 본다. 더러운 것을 싫어하기에 스스로 정화(淨化)를 하기도 하며, 때로는 이러한 것을 견디지 못하고 스스로 법(法)을 거두어 들이고 포기(抛棄)할 수도 있다.

예문)

시 일 월 년
乙 己 戊 乙
亥 亥 子 巳

戊子의 하늘은 높고 맑은데 乙巳찬 바람이 乙亥의 집안으로 巳亥충하여 매몰차고 세차게 들어온다. 일찍 亥子丑合水편재를 위하여 알지 못하는 丑土비견과 어울려서 巳火정인에 합하여 들어간다. 하여 인성에 충을 받아서 학업을 이어가지 못하였을 것이며, 亥亥자형으로 한번 맺은 인연을 쉽게 끊어버리지 않고 오랫동안 이어가려고 한다. 하여 己亥는 작은 연못에 채워진 물이 다시 흐르게 하려고 한다.

신명은 몸주가 己亥의 초라한 마을 대감으로 亥亥자형(自刑) 이라서 움직이는 것을 싫어한다. 戊子의 산신 수궁대감이 주장신으로 자리하고 亥子合水의 음신 丑土가 巳亥충을 막고 있으니 5대에 한(恨) 많은 어른이다. 흩트러지는 인연을 화합하려고 당산 용궁 글문 대감인 乙亥의 지장간 甲木겁재 도령이 몸주와 合土하여 들어오니 어른스럽다. 하여 亥亥자형이라서 재물은 알아서 들어오고 甲木이 쌍둥이 대감일 수도 있다.

19. 충(沖)

　충(沖)은 서로 마주하고 있기에 상반(相反)되는 성향(性向)이 부딪치는 경우이다. 하여 장생(長生)에서 木金이 충하는 寅申과 火水가 충하는 巳亥가 있다. 제왕(帝王)에서 木金이 충하는 卯酉가 있으며, 水火에서 子午가 있다. 묘지(墓地)는 土에서 양(陽)의 기운 辰戌이 충을 하고, 음(陰)의 기운 丑未가 충을 하고 있다. 이는 세력(勢力)에 따라서 긍정과 부정을 따질 것이며 위력은 70% 이상으로 심각하면 형으로 진행할 수도 있다.

　신명(神明)은 강(强)한 기운에 억눌려서 견디지 못하고 다른 곳으로 옮겨가거나 허주(虛主)로 자신을 드러내기도 한다. 몸주나 주장신이 억압(抑壓)받아 자신감을 상실하는 수도 있고, 설판(說辦)이 본래의 소리를 내지 못하고 거짓으로 상담하는 경우와 위협적인 언어(言語)나 겁박(劫迫)을 주기도 한다. 때로는 뜻이 다른 신(神)과 충돌하는 경우와 새로운 신(神)을 받들기도 하는데 이러한 경우도 십신으로 판단 한다.

　巳亥沖
巳亥충은 상극(相剋)이라고 할 수 있지만 계절에 따라서 상생(相生)하는 경우가 많다. 그래서 각각의 부호(符號)가 가지고 있는 의미를 알고 오행을 생각하면 충이 일어나는 원인을 알게 된다. 하여 巳火는 열이 오르거나 팽창하려고 하고, 亥水는 스스로 흐름을 억제하고 열을 내리거나 수축하려는 성향이 강하기에 서로 충돌하는 것이다. 그래서 이들이 만나면 서로 어긋나는 성향 때문에 심각한 결과를 드러낸다.

신명(神明)으로 보면 巳火노중(路中)으로 머무는 곳 없이 돌아다녀야 하는데, 비를 몰고 다니는 亥水용신(龍神)이 반복적이니 엄청나게 불편한 것이다. 하여 이들은 가까이 있다면 충돌(衝突)을 하게 된다. 하여 丑未土 신명이 중재(仲裁)하면 좋고, 허주로 작용하면 폭력적이거나 다툼이 일어난다. 역마(驛馬)이므로 서로 걸립(乞粒)에 자리를 잡으려고 다투게 되는 경우 이익되는 부호를 선택하여야 한다.

예문)

시 일 월 년
丁 戊 癸 戊
巳 寅 亥 辰

癸亥월 丁巳시에 戊辰산천은 戊癸合火로 순식간에 푸르름이 사라진다. 하지만 우람한 戊辰산에 큰 戊寅이 합을 하여 숲을 이루고 있다. 깊은 산 계곡을 타고 흐르는 물은 여기저기 둘러보며 쉬엄 쉬엄 흐르다가 머물기도 하는데, 숲 사이로 살짝 파고드는 햇볕을 타고 戊寅이 태어나고 찰랑거리는 亥水물결이 巳火를 만나서 반짝이니 보기는 좋다. 하지만 癸亥편재와 丁巳인성이 충(沖)을 하여 戊癸合火로 증발(蒸發) 된다.

신명으로 보면 몸주 戊寅산신 대감과 戊辰산신 용왕과 합을 하고 있다. 그리고 癸亥하늘 역마를 타고 戊癸合火정인이 되어 순식간에 하늘 공부를 하였을 것이다. 주장신은 丁巳칠성 노중 글문으로 戊癸合火하여 짧게 공부를 마치고 설판은 癸亥수궁 대감이 보고 있지만 주장신과 앙숙이고 몸주와 화합하고 있다. 또 한 몸주 戊寅도 주장신 丁巳와 寅巳해형(害刑)으로 시비와 다툼을 계속하고 있다.

子午沖

子水와 午火은 서로 이동(移動)이나 변화(變化)를 하기 위하여 충을 하는 것이다. 子水는 차고 맑은 본성(本性)을 회복(回復)하는데 열을 제거(除去)해야 하고, 午火의 열은 스스로 공간 속으로 파고든다. 하지만 채워지면 토(吐)하는데 수분(水分)을 이용한다. 子水와 午火는 자신의 목적과 이익을 위해 서로 이용하여야 한다. 하여 어떠한 부호의 중재도 거부하고 목적이 이루어질 때까지 충을 하게 된다.

신명(神明)으로 보면 子水는 수신(水神)이며 수자령에 해당하고, 午火는 천신(天神)으로 대보살이다. 하여 흐르는 곳에 의지하며 차고 냉정한 수신은 높은 곳에서 온화한 천신과 성향(性向)이 다르기에 불편한 것이다. 그런데 이 둘의 관계를 원만하게 중재할 수 있는 신명이 없다. 하여 각기 다른 신명의 도움을 받거나 약한 신명이 양보(讓步)하거나 당하게 된다. 허주(虛主)로 작용하게 되면 폭력과 다툼이 많다.

예문)

시 일 월 년
甲 庚 庚 丙
申 申 子 午

동짓달 해가 뉘엿뉘엿 넘어가는 申시에 달이 고개를 내밀어 그림자가 늘어나기 시작할 무렵 庚申이 태어났다. 바위틈에 의지하여 살아가는 앙상한 甲木은 추위에 견디지 못하고 서서히 고사(枯死)될 것이고, 여울을 따라 반짝거리며 흐르는 물은 바위틈 사이로 사라지고 흩어진 검은 돌과 흰 돌이 저무는 태양을 부여잡고 있다. 머잖아 어둠이 찾아들면 丙午는 곁에 있는 庚子와 충(沖)하여 밝아질 것이다.

신명으로 보면 몸주는 庚申미륵 신장으로 곁에 庚子별상 도령과 합하여 설판을 보게 하였다. 하지만 하늘에서 내려온 丙午천신 장군은 子午충(沖)으로 별상 도령을 멀리 甲申천상 약명 곁으로 보내려고 하는데, 몸주가 이를 거부하고 있다. 하여 설판은 주장신의 옆구리를 쿡 찌르고 힘이 빠지길 기다리며 세력을 키우며 칼을 갈고 있다. 이후 주장신이 사라지고 주객이 전도되어 설판이 몸주를 다스리기 시작한다.

寅申沖

寅木은 살아서 성장하는 것이 목적이고, 申金은 보전하기 위해 조건적인 결실(結實)이 목적이다. 하지만 木과 金이 충(沖)을 하는 것은 성장(成長)을 위한 것이 아니고 진화(進化)하기 위함이기에 모습을 달리하고자 하는 것이다. 즉 寅木은 영원히 이어가기 위해 申金의 조건에 따라야 가능하다. 하여 木金이 본래 하나인데 충을 일으켜서 온전한 것을 걸러내기 위함이며, 강하고 가능한 것을 선택하려고 억제하는 것이다.

신명(神明)은 寅木의 산신이나 당산 약명으로 대(代)를 이어가려고 한다. 하지만 申金은 미륵이며 대사(大師) 작두이며 이는 조건에 맞아야 가능하다. 그래서 申金은 누구나 할 수가 없고 寅木은 노력에 따라서 가능하기에 충(沖)을 하는데 심하면 형(刑)으로 진행할 수도 있다. 辰戌土의 중재(仲裁)를 기다리며 허주(虛主)로 진화하면 다툼과 시비로 겁박을 하거나 위협한다. 또 한 역마라서 걸립(乞粒)으로 모셔질 수도 있다.

예문)

시 일 월 년
甲 壬 丁 壬
辰 申 未 寅

丁未월은 후텁지근한 계절이다. 그래도 甲辰시는 열이 오르기 전이며, 申辰合水하여 샘물이 안으로 흘러들고 있다. 여기에 丁壬合木으로 수초(水草)가 번식하고 냄새가 나기 시작할 무렵에 태어났다. 하여 여기저기 丁壬合木이 일어나기 시작하여 어쩔 수 없이 寅申충을 하여 형으로 壬寅을 베어버릴 것이다. 여름날 甲辰수조에 열이 스며들어 丁壬合木상관이 되어 악취(惡臭)가 발생하고 지장간에 乙庚合金정인이 발달한다.

신명으로 보면 몸주는 壬申용궁미륵 대감이 작두를 타고 있다. 주장신은 甲辰천상 대감으로 몸주와 합을 하여 壬寅을 설판으로 가르치고 있다. 하지만 쌀 위에 향과 불을 밝히고 공을 들인 丁未칠성별상 약명 동자와 설판이 사이가 불편하여 다툼이 일어나고 급기야 몸주 壬申이 설판을 寅申충(沖)으로 벌을 주려고 하였으나 주장신 甲辰에게 설판이 도움을 청하려고 하니 강력한 형(刑)으로 다스린 것이다.

卯酉沖

卯木과 酉金은 완벽하게 진화(進化)하는 과정에서 충과 형을 동시에 일으킨다. 즉 酉金이 자형으로 卯木으로 진화하고, 卯酉가 충을 하므로 확실한 변화를 하는 것이다. 이렇게 자형(自刑)과 충을 하는 원인은 가장 강할 때 뜻을 이루기 위함이고, 이때를 놓치면 실속을 챙기기 어렵다. 하여 卯木의 입장에서 보면 酉金의 자형은 보존이고 희생이다. 이렇게 제왕지에서 충을 하여야 가장 확실한 결과가 있기 때문이다.

신명(神明)으로 보면 卯木은 약명(藥名)으로 신침(神針)에 해당하며, 여러 그루의 당산(堂山)나무를 뜻한다. 酉金은 수행(修行) 불사(佛寺) 대신(大神)을 모시는 법당(法堂)이다. 과정(過程)을 따지는 약명과 결과(結果)만을 보는 불사와의 의견 충돌로 진화(進化)하지만 때로는 심각한 피해(被害)를 보게 된다. 이들을 중재(仲裁)하는 신(神)은 어느 한쪽으로 기울기에 남은 쪽은 허주(虛主)가 되어 시비와 다툼으로 훼방(毀謗)을 놓게 된다.

예문)

시 일 월 년
乙 己 戊 戊
卯 酉 午 戌

열과 빛이 강렬한 戊午월 새벽에 乙卯의 바람이 시원하게 불어주고 뭉게 구름이 저절로 뭉쳐지듯이 己酉가 태어났다. 푸른 숲으로 덮어져 있어야 할 戊戌산(山)은 酉戌해(害)로 벌거벗고 있으며 작은 텃밭에 심어둔 乙卯나무에 己酉 열매가 맺어 있으나 卯酉충(沖)으로 저절로 떨어지거나 상처가 깊어서 쓸모가 없게 된다. 이렇게 무더운 날에 水 재성의 인연은 없고 간신히 午火편인의 지장간 丙火가 辛金과 합水로 갈증을 겨우 해소한다.

신명으로 보면 乙卯편관의 약명 대감을 주장신으로 하여, 몸주 己酉작은 법당에 불사 대신할머니와 충(沖)을 하고 있으니 상당히 불편하다. 하여 화합을 주도하려고 산신 대보살이 찾아와서 설판으로 행사하려고 丙辛合水하여 천궁불사로 왔다. 하여 주장신 乙卯는 戊戌산신 도령

과 卯戌合火편인으로 몸주를 돌보려고 하지만 몸주 己酉는 卯酉충과 酉戌해(害)로 이를 거부하고 스스로 다음을 기약(期約)하고 있다.

辰戌沖

辰土와 戌土의 관계는 충(沖)을 하여야 이로움이 많아질 수 있다. 하여 辰土가 자연스럽게 멀리까지 흩어지기를 바라고, 戌土는 흩어진 것을 한 곳으로 모으려고 하는 성향을 가지고 있다. 하여 서로 다른 방향으로 전환(轉換)하도록 하는 것을 충이라고 하며, 반복적으로 충을 하여 크게 하려고 하는 목적이다. 辰戌충이 일어날 때 진화(進化)를 원하면 寅木의 중재가 좋고, 변화(變化)를 원하면 申金의 중재가 좋다.

신명(神明)으로 보면 辰土는 상황에 따라서 무변신(無邊身)으로 보며, 戌土역시 지혜(智慧)의 상징으로 다양한 표현을 한다. 산신(山神)인데 辰土는 용신(龍神)과 약명(藥名)에 인연이 많고, 戌土는 천문(天文) 독성(獨聖) 불사(佛寺)와 인연(因緣)이 깊다. 이들이 충을 하여 도법(道法)을 서로 교환(交換)하게 되면 도력(道力)이 높아진다. 하여 중재(仲裁)는 원하지 않고 辰土는 자형(自刑)이므로 스스로 인연을 찾아간다.

예문)

시 일 월 년
壬 辛 丙 庚
辰 巳 戌 戌

丙戌월 가을걷이가 끝난 아침 들녘으로 丙辛合水 이슬이 내리는 아침에 辛巳가 태어났다. 하여 부모의 사랑도 많이 받지 못하고 辛巳는 庚戌의 학우들과 巳戌원진(怨嗔)으로 인연이 희박하고 학업도 오래 이어서 할 수가 없었을 것이다. 그래도 庚戌과 丙戌 형제들이 壬辰51세까지 辰戌충(沖)을 하여 辛巳를 자식(子息)처럼 보호하여 주었을 것이고, 이러한 도움으로 자신의 욕심을 채워간다고 할 것이다.

신명으로 보면 몸주 辛巳불사 노중은 여기저기 탁발을 하면서 천신 글문에 합하여 공부하려고 하지만 巳戌원진(怨嗔)으로 뜻을 이룰 수가 없다. 그렇게 미움을 받아도 丙戌을 주장신으로 따라야 하고, 壬辰을 설판으로 활용하여야 한다. 그리하면 주장신과 설판이 辰戌충을 하면 辛巳에게 이로움이 많을 것이다. 즉 다양한 辰土글문의 도움으로 戌土글문과 충을 하면 土生金이 되어 몸주가 이익을 취하기 때문이다.

丑未沖

丑未土가 충을 하는 것은 서로 다른 환경(環境) 때문이다. 丑土는 온도(溫度)가 떨어져서 웅크리고 오그라들어서 터지는 것이며, 未土는 온도가 오르면서 늘어나서 터지는 것이다. 하여 서로 다른 형편(形便)에서 깨지므로 목적도 다르고 성향도 다르다. 그래서 丑土는 깨지면서 새로운 시작으로 성장하려고 하는데, 未土는 터지면서 새로운 마감으로 결실(結實)을 맺으려고 한다. 그래서 丑未충으로 순환이 이루어진다.

신명으로 보면 丑土는 한(恨)이 많은 조상신(祖上神)이나 매우 차고 어두운 공간(空間)을 벗어나지 못하는 신(神)들이 모여 있는 곳이다. 하지만 未土는 조상이 어떠한 목적을 가지고 공(供)을 들여서 모여진 기운(氣運)이다. 하여 인연(因緣)따라 후손(後孫)이 공줄을 이어받기를 원하는 것이다. 여러 경로를 통하여 중재(仲裁)하여 주기를 원하고 있으며 그러하지 못하면 허주가 되어 시비와 다툼을 일으킨다.

예문)

시 일 월 년
乙 己 甲 己
丑 卯 戌 未

甲戌월은 나무가 물을 내리고 붉게 물들어가는 계절이다. 밤이 깊어 다음날로 이어지는 시간에 己卯가 태어났다. 甲戌과 합을 하여 많은 사랑과 관심을 받으며 자라지만 丑戌未삼형을 품고 살아가야 한다. 특히 어릴 적 습관을 나이가 들어서 바꾸려고 부단한 노력을 하지만 쉽게 변하지 않을 것이다. 이는 己卯가 己未와 卯未合木으로 분잡스럽고 집중력이 떨어지는데 성인이 되어서도 여전히 집중하지 못할 것이다.

신명은 일주 己卯편관 대감은 전생에 己未비견 산신 약명도령이 공을 들여서 몸주가 된 것이다. 주장신은 甲戌천상 장군으로 8대 조부이고, 卯戌合火편인 약명 대감으로 침과 뜸을 잘 다스리며 몸주와 합을 하고 있다. 설판은 乙丑약명 도령인데 丑戌未삼형으로 창고 담당이다. 이들은 전생에 같이 약명공부하던 사이로 불편한 관계이다. 특히 설판 乙丑은 몸주의 전생 己未와 丑未충형(沖刑) 하기에 앙숙 관계이다.

20. 파(破)

파(破)라고 하는 것은 불완전한 상태에서 변화하려고 하는데 가능성은 환경이 결정하는 것이다. 일상에서 보면 보수(補修)나 수정(修正)은 가능한데 형편이 결정하는 것이다. 이는 생(生) 하는 관계에서 子酉 寅亥 卯午파(破)가 있고 극(剋) 하는 관계에서 巳申파(破)가 있고, 비겁 관계에서 丑辰 未戌파(破)로 이루어져 있다. 하지만 파는 전조(前兆)현상에 다음에 어떠한 관계로 이어지는가에 더 관심을 가져야 한다.

신명(神明)은 사전에 징조(徵兆)을 전하는 것으로 상황판단을 잘하여야 한다. 하여 옳고 그름을 판단하기 어렵고 허주(虛主)가 되어 들어오는 경우, 몸주나 주장신을 흔들기도 한다. 만약 설판이 파를 당하면 훼방(毁謗)이나 시비(是非) 다툼을 일으킨다. 그리고 말이 거칠고 반말과 무례한 행위를 할 수 있으며, 물건을 파괴하며 위협하기도 한다. 십신으로 명패(名牌)를 알 수 있고, 어떠한 원인으로 파(破)하는지 알 수 있다.

子酉破

子水는 酉金을 만나면 서서히 여과하여 차고 맑아지고자 하며, 酉金은 子水를 만나면 단단하게 변하여 깨질 수 있다. 이는 子水의 본성을 회복시키는 것은 酉金이 자형(自刑)이라서 서두르고 있는데, 酉金은 보전(保全)하기 위해 스스로 깨져야 가능하다. 이러한 조짐은 子水의 차가운 기운이 감지(感知)되면서 시작된다. 子酉파는 인내(忍耐)를 요구하기 때문에 근성(根性)이 약하면 불리하고, 목적(目的)을 이루지 못한다.

신명(神明)은 子水수신(水神)은 상당히 냉정(冷靜)하고 투명(透明)하며 깨끗한 것을 바라지만, 酉金불사(佛寺)는 수행하여 스스로 도법을 행하여 뜻을 이루고자 한다. 하여 서로 불편한 동거(同居)하게 된다면 장애가 발생하여 갈팡질팡하게 될 수 있어 갈등하게 된다. 이를 알고 그대로 이어가면 허주(虛主)가 되어 물건을 집어 던지거나 언행이 불순하여 상당히 건방져 보일 것이다. 하여 申金과 辰土 그리고 丑土의 중재가 필요하다.

   예문)

시 일 월 년

戊 甲 丁 辛

辰 子 酉 卯

열매가 단단하게 익어가는 丁酉월이다. 가을 햇볕에 과일은 착색(着色)되어가며 하루를 시작하는 辰시 시골에 甲子가 태어났다. 하여 년주 子卯형으로 조상의 도움이 없고 어릴 때 힘들게 살아서 학업을 이어가지 못할 수 있다. 월주 子酉파로 부모인연이 약하고 언어장애를 가진 자녀를 볼 수가 있으며, 배움이 부족하여 판단력이 떨어져 예의에 어긋난 행동과 언어 선택이 잘 안 되고 돌발적인 행동을 할 수 있다.

신명으로 보면 몸주 甲子당산 글문 대감인데 子酉파와 子卯형으로 글에 무지하거나 완전히 터득하지 못한 대감이다. 하지만 몸주는 주장신과 합하여 戊辰산신용궁 글문한량이다. 월주 丁酉칠성별상 불사는 주장과 조건으로 辰酉合金하여 용궁 불사로 설판을 본다. 몸주는 주장과 합을 하니 살아가는데 애고는 없을 것이고, 설판과 子酉파 하니 과격한 행동으로 물건을 던지거나 심하면 깨뜨리며 신침은 파형(破刑)으로 쓸 수가 없다.

丑辰破

丑土는 지독하게 응집(凝集)하려고 하는데 辰土는 완전히 개방적이라서 서로 뜻이 다르기에 파를 하는 것이다. 하여 辰土자형(自刑)이라 먼저 화해를 하려고 하지만, 丑土가 이를 거부하고 더욱 응집(凝集)하려 하며 피할 것이다. 이들이 파(破)하는 원인은 작지만 흩어져서 세력을 규합하려고 하는 것이기에 적극적으로 辰土가 파를 하여 이로운 쪽으로 끌어내려 하는데 丑土는 이를 적극적으로 방어하려 한다.

신명(神明)은 丑土의 한(恨)이 많아 암암리에 활동하는 신(神)이며, 辰土의 용신산신 터에 넋으로 다양한 신으로 존재한다. 하여 辰土가 丑土를 깨우고자 하는 것을 파(破)라고 하며, 丑土의 한을 풀고 밖으로 나오게 하려는 것이 辰土이다. 하여 이들의 중재가 필요로 하는데 子水는 丑土를 감싸고 辰土를 설득할 것이며, 酉金은 조건으로 辰土를 회유(懷柔)한다. 하지만 寅木은 천천히 설득하니 오로지 丑土를 위한 파이다.

예문)

시 일 월 년
戊 壬 辛 辛
申 辰 丑 酉

얼음이 꽁꽁 얼어버린 辛丑월 땅덩어리가 얼어서 솟아오르고 있는 하얀 서리도 녹지 않고 그대로 있는 戊申시에 고요한 壬辰바다도 부분적으로 얼어버렸다. 하지만 대박(大舶)이 얼음을 깨고 지나가는 소리에 놀라 壬辰이 태어났다. 하여 丑辰파(破) 하여 부모 곁을 떠나서 공부하여 보지만 정편인이 혼잡하여 원만하게 학업을 이룰 수가 없었을 것이다. 관성(官星)이 파를 하니 관에 인연이 약한데 중년 넘어갈 무렵에 좋다.

신명은 정편인이 혼잡하여 윗대에 할머니가 두 분이고, 몸주는 壬辰용궁 대감이 戊申산신미륵 설판과 申辰合水비견 글문 장군으로 들어왔다. 하여 주장신은 년주 辛酉불사인데 이 역시 戊申과 申酉合金 辰酉合金이 되어 도사 줄이다. 하지만 그전에 辛丑과 辛酉가 酉丑合金 출가수행 중 丑辰파로 노중(路中)이 된 것이다. 즉 辛丑월 추위를 견디지 못하고 동사(凍死)나 급성폐렴으로 사망하여 득도하지 못한 한(恨)이 쌓인 것이다.

寅亥破

寅木은 亥水를 만나면 성장(成長)하려고 하고, 亥水가 寅木을 만나면 적극적으로 희생(犧牲)을 한다. 하지만 때가 되면 亥水 스스로 파형(破刑)하여 정리하려고 한다. 다만 亥水는 寅木에 의지하여 머물다가 자정(自淨)하려고 물러나는 것이다. 이러한 틈을 이용하여 寅木은 성장하고 기회가 오면 꽃을 피우고자 하는 것이다. 서로 조건이 맞기에 오랫동안 합하고 파(破)하는 것은 서로의 휴식(休息)이 필요하기에 중재를 원하지 않는다.

신명(神明)은 寅木산신(山神)이나 당산 약명(藥名)이며, 亥水는 용신(龍神) 천문(天文)으로 지혜(智慧)의 샘이다. 이들이 합하여 약명 도법(道法)이 다양한 발전을 위함이고 조건이 이루어질 때까지 합을 하려고 한다. 또한 역마(驛馬)로 걸립(乞粒)에 같이 머물기도 하고 亥水는 안으로 담당하고 寅木은 밖으로 살펴보니 '내호(內護) 조왕 외호(外護) 산신' 같은 관계이다. 하여 중재보다는 휴식이 필요로 한다.

예문)

시 일 월 년
乙 辛 丙 甲
未 亥 寅 辰

丙寅월 산천을 깨우는 乙未 봄기운을 실은 바람이 불어오는 오후에 잠에서 깨어나듯이 辛亥도 나온 것이다. 하여 丙寅과 丙辛合水하여 글을 익히려고 노력하였으나 형편이 여의치 못하고 寅亥合木정재를 선택한 것이다. 오랫동안 합을 이어오다가 亥水자형(自刑)이 되어 辛亥는 스스로 또 다른 것을 선택하려고 여행을 떠났을 것이다. 그곳에서 寅辰合木이 되어 원하지 않게 丙火의 꽃을 피우게 될 것이다.

신명은 몸주로 들어온 辛亥불사 용궁별상이고 주장신은 丙寅천신 약명이다. 하여 몸주와 주장이 합을 하여 丙辛合水천신불사가 되고 寅亥合木으로 별상 용궁 약명이 되어 설판을 조정(調停)하고 있으니 똑똑하고 지혜로울 것이다. 하지만 寅亥합파로 휴식할 때 몸주는 乙未에 공을 들이고, 주장신은 甲辰천상 글문 대감과 합한다. 이를 몸주가 싫어하고, 주장은 乙未에 공들이는 것을 싫어하여 辰亥원진(怨嗔) 허주가 된다.

卯午破

卯木은 午火를 만나면 성급하게 확산(擴散)하려고 할 것이며, 午火가 卯木을 만나면 조급(躁急)하게 다음을 진행할 것이다. 그래서 서두르다가 뜻을 이루지 못하고 포기하게 될 것이다. 이들은 정확한 계획이나 목적을 가지지 않고 진행을 하려다가 파기(破棄)하는 경험을 가지게 된다. 午火의 성급함을 보고 따라간 卯木은 허세만 부리다가 허둥

지둥한다. 즉 욕망(欲望)으로 과욕(過慾)을 부리면 실패를 경험한다.

신명(神明)은 卯木은 약명(藥名)이며 여러 그루 당산(堂山)에 해당하고, 午火는 천신(天神) 대보살의 기운을 강하게 가지고 있다. 하여 午卯파는 서둘러서 잘못되는 것을 표현한 것이다. 그래서 卯木은 午火을 만나면서 새로운 약명으로 진화할 것이며 화침(火針)을 개발하게 된다. 그리고 午火는 卯木을 만나면서 또 다른 공부를 하게 되어 상부상조하는데 과욕으로 허주가 될 수 있기에 항상 조심하여야 한다.

　예문)

시 일 월 년

庚 甲 乙 乙

午 戌 酉 卯

乙酉월 한낮 덩굴에 휘감긴 마른 나무에 열매가 조롱조롱 익어가고 불어오는 바람에 가지 꺾어지는 소리에 甲戌이 태어났다. 乙庚合金하여 바람에 午卯파 하여 가지는 부러지고 庚午와 乙酉가 자형이 되어 설익은 열매는 저절로 떨어지고 있다. 아무리 甲戌은 庚午를 이용하여 적당하게 乙卯를 조절하려 하지만 뜻을 이룰 수가 없을 것이다. 이는 戌土편재가 午火를 잡고 있으니 午卯와 어울릴 수가 없는 것이다.

신명은 甲戌당산 한량대감을 몸주로 하여 년주 乙卯와 卯戌合火상관이 되어 산신 약명 별상동자를 설판으로 정하고, 庚午미륵 대감을 주장신으로 모시고 싶은데 午卯파(破)로 거부하고 있으니 난감하다. 하여 몸주 한량은 주장신과 午戌合火식신 친가가 화합하고 설판과 卯戌合火상관으로 외가도 화합하려고 하는데 午卯가 파를 하여 거부당하고 서로 자기의 욕심을 채우려고 하니 몸주는 괴로울 것이다.

巳申破

巳火가 申金을 만나면 순간 화려한 외출이고, 申金이 巳火를 만나면 뜻을 이룬다. 즉 巳火의 따스한 기운에 申金은 좋아서 조건적으로 합을 하고, 실속 없는 巳火는 이용을 당하고, 그래도 끝을 내지 못하고 파형(破刑)으로 진행하니 난감하다. 하여 뜻은 같아서 잠시 합을 하였으나 이내 파하고 돌아서서 형(刑)이 되어 서로 외면하는 관계로 발전한 것이다. 이러한 책임은 가벼운 巳火의 몫이고 申金은 목적을 이룬 것이다.

신명(神明)으로 보면 巳火노중(路中)은 법사(法師) 기질이 강하고, 申金 미륵(彌勒)은 대사(大師) 기질이 강하다. 이들은 순간 합(合)을 하여 학문을 논하여 보지만 뜻이 다름을 알고 이내 돌아선다. 또한 역마(驛馬)로 걸립(乞粒)에 함께 자리하는데, 세력 다툼이 심(深)하여 공석이 될 수 있다. 이들을 중재(仲裁)하기 위해 酉金은 巳火를 감싸고 未土는 몰래 申金으로 기울지만, 이를 받아들이지 않으면 변덕이 심한 허주(虛主)가 된다.

예문)

시 일 월 년
甲 壬 辛 庚
辰 午 巳 申

庚申의 부지런한 벌 나비들이 이리저리 날며 꽃을 찾아다니는 辛巳월, 여울 가에 돋아난 풀잎에 내린 이슬이 구슬 되어 떨어지는 甲辰시에 태어난 壬午이다. 초여름 아침 열기가 서서히 오르기 시작하고 壬午는 서둘러 申金과 巳火와 습水의 짧은 만남에 미련을 남기고 이내 파(破)하여 기억을 지워버리고 형(刑)으로 긴 이별의 여행을 준비한다. 그리

고 물길 따라 새로운 것을 찾아서 이야기하며 살고 싶어 한다.

신명은 몸주 壬午용궁 대감이 거북이를 타고 글을 배우려고 좁은 물길을 따라 庚申미륵 글문 도사를 찾아간 것이다. 하지만 巳申合水비견이 되어 순간의 착각을 한 것이다. 그는 용궁 글문 도령으로 설판의 유혹에 잠시 머물면서 글문을 익히게 된다. 몸주 壬午는 이를 알고 甲辰천상 대감겸 미륵 용궁신장을 찾아가야 할 것이다. 그러하지 못한다면 허주가 되어 파형(破刑)으로 변덕이 심하게 부릴 것이다.

未戌破

未土가 戌土를 만나 불완전한 공간에서 마무리를 하려고 한다면 거둘 것이 없고 도중하차를 하여야 한다. 그리고 戌土가 未土를 만나 마무리를 하려고 하는데 습한 기운이 들어오면 순간 파(破)가 되거나 형(刑)으로 진행하여 폐기하여야 할 것이다. 그래서 이들은 같은 공간을 활용한다면 엄청난 댓 가를 치르게 된다. 하여 적당한 거리를 두고 불편한 조짐이 나타나면 돌아서야 하고 그러하지 못하면 형으로 진행한다.

신명(神明)은 未土는 아득한 시간을 공을 들여서 기운이 뭉쳐진 것이다. 그리고 戌土는 사람이 접근을 피하고 목숨을 걸고 수행(修行)하여 지혜를 터득한 독성(獨聖)으로 존자(尊者)에 해당한다. 하여 방법의 차이로 가까이 할 수 없기에 파형으로 표현하는 것이다. 결과는 기도는 未土가 옳고 수행은 戌土가 옳음을 강조하는 것으로 병행(竝行)하면 파형(破刑)이 되어서 허주가 침범하여 시비하며 던지고 싸우려고 할 것이다.

예문)

시 일 월 년
丙 庚 癸 庚
子 戌 未 戌

깊어가는 여름날 높은 산봉우리 끝에 걸린 달이 달무리에 빠져서 빛을 내지 못하고 흐려지기만 한다. 무덥고 칠흑 같은 어둠 속에 태어난 庚戌은 癸未의 습한 기운에 戌未파형(破刑)으로 발버둥 치며 지르는 소리는 어둠 속에 묻혀버린다. 가파른 언덕에 만들어진 과수원은 성급한 열매들이 모습을 드러내는데 주인은 선별적으로 이를 전지하여 버린다. 어쩌면 庚戌도 未土로부터 파(破)를 당하여 형(刑)으로 버려질 것이다.

신명으로 보면 정편인이 혼잡하여 윗대 할머니가 두 분인데 원수(怨讎) 같이 지내고 있다. 하여 두 庚戌미륵 대감으로 글을 알지 못하는 머슴인데 성급하고 게으르며 불만으로 가득하여 서로가 몸주라고 한다. 하여 설판을 담당하는 癸未별상 대신과 戌未파형(破刑) 사사건건 다투고 싸움을 하는데 주장신으로 丙子천신 별상 대감의 중재를 무시하고 설판도 이러한 이야기를 듣기 싫어하니 화합은 있을 수가 없다.

21. 해(害)

해(害)라고 하는 것은 힘이 강한 것은 아니지만 곁에 두면 즐겁지 않고 사소한 시비(是非)가 큰 싸움으로 이어질 가능성이 있다. 하여 일상(日常)에서 가까운 관계에서 일어나는 시비나 구설이 형(刑)으로 진행할 수도 있으니 조심하면 무탈(無頉)할 수 있다. 인성(印星)과 식상(食傷) 관계로 丑午害와 酉戌害 寅巳害 申亥害가 있고, 재성(財星)과 관성(官星) 관계에서 卯辰害 子未害를 하는데 심각하면 형(刑)으로 변질할 수가 있다.

신(神)에서 해(害)는 자해를 나타내면서 겁(劫)을 주는 허주(虛主)일 수 있고, 뜻이 통(通)하지 않으면 시비(是非)하여 비방하고 헐뜯고 하여 괴롭히고 한다. 심각하면 하는 일을 나서서 방해하고 힘으로 협박하고 말을 거칠게 한다. 때로는 집중하지 못하고 엉뚱한 주장을 펴기도 하며 앞과 뒤가 맞지 않는 이야기로 억지를 부리기도 한다. 신명과 害하는 관계이며 중심이 없을 수 있고 이는 십신으로 판단을 하여야 한다.

子未害

서로 성향(性向)이 다른 子水와 未土가 어쩌다가 원진(怨嗔)에서 해(害)의 관계로 발전한 것이다. 子水는 차고 맑으며 고요한 것은 감추려고 하는데, 未土는 따스하고 탁하여 부풀어서 무엇인가를 드러내고자 하기에 서로가 부담스럽다. 하여 서로 환경이 다르기에 같이 하려 하니, 걱정은 의심(疑心)이 되고 나아가서 시비(是非)가 되니 믿음은 줄어들고 원망이 앞선다. 그래서 기대할 수 없고 서로를 탓하게 된다.

신명(神明)에서 子水는 흐르면 수신(水神)이고 고여있으면 용신에 해당되므로 수자령 물귀신에 해당한다. 未土는 청정수를 올리고 소원을 빌어온 기운이다. 하여 未土가 子水의 온전하지 못하고 매번 교체하여 숨기거나 기대가 의심(疑心)과 원망(怨望)으로 변하는 경우가 많다. 그래서 중재(仲裁)는 亥水용신(龍神)이 가장 적합한데 이를 거부하면 허주(虛主)가 되어 자해(自害) 또는 사람을 피하여 숨으려고 하고 심하면 겁박(劫迫)한다.

예문)

시 일 월 년
戊 乙 壬 壬
寅 未 寅 子

아직 문밖은 하얀 눈이 녹지 않고 그대로 쌓여 있는 壬寅월에 눈을 이불로 삼아 뒤집어 쓰고 조급하게 몸부림치며 乙未가 태어난 것이다. 이른 봄날에 壬子는 乙未가 안쓰러워 검은 젖을 물리는데, 子未원진(怨嗔)이 되어서 이를 거부하니 壬寅의 도움을 청하여 해(害)로 발전시켜 억지로 먹이려고 한다. 하여 乙未는 바람처럼 눈속을 벗어나려 발버둥을 쳐보지만 寅時의 새벽 찬 바람을 견디지 못하고 돌아오기를 반복한다.

신명은 水정편인이 혼잡하여 윗대 할머니가 두 분이다. 주장신으로 오신 壬子 큰할머니의 뜻을 따르지 않아서, 미움을 받고 있는 乙未가 몸주로 당산에 불을 밝히고 공을 들인 당산 한량이다. 온전한 정신을 가지지 못한 壬寅의 지장간 丙火상관 천신별상으로 설판을 보게 하니, 항상 숨어서 나오려고 하지 않는다. 하여 몸주는 주장신을 子未원진(怨嗔)으로 겁박하고 나갔다 들어오기를 반복하고 있다.

丑午害

가장 강한 음기(陰氣)를 품고 있는 丑土와 가장 강한 양기(陽氣)를 모으고자 하는 午火는, 목적은 같으나 뜻이 다르기에 원망(怨望)과 시비(是非)로 불편한 관계로 지낸다. 너무 차가워 쪼그라들다 깨져서 다시 시작하는 丑土는 출발점인데, 너무 뜨거워 흡수했던 것을 토(吐)하는 午火는 결과(結果)를 위해 반환(返還)하려고 한다. 하여 서로의 방향이 다르고 목적이 다르기에 원망과 사소한 시비가 발생할 수밖에 없다.

신명(神明)으로 보면 丑土의 조상신(祖上神)이 한(恨)을 품고 때를 기다리는 신(神)이며, 午火는 신명(神明)이 가득 차 있어 폭발할 지경에 이른 것이다. 하여 대 보살과 천신(天神)의 기운(氣運)을 받고 있다. 午火 자형(自刑)은 폐쇄(閉鎖)적인 丑土를 깨우려고 하지만 이를 거부하므로 허주(虛主)로 작용하여 언행이 불순하고 자해(自害)와 겁박(劫迫)을 한다. 불리하면 문을 잠그니 巳火의 중재(仲裁)보다 寅木이 丑土를 달래면 좋다.

  예문)

시 일 월 년

辛 庚 癸 壬

巳 午 丑 寅

壬癸의 하얀 눈으로 덮여진 丑土의 대지는 巳酉丑合金이 되어 얼어있고, 쌓인 눈 속에는 새로운 생명 壬寅이 피어나고 있다. 햇살을 받은 눈이 반짝거리는 巳시에 庚午가 태어나면서 동네 친구들과 어울려 한창 눈 놀이를 할 무렵, 丑午원진(怨嗔)으로 서로 부딪치어 넘어진 친구를 못 본체 놀이에 파져든다. 분함에 벌떡 일어난 庚午는 소리치며 대항하려고 하지만 친구들은 들은 척을 하지 않고 寅巳해형(害刑)으로 무시 한다.

신명으로 보면 몸주는 庚午미륵 국사 대감이지만 참을성이 강하고 지인들과 화합을 잘하는 불사선녀가 되었다. 하여 壬寅을 주장신으로 하여 용궁 한량대감인데 주변의 선녀나 도령을 호되게 다스리고 있다. 하지만 곁에 있는 癸丑수궁별상 글문대감을 설판으로 정하여 적극 지원하며, 함께 다니고 있는데 이를 몸주는 싫어하고 거부하기도 한다. 하여 허주로 몸주는 반항을 하고 설판은 숨어버린다.

寅巳害

느리고 완벽(完璧)하게 진행하려는 寅木과 서두르면서 내용에 관심 없고 진행하는 것에 집중하는 巳火가 마주하면, 서로의 기운이 맞지 않아서 시비(是非)로 시작하여 형(刑)으로 진행하려고 한다. 하여 이들은 시작부터 시비가 일어나고 이를 참지 못하면 끝에는 형이 되어 뜻이 사라진다. 방법과 속도 때문에 시비하고 다투기에 결과는 기대하기 어렵다. 그래서 시비가 싸움으로 변질되어 서로 힘들어진다.

신명(神明)은 寅木의 산신 약명이 巳火의 노중 법사와 사소한 시비로 인하여 폭력으로 변질될 수 있다. 방법과 과정과 방향과 목적이 다르고 해(害)로 시작하기에 티격태격 하다가 이어서 형(刑)으로 진행할 수 있다. 하여 寅木이 양보(讓步) 하지만 巳火의 허세가 강하다. 丑土나 午火가 중재 하는데 이를 거부하면 허주가 되어 언행이 거칠고 시비와 과격한 행위로 겁박한다. 같이 걸립(乞粒)을 보면 고운 사람은 찾아오기 어렵다.

예문)

시 일 월 년
壬 癸 壬 丁
戌 卯 寅 巳

땅속은 봄기운이 감돌지만 아직은 겨울을 벗어나지 못하고 녹지 않은 壬癸水의 쌓인 눈(雪) 속이 따스하여, 癸卯가 고개를 들고 태어나 보니 반짝이는 은하수가 반겨주고 있다. 찰랑거리는 별빛을 바라보고 있는데 寅巳해형(害刑)으로 유성처럼 사라진다. 그래도 희망을 버리지 않고 부단한 노력으로 복수초처럼 노란 꽃을 피워보지만 알아주는 이가 그리 많지 않고, 午火를 바라보면 적극적으로 의욕을 낼 것이다.

신명은 분명 癸卯식신 약명 할머니가 몸주로 오셨는데 卯戌合火편재로 국사 한량이 앞에 나서고 있다. 한편으로는 壬寅용궁 약명이 주장신인데 寅戌合火편재로 역시 별상국사로 설판을 담당할 것이다. 정리하면 壬戌정관 국사는 주장신이고 壬寅용궁 별상은 설판으로 화합하고 있는데 丁巳칠성 노중이 寅巳해(害)를 하여 한 곳에 머물지 못하게 시비하여 형(刑)으로 밀어낸다. 하여 午火편재 대감의 중재로 관리를 하고 있으면 좋다.

卯辰害

卯木이 왕성하여 辰土의 넓은 곳으로 흩어져 나름대로 자리를 잡으려고 한다. 하지만 뿌리 寅木이 없어 불안하지만 참고 견디면 충분히 해소된다. 하여 무리를 지어 같은 방향(方向)을 바라보며 시작하였는데 결과를 해(害)로 표현하였다. 즉 꽃꽂이처럼 뿌리가 없어서 결과를 약속하기 어려운데 辰土자형이 포기(抛棄)하지 않는다. 이를 견디면 좋은 결과를 볼 수 있으나 그러하지 못하면 뜻을 이룰 수 없다.

신명(神明)으로 보면 卯木약명은 많은 뿌리나 침술 도법을 가졌으며 辰土는 용궁이나 산신과 화합(和合)을 하려고 하지만 寅木산신 약명의 도움없이는 고행이 따르게 된다. 하여 卯辰은 뜻을 같이 해서 부단한 노력과 인내로 약명으로 가려고 할 것이다. 하지만 근간(根幹)이 없어 뜻을 이루기 어려워 포기할 수 밖에 없을 것이다. 하여 寅木과 戌土의 중재가 필요하며, 허주가 되면 일방적인 결정과 소통을 거부한다.

  예문)

시 일 월 년
壬 庚 己 乙
午 辰 卯 巳

봄기운이 강하게 돋아나는 己卯월 오후에 구름은 봄바람에 흩어지고 텃밭에 심어둔 과수목에 돋아나는 촉을 따라 庚辰이 태어났다. 갓 심은 씨앗에 물을 듬뿍 뿌려주니 흙을 많이 덮어두어 卯辰해(害)라 지열이 빠져 나가지 못하여 벌레가 생겨나고 뿌리를 내리지 못하니 상(傷)하기 시작한다. 스쳐지나가는 봄바람과 햇살에 잡초(雜草)는 무성한데 기대하며 기다리는 씨앗은 트지를 못하니 답답할 뿐이다.

신명은 乙巳노중 편관이 주장신이 되어 바람처럼 왔다가 사라지곤 하는데, 癸未설판과 친하다. 하여 몸주 庚辰산신미륵 글문대감은 소박한 생각에 잠겨 있지만 辰土자형(自刑)의 생각은 약명과 손을 잡으려고 하는데 卯辰해(害)가 되어 뜻 이루기 어렵다. 많은 생각이 일어나고 흩어지는데 주장신은 몸주를 외면하고 정한수를 올리고 공을 들이는 癸未별상 글문 대감에 합하니 몸주도 뜻(申金)을 가지고 따라가야 할 것이다.

申亥害

申金의 조건(條件)을 충족하지 못한 상태에서 머물고자 하는 亥水를 만나면 해(害)롭다는 것이다. 즉 풋과일을 수확하여 저장한다고 생각하면 좋으며, 결과는 온전하지 못하여 이로움이 적다. 또 한 申金은 빠르게 채워가는 과정이고, 亥水는 기다리며 분리하고 정리하여 저장할 준비를 하는 것이다. 하여 申金의 성급함과 亥水의 우유부단함이 마주하면 분명히 한쪽으로 기울어져 균형(均衡)을 잃게 된다.

신명(神明)으로 보면 申金미륵(彌勒)이고 대사(大師)줄인데, 亥水는 용신(龍神)에 해당하지만 흐름이 약한 곳에 있다. 미륵의 도움을 바라는 용신은 느긋하게 움직이고 기다리는 미륵은 답답하기에 해(害)가 되니 亥水는 자형(自刑)이 되어 스스로 뜻을 이룰 수 밖에 없다. 하여 子水수신이 중재를 하면 다행인데 그러하지 못하면, 허주가 되어 일상에 진행이 느리거나 서두르게 되어 실수가 많으며 매사를 스스로 정리하여야 한다.

예문)

시 일 월 년
甲 戊 癸 戊
寅 戌 亥 申

가을이 지나갈 무렵 겨울을 준비하려고 높은 산에 큰 바위 사이로 곱게 물들어가는 단풍을 바라보며 戊戌이 태어난 것이다. 申亥해(害)가 되어 붉게 물든 가을은 순간 지나가고 이내 바위의 실체가 드러나고 흐르는 여울은 썰렁하기만 하다. 그래도 여울을 따라 푸르름을 잃지 않고 자라는 나무가 앙상한 산을 지켜주고 있으니 다행스럽기만 한데, 겨울날 바위에서 흐르는 물은 쓸모가 없는데 멈추지 않고 흐른다.

신명으로 보면 몸주는 戊戌비견 산신도령으로 주장신 甲寅천상 약명 대감과 寅戌合火편인 글문도사가 되려고, 부단하게 노력을 하지만 내공이 부족하다. 그리고 설판은 戊申식신 산신 미륵동자가 보고 있는데 申亥해(害)가 되어서 뜻이 없는 말을 줄기차게 하고 있다. 이를 못마땅하게 생각하는 주장신이 寅申충(沖)으로 경고하고 형(刑)으로 벌을 주어도 그때 뿐이고 습관처럼 하고 있으니 한심할 것이다.

酉戌害

보전(保全)하기 위해 껍데기를 단단하게 하려고 하는 酉金은 마무리하려 수분을 줄이고 보존(保存)을 위한 준비를 하는 戌土의 서두름에 황당할 것이다. 申金과 연합하지 못하여 과정을 거치지 못하니 때를 놓치게 되어 속을 채우지 못하고 쭉정이가 되어버린 酉戌은 이익이 없다. 하여 酉金의 융통(融通)성 부족과 戌土의 높은 이상(異相)은 서로 통(通)할 수 없으니 申金과 辰土의 중재를 바라고 있다.

신명(神明)으로 보면 酉金의 법당(法堂)에 수행(修行)승이 戌土의 천문(天文)에 지혜(智慧)를 구하기 위해 독성(獨聖)으로 부단한 노력을 하지만, 申金미륵(彌勒)이 뒷받침을 하여주지 않아서 뜻을 이루기 어렵다. 하지만 완전히 허당(虛堂)은 아닌 듯하여 酉金은 포기하지 않고 끝까지 도전해 보려고 한다. 이를 중재하는 申金은 조건이 분명하니 거부하면 허주가 되어 쉽게 포기하려고 하며 때로는 특별한 대우를 바라기도 한다.

예문)

시 일 월 년
乙 戊 戊 辛
卯 寅 戌 酉

가을걷이를 하려고 보니 햇볕이 부족하고 물도 넉넉하지 못한 계단식 전답에완전하게 영글지 못하고, 누렇게 풍수해를 입어 힘들어할 무렵 새벽에 이슬을 타고 戊寅이 태어났다. 하여 酉戌해(害)로 메마른 땅에 힘들게 지어놓은 농작물을 수확도 하지 못하고, 그대로 방치할 수 밖에 없게 되니 답답한 마음 뿐이다. 때가 이르니 갈아 엎지도 못하는 농부의 사정을 말 할 수도 없고 알아주는 사람도 없다.

신명으로 보면 戊戌산신글문 도령장군이 주장신으로 하여 몸주 戊寅 산신 대감을 가르치려고 合火하고 있다. 하지만 설판을 보고 있는 辛酉불사 별상은 외줄에서 들어온 조상 인연인데 말과 글을 못하거나 어둔한 것 같으며, 주장신과 酉戌해(害)하고 몸주와 寅酉원진(怨嗔)이 되어 글이나 말에 관심이 없어 보인다. 그래도 주장신은 卯戌合火정인 寅戌合火편인으로 가르쳐 보려고 노력하지만 설판의 아집으로 어렵다.

22. 원진(怨嗔)

　　내부 충(沖)으로 인연(因緣) 된 가족이나 공동체 관계에서 개인의 믿음이 부족하여 발생하는 기운으로 의심과 시비가 발생한다. 이는 전생(前生)에 정신적 물질적 피해를 주거나 받은 인연(因緣)이다. 하여 재성(財星)과 관성(官星) 관계로 子未 寅酉 卯申 辰亥가 만나고, 식상(食傷)과 인성(印星) 관계로 丑午 巳戌을 만난다. 감시를 당하는 것처럼 안 보면 걱정되고, 보면 의심(疑心)과 원망(怨望)이 발동한다.

신명(神明)으로 보면 허주(虛主)일 가능성이 매우 높으며, 무엇에 대한 의심인가에 따라 판단하는 것이다. 하여 기피(忌避) 폐쇄(閉鎖)적일 수 있고 시기(猜忌)와 질투(嫉妬)로 이간(離間)질을 잘하고 험담(險談)으로 상대를 괴롭힌다. 하지만 직접 만나면 아부(阿附)하면서 묘(妙)하게 이익을 챙기려고 한다. 십신(十神)으로 관계를 알 수 있고 주장신과 몸주와 설판이 서로 원진을 이루고 있으면 말과 행동이 다르거나 변화가 많다.

子未원진

子水는 차고 맑아서 흐름을 빠르게 하려고 하는데, 未土를 만나면 따스한 기운이 감돌기 시작하면서 본성을 잃어버리고 혼탁(混濁)하게 되어 원망을 하기 시작한다. 또 한 未土의 불순한 성분이 표면으로 드러난 것을 子水에서 완전하게 정화하려고 하니 갈등이 생기기 시작한다. 하여 서로 이해(理解)하지 못하니 같은 공간에 존재한다면 의심(疑心)이 깊어지기에 시비(是非)와 다툼이 발생한다.

신명(神明)에서 子水는 맑은 물이 흐르는 곳에 자리잡은 용신 수신(水神)에 해당하며 어쩌다 낙태(落胎) 수살고도 있다. 未土는 때를 가리지 않고 뜻을 이루고자 맑은 물을 올리고 공을 들인 인연으로 신(神)줄이 강하다. 子未는 서로 절실한 관계에서 이해하지 못하여 생겨나고 의심을 풀기 위해 원진(怨嗔)이 되고 오래두면 해(害)가 된다. 하여 亥水와 申金의 중재로 해법을 찾을 수가 있지만 거부하면 허주가 되어 신경질적이다.

예문)

시 일 월 년
甲 癸 辛 甲
寅 丑 未 子

辛未월 새벽에 습도가 떨어지고 나뭇가지와 잎 사이로 열매가 살포시 드러날 무렵에 이슬 같은 癸丑이 태어나 뜨거운 태양이 높이 오르는 午시를 전후하여 아지랑이로 사라질 것 같다. 하여 丑未충(沖) 형(刑)을 하는데 이는 子未원진(怨嗔)으로 해법을 찾지 못하고 있다. 未土편관과 子水편재는 피할 수 없는 관계로 같이 하지만 癸丑은 이러한 관계를 이해도 못하고 풀지도 못하여 한여름 아지랑이처럼 사라질 수 있다.

신명으로 보면 辛未불사 세존을 주장신으로 하여 甲子천상 선녀를 설판으로 보게 하였다. 몸주는 주장신과 丑未충형(沖刑)으로 가까이 하지 못하고 항상 설판과 함께 다니는 것을 좋아하였다. 하여 주장신은 설판과 子未원진(怨嗔)이 되어 이간질하였기에 몸주가 따르지 않는다고 생각할 것이다. 하여 의심하며 따져보고 설판을 원망도 하여 보지만 따르지 않는 몸주를 강력하게 丑未충형(沖刑)하여 잡아갈 것이다.

丑午원진

여하한 경우라도 깨지지 않으려고 하며 노출(露出)되는 것을 싫어하는 丑土와, 안으로 가득 채워져 폭발하려는 午火는 서로의 관계를 이해할 수 없어서 원진(怨嗔)이 된 것이다. 뿐만 아니라 방법마저 찾을 수 없기에 해(害)로 진행할 수도 있음을 나타내고 있다. 하여 丑午가 마주하게 되면 서로 불신(不信)이 깊어져 다투게 된다. 하여 이들은 寅木의 중재를 기다려 보지만 해법을 찾지 못하면 허주가 되어 누구도 믿지 않으려고 한다.

신명(神明)으로 보면 가슴에 억울한 한(恨)을 품고 있는 丑土이다. 그리고 알게 모르게 가슴 깊이까지 차오르는 천신(天神) 대보살이 午火인데 서로가 지향(指向)하는 방향(方向)이 다르다. 하여 풀지 못하고 감추어진 기운을 단번에 풀어줄 것 같으나 알고 보면 더욱 깊은 수렁에 빠져들게 한다. 이를 중재하는데 巳火노중이 적합하고, 이를 거부하면 허주(虛主)가 되어 사람을 믿지 않으려 하고 만남을 꺼리게 된다.

예문)

시 일 월 년
壬 壬 甲 癸
寅 午 子 丑

甲子의 동짓달 이른 새벽 쌓인 눈으로 인하여 천지가 밝게 보이는 것이지 날이 밝은 것은 아니다. 하여 눈의 무게를 견디지 못하고 나뭇가지가 부러지는 소리에 놀란 壬午가 깨어난 것이다. 당산나무 옆 오두막에 불이 켜지고 丑午원진(怨嗔)으로 그렇게 반갑지 않은 친구들이 子丑合土의 부탁으로 찾아와 기다린다. 甲子는 빨리 가지 않는다고 子午충(沖)을 하니 壬午는 미리 준비한 寅午合火를 가지고 丑午해(害)로 싫

은 마음을 내려놓고 나간다.

신명은 몸주 壬午대감과 壬寅식신 용궁 약명이 寅午합火편재가 되어 용궁한량 대감이 주장신이고, 설판은 주장신을 따라다니는 壬寅식신 용궁약명 할머니로 싹싹하고 인정이 많다. 주장신과 몸주와 설판이 합을 하여 알아서 잘살아가게 된다. 문제는 甲子겁재 천상 도령이 子午충(沖)으로 강하게 흔들 것이고, 국사의 꿈을 이루지 못한 한(恨) 많은 癸丑조상 도령과 원진이라 믿음을 주지 못하고 시비가 자주 발생할 수 있다.

寅酉원진

寅木은 기초에 충실하여 천천히 끝까지 가려고 하는 성향이 강하고, 酉金은 단단하여 쉽게 깨지지 않으며 보전을 위하여 겹겹이 쌓아두려고 한다. 그래서 시작하는 寅木과 마무리를 준비하는 酉金이 상반되므로 마주하게 되면 酉金 자형(自刑)은 불안(不安)하여 성숙(成熟)되지 못하고 중도에 포기하는 경우가 많다. 하여 丑辰土의 중재를 바라지만 이를 거부하면 허주가 되어 불안하고 중도에 포기하게 된다.

신명(神明)으로 보면 寅木은 산신이나 약명으로 보는데, 酉金은 불사 또는 수행이나 무구에 관계를 두고 있다. 하여 같은 공간이라고 하여도 따로 자리를 잡고 있다. 제자가 기도를 가면 산신각을 우선 찾으며 불사의 공간은 피하거나 뒤에 찾아간다. 원인은 근기를 가지고 끝까지 하려는 寅木과 때를 기다려 스스로 이루어지기를 바라는 酉金의 차이이다. 丑辰土의 중재를 거부하여 허주가 되면 불안과 겁으로 중도 포기를 할 것이다.

예문)

시 일 월 년
己 乙 壬 丁
卯 亥 寅 酉

눈이 녹지 않고 쌓여있는 寅월 곳곳에 들꽃이 가련하게 피어 있다. 아직 어둠이 길을 막고 있을 무렵에 乙亥를 낳아서 눈으로 덮어 바람을 막고 있다. 지난해 壬寅에 조롱조롱 매달린 열매들이 바람에 卯酉충(沖)으로 떨어졌다. 이들은 내린 눈으로 겨울을 피하여 예쁜 꽃을 피우기 시작하였는데, 일찍 떨어진 열매는 寅亥合파형(破刑)으로 깨지고 일부는 寅酉원진(怨嗔)으로 불안하게 나무에 달려 대롱거리고 있다.

신명으로 보면 주장신 壬寅당산 용궁 약명선녀는 설판 丁酉칠성 불사 대감과 정신적인 관계는 오랫동안 이어졌으나 寅酉원진(怨嗔)으로 불안하지만 여러 가지 책임을 주게 된다. 그리고 주장신은 몸주 乙亥용궁 약명 선녀와 寅亥合木겁재가 되어 많은 선녀들을 거느리고 이들을 가르치며 다스리기 시작한다. 한편으로 주장신은 설판을 통하여 己卯산신 약명선녀들을 卯酉충(沖)으로 강력한 체벌로 다스린다.

卯申원진

卯木은 과감하게 자신의 몸집과 영역을 확장하려고 하는데, 申金은 결과를 확대하려고 하는 것이므로 외형이 결과에 집착(執着)하는 성향을 원진(怨嗔)으로 표현한 것이다. 하여 왕성할 무렵부터 보전(保全)하기 위한 결과를 따져볼 필요가 있다는 것으로 이를 무시하면 이어갈 수 없다. 그래서 집요하게 의심하고 집착하므로 쉽게 중재할 수가 없지만 未戌土의 노력은 통할 수 있으며, 허주가 되면 따라다니면서 귀찮게 한다.

신명(神明)으로 보면 卯木은 약명(藥名)으로 신침(神針) 약손이다. 申金은 미륵(彌勒)으로 작두에 해당하며 신침도 가지고 있다. 약초(藥草)를 작두로 잘라야 하니 둘의 관계는 절실하다. 하여 약명과 불사의 관계는 긴밀하고 서로에게 집착을 하게 된다. 하여 미륵에 기생(寄生)하는 약명의 집착은 엄청나게 강하며, 戌未土가 중재를 하면 서로 화합하여 금상첨화이다. 이를 거부하면 허주로 따라다니면서 괴롭힌다.

예문)

시 일 월 년
丙 乙 辛 丙
戌 亥 卯 申

아직 찬기운이 남아있어 새싹이 힘차게 돋아나지 못하고 이제 뿌리를 내리기 시작하는 辛卯월 어둠이 깊어가는 밤에 하나둘 반짝거리는 별을 보려고 乙亥가 태어났지만 丙戌시라 어둡다. 辛卯 갈대 사이로 힘겹게 보이는 丙申의 빛은 밝지 못하고 申亥해(害)로 바람결에 스치는 소리에 귀를 기울인다. 즉 어릴 때 丙辛合水로 丙火가 꺼져가는데 卯申원진(怨嗔)으로 卯木의 집착으로 회복하였으나 丙火은 분명 상처를 입게 된다.

신명으로 보면 몸주는 乙亥용궁약명 글문대감이고 주장신은 丙申천신 별상 미륵 대감이다. 辛卯약명 불사와 丙辛合水하여 천궁 약명불사에 집착하는데 卯申원진(怨嗔)이 되어 부족하기에, 丙戌천신 대감을 설판으로 정하여 卯戌合火의 도움을 받으려고 한다. 하지만 丙火가 戌土를 만나서 묘지(墓地)에 이르니 말이 없이 몸주乙亥의 희생으로 辛卯약명 불사와 합을 시켜 어눌하게 말을 하게 하였다.

辰亥원진

辰土는 확장하기 위한 전환점으로 폭넓은 활동을 하고자 하는데, 亥水는 지금의 그곳에 머물고 있으려는 성향이 강하다. 하여 이들이 마주하면 시비와 논쟁으로 자신의 주장을 설득시키려고 하는 것은 자형(自刑)이기에 가능하고 원진(怨嗔)으로 발전하는 것은 타협이 어렵다고 보기 때문이다. 하여 子水와 寅木이 중재하여 주기를 바라는 것이다. 만약 허주가 되면 끊임없이 파고들어 시비하려고 한다.

신명(神明)은 辰土산신 용신 산과 물을 오고 가는 신명으로 우람하고 고요하여 깊이를 알 수 없다. 亥水용궁으로 고여있는 샘 우물처럼 흐름이 없는 곳의 신명이다. 하여 이 둘은 비교할 수는 없으며, 자형(自刑)이 마주하면 원진(怨嗔)이 된다. 용궁의 크기와 도법 차이가 많아서 확실하게 다름을 알 수 있다. 子水를 만나면 화합을 하지만 寅木을 만나면 목적이 다르고, 허주가 되면 시비와 논쟁으로 상처를 주고 고독하다.

예문)

시 일 월 년
庚 乙 戊 庚
辰 亥 寅 申

봄의 시작을 알리는 戊寅월 자연은 깨어나려 하는 辰시에 구름 한점 없는 하늘에서 떨어지지 않으려고, 발버둥 치는 달을 애처롭게 바라보며 乙亥가 태어났다. 성급한 농부는 벌써 논에 물을 막고 씨앗을 담아두었는데, 寅申충(沖)하여 촉이 트고 잔잔한 乙木바람에 물이 辰亥원진(怨嗔)으로 일렁거린다. 寅亥合木으로 물 속에 심은 묘종(苗種)은 寅申충(沖)하여 상(傷)하고 방치한 묘종은 辰亥원진(怨嗔)이 되어 쓸곳이 없다.

신명으로 보면 몸주 乙亥당산 약명 글문대감이 주장신을 맡고 있는 庚辰미륵 산신과 소통은 잘하지만 원진(怨嗔)이 되어 가까이 할 수 없는 관계이다. 하여 庚申미륵 대감을 주장신과 합水정인 글문대감으로 설판을 정하려고 하지만 申亥해(害)로 거절 당하였다. 어쩔 수 없이 戊寅 산신 대감과 寅亥合木하여 지장간에 丙火상관 산신 별상동자가 설판을 본다. 이렇게 화합을 하지 못하면 몸주 신명이 편하지 못하고 외로울 것이다.

巳戌원진

巳火는 실속보다 왕성한 표면적 원색(原色)을 드러내려고 하지만 내실이 빈약하다. 그러나 戌土는 외적인 활동보다 다음을 위해서 내면을 강하게 결속하고 어떠한 외부의 충격에 강하다. 즉 왕성한 火의 기운을 돋우려는 巳火와 정리하려는 戌土의 기운이 상반되어 원진(怨嗔)으로 표현한다. 하여 성향이 다르기에 서로 관심을 보이지 않는 것이며, 午火나 申金의 중재를 필요로 한다. 이를 거부하게 되면 불안할 것이다.

신명(神明)으로 보면 巳火 노중이나 법사가 허세를 부리고 있는데, 戌土는 수행을 통하여 내면에 강한 도법을 숨기고 있는 독성(獨聖) 존자로 천문에 밝다. 그래도 다음을 위하여 戌土가 노중 법사를 가르치려고 하는데 巳火는 성의없이 대충 하는척 하기에 巳戌원진으로 표현한다. 하여 申金이나 午火가 중재하면 원만하게 풀어갈 수도 있으나 이를 거부하면, 허주가 되어 충고하여도 무관심으로 답하려고 한다.

예문)

시 일 월 년
壬 癸 丁 庚
戌 巳 亥 申

초겨울 밤 은하수 아래로 둥근 달이 차오르고 있는 밤에 떨어지는 유성을 타고 태어난 癸巳이다. 고개들어 볼 때 마다 달은 커져만 가는데 巳戌원진으로 멀리까지 빛이 나지 못하고 있는 것은 달무리 때문이다. 즉 癸巳가 庚申에게 壬戌과 合金하여 도와줄 것을 부탁하였으나, 관심을 가지지 않았기에 巳申合水하고 이어 파형(破刑)으로 진행하여 달무리가 되어 버린 것이다. 이후 우물에 잠긴 달을 생각없이 바라볼 뿐이다.

신명은 몸주 癸巳노중 대감으로 상당히 욕심이 많고, 丁亥용궁 칠성선녀들과 巳亥충(沖)으로 친분이 없어 외톨이이다. 주장신 庚申미륵 글문도령과 巳申合水하여 잠깐 친하지만, 주장신은 설판을 보는 壬戌용궁 대감과 절친하게 지내고 있다. 그런데 巳戌원진으로 설판은 몸주를 외면하고 무시하고 때로는 불안한 생각을 가지게 되어 살펴보기도 한다. 하여 午火의 중재를 바라는데, 허주가 되면 몸주는 충고를 무시한다.

23. 공망(空亡)

　공망이라는 것은 지지(地支)는 존재하는데 천간(天干)을 만나지 못하여 붙여진 것이 공망인데, 때로는 천중살(天中殺)이라고도 한다. 공망이란 공치고 망한다고 하는 흉살로 이야기를 많이 하는데 때로는 공망을 필요로 할 경우도 있을 것이다. 대운이나 년에 공망을 만나면 망조가 들어 피해를 많이 보는 경우와 그러한 일들이 많이 발생하는 것은 사실이다. 하지만 비워야 채우듯이 공망도 비워야 채워지는 것이다.

공망은 긍정보다 부정적인 생각으로 해석하는데, 공망은 일주를 중심으로 하여 찾아서 풀이한다. 또 한 방향 상호 길흉 절로 공망 등등이 있다. 공망은 천간의 마지막 癸水 다음에 오는 지지 2자를 공망으로 정하며, 일주나 년주가 庚申이라면 辛酉 壬戌 癸亥 다음에 오는 子水상관과 丑土인성이 공망에 해당한다. 하여 여자는 자식과 부모의 덕이 없다고 할 수 있고, 남자는 처가 부모 문서 같은 것과 인연이 미약하다.

년주(年柱) 공망이면 조상의 공덕이나 음덕이 약하고 초년 복이 미약하고, 성장하는데 애고(哀苦)가 많고 학업을 이어가기 어려울 수 있다.

월주(月柱) 공망이면 부모의 관심이 적고 형제 우애가 미약하며, 사회활동이나 직장생활이 원활하지 못하고 청년기에 고초(苦楚)를 받는 수가 많다.

일주(日柱) 공망이면 부부인연이 약하고 배우자의 복과 덕이 부족할 것이며 장년에 어려움을 경험할 수가 있다.

시주(時柱) 공망이면 자식 덕이 약하고 노후가 불안할 것이며, 원만한 가정을 이루기 어려울 것이다.

십신에 따라서 다양하게 이야기를 할 수 있으며, 십신에 해당하는 인연이나 물질 등등에 관계가 원활하지 못하다고 할 수가 있다.

비겁(比劫)이 공망이면 인간의 덕이 없다고 할 것이며, 특히 형제나 교우 관계에 문제를 생각하여야 한다. 인간 풍파를 당하는 경우가 많고 때로는 타인에게 이용을 당할 수도 있는데, 미련을 버리지 못하고 정(情)을 주는 경우가 있다. 남자들은 부친과의 인연이 약하고 자식 고민도 할 수가 있다. 여자는 억척스럽고 자기주장이 강하여 친구나 지인들과 원활하게 소통이 이루어지지 않으며 원만한 가정을 이루기 어렵다.

식상(食傷)이 공망이면 의식주에 대한 고민이 많으며, 년주 식상이 공망이면 말이 늦고 자기표현이 부족하고 부끄럼이 많아서 건강이나 활동력이 떨어진다. 남자는 처가의 덕이 없고 특히 장모와 관계가 불편하며, 여자는 자식을 가지기 힘들 것이고 행여 자식이 있다고 하여도 덕을 보기 어려울 수가 있다. 남녀 모두가 이성에 집착하거나 성적인 부분에 관심을 많이 가지며, 그로 인하여 오해를 받을 수가 있다.

재성(財星)이 공망이면 재물로 고통을 받거나 유흥에 빠지는 경우가

있으며, 주변의 만류에도 불구하고 재물 탕진을 하는 경우가 있다. 이는 본인이 싫증이 날 때까지 하는 수가 있다. 남자는 생이별이나 이혼을 하고 여러 번 재혼 할 수가 있으며, 별거 또는 주말부부로 지내는 가정도 있다. 여자는 아버지의 사랑과 관심이 부족할 때가 있고 남자나 여자나 즉흥적 성향이 강하고 도박이나 투기, 한탕을 노리는 사람도 많다.

관성(官星)이 공망이면 여자는 배우자 인연이 부족하고 혼인이 늦어진다. 때로는 원하지 않는 혼사가 있으며, 배우자가 허약하거나 게을러서 생활력이 떨어지는 경우가 있다. 의견 충돌이나 애정 결핍으로 항상 불만을 많이 가질 수가 있다. 이와 반대로 배우자가 너무 억척스러워 힘들 때도 있다고 한다. 남자는 자식 인연이 약하고 때로는 없을 수도 있다. 관재구설이 많이 따르고 시비가 자주 발생할 수 있다.

인성(印星)이 공망이면 부모인연이 적다고 볼 수가 있고 한 부모 아래서 자라기도 하며, 양자로 입양되거나 남의 집에서 자라기도 한다. 눈칫밥을 먹는 일이 자주 있고 고아로 자라거나 이기적, 우울증, 자폐성이 강하고, 나약하며 게으른 면이 있고 학업을 중단할 수 있다. 반대로 학구열이 강하여 뜻을 이룰 수 있지만 대부분 중도 포기하는 이가 많다. 전공을 자주 바꾸거나 다양한 직업을 가지는 경우가 많다고 할 것이다.

寅卯가 공망이면 신경이 예민하고 자아의식이 강하여 구속되는 것을 싫어한다. 무모하고 저돌적이며 이상주의를 생각하고, 정신적인 문제나 심리적인 문제로 영적인 세계로 빠져들기 쉽다고 할 것이다. 의리와 우정을 중시하며 사람에게 애착하는 마음이 강하여 배신을 당할 수도 있다. 신경성 소화불량이나 스트레스로 인한 간 질환, 우울증이 발생할 수 있으며, 심할 경우 신경이 예민하여 공황장애나 어지럼증을 경험 한다.

午未가 공망이면 개혁, 모험, 창의력, 상상력이 뛰어나며 자유분방하고 독립적인 것을 요구한다. 전문적 기질과 완벽주의 기질이 있으며, 무정하고 성격 변화가 심하여 스스로 감정조절이 어려울 수 있다. 정신적인 고독감이나 성적인 호기심도 강하며 사람에게 관대할 수가 있다. 개성 야망 집념이 강하지만 뛰어난 감수성으로 인하여 의욕 상실이나 대인기피증으로 상실감에 빠지기 쉽다. 고혈압, 피부건조증, 심장질환을 조심하여야 할 것이다.

申酉가 공망이면 출세와 명예, 명분을 중요하게 생각할 것이며 권위적이고 고지식하다. 무사안일하기 쉽고 융통성이 부족하고 자기주장이 강할 것이며, 출세하기 위하여 수단 방법을 가리지 않아서 주변으로부터 욕을 듣는 경우가 있다. 자신이 경험하지 않은 것은 믿으려고 하지 않으며 진정한 사랑이나 믿음이 부족하다. 폐 대장 변비 골다공증 또는 신경통으로 고생을 할 수가 있으며 치아가 약한 경우가 많다.

子丑이 공망이라면 부모나 윗사람과의 인연이나 관계가 좋지 못하여 의견 충돌과 마찰이 자주 일어난다. 때로는 매정하지 못하여 피해를 당하는 경우가 있고, 봉사 의무 도리 체면 고상함 기대심리 신분 상승 등에 집착할 수 있다. 논리적이면서 고상한 척을 하는 경우가 있으며, 성격이 예민하고 엄숙하여 도전적이다. 식중독 신장 방광 등 비뇨기 계

통이 약하고 빈혈과 불면증 우울증 자폐성을 조심하여야 할 것이다.

상생하는 공망(辰巳)은 소속에 얽매이기보다는 자유롭게 살고 싶고 이질적인 성격이 강할 수 있다. 부모인연이 약하고 이상과 미래에 대한 꿈과 희망이 없고 공상을 즐긴다. 물질적 풍요와 화려한 삶을 원한다. 즉흥적 감정 기복 변덕이 심하고, 환락 유흥과 도박 한탕을 꿈꾸며 재물에 애착이 강하고 냉정하다. 다수와 이성 관계를 동시에 하려는 성향이 강하고 위장 시력 현대병 갑상선 신경성 피부질환으로 고생할 수 있다.

상극하는 공망(戌亥)은 독립심이 강한데 개혁과 모험심이 부족하고 집요한 논리로 남을 질리게 한다. 인덕이 없고 변화에 약하고 고독하여 정신세계 종교 문학 예술 방향에 강한 기질이 있다. 명분과 주장 인내심이 강하지만 마음의 상처를 자주 받는다. 자신을 알아주면 좋아하고 관대하며 헌신적이지만 남의 일에 깊이 관여하려 한다. 갈등 눈치 괜한 걱정으로 마음에 고통을 자초하고 냉혹하다. 비만 피부질환 변비 비뇨기 빈혈 두통 대장이 약하다.

이처럼 공망 작용력도 상당히 많은데 사주 구성에 따라서 다양하게 겪어 보는 경우가 있다. 이는 심리적인 사고(思考)로 육친에 대한 집착과 갈등에서 시작되는 수가 있고 운명이 꼭 정해진 것이 아니기에 단정하면 안 된다. 사람은 운대로 살아가는 것은 아니고 불확실한 환경이나 인연에 의하여 자신의 습관과 지식 경험 상식 지혜 등으로 살아가는 것이다. 하여 항상 준비하고 때를 기다리는 사람이 가장 유리하다고 할 수가 있다.

24. 삼재(三災)

　삼재는 수재(水災) 화재(火災) 풍재(風災)가 일어나서 피해를 보는 것이지 살(殺)은 아니다. 즉 휴식할 시기에 이를 무시하고 활동하다가 발생하는 사고이다. 12년 주기에서 9년은 활동하고 3년은 휴식기이다. 이를 무시하고 욕심을 내게 되면 다양한 사고가 일어날 수가 있는데 이것을 삼재로 표현하는 것이다. 삼재는 신(神)의 작용이 아닌 자연의 흐름을 따르지 않아서 발생하는 다양한 사건이나 사고이다.

삼합(三合)의 첫 글자와 충(沖)을 하는 첫해를 들 삼재, 두 번째 해는 눌 삼재, 마지막 나가는 세 번째 해를 날 삼재라고 한다. 다양한 사건 사고가 발생하며, 때로는 흉함이 복(福)으로 바뀌어서 행운이 찾아드는 복(福) 삼재도 있다. 무당이나 종교에서 대부분 정초(正初)에 삼재를 풀이한다. 이는 인연 된 조상이나 자연신(自然神)께 지극한 정성으로 음식을 준비하고 개개인의 표식으로 속옷이나 소장품을 소각하는 행위이다.

　　亥卯未生은 巳午未년이 삼재
　　寅午戌生은 申酉戌년이 삼재
　　巳酉丑生은 亥子丑년이 삼재
　　申子辰生은 寅卯辰년이 삼재

삼재는 띠를 중심으로 하여 비겁(比劫)이면 인간사 피해로 시비 다툼 금전 피해를 조심하고, 식상(食傷)이면 언어 질병 사고를 조심하면 된다. 여자는 자식 문제로 고통받을 수 있다. 재성(財星)이면 사업과

자금회전이 어렵고 처나 여자 문제를 조심하면 된다. 관성(官星)이면 직장변동 관재구설로 힘들고 남편이나 자녀로 고민할 것이다. 인성(印星)이면 사기나 문서로 고통을 받고 부모에게 문제가 발생할 수 있다.

자연(自然)도 쉬어가고 신(神)도 머물고 기를 충전하는데 인간은 이를 알지 못하고 욕심을 채우려고 한다. 하여 자연과 신으로부터 재앙을 받아 동안의 쌓아둔 공이 한순간에 무너지고 심할 경우 목숨까지 위협당할 수 있다. 사주학에서 삼재를 슬기롭게 피해 가는 방법을 찾을 수는 없어도, 무당은 인간을 대신하여 자연과 신 앞에 엎드려서 화합을 청한다. 사주학으로 삼재를 알고 신의 도움으로 풀어내는 것이다.

25. 상문(喪門)

사주에서 상문살(喪門殺) 이라고 하는데 무엇을 근거로 하는지 정확하게 알지 못한다. 하지만 무당은 상가집에 서려있는 온갖 불길한 기운을 통틀어 상문이 들었다거나 또는 상문 부정이 들었다 라고 한다. 예나 지금이나 죽음이 주는 좋지 않은 기운으로 인하여 화(禍)를 당하게 되고 심지어는 죽음에 이르는 경우도 있다. 하여 조문을 다녀와 집으로 들어가기전 소금과 고춧가루를 뿌리는 비방 행위도 어렵지 않게 볼 수가 있다.

하지만 무당이 상문이 들었다는 근거를 풀어보면 최근에 집안의 사람이나 친인척 지인 등으로 초상을 치렀거나 또는 초상을 치른 햇수가 오래 되지 않은 경우로 이해하여야 한다. 상문은 흐르는 세운에서 앞으로 한 칸 건너서 들어오는 부호가 사주에 있으면 상문에 해당하는 것이다. 예를 들어보면 올해가 甲辰년이면 앞으로 한 칸을 건너면 巳火이고 다음에 오는 부호 午火가 상문에 해당하는 것이다.

사주에서 午火가 년(年)에 있다면 조(祖)부모 일신이나 윗사람에 해당하고 또는 먼 곳으로 문상갈 일이 있을 수 있다. 월(月)에 있다면 부모나 형제 일신이나 가까운 이웃 지인에 해당하고, 직장이나 활동하는 단체 등에서 부고를 받아서 문상갈 일이 있을 수 있다는 것이다. 일(日)에 있으면 친인척이나 배우자 일신 또는 형제 일신이나 친구 등에 상문이 들것이고, 시(時)에 있다면 직계가족으로 초상에 해당하는 것이다.

무당은 사주학처럼 풀이하지 않고 인연 된 신명이 알아서 내방(來訪)하는 사람의 뒤에 영혼(靈魂)이나 귀신(鬼神)의 움직임을 보거나 느끼게 되어 이야기하는 것이기에 정확하게 알고 상문 들었다고 한다. 이러한 신(神) 줄이 약한 무당은 어쩔 수 없이 사주학을 근거로 하여 상문을 확인하면 된다. 복잡한 인간사에서 상문은 항상 있을 수 있는데 알 수도 있고 모를 수도 있기에 사주학으로 정확하게 판단하지 못한다.

26. 조객(弔客)과 주당(周堂)

　초상이 나서 조문(弔問)오는 사람을 조객이라고 하는 것이 옳다. 집안 사람 또는 친인척 중에 상(喪)을 당하여 조객을 맞이하거나 조객이 된다는 뜻을 지닌 흉살로 상문살과 흡사하여 상문조객살 이라고도 한다. 상가집에 조문을 다녀온뒤 이유없이 두통과 복통 또는 무기력증 등 신변(身邊)에 이상증세나 집안에 우환, 하던 일의 막힘 등이 나타날 수 있는데 누구나 한번쯤 겪어볼 수 있기에 미리 현명하게 대처하면 된다.

사주학에서 조객을 찾는 방법은 흐르는 세운에서 거꾸로 한 칸 건너서 다음에 오는 부호가 사주에 있으면 조객에 해당한다. 甲辰년이면 거꾸로 한 칸 가면 卯木이고 다음에 오는 부호가 寅木이 조객에 해당된다. 년(年)에 있으면 먼 곳으로 조문 가야 할 일이 생길 것이고, 월(月)에 있으면 이웃이나 지인 인척 관계이다. 일(日)에 있으면 친구나 아주 가까운 관계이고 시(時)에 있으면 아랫 사람에게 조문 갈 수 있다.

조객은 격각(隔角)과 찾는 방법이 같은데 차이점은 조객은 흐르는 세운(世運)을 중심으로 하여 사주에 관계되는 부호가 년월일시 별로 따져 볼 수 있는데, 격각은 일지를 중심으로 하여 흐르는 세운으로 판단한다는 것이다. 참고로 격각이란 짐승 머리에 뿔이 떨어져 있다는 의미로 함께할 수 없음을 나타낸다. 그래서 어울리기 어렵고 화합할 수 없어서 외롭고 고독하거나 이별을 경험 할 수 있다는 것이다.

주당(周堂)은 혼인을 할때 각종의 살(殺)이 침입하는 것으로 주당살을 맞는다 라는 표현을 한다. 남녀가 만나 혼인에 이르기까지의 과정에서 발생되는 많은 액살들인데 신랑과 신부 당사자는 물론 가족들에게까지 화(禍)가 미치게 된다는 것이다. 주당살이 발동 되면 부부의 이별, 대주나 기주의 바람, 자손의 불행, 재물의 손실 등이 일어나게 된다. 시대가 바뀌어 혼인의 절차가 많이 간소화 되었으나 액살은 여전히 노리고 있음이다.

이러한 흉살은 분명 존재하는데 과학적인 이론이나 의학적으로 밝혀지지 못하고 있는 것은 사실이다. 하지만 무당들은 이러한 흉살을 그렇게 대수롭지 않게 생각하고 있으며 어쩌면 당연한 것처럼 알고 있다. 즉 잡다한 사람이 모이면 반드시 잡다한 귀신도 모여들게 되는 것이고, 그로 인하여 기(氣)가 약한 사람이나 잡귀와 파동(波動)이 일치하는 사람에게 일어난다. 이러한 주당살을 물리는 일을 무당이 하는 것이다.

27. 화개(華蓋)

사주에 辰戌丑未 土가 강하게 작용할 경우이다. 이는 창고에 저장하거나 묻어두었다가 때를 만나면 꺼내어 다시 쓰는 경우이며, 때로는 재생을 하는 경우가 있기에 재생(再生)살 이라고 한다. 무엇을 노리거나 기다리고 있는 경우로 신앙(信仰)과 예술방면에 탁월한 실력을 발휘하는 경우가 많다. 하여 종교성이 강하고 정신세계에 관심이 많아서 산천(山川)으로 다니면서 영(靈)적인 세계를 경험하고자 한다.

빛나는 것을 덮어두었다고 할 수 있으니 나쁘게 판단하여 살이라고 하는 것이다. 즉 부귀영화를 덮어놓고 하는 일에 장애가 발생하도록 하여 인간 관계와 돈 명예 인연이 미약하다. 삼합의 마지막 묘지로서 일생이 끝나고 무덤으로 들어간다는 의미로 고독하여 철학 사색 종교 학문 예술방면에 좋다. 하여 亥卯未생은 未日, 寅午戌생 戌日, 巳酉丑생은 丑日, 申子辰생이 辰日에 태어나면 화개살에 해당한다.

사주에 화개살이 강하면 조상의 업을 이어받는 경우가 많으며, 매사에 마무리가 잘 안되어 여러 번 반복하는 경우가 많다. 土의 성향은 무엇이든 받아들이고, 감정이 쌓여있어도 화해를 잘하는 편이며 덮어두었기에 음란(淫亂)할 수 있다. 초년의 화개살은 긍정적이지만 중년 이후는 부정적이고 辰戌丑未 土가 괴강(魁罡)이나 백호(白虎)살에 해당하기 때문에 흐르는 운과 겹치면 뜻하지 못한 일이 일어날 수 있다.

28. 이사 방위(方位)

일상에서 이사하려고 하는 경우 피해야 하는 방향이 있다. 대장군(大將軍)이나 삼살(三殺) 방향과 손 없는 날이다. 하지만 지금 시대에 이러한 것을 믿는 사람이 드물다. 미신(迷信)으로 생각하기 때문이다. 하지만 이사하고 사고를 당하는 경우가 왕왕 있기에 무시할 수가 없다. 또 한 2km 이내로 이사하는 경우에 방향을 따지지 않는다. 현재 거주하고 있는 집에서 이사 가는 방향을 말하는 것이다.

하지만 터를 함부로 훼손하거나 잘못 건드리면 지신이 노여워하여 재앙을 일으키는 것을 동토(動土) 또는 동티라고 한다. 그리고 이사를 잘 못가서 화(禍)를 입는 경우가 많은데 이 역시 동티에 해당한다고 할 수 있다. 하여 집을 짓기 전에 반드시 터 고사를 지내어 신을 위로하기도 하고 신축 건물에 입주할 경우에도 고사를 지내거나 무당이 터를 눌러주는 것도 방편이며 이는 터 신과 화합하고 보호를 받기 위함이다.

대장군(大將軍)

대장군이 가는 방향이라고 하여 이사나 건물을 신축(新築) 증축(增築) 개축(改築)하는 것을 꺼린다. 물론 개점도 하지 말라고 한다. 지략가들도 이 방향에서 전쟁을 피할 정도로 좋지 않게 생각하기 때문이다. 이를 찾는 방법은 亥子丑년의 인성 酉방향 서쪽이다. 寅卯辰년의 인성 子방향 북쪽이며, 巳午未년의 인성 木방향 동쪽이다. 申酉戌년은 관성 火방향 남쪽이다. 이는 金은 火에 의하여 변화하기 때문이다.

오귀(五鬼)

재앙(災殃)의 오귀가 활동하는 쪽을 가리키는 것이다. 하여 역시 이사 가는 것을 꺼리고, 세살(歲煞)은 수해 냉해 지진 같은 자연재해로 천살(天殺)에 해당한다. 겁살(劫煞)은 사람의 목숨과 재산을 앗아가는 큰 살(煞)이며, 재살(災殺)은 일명 수옥(囚獄)살 이라고 하여 관재 송사 등으로 감금되는 경우이다. 하여 불길한 방위라서 이사나 개업하지 않는 것이 좋다. 즉 오방(五方)에 귀신이 움직이는 곳을 피하는 것이 좋다.

삼살(三殺)방

삼살방(三殺方)은 이사 갈 방위 중에서 가장 흉(凶)한 방위를 이야기하는 것이다. 이는 시계 반대 방향으로 돌아가는데 삼합과 충(沖)을 하는 방향을 삼살방으로 정하고 있다. 즉 申子辰년은 合水가 되어 충을 하는 午火의 남쪽이고, 巳酉丑년은 合金이 되어 충을 하는 卯木의 동쪽이다. 그리고 寅午戌년은 合火가 충을 하는 子水의 북쪽이고, 亥卯未년은 合木이 충을 하는 酉金의 서쪽을 삼살 방위로 정하고 있다.

29. 사주(四柱)의 의미

사주는 4개의 기둥에 8개의 부호로 천간과 지지를 만들어서 팔자(八字)이며, 사방과 전생 현생 지금 내생 그리고 조상 부모형제 처와 후손까지 나타내고 있다. 그리고 인연 환경 음덕으로 기운을 조정하며 흐르는 운에 따라서 숨을 쉬게 한 것이다. 즉 나를 중심으로 모든 것이 통(通)한다는 뜻인데, 지금은 사회를 중심으로 하여 나는 사회구성원(社會構成員)의 일인(一人)으로 활동하는 구도로 흘러가고 있다.

살아있는 것은 근본적으로 뿌리부터 내리면서 줄기가 자라나 꽃을 피우고 열매를 맺게 되어 있다. 이러한 자연의 흐름을 사주로 나타내려면 년주가 뿌리에 해당하여 조상이고, 월주는 줄기로서 부모이다. 일주는 꽃으로 자신에 해당하고, 시주가 열매에 해당하여 자손이다. 하여 사주팔자는 인간관계를 6하원칙에 의하여 일상에서 일어나는 모든 상황과 문제와 해결하는 방법까지 지장간을 통하여 알 수 있다.

1) 년주(年柱)

내가 태어난 해이며 조상과의 인연을 알 수 있고, 부모님의 도움으로 살아가는 초년과 학창시절을 나타내기도 한다. 또 한 고향이나 소꿉친구 학습 관계 등을 유추할 수 있고, 성장하게 되면 사회로 진출하는 경우인데 이때는 객지에 해당하고 직장일 경우 원행(遠行)에 해당한다. 일상에는 밖에서 일어나는 언행을 나타내고, 과거이고 전생에 해당하므로 여기 오기 전(前)을 유추(類推)하여 볼 수 있다.

2) 월주(月柱)

내가 태어난 월이며 부모궁으로 양친과의 관계나 근황과 성향을 파악할 수 있다. 그리고 같은 부모에서 나온 형제와의 인연을 따져볼 수 있으며, 청년기에 해당하고 사회성과 직장 또는 능력을 가늠하기도 한다. 사주에서 가장 힘이 강한 곳이기에 일주의 배경이므로 형 충 파 해 나 원진 관계는 피하는 것이 좋다. 사회에서 성공 여부와 근거리에 해당하므로 강한 기운을 가지고 있어야 인연과 환경이 좋은 편이다.

3) 일주(日柱)

내가 태어난 날이다. 하여 자신에 대한 일생의 그림이 가장 알기 쉽게 꾸며져 있고, 나와 인연 되는 배우자의 성향과 관계를 파악할 수 있다. 중년에 해당하므로 사회에서 자신의 입지와 대인관계 명예 직위 재물 등을 파악할 수 있다. 사주는 일주가 년 월 시주와 함께 거미줄이나 그물처럼 이어져 있는데, 이를 풀이하는 것은 암호해독(暗號解讀)보다 난해하고 지금은 일주보다 월주가 강해야 성공확률이 높다.

4) 시주(時柱)

태아가 어머니 뱃속에서 세상으로 나와 탯줄이 끊어진 시간이며, 이때 기운이 인생을 좌우한다. 하여 사주에서 시간을 잘 타고나야 한다는 것이다. 시주(時柱)는 자식 후손 노후 등을 나타내고 있다. 하지만 시주에 힘이 실려 있다면 늦게 발복할 것이며 말년이 편안하다. 자식의 성향과 관계를 조명하고 자식의 배우자 성격과 능력을 짐작할 수 있다. 그리고 노후의 건강과 입지를 알 수 있는 곳이다.

30. 사주 통변(通辯) 기초

사주를 풀이하려고 한다면 먼저 생년월일시를 알고 만세력을 통하여 사주를 세월야 한다. 그리고 그 사주가 맞는지 가장 기본적인 것부터 확인하는데 특히 시간이 맞는지를 확인한다. 그렇게 하려면 시주에 성립된 부호와 십신으로 여러번 질문을 통하여 시간을 알아가는 것이다. 이는 시간에서 대운이 설정되기 때문이고 상담할 때 가장 정확한 곳이 시간이기 때문이다. 그렇게 사주가 설정되면 풀이하기 시작한다.

예문)

시 일 월 년(남자)

丙 庚 戊 己(천간)

戌 申 辰 亥(지지)

戊己庚辛壬癸甲乙(대운) 년 간이 음(陰)으로 역행한다.

午巳辰卯寅丑子亥 시간은 남녀 모두 순행한다.

8 7 6 5 4 3 2 1

1) 사주 해석

천간은 생각이고 무형(無形)으로 불확실한 것이다. 이는 지지를 통하여 어떻게 이루어지는가에 따라 이야기는 완전히 다를 수 있다. 이를 12운성으로 따지며 사주는 어느 계절(季節)에 태어났는가부터 시작한다. 여기서는 戊辰월에 태어났다. 다음은 어머니와 분리(分離)되는 시간(時間)으로 丙戌시로 같은 날이라고 하여도 시간에 따라 온도(溫度)가 다르기에 주어지는 환경(環境)에서 전해오는 기운(氣運)이 다르다.

더 정확하게 이야기를 한다면 15분을 일각(一刻)으로 정하여 환경 변화가 일어난다고 할 수가 있다. 하여 2시간 단위로 뭉쳐진 사주는 어쩌면 시차로 인하여 정확성이 떨어진다고 볼 수 있다. 하여 추상을 하는 것이지 정확하다고 할 수는 없는 것이며, 그래서 미래에 대한 예측이라고 할 수 밖에 없다. 년주를 배경(背景)으로 하여, 己亥의 비구름이 戊辰의 앞산 너머에 비를 뿌리며 다가오고 있다.

월주를 환경(環境)으로 생각하며 부모의 인연 관계를 기록하고, 수온(水溫)이 오르기 시작하는 戊辰월에 생명을 가진 것들이 서서히 흩어지기 좋은 때이다. 일주는 시간을 보고 유추하여야 하는데 丙戌시에 태어난 庚申은 달이나 종자로 볼 수가 있으며, 월주를 거대한 산(山)이라고 한다면 바위라고 볼 수 있다. 일주가 무엇인가는 월주에 따라서 다양하게 설정할 수 있으며, 정해진 물건은 운의 흐름에 따라서 진화를 하게된다.

즉 庚申을 달이라고 한다면 丙戌은 빛이 되고 戊辰은 넓은 공간을 나타내고, 종자라고 한다면 戊辰은 물을 받아두는 큰 통으로 볼 수 있다.

하지만 바위로 생각한다면 戊辰의 큰 산에 솟아오른 기암으로 볼 수 있다. 이렇게 일주를 정하면 대운의 흐름에 따라서 환경이 다르기에 얼마만큼 적응하며 진화(進化)하거나 변화(變化)를 하는가를 살펴보는 것이다. 대운이 水木火로 흐르고 있으니 辰월 밤에 달은 火기운이 밝아진다.

종자가 발아(發芽) 하려면 따스한 기운이 올 때 가능할 것이고, 어둠속에 묻혀버린 기암(奇巖)은 몇시경에 완전한 모습을 드러내는가를 유추하는 것이 사주이다. 하여 辰월에 火기운은 늦게 오르기에 48세 이후부터이다. 庚申의 본성을 회복하고 뜻을 펼치려고 할 것이다. 하지만 준비된 것이 없다면 아무리 좋은 운을 만난다고 하여도 쓸모가 없을 것이다. 그리고 대운과 세운의 흐름이 같을 경우 효과가 크게 나타나게 된다.

신명에서 인연을 살펴보면 庚申신장은 戊辰글문과 丙戌글문에서 많은 기운을 받고 있으니 자기주장이나 고집은 강할 것이고 기(氣)가 세다. 또 한 申子辰合水식신은 친가 조상이며, 申酉戌合金겁재로 지배당하는 것을 싫어하는 것이다. 그리고 丙火편관은 7대 조부의 인연으로 높은 신명이고, 戊土는 5대 조부의 인연으로 평범하시지만 학자(學者)이다. 庚申은 이러한 인연으로부터 어떠한 조건을 명(命) 받고 있다.

2) 환경

환경이 좋아야 생각이 편안하고 그래야 타고난 소질을 발휘할 수가 있게 될 것이다. 사주 속에 환경은 년주를 배경으로 하여 월주를 주변 환경으로 설정하고 일주를 한 물건으로 정하는 것이다. 그리고 그 물건이 언제 환경의 영향을 받아서 구실을 하는가를 시간의 흐름을 보고 유추하는 것이다. 즉 戊辰월 丙戌시에 庚申이라는 물건이 어떠한 역할을 할 수 있는가를 알고 이를 개발할 수 있게 도와주는 것이 인연이다.

戊辰월에 태어나서 넓고 할 일은 많은데 庚申의 달은 떠 있지만 丙戌시라 빛이 없으니 구실을 하지 못하고 있다. 하여 뜻을 이루기 어렵고 대운에서 辰월에 활동하기 좋은 시간은 卯시 후반부터 서서히 활동할 수 있다. 이러한 환경에서 무엇이 가장 적합한가는 인연과 배움의 정도에 따라 결정하는 것이다. 戊辰편인과 庚申비견이 合水식신이 되므로 학력이 높으면 변호사 기자 작가 등이고 낮으면 기술자이다.

신명(神明)의 환경은 戊辰편인 글문도사가 庚申비견 신장과 合水식신 친가 어른의 도움으로 높은 경지의 도법(道法)을 터득할 수 있다. 또한 어두운 밤이라서 도법을 펼칠 수는 없지만 丙火편관에 기운이 실리면 도법이 戊土편인으로 전하려고 할 것이다. 이는 년주(年柱)의 己土정인이 혼탁한 亥水를 식신으로 정화하여 음신(陰神) 子水를 통하여 辰土편인과 合水식신으로 새롭게 정립한다는 뜻이다.

3) 인연

십신(十神)을 보고 부호에 따라서 성향이 다르고 년월일시의 천간 지지에 따라 해석하며, 인간관계는 비겁이 인성과 재성으로 이어지면 형제이다. 년주에 인성과 이어지면 동창, 식상과 이어지면 어릴 때 친구, 비겁과 이어지면 지인이나 경쟁자인 것이다. 월주 관성과 이어지면 동료, 재성과 이어지면 동업자이고, 시주에 편관이면 명성인데 비겁이면 낮고, 인성과 이어지면 학자가 많은데 합 형 충 파해 원진 관

계를 보고 유추할 수 있다.

정편인이나 식신 상관이 혼잡하면 윗대 조상에서 할머니가 두 분일 수 있고, 정인이 많으면 어머니가 두 분일 수 있다. 이는 시주 丙戌이 일주 庚申과 合金겁재로 인연이 있으니 戌土의 지장간에 辛金겁재가 丙辛合水상관으로 자식 같은 이복(異腹)형제라고 할 수 있다. 일주를 중심으로 년월에 있으면 형(兄) 시주에 있으면 동생이다. 대부분이 그렇게 성립되며 배우자는 자식과 이어져 있어야 한다.

4) 배우자

남자 사주에 재성(財星)이 하나만 있으면 쉽게 이해하지만 그러하지 못하면 재성이 관성(官星)과 이어져 있는 부호가 처(妻)이다. 여자도 식상(食傷)이 관성과 이어져 있는 부호는 남편이다. 이는 남자는 관성이 자식이고 여자는 식상이 자식이라 이들은 관성을 통하여 낳은 것이다. 그런데 여자가 무관(無官)이라도 식상이 있으면 남편이 있고, 남자가 무재(無財)라고 하여도 관성이 있으면 배우자는 있는데 인연이 약하다.

좋은 환경을 가진 배우자를 찾고 싶다면 배우자를 나타내는 부호를 중심으로 하여 환경을 살펴보면 되는데 辰월 庚金의 처는 亥水지장간 壬水가 시주 丙火편관 자식이 있는 戌土지장간에 丁火와 合木재성을 甲木으로 나타낸다. 辰土지장간의 乙木정재는 甲木이 없으면 처가 된다. 하여 己亥를 중심으로 하여 환경을 살펴보면 土겁재인 형제가 많고 亥水정재의 형편은 늘어남도 줄어듦도 없는 서민층이다.

배우자의 신명과 인연이 있음을 알아야 한다. 무당들이 삼산을 순례할 때 여자는 남편의 고향을 가고 남자는 처가 살아온 마을 당산에 인사를 드리고 온다. 하여 사주에서 처를 중심으로 하여 당산나무인 木을 찾아서 신명을 알아보면 된다. 亥水의 지장간에 甲木이 1그루 당산 신목(神木)으로 己土의 작은 마을에 과거부터 살아있었다고 할 수가 있다. 辰土지장간에 乙木당산 신목(神木)은 두 그루 이상일 때 인연이 있다.

5) 부모와 형제

재성은 부친이고 인성은 모친에 해당하는데 비겁이 이들과 인연 되어 있다면 형제이다. 하지만 사주에 비겁이 많을 경우 형제 인연이 약할 수 있음을 나타낸 것이고 때로는 고아일 수도 있다. 재성은 하나인데 인성이 많으면 모친이나 할머니가 두 분일 수 있고, 재성이 많은데 인성이 하나이면 학업 장애로 보는데 이는 가정이 불안하기 때문일 수 있다. 특히 부호에 따라서 인연 된 재성을 따르게 해석한다.

월주는 부모궁으로 환경과 인연 복(福)을 지어주는 원천으로 최고의 인연은 부모이며 형제 친구 배우자 자녀 동료 지인 순이다. 하여 戊辰은 庚申을 土生金하여 끊임없이 사랑을 주고, 申金비견과 뭉쳐있으니 형제 우애(友愛)가 좋다. 월주에서 환경을 그려보면 戊辰월에 辰土의 넓은 논에 申辰合水로 물을 담아놓고 庚申의 씨앗을 파종하여 싹 트기를 기다리고 있다. 즉 부모는 자식이 발복(發福)하길 하염없이 기다리고 있다.

부모님의 신명을 살펴보자. 월주 戊辰은 부모궁으로 산신장(山神將)이다. 辰土지장간에 乙木정재가 부친(父親)이며 지극히 평범하다고 할 수

있다. 즉 乙木의 성향이 더불어 살아가려 하고 기회(機會)가 주어지면 甲木을 감고 높은 곳으로 오르고자 하지만, 亥水지장간에 甲木과 인연이 없어서 야전(野戰) 장수일 뿐이다. 즉 辰亥가 원진(怨嗔)이라서 乙은 甲을 만나지 못하고, 일주 庚金과 合으로 지원(支援)만 한다.

6) 재물

살아가는데 재성은 매우 중요하다. 이는 태어나서 자신을 위해 살아가는 것보다 타인과의 경쟁에서 앞서고자 하는 생각이 강하기 때문이고, 이를 욕심(慾心)이나 욕망(欲望)이라고 한다. 재성은 이러한 것에 예민하기에 자신의 능력을 배양하여야 하며, 식상의 도움을 받으면 뜻을 이룰 가능성이 높다. 재성에 해당하는 부호가 사주의 환경과 대운(大運)의 흐름에 가장 적합할 때 발복하는 경우가 많다.

시대에 따라서 변하는 것은 사람이 아니고 환경이다. 예전에는 잘난 사람이 중심이 되어 대중(大衆)을 이끌었는데, 지금은 대중이 외면하면 뛰어난 인물도 서민으로 살아가는 때이다. 하여 일주보다 월주의 환경이 좋아야 능력(能力) 발휘를 잘한다. 즉 일주 庚申에서 木재성은 없고, 월주 戊辰에서 보면 申辰合水와 亥水식신을 활용하여 사회활동을 자신 있게 하거나 밖으로 나가서 비견과 편인이 합하여 식신으로 살아갈 것이다.

인간보다 신이 더 재물 욕심을 많이 내는데 설판(說辦)의 능력에 따라 결정이 된다. 지금은 외모를 우선으로 하기에 무당도 성형하지만 설판이 재성과 인연이 있거나 편재가 발달하여야 한다. 몸주 庚申비견 신장이고 주장신 丙戌편관 천신 글문, 설판은 戊辰편인 산신 글문도사이다. 이렇게 습水식신으로 재물을 만드는데, 몸주가 걸립(乞粒)으로 설판과 합심(合心)하니 신에서 내려주는 재물복은 타고 난 것 같다.

7) 명예

인간은 자신의 위대함이나 굽히기 싫어하는 것을 자존심(自尊心)이라고 하는데, 명예는 관성으로 타인이 인정할 경우 해당한다. 특히 편관(偏官)은 엄청난 인내심으로 고통을 이겨낸 결과이기에 더욱 빛난다고 할 수가 있다. 이러한 편관이 천간에 자리 잡고 지지의 기운을 받으면서 일주와 인연이 있다면 명사(名士)로 존경(尊敬)받을 것이다. 그리고 자녀들은 효자가 많을 것이고 재물보다 명예가 더 소중하다.

관성이 이루고 있는 환경을 보고 명예(名譽)를 유추(類推)할 수 있다. 특히 정관보다 하나의 편관이 좋은데, 정편관이 혼잡하면 남자는 직업에 문제가 있을 수 있고, 명예욕이 많아서 감투를 찾아다닌다. 여자는 남편과 관계가 불투명해질 수 있어 해로(偕老)하기 어려울 수 있다. 丙火편관이 시주 천간에 있는데 이를 지원하는 木재성이 없으니 흐르는 운(運)에서 木火를 만나야 명성(名聲)이 날 수 있다.

인간보다 더 명성(名聲)에 집착하는 것이 신(神)이다. 하여 인연 된 후손을 통하여 추앙(推仰)을 받으려고 한다. 즉 교주(教主)가 되려고 하는 욕망(欲望)이 가득하다. 이는 사주에 몸주와 주장신과 설판이 하나로 통합되어 있고, 비겁이 왕성한데 강한 편관이 몸주와 합하여 하나로 뭉쳐있다면 가능하다. 여기에 편재가 편관(偏官)을 지원하고 그 기운을 편인(偏印)이 받으면서 식상(食傷)과 合을 한다면 충분히 교단(教團)을 세울 것이다.

8) 신명(神明)

신명은 년주가 전생(前生)이며 조상에 해당하고 월주는 현생(現生)이고, 일주는 지금으로 몸주에 해당한다. 시주는 내생(來生)을 나타내고 있는데 합 형 충 파해 원진 관계를 살펴서 어느 신명의 인연으로 이생에 왔는지 알 수 있다. 사주 전체를 총괄하거나 중심이 되는 신명이 주장(主將) 신이고, 앞에 나서서 대변(對辯)하는 설판(說辦) 신이 있다. 이러한 신명이 합하면 신명이 밝은데 형 충 파해나 원진으로 인연 되면 괴롭다.

하여 庚申비견이 몸주로 신장이다. 이는 많은 인성과 합하여 水식신이 되어 명령을 내리는 것으로 보고 편관과 합하여 직위가 매우 높음을 나타내고 있다. 주장신명은 丙戌편관으로 기세는 약하지만 사주 전체를 합하여 통솔하고 있기 때문이고, 설판은 戊辰편인으로 다양한 지혜를 가지고 몸주와 합하여 식신이 되고 주장신으로부터 지원을 받고 있다. 아쉬운 것은 편재가 없어서 편관을 이롭게 하지 못함이다.

9) 풍수(風水)

사주 속에는 인연 된 조상의 풍수를 나타내고 있다. 하여 이를 활용하여 조상의 음택을 살펴볼 수가 있고 자연으로부터 어떠한 영향을 받고 있는지 알 수도 있고, 음택으로부터 전해오는 파동까지 알 수 있다. 하여 사주팔자에 드러난 土의 기운을 이용하여 풍수를 살피는 것으로 합을 하거나 형 충 파해 원진 관계로 이루어져 있는가를 우선적으로 확인하여야 한다. 특히 합하여 흉한 경우도 있고 파하여 길한 경우도 있다.

사주에 土의 기운이 없으면 음신(陰神)으로 설정하여 알아볼 수도 있으며, 음신으로도 土의 기운이 없으면 조상의 음택과 인연이 없음을 나타내고 있다. 조상은 같으나 후손이 받는 영향이 각기 다른 것은 음택이 자리잡고 있는 방향에 따라서 후손에게 전해지는 파동이 다르기 때문이다. 인간은 누구나 전생에 이어서 지금을 살아가고 있는데, 이는 조상의 업보에 따라서 결정되기 때문이며 후손을 위하여 좋은 업을 지어야 한다.

이러한 것은 사주 풀이는 기본에 해당하는 것이며, 팔자로 한 사람의 전생과 현생 그리고 미래까지 부호를 통하여 비밀스럽게 전해오고 있다. 사주를 알고 살아가면 운이 필요하지 않고 욕심과 욕망을 좇아가면 반드시 요행(僥倖)과 운을 찾는다. 사람은 팔자대로 살아가지만 다음 생(生)을 생각하고, 긍정적인 사고(思考)로 진화(進化)할 수 있는 행위(行爲)를 사주에서 찾아서 하면 좋다. 겨울이라도 따뜻하면 향기로운 꽃이 피어난다.

31. 사주 풀이

사주학은 일반적으로 운명학이라고 하며 미래를 예측하는 것이다. 하여 많이 배워도 풀이를 할 수 없다면 쓸데없는 공부를 한 것과 같을 것이다. 사주풀이가 간단하고 쉽게 통하는 것은 아니며, 여덟 개의 부호가 전하는 뜻을 알고 이들의 조화를 합 형 충 파해와 원진과 12운성 등 보조하는 기능으로 두고 있다. 그런데 격(格)이라는 물건에 용신(用神)이라는 저울로 값을 매긴다면 인간은 자원(資源)에 불과할 것이다.

사주의 비밀을 격과 용신으로 중심을 잡아 흐르는 운(運)을 알아서 기회(機會)를 잡으려고 하지만, 주어진 기회는 환경(環境)과 인연(因緣) 전생(前生)의 업(業)과 신(神)의 도움 없이는 불가능할 것이다. 그리고 운을 잡는다고 하여도 시간은 흐르고 찰나에 지나가기에 운이 끝나면 원래대로 돌아갈 것이다. 그래서 운보다는 능력과 방법을 알아야 하고, 사주를 이해하고 환경과 인간과 신과 관계를 조화롭게 이루어질 수 있어야 한다.

운은 두 가지로 나눌 수 있으며 고정된 사주를 살아있게 하려고 숨 쉬게 하는 것이다. 하여 큰 숨을 대운(大運)이라고 하며 긴장을 풀고 기운을 채우는 것에 해당하고, 일상적으로 쉬어야 하는 숨을 세운(世運)이라고 하며 긴장하도록 하는 것이다. 하여 누구나 태어나면서 시작되는 시간을 운이라고 하는데 특이한 것은 같은 환경에서 숨을 쉬지 않는다는 것이다. 하여 같은 사주라도 다르게 살아가는 것이다.

사주가 가지고 있는 비밀을 인간의 생각과 지식으로 풀어내지 못하기에 가능하다면 신의 도움이 절실하다. 자연을 축소한 사주에 신(神)이 결합하여 미래를 예측하고, 인간은 살아가면서 우연한 동기에 창의적인 것을 연구하면 과학이고 개발인 것이다. 과학은 자연을 앞지르지 못하고 증명하여 가는 것이며, 신을 증명하려고 하는 과학은 없다. 자연(自然)의 주인은 신(神)이지 과학이 아니기 때문이다.

1) 풀이

사주풀이에서 신(神)을 알면 자연이 그려진다. 태어난 계절(季節)과 시간(時間)으로 배경(背景)을 유추하고 그 환경에서 일주는 어떻게 살아야 하는가를 판단하는 것이다. 그리고 전생에 무엇을 하였는지 알 수 있으면 지금 시대에 이어져 갈 수 있는 직업을 선택하는 것이 최상이다. 아무리 흐르는 운이 좋다고 하여도 전생에 이어지지 않은 다른 직업을 선택하여 살아간다면 다시 개척하는 고통을 분명히 겪어야 할 것이다.

하여 사주 속의 환경(環境)과 신명(神明)과 전생(前生)과 조상(祖上)의 인연을 알고 시대에 적합한 일을 하면 편안하게 살아갈 수 있고 다음 생까지 이어갈 수 있을 것이다. 미래에 다시 태어난다고 하여도 지금과 환경이 다르고 과학이 고도로 발달하여 인간은 편리하게 살 수 있겠지만 고통은 오롯이 자연이 받게 될 것이다. 사주를 이해하려 하지 않고 오로지 편하고 쉬운 것을 찾는 것에만 관심을 집중할 뿐이다.

2) 자연

사주는 자연을 바탕으로 하여 만들어진 것이고, 인간도 자연의 부산물이기에 자연의 흐름을 따라가는 것은 당연하다. 하여 천간(天干)과 지지(地支)가 자연을 초압축 하여 선택된 부호이며, 이는 자연을 신(神)으로 섬기면서 주술(呪術)에 의하여 다양한 방법을 감추고 있다. 사주를 자연으로 이해하지 못하고 고전(古典)으로 배워서 풀이하려 하는데, 이는 죽은 고기가 강을 따라서 흘러가듯이 죽은 학문이 살아있는 인간을 검증하는 것과 같다.

인간의 지배자는 자연이고 인간을 설계하는 것도 자연이다. 그리고 자연은 신이 만들어 놓은 환경인 것이다. 하여 인간의 비밀은 신(神)만이 알 수 있고 자연에 의하여 변경할 수 있다. 그래서 년주(年柱)를 배경(背景)으로 하여 월주(月柱)를 환경(環境)으로 정하고, 그 속에 생겨난 한 물건이 일주(日柱)이며 이를 확정 짓는 것은 시주(時柱)다. 운은 시간이고 시간 따라 변화하는 것이 자연이고 사주인 것이다.

　예문)

시 일 월 년
辛 乙 辛 壬
巳 丑 亥 寅

나뭇잎은 떨어지고 바람이 차가워지는 亥월 辛巳시에 수로(水路)에 잔돌 틈 사이로 흐르지 못하고 고인 물가에 앙상하고 외로운 乙丑이 자라고 있다. 건너편에 흐르는 물길 따라 무성한 수초들과 어울리고 싶지만 정작 돌 구덩이에 둘러싸여 나오지를 못하고 있으니 찾아오는 이가 없다. 그래도 배움이 그리워 밖으로 나가보려고 하지만 이조차 반가워하는 이가 없고, 홀로 동면(冬眠)하는 독사처럼 살아가니 서글프다.

3) 오행 풀이

일주를 중심으로 하여 사주를 오행으로 전환하여 어떠한 계절인가를 우선 확인하고 다음에 시간을 이해하는 것이다. 그리고 일주를 생(生) 하는 오행이 강하면 강한 오행을 도와주는 오행이 꼭 있어야 하며 없으면 운(運)에서 도와주면 좋다. 그리고 극(剋) 하는 오행이 강하면 강한 오행의 기운을 빼는 오행이 있어서 일주의 피해를 막아주고, 일주를 생 하는 오행이 운에서 만나면 좋다.

오행이 한쪽으로 기울어져 있다면 계절과 시간에 적합한 오행으로 운에서 만나 균형을 잡아주어야 좋다. 운에서도 적합한 오행을 만나지 못한다면 직업을 그러한 오행으로 하면 좋을 것이다. 계절에 따라서 강한 오행이라고 하여도 기운이 약할 수가 있고, 약한 오행이라고 하여도 계절에 적합하면 강한 기운을 가지게 된다. 태어난 시간도 이러한 방법을 피할 수가 없다는 것을 알고 오행으로 풀이하여도 좋다.

  예문)

시 일 월 년

辛 乙 辛 壬

巳 丑 亥 寅

辛亥월에 태어나서 木火기운이 약한데 乙木일주로 태어나서 火기운을 기다리게 된다. 하지만 태어난 시간이 따스한 오전이라서 어릴 때 부모님 덕으로 부유하게 살았을 것이다. 하지만 亥월은 酉시에 들어가면서 서서히 온도가 떨어지기 시작하여 戌시가 되면 한기(寒氣)를 느끼게 된다. 하여 40대 중반을 넘어서면서 밖으로 나가지 못하고 집안에서 활동하여야 할 것이다. 癸丑대운을 만나면 동사(凍死) 당할 수 있다.

4) 년주(年柱)

배경으로 나를 중심으로 하여 둘러싸고 있는 것이며 나의 전생에 해당하고 조상을 알아볼 수 있는 곳이다. 나와 어떠한 인연으로 관계를 맺고 있는가를 유추할 수 있다. 배경이 좋으면 좋은 물건이 나올 수 있으며, 행여 나쁜 물건이라고 하여도 배경으로 값어치가 오를 것이다. 전생에 좋은 업을 짓고 뿌리에 해당하는 조상이 튼튼하면 후손도 건실하게 잘 살아갈수 있을 것이다. 배경은 우주처럼 방대하다.

개인적으로 년주는 뿌리에 해당하므로 할아버지 할머니의 성향과 관계 등을 알아볼 수 있으며, 일주와의 관계에서 미치는 영향력을 알 수 있다. 그리고 어린 시절 건강이나 성장하는 과정과 집안의 빈부까지 알 수 있고, 학업이나 객지로 유학 가는지 취업하는지 알아보는 곳이다. 또 한 성장하여 밖으로 활동하는 것을 알 수 있으며, 조부모의 관계나 윗대에 남겨진 재산을 물려받을 수 있는지도 유추할 수 있다.

　예문)

시 일 월 년

辛 乙 辛 壬

巳 丑 亥 寅

년주 壬寅겁재로 인하여 어린 시절부터 상당히 힘들게 보낼 것이다. 이는 壬水정인 공부가 겁재 당하고, 조상의 도움을 받고 싶어도 월주에서 가로막고 있으니 난감하다. 그리고 년간에 壬水정인이 寅木겁재와 동주하니 어머니의 보살핌도 없었을 것이고, 타인이나 지인의 도움을 받으며 성장하는 과정에서도 寅亥합(合)파형(破刑)을 당하게 된다. 하여 乙丑은 방 안에서 나올 수가 없게 되어버린 것이다.

5) 월주(月柱)

환경으로 일주에 가장 큰 영향을 주고 있다. 하여 고서(古書)에는 대운의 시작을 월주에 두고 있으며 환경만큼 대운도 소중하기 때문일 것이다. 인간으로 이야기하면 부모와 관계를 나타내며 일주에 엄청난 영향을 주고 있기에, 관계가 좋지 못하면 옳은 물건으로 기대하기 어렵다. 인간은 환경을 무시하며 살아갈 수 없고, 환경의 지배를 받으며 더불어 살아가야 하므로 상당히 소중하게 생각하여야 한다.

개인적으로 부모의 성향이나 관계를 유추할 수 있으며, 가정의 화목이나 부모와 관계를 알 수 있다. 그리고 사회로 나가서 실력을 발휘하는 곳으로 월주가 강한 힘을 가지고 있다면 능력자라고 볼 수 있고, 활동성이나 직업과 충실도를 저울질해 볼 수 있다. 가장 왕성한 시기인 월주가 형충(刑沖) 파해(破害)로 이어진다면 환경 불안으로 힘을 쓰지 못할 것이다. 배경과 환경이 일주를 이롭게 한다면 좋은 물건이 나올 수도 있다.

예문)

시 일 월 년
辛 乙 辛 壬
巳 丑 亥 寅

일주가 辛亥와 合水하여 겨울바람에 차가운 亥水와 합을 하고 있으니 어머니의 엄격한 보살핌에 乙木은 더욱 기(氣)를 펼 수가 없었을 것이다. 하여 사회생활을 하고 싶어 亥丑合水인성을 찾아서 북으로 가지만 巳丑合金편관이 되어 돌아올 것이다. 하여 亥水정인의 흐르지 못하는 물이지만 다행으로 오전에 태어났기에 따스하여 글을 배우고 어머니의 도움을 받으면서 丑土편재를 물려받을 것이다.

6) 일주(日柱)

한 물건에 해당하는데 자신을 나타내는 곳이다. 하여 배경과 환경에 적합한 물건으로 성장한다면 부유(富裕)하여 인심을 얻을 것이고 많은 공부를 하여 귀한 대우를 받으며 높은 관직에 올라갈 수 있다. 이러한 부귀도 운(運)에 따라 결정될 수도 있겠지만 배경의 도움이 없으면 신과 화합하지 못하여 무너지고 환경에 적응하지 못하면 꿈으로 만족하여야 한다. 꽃은 환경에 따라 화려함이 더할 수 있다.

인간은 환경 다음으로 변화할 수 있는 지름길이 인연이다. 하여 배우자의 성향이나 능력을 가늠할 수 있는 곳으로 아무리 환경이 좋다고 하여도 잘못된 인연을 맺는다면 좋은 물건이라고 하여도 주인을 잘못 만나서 물건값을 하지 못하는 것과 같다. 중년의 상황을 판단하는 곳으로 사회적으로 일정한 직위를 가지고 있음을 파악할 수 있다. 그리고 타고난 재산이나 배우자 관계 또는 타인과의 관계를 알 수 있다.

예문)

시 일 월 년
辛 乙 辛 壬
巳 丑 亥 寅

일주 乙丑은 巳火상관에 습金편관이 되어 집에서 밖으로 나오지 못하고 고통 받으며 丑土편재에 의지하며 살아야 하는 구조이다. 강 건너 壬水정인 공부을 하려면 亥水정인의 도움을 받아서 가는데, 寅木겁재들이 그렇게 반갑게 생각하지 않는다. 어쩌다 辛金편관을 상상하면서 집으로 돌아오면 오히려 마음이 쓰리고 외로움만 더해간다. 배우자 궁으로 가슴에 아버지의 정을 그리워하고 남몰래 모친에게 받은 편재를 움켜쥐고 있다.

7) 시주(時柱)

물건을 확정 짓는 곳이다. 물건은 때에 따라서 보석이 돌이 될 수도 있듯이 흔하게 널브러져 있는 돌도 때에 따라서 보석 취급을 받을 수도 있다. 하여 어떠한 환경에 때가 맞지 않은 물건이 나오게 되면 찾는 사람이 없을 것이고, 때에 적합한 물건이 나오면 귀한 대접을 받는다. 하지만 시간은 하염없이 흐르기에 영원할 수 없는 것이 물건이며 때를 맞추어 변화할 수만 있다면 많은 이가 따를 것이다.

다양한 경험을 쌓아서 결과를 나타내는 곳이며, 내가 낳은 자식의 성향이나 나와의 관계를 알 수 있으며, 특히 자녀들의 진로나 미래를 어느 정도 유추할 수가 있다. 나의 말년에 나타나는 환경인데 운의 흐름과 비교하여 답을 구할 수 있으며 사주에서 일어나는 다양한 문제도 알 수가 있고 처방까지 할 수도 있다. 환경은 시간에 따라서 다양한 변화가 항상 벌어지기에 말년 복(福)이나 목적을 설정하기도 한다.

예문)

시 일 월 년
辛 乙 辛 壬
巳 丑 亥 寅

시주 辛巳는 집안이 허전하고 밖으로 나가고 싶어서 몸서리를 쳐봐도 알아주는 이가 없다. 하여 노후의 삶은 巳火상관의 허상에서 벗어나지 못하고 극심한 우울증이나 호흡기 계통이 불편하여 힘들어할 것이다. 자신이 가지고 있는 丑土편재만 믿는데 지인과 교류가 없고, 寅亥합木겁재 들은 호시탐탐 寅巳해형(害刑)이나 巳亥충을 하고 있다. 믿을 사람이 없고 의지할 사람이 없으니 서럽고 외로워 죽고 싶은 심정이다.

8) 운(運)

고정된 환경을 순환시키는 것이 운(運)이다. 운에는 큰 숨을 대운으로 표현하고 일반적인 숨을 세운이라고 한다. 하여 대부분은 대운보다 세운이 좋아야 하는데 숨을 몰아서 크게 쉬려고 할 때 충격을 주면 기절(氣絶)하듯, 대운과 세운이 충돌하면 순간 기절할 수 있다. 깨어날 수도 있지만 잘못하면 영원히 일어나지 못할 수도 있으니, 대운과 세운이 충돌하면 물건이 완전히 파괴될 수 있다.

사람으로 태어나는 순간 피할 수 없는 운명이라고 할 수 있다. 그리고 누구나 똑같은 운을 가지고 살아가는데, 환경과 인연에 따라서 나에게 다가오는 운명은 확실하게 다를 것이다. 하여 좋은 운을 기다리지 말고 타고난 저마다의 소질(素質)을 계발(啓發)하여, 능력을 배양(培養)한다면 어설픈 운을 만나는 것보다 좋다. 어리석은 인간은 지나가는 운을 기다리지만 지혜롭고 현명한 사람은 자기 계발에 충실한다.

예문)

시 일 월 년
辛 乙 辛 壬
巳 丑 亥 寅

壬癸甲乙丙丁戊己庚
寅丑子亥戌酉申未午
  9 8 7 6 5 4 3 2 1

乙木이 亥월 巳시에 태어나서 포근할 것이다. 하지만 亥월은 늦은 酉시부터 기온이 떨어지면서 홀로 견디는 연습이 필요한데 이때가 39세이다. 戊申3대운에서 다음에 오는 酉金이 4,9에서 늦은 시간이니 9이다. 하지만 丙戌45세부터 힘들어지기 시작하여 61세 甲子 대운부터 모진 겨울 추위에 견디지 못하면 乙丑은 추위에 몸서리치며, 70에서 76세까지 癸丑 대운에 눈과 추위를 결국 견디지 못할 것이다.

대운 풀이는 계절을 중심으로 하여 태어난 시간에 따라서 환경을 유추하여 비겁 식상 재성 관성 인성을 살펴보는 것이다. 나이는 대운의 흐름에서 오행에 부여된 수리를 가지고 결정하는데 환경이 이르면 작은 수, 늦으면 높은 수를 선택하면 된다. 자연은 시시각각 변화하고 인간은 자연의 부산물로 환경의 영향을 받아서 인연 따라 살아가는 동물이다. 대운과 세운이 충돌하면 상당히 불편할 것이다.

9) 합(合) 형충(刑沖) 파해(破害) 원진(怨嗔) 12운성(運星)

합 형 충 파해 원진은 사주를 풀이하는 도구이다. 이들을 음악의 악보처럼 강약의 조절을 표현한 것이다. 하여 필요에 따라서 긍정적이기도 하고 부정적이기도 하며, 합이라서 좋고 형 충이라고 나쁘다고 하면 안 된다. 자연은 그대로 있지 않고 변화를 하는데 합을 하여 변하는지 형충으로 강력한 변화를 원하는지, 아니면 파해로 깨지거나 부분적 변화를 바랄 수도 있다. 원진(怨嗔)은 알게 모르게 변하는 경우이다.

그리고 강약(强弱) 시공간(時空間) 언행(言行) 등을 표현하는데 적절하게 응용을 하여야 한다. 하여 사주풀이 도구로서 다양한 이론으로 만들어져 있고 이를 알고 적절한 표현이나 강조 경고 등을 한다. 악보를 보고 노래하듯이 이를 통하여 사주를 풀이하며, 12운성은 자연이 생겨나는 과정을 나열한 것으로 천간이 어떠한 지지를 만나는가에 따라서 나타내는 힘을 표현한 것이다. 자연이 변화하면 오차가 있다.

합은 土에 대한 이론을 이해하여야 응용할 수 있는데 합하여 정해지는 오행으로 풀이하는 습관은 바르지 못하다. 즉 삼합은 목적으로 亥卯未合木의 未土는 성장을 멈추는 것이고, 寅午戌合火의 戌土는 확장력 억제이다. 그리고 巳酉丑合金의 丑土는 단단하여 깨진다는 것이며, 申子辰合水의 辰土는 흐름이 멈춘다는 뜻이다. 방위합은 寅卯辰合木의 辰土는 木을 나눌 때이고, 巳午未合火의 未土는 火가 식어갈 때이다.

申酉戌合金의 戌土는 金을 마감할 때이고, 亥子丑合水의 丑土는 水가 여과할 때이다. 육합은 지금 진행되고 있는 것을 이어가려고 하는 조건 합인데 원리는 子丑合土의 土는 감춤과 숨김이고, 卯戌合火의 火는 지속적인 확장과 성장을 끝없이 원하고 있다. 寅亥合木은 생존과 호흡이고 辰酉合金의 金은 파종과 결실이며, 巳申合水의 水는 빠르게 순환하고 흐르는 것이고 午未合火의 火는 지속적인 개혁과 변화를 바라는 합이다.

　예문)

시 일 월 년
辛 乙 辛 壬
巳 丑 亥 寅

년월에서 寅木겁재가 亥水정인과 합木겁재로 살기 위한 노력으로 어릴 때 타인에 의해 양육되었을 것이며, 공부하고 싶은데 합파(合破)이므로 성장과 학업이 원만하게 이루어지지 않고 다치거나 자퇴하였을 것이다. 이는 亥水정인이 자형(自刑)이 되어 모친의 뜻이다. 그리고 寅亥역마가 합木겁재가 되어 지인을 따라서 유학이나 객지 생활을 경험하고, 亥丑合水편인은 모친에게 공부나 살아가는 방법을 배우는 것이다.

巳丑合金편관은 집안에서 몸을 다치거나 자식 인연이 없어서 고통스럽고 외로움을 표현한 것이다. 년지 寅木겁재와 시지 巳火상관이 해(害)라서 집 밖에서나 안에 있어도 반겨주는 이가 없음이고, 형(刑)으로 진행되면 자살이나 사고를 당하거나 일으키는 것이다. 巳亥충(沖)은 亥水정인이 巳火상관과 충을 하는데 丑土편재가 중재하고 있으니, 이는 공부 못한 것이 한(恨)이고 모친이 준 돈을 조카에게 주면 모친이 잡아간다는 것이다.

10) 개운 법

자연이 개운하는 것은 합 형 충 파해나 원진으로 가능한 것이다. 바위(金)틈에서 힘들게 살아나는 나무(木)도, 강한 자연의 변화로 벗어날 수도 있듯이 대를 이어 호의호식하는 집안도 환경 변화를 견디지 못할 수 있다. 사람은 환경과 인연으로 개운할 수 있으며, 스스로 개운하려면 엄청난(火) 인내(忍耐)와 고통(苦痛)을 감당(金)할 수 있어야 가능하다. 사주가 바라는 오행을 만나거나 실행하면 개운이 된다.

하여 누구나 개운을 하는 것은 아니다. 신(神)이 사람을 선택하는데 엄청난 고통으로 굴종(屈從)시킨다. 이를 견디어 내는 사람은 신을 모시지 않고 더 높은 신명과 인연을 맺어 종교인으로 살아가는 것과 같다. 하여 사주(四柱)나 신(神)이 원하는 것을 알고 실행하면 운(運)의 지배를 받지 않고 신의 보호와 자연(自然)의 섭리(燮理)에 따라가는 것이다. 개운하는 것은 광물이 용광로에서 제련되어 나오는 만큼 뜨겁고 고통스럽다.

예문)

시 일 월 년
辛 乙 辛 壬
巳 丑 亥 寅

공부하고 건강하게 지인들과 어울려서 이야기를 나누는 방법은 丑土 편재에 대한 욕심(欲心)을 버리는 것이다. 그리고 신의 뜻을 이해하고 타협하면서 巳丑合金편관의 집착을 깨뜨려야 한다. 특히 믿고 의지하는 것이 사람이 아니고 물질이라면 정상적인 활동이나 교제가 어려울 것이고 그로 인하여 흐름이 차단되어 개운할 수 없을 것이다. 고통에 대한 참을 수 있는 타고난 근기(根氣)를 가져야 가능할 것이다.

11) 인연법

인연이란 궁합을 이야기하는 것은 아니다. 사주가 만들어지면서 다양한 합이나 형 충 파해 그리고 원진으로 엮어지는데 이를 풀어내는 열쇠를 찾는 것이 인연이다. 하여 사주에서 가장 필요로 하는 부호(符號)에 해당하는 사람을 만나야 가장 좋은 인연이라고 할 수 있다. 자연스럽게 전생의 인연으로 이생에서 다시 만나는 수도 있는데, 사람은 대부분 눈으로 결정하고 때로는 자신과 비슷한 상황에서 인연을 찾는다.

사주팔자라는 자물통이 있는데 이를 풀어줄 열쇠를 만나게 되면 빈부(貧富)를 떠나서 행복할 것이다. 그리고 좋은 자손(子孫)을 만날 수 있는 확률도 엄청 높다. 인간은 후손(後孫)에게 많은 기대를 하는데 이는 사주에 가장 적합한 인연을 만나면 태어나는 것이다. 하여 효자(孝子) 명인(名人) 갑부(甲富)가 태어나고, 잘못된 인연으로 자녀들의 앞날은 어두워지면서 악인(惡人)이 생산되는 것이다.

예문)

시 일 월 년
辛 乙 辛 壬
巳 丑 亥 寅

丑土의 차고 맑은 것을 희석하여 삶을 즐겁게 할 수 있는 인연은 未土와 亥水가 좋으며, 巳丑合하여 고정된 사고(私考)를 깨어질 수 있게 하는 부호는 亥水가 최고일 것이다. 하여 모든 것을 포기하고 공부에 매진하거나 해당하는 인연을 찾거나 통하여 생각을 부드럽게 바꾸는 것이 개운하는데 가장 우선적일 것이다. 그래서 亥띠 未띠 생을 만나면 기운이 변화하는데 옹골차게 뭉쳐진 丑土의 변화는 힘들 것이다.

12) 지장간 활용

지장간은 어떠한 원인을 시작과 과정과 결론을 초 압축하여, 기록한 천간 부호로서 팔자와의 관계를 일일이 대조하여 풀어야 하는 어려움이 있다. 하여 깊이 있게 풀이하지 못하고 껍데기를 알아가는데 조금 응용하는 정도에 만족하고 있다. 하늘의 도(道)는 사람의 마음에 담겨 있듯이 천간(天干)을 지지(地支)에 감추어 두고 있으니 이것이 도(道)인데 믿는 사람은 없다. 하여 자연과 사주를 이해하면 지장간은 쉽다.

예문)

시 일 월 년
辛 乙 辛 壬
巳 丑 亥 寅

丑土편재가 사주의 중심축(軸)에 자리하고 있다. 즉 일주(日柱)라서가 아니고 亥子丑合水방위합을 이루고 巳酉丑合金 삼합을 이루며 寅木지장간에 戊丙甲이 丑土지장간의 癸辛己가 서로 수평(水平)관계로 합을

하고 있으므로 혼전(婚前)형제와 비슷하다. 하여 乙木이 丑土편재 재물을 어떻게 하고 있는가를 풀이하여보자. 癸水편인 증서로 여기저기 나누어져... 辛金편관 아무도 모르게... 己土편재 깊이 감추고 있다.

13) 12운성

천간 부호가 지지의 부호를 만났을 경우 발휘하는 기운을 나타낸 것이다. 그리고 음간과 양간은 서로 거꾸로 흐름을 타고 있기에 같은 오행이라도 다른 기운을 받고 있다. 이는 음양의 기운이 활동하는 때가 서로 다르기 때문이며 음과 양이 같은 오행이라도, 흩어지려는 양의 기운과 모으려는 음의 기운 때문에 방향과 성향이 다르다. 자연은 음과 양으로 이루어져 있으며 서로 다른 방향으로 가지만 목적은 같다.

일간이 월지를 중심으로 하여 년월일시의 지지에서 받아들이는 기운(氣運)으로 부여된 십신이 실행할 수 있는 능력을 가늠하는 것이다. 하여 장생 관대 건록 제왕을 만나면 기운을 발휘할 것이고, 사 묘 절 태를 만나면 기를 살리지 못한다고 볼 수 있다. 그리고 목욕 쇠 병 양지를 만나면 시간에 따라서 변화를 하는데 생(生) 하는 시간으로 흐르면 좋고 절(絶) 방향으로 흐르면 기운이 쇠약해지면서 나쁘다고 할 것이다.

　예문)

　　　　　시 일 월 년
　　　　　辛 乙 辛 壬
　　　　　巳 丑 亥 寅

乙木이 亥월 사지(死地)를 만나서 기(氣)가 약할 것인데 다행으로 巳시 목욕(沐浴)지에 태어나서 생(生) 하는 방향으로 흐르기 때문에 청소년기에는 아쉬움이 없는 집안에서 자랐다고 볼 수가 있다. 하지만 乙木이 丑土 쇠지(衰地)위에 있으니 자기 입장을 충분하게 표현할 수 없었을 것이다. 그리고 壬水정인이 寅木겁재를 만났는데 병지(病地)에 있으니 초년부터 학업을 이어가려는 기운이 약하다고 볼 수 있다.

辛金편관이 亥水목욕지를 만나서 직업의식이나 책임감이 강하다고 볼 수 있으나, 乙木이 사지(死地)에 해당하여 수행 능력이 떨어져 옳은 직업을 가질 수가 없을 것이다. 巳火상관 열(熱)이 겨울이라서 의욕이 떨어질 것이며, 자신의 생각이나 행위를 표현하여도 무시당하는 경우가 높다. 辛金편관이 시주에 있으니 자영업이나 혼자 하는 직업인으로 살아갈 수 있는데, 이 역시 巳火사지(死地)에 있으니 좋은 직업은 아닌 듯하다.

14) 격(格)과 용신(用神)

격이라고 하는 것은 사주의 생김이다. 즉 어떠한 물건인가 구분하는 것이다. 용신이라고 하는 것은 물건을 측량하는 저울에 해당하므로 반드시 물건이 있으면 그 양을 알아야 한다는 것이다. 예를 들어서 저수지가 있는데 모양을 묻는 것인지 담수량을 알고자 하는지 아니면 내용물에 대하여 알고자 하는지 질문에 따라서 저울이 다르다. 하여 물건의 값을 구하고자 한다면 크기와 내용까지 알아야 할 것이다.

하여 격과 용신은 자연을 완전하게 이해하지 못한다면 제대로 응용할 수가 없게 되는 것이다. 격을 알고자 한다면 자연의 조건을 이해하여야 하고 어떠한 조건에서 생산되는 것이 가장 좋은 물건인가도 사주에서 월과 시에 따라서 판단되는 것이다. 작금의 고서나 전문가들은 이

러한 것을 이해하지 못하고 오로지 십신(十神)이라는 열 가지 용어를 가지고 격을 정하고 여기에 적합한 저울을 용신으로 정하여 운에서 기다리는 것이다.

신명에서 천간은 분명한 소속을 나타내고 있으며 지지의 관계에 따라서 도법과 명패를 알 수 있다. 몸주는 일주이며 주장 신명도 사주팔자를 조율하는 부호로 정하면 되는 것이다. 또 한 설판은 재물을 생(生)할 수 있는 십신을 중심으로 하여 정하는 것이니 그렇게 어렵지 않다. 하여 주장신과 몸주와 설판이 화합하면 좋은데 형 충 파해 원진 관계는 나쁘다. 12운성을 활용하여 도법과 명패와 능력을 십신으로 정한다.

32. 신명(神明) 찾기

사주팔자에 나타난 부호를 통하여 신명으로 찾는 것이다. 하여 음양오행과 천간 지지를 통하여 어디에서 무슨 도법(道法)을 가지고 오셨는지 알 수 있으며, 부여된 십신을 통하여 신명의 명패(名牌)를 정하고 년월일시에 따라 어떠한 인연과 경로와 무엇을 원하는가도 알게 된다. 또 한 합(合)으로 신이 진화하는 과정이나 또 다른 도법을 확인할 수 있다. 때로는 어떤 고(苦)에 빠져있음을 나타내기도 한다.

형 충 파해 원진 등으로 성향이나 성격 등을 파악하고 참신과 허주 신을 가려내기도 한다. 그리고 지장간을 통하여 신의 뜻이나 원하는 것 동행하는 신명 또는 이력을 파악하고, 12운성으로 도법의 위력을 알 수 있다. 일주를 몸주 신명로 정하여 사주팔자를 조율하는 기운을 가지거나 중심 역할을 하면 주장 신명이다. 그리고 이야기하며 재물을 만드는 신이 설판 신명으로 서로 연합하고 있는 것이 최상이다.

1) 환경

살아있는 모든 것은 환경의 지배를 받게 되어 있다. 그리고 움직이고 생각하는 사람은 환경을 선택하거나 만들어 갈 수 있지만 그러하지 못하고 주어진 환경에 순응하며 살아가는 정적(靜的)인 것들도 많다. 사주에서 환경을 유추하는 것은 22개 부호를 이해하고 계절과 시간에 따라서 일주의 물건이 합 형 충 파해나 원진으로 모습을 나타내게 되어 있다. 그리고 흐르는 운에 따라서 환경이 변화하면서 일주의 값이 다르게 나타난다.

예문1)

시 일 월 년
甲 庚 庚 丙
申 申 子 午

庚子월 오후 태양(丙午) 빛이 물 위에(子) 반짝이고(子午沖) 빛을 잃은 달은(庚申) 일찍 떠 있다. 흘러가는 물 위에(申子合水) 비치는 달그림자(庚子)는 물결 따라 모습이 변화하는데 그 위로 빛이 스며들고 있다. 다행히 일찍 찾아오는 어둠으로 둥근달이 밝게 빛을 반사하지만 그래도 물결에 찰랑거리는 달빛이 더 아름답다. 바위에서 흐르는 물은 실개천(申子)으로 모여들어 조약돌(甲申 庚申 庚子) 사이로 흐르고 있다.

2) 주장 신명

팔자 전체를 조율하는 기운을 가지거나 중심 역할을 하거나 강한 기운을 가진 오행을 주장 신명으로 정한다. 때로는 약한 오행이라고 하여도 전체를 화합할 수 있거나 도와주거나 몸주를 잘 다스리고 설판을 가르치며 화합을 잘하는 신명이 있다. 오로지 강한 기운으로 사주를 장악하려고 하는 주장 신명은 항로(航路)를 찾지 못하는 선장(船長)과 같은 꼴이 난다. 하여 화합을 잘하는 오행이면서 강한 힘을 가지면 좋다.

예문)

시 일 월 년
甲 庚 庚 丙
申 申 子 午

년주 丙午편관이 강한 기운을 가지고 있어서 분명 주장 신명이다. 하지만 庚子월 子午충을 당하여 힘이 없어 甲申편재 한량에게 권한을 넘겨주고 때를 기다리고 있다. 몸주와 庚子설판이 水生木으로 따르고자 하는데 뗏목이 되어 고초를 겪고 겨울木은 물을 싫어한다. 그래서 당장은 힘을 쓸 수가 없다고 하여도 흐르는 운에서 木火기운을 만나면 丙午가 기운을 회복하여 주장 신명으로 권한을 다할 수 있다.

3) 몸주 신명

몸주는 내 육신을 통제하는 신명으로 조건 없이 일주로 정해져 있다. 강력한 힘을 가질 수도 있고 때로는 합으로 변화할 수도 있다. 그리고 년 월 시와 합하거나 형 충 파해 원진으로 괴로울 수도 있다. 몸주 신명은 변할 수도 없고 바꿀 수도 없으니 신약 기운은 흐르는 운에서 환경의 영향으로 진화할 수가 있다. 하지만 강한 기운을 가진 몸주는 통제를 받지 않으려고 하기에 오히려 더 난감할 수 있다.

　예문)

시 일 월 년
甲 庚 庚 丙
申 申 子 午

일주 庚申비견 장군이 몸주에 해당한다. 동짓달 단단한 몸주는 일찍 丙午주장 신의 도움으로 편안하게 살아갈 기회를 가졌을 것이다. 하지만 설판 庚子의 이간으로 충(沖)을 하여 관계가 원만하지 못하여 화합하지 못하고 있다. 하여 甲申에게 권한을 넘겨주어 몸주와 화합하게 하였다. 몸주는 주변의 비견들과 화합하여 보지만 선장(船長) 없이 항해(航海)하니 일상생활이 불편하고 정확한 목적을 찾지 못하게 될 것이다.

4) 설판 신명

일반인에게는 설판이 기술을 가진 오행을 뜻하며 능력을 발휘해서 이익을 발생하여야 한다. 그렇게 하지 못하면 생활에 어려움이 많을 것이고 가족이나 본인의 품위 등을 유지할 수가 없을 것이다. 무당을 직업으로 상담하고 수익을 창출해낼 수 있는 신명을 설판으로 정하는 것이 원칙이다. 설판이 무능하면 언어구사력이 떨어지고 설득력도 부족하기에 오히려 설득을 당한다거나 하여 신당을 유지하기 어렵게 된다.

　예문)

시 일 월 년
甲 庚 庚 丙
申 申 子 午

많은 金비견의 도움을 받아서 강력한 힘을 휘두르는 庚子가 설판인데 주장행세를 하고 있다. 강력한 입담을 가진 子水는 주장 신명을 충(冲)으로 무시하고 반항하며, 때로는 차고 매정한 말투로 미움을 받을 것이다. 동짓달 子水의 강력한 세력에 甲木편재를 생(生)을 하고자 한다면 수익이 줄어들고 생활이 불편할 수 있다. 설판은 몸주와 일체가 되어 庚子가 법이라고 큰소리치며 주장 신명을 무시하는 꼴이다.

5) 결론

주장 신명이 바라는 것을 몸주가 찾아서 한다면 신은 충분한 댓 가를 가져다 줄 것이다. 이는 申子合水을 완성하려면 辰土가 음신으로 들어서야 할 것이고, 몸주는 반드시 辰土의 환경이나 행위를 하여야 한다. 그렇게 된다면 甲木편재는 辰土에 뿌리를 내리고 살아가면서 丙午주장 신명을 보필할 수 있다. 자연에서 辰土를 찾아가려면 바위로 이루어진 산이나 계곡 같은 곳에 맑은 물이 흐르는 용소(龍沼) 같은 곳이다.

예문2)

시 일 월 년
甲 甲 庚 己
戌 申 午 亥

1) 환경

五月 저 멀리 밤하늘에 소란한 천둥소리와 번개가 번쩍이며 비가 내리고 있는데, 우리 동네는 차오르는 초승달이 유난히도 이쁘게 보이는 한여름 밤에 甲申이 태어난 것이다. 하여 이웃 마을에 내리는 비로 인하여 열매가 상하기도 하는데, 우리 집 마당에 늙은 감나무는 벌써 열매가 맺어 있다. 아직 붉게 피어있는 꽃망울은 별 나비들이 수정하려고 날아들고, 일부 꽃들은 열매를 품고 甲申 주변으로 날아든다.

2) 주장 신명

년주 己亥글문 대감이 주장 신명인데 몸주와 申亥해(害)로 무엇인가 불만족스럽다. 주장신의 입장으로 보면 성별이 다르기에 대를 이어가기 어렵다고, 亥水지장간에 또 다른 甲木을 양자로 들이고 甲己合土를 하고자 한다. 하여 주장 신명은 시주 甲戌머슴 대감을 불러서 몸주와 같이 戌亥천문 공부를 하도록 한 것이다. 己亥정재 대감은 재물 장부를 가지고 甲戌을 불러들여서 후손 甲申을 보호하게 하고 있다.

3) 몸주 신명

甲申편관 대감이 몸주로서 자력이 약하여 庚午와 甲戌을 이용하여 살아가는 방법을 택한 것이다. 즉 庚午가 甲戌에 合을 하도록 하고 이를 다시 甲申으로 合하게 사주팔자를 꾸며둔 것이다. 그러면 몸주 甲申대감은 木生火 하는 형식으로 권한을 가지게 되는 것이다. 몸주는 비록 주장 신명과의 관계는 불편하여도 甲戌설판을 머슴으로 두고 있으니 편안할 것이다. 주장 신명의 주문을 알고 있다면 좋다.

4) 설판 신명

월주 庚午상관 별상 대감이 설판을 담당하는 것처럼 보이지만 실제는 甲戌머슴이 庚午의 도법에 合火식신이 되어 설판으로 되어 있다. 이는 庚午가 주장 신과의 관계에서 서로 화합(化合)하지 못하고 각자의 길을 가려고 하는데, 다행으로 甲戌머슴 대감이 설판을 설득하여 합을 하니 주장신은 서러워할 것이다. 하여 주장 신명은 土生金으로 庚午를 가르치고 다시 甲戌대감과 午戌合으로 조정하고 있다.

5) 결론

己亥와 庚午 사이에 癸未가 음신으로 들어서고 있으니 정한수 올리고 공을 들이든가 기도를 하기 바란다. 하지만 甲戌과 파형(破刑) 하기에 같이 하는 것을 회피한다. 즉 머슴과 같은 장소에서 공을 들이더라도 서로 방향을 다르게 하거나 떨어져 있거나 같은 선상에서 기도하는 것을 피하라고 하는 것이다. 이는 서열이 완전히 다르기 때문이고, 己亥 주장신은 庚午설판을 가르쳐서 甲戌과 화합하여 甲申을 보필하도록 하고 있다.

33. 신명 찾는 방법

사주팔자와 십신을 신명으로 전환하여야 사주속의 신명을 풀이할 수가 있을 것이다. 그리고 합과 형 충 파해 원진 같은 도구를 다양하게 활용하여 신명의 진화와 허주를 판단할 수가 있고 여러 도법을 찾아낼 수 있다. 또 한 지장간을 통하여 신과의 대화도 가능할 것이며 천간을 보고 신의 소속을 알아가면서 12운성으로 신의 직위까지 알 수 있다. 하여 기본에 충실하다면 사주속의 신명을 찾기 쉽다.

예문)

시 일 월 년
辛 甲 丙 甲
未 申 寅 寅

년주 甲寅비견은 전생에 평민으로 살아가면서 가르치거나 누구를 돌보는 선녀라고 할 수 있다. 조상으로 보면 3.8木에 해당하기 때문에 가까이는 3대 조부, 멀리는 8대조나 천상의 8선녀와 인연이 있으며 역시 평범한 교육자라고 할 수 있다. 이후 월주 丙寅식신 비견으로 이어졌으나 일주 甲申편관이 寅木비견과 충을 하여 좌천당하였을 것이다. 원인은 동료와 심각한 다툼으로 인하여 이생에 온 것이다.

전생을 이어오면서 월간 丙火식신에서 꽃을 피웠으나 木비견 선녀들이 많아서 경쟁이 심하여 충(沖)으로 밀려난 것이다. 하여 전생의 인연을 벗어나지 못하고 이생에서도 심각한 경쟁으로 자립(自立)하여야 하는데, 이는 몸주 申金편관 대감의 업보(業報)를 가지고 태어났기 때문이다. 하여 시주의 辛金정관 불사를 만나서 丙火식신으로 合水정인의 학문을 배우고 반성하는 것이다. 이를 게을리하면 辛金정관의 변화는 어렵다.

1) 주장신(神)

시 일 월 년
辛 甲 丙 甲
未 申 寅 寅

사주에서 이야기하는 주장신을 어떻게 정하는가는 사주팔자에서 중심역할을 하거나, 강한 힘을 가진 부호 또는 화합으로 이끌어가는 오행을 바탕으로 하여 정하는 것이다. 천간은 신명 세계와 도법을 나타내고 지지는 신의 성향이나 관계 그리고, 십신으로 명호가 지어지고 12운성으로 도력을 가늠한다. 또 한 오행에 부여된 수리로 몇 대조인가를 예측하고, 합과 형 충 파해 원진으로 전생의 관계와 허주(魁主)를 판단하는 것이다.

사주에서 월간 丙火식신이 木비견의 8선녀를 거느리고 있는 7대 조부이다. 년 월의 木으로부터 강력한 힘을 받고 있으며, 다시 몸주 申金편관을 제련하려고 한다. 하여 丙火식신은 시주 辛未불사와 合水정인으로 천궁불사가 되어 선녀와 甲申편관 대감을 가르치려고 한다. 이는 丙火가 寅월 장생지로 똑똑하지만 아직은 세력이 약하여 辛未불사와 연합하여서 몸주 甲申을 깨우고자 하는 것이다.

*丙火식신이 주장 신명이 되는 근거는 木으로부터 강하게 힘을 받고 있으니 기세(氣勢)가 강하고, 오행 火의 수리는 2와 7이므로 2대 조부(祖父)는 도법과 경륜이 약하기에 주장신으로 약하다. 하지만 7대 조부 丙寅은 천신 약명 글문 대감으로 주변에 약명선녀(비견)를 많이 거느리고, 똑똑한 동자가 곁에 있으니 주장 신명의 역할을 다할 수 있다. 식신은 친가(親家)이므로 부친으로부터 7대조라고 하여야 한다.

2) 몸주)

시 일 월 년
辛 甲 丙 甲
未 申 寅 寅

몸주는 사주에서 일간을 중심으로 하여 신명 세계와 도법을 판단하고 일지 부호에 붙여진 십신으로 명호(名號)를 정한다. 다만 12운성으로 몸주의 강약을 판단하고, 합 형 충 파해 등으로 신명 세계의 도법의 수준과 변화나 진화를 알 수 있다. 때로는 음신으로 변화무쌍한 신명을 경험하는데, 몸주는 甲申편관 대감이다. 甲木천상 약명이고, 申金미륵편관 대감이다. 즉 천상 약명 미륵대감이라고 할 수 있다.

木비견 선녀의 세력에 申金편관 몸주는 나약하여 함부로 나서지 못하고 있다. 하지만 흐르는 운으로 보면 30대 중반까지는 몸주가 강력하게 자신의 주장을 펼쳤으나 40대 초반으로 들어가면서 몸주는 쇠약해지고, 선녀의 득세가 시작되어 丙火식신을 옹호(擁護)하면서 몸주는 뒤로 밀려난 것이다. 비록 연약한 몸주이지만 丙火식신과 辛金정관의 도움으로 공부를 한다면 타인을 가르치거나 앞으로 나설 것이다.

*甲木이 申金 위에 있으니 절지(絕地)이다. 즉 水의 기운을 만나지 못하여 씨앗이 힘차게 자라지 못하고 있다. 그래도 丙辛合水하여 갈증만 해소할 水기운에 미세한 변화는 있지만 강력한 水운을 만나게 되면 고목 나무에 꽃이 피어날 것이다. 전생부터 甲寅의 옹고집으로 자신의 주장을 꺾지 않으려고 하니 타인과의 타협이 어렵다. 몸주는 이러한 단점을 寅申충으로 강단(剛斷)있게 행동하면 따르는 이가 많을 것이다.

3) 설판)

시 일 월 년
辛 甲 丙 甲
未 申 寅 寅

설판은 대부분 식상으로 판단하는 경우가 많은데 이는 상담을 전담하는 신명이기 때문이다. 하여 재물과 인연이 있어야 하므로 사주에서 능력을 발휘하여 재물과 인연이 많은 오행을 설판으로 정하면 좋다. 다만 도법이 높으며 타고난 언변을 가지고 있어야 하고, 여의치가 않다면 상대를 압도하는 강력한 기운을 가진 오행이 설판이 된다. 그러하지 못하면 오히려 상대로부터 설득을 당하거나 굴종(屈從)하게 된다.

월주 丙火식신 동자를 설판으로 하면 좋다. 즉 丙火식신 동자가 설판을 보면서 애교를 부리면 주변의 木비견으로 사랑을 받을 것이고, 더불어 용돈까지 충분하게 받을 것이다. 다만 동자가 설판을 담당하고

있으니 큰 재물과 인연이 약할 수 있다. 후에 申金편관 몸주가 설판을 보게 되면 木비견들이 재물에 해당하므로 유리할 것이다. 그래서 공부와 경험으로 상식을 풍부하게 익히고 재담꾼이 되도록 노력하여야 한다.

*丙寅의 丙火식신 천신동자는 몸주 甲申과 역마에 충을 하고 있어 동자가 접신되면 깡충깡충 잘 뛰고, 또 한 寅申충으로 무서운 할아버지를 싫어한다. 즉 잔소리와 혼나는 것을 겁내지만, 木(선녀)으로부터 칭찬을 받으면 뛰면서 좋아한다. 이 사주에 선녀는 木에 부여된 십신이 비견이기에 선녀라고 하는데 동녀(설녀)와는 다르다. 그리고 丙火식신은 할머니일 수도 있는데 이는 丙火의 행위가 寅木으로 걸음이 느리기 때문이다.

*丙辛合水정인은 천궁불사로 甲申의 글문을 가르치는 선생인데 이는 丙火천신대감이 辛金정관 불사에게 부탁을 하는 것으로 읽어야 옳다. 시주 辛未는 불사 세존으로 보는데 몸주 申金편관 할아버지의 공덕으로 未土의 지장간에 己土가 甲木과 合土재성으로 업(業) 세존이라고 볼 수도 있다. 따라서 甲申은 무당이면서도 학문을 연마한다면 후에 공명과 함께 재물이 따를 것이라고 사주에서 전하고 있다.

34. 신의 도법(道法)

　신(神)이 가지고 있는 능력을 도법이라고 하는데 이는 천간과 지지의 부호와 십신으로 결정하는 것이다. 셀 수 없이 많은 도법을 나열하기 어렵고 오행으로 木약명 도법 火천신 도법 土산신 도법 金불사 또는 미륵 도법 水용신 도법이다. 지지의 부호에 따라서 부여된 십신으로 어느 신명이 어떠한 도법을 받아오셨는지 알 수 있으며, 합이나 형충 파해 원진으로 도법을 사용하는 방법까지 알 수 있다.

木약명 도법

약을 다스리는 신으로 전해오는 민간요법이나 침 지압 같은 것이다. 특히 약재를 취급하는 경우와 재배에서 건재(乾材) 법제(法製)하거나 발효나 식용방법까지 다양한 도법으로 나누어져 있다. 하여 木이 木을 만나면 재배하거나 생약으로 사용되며, 火를 만나면 꽃을 약용으로 쓰거나 건재에 해당한다. 그리고 土를 만나면 가루나 덩어리진 약재이며 저장 유통에 해당하고, 金을 만나면 열매를 약재로 사용하거나 법제하여 환을 만든다.

또한 木이 水를 만나면 발효(醱酵)에 해당하고 물에서 약재를 구하는 것이다. 그래서 甲木은 줄기에 해당하고 乙木은 풀이며 가지에 해당한다. 寅木은 하나로 이루어진 뿌리에 해당하며, 卯木은 여러 개의 뿌리로 이루어져 있는 것이다. 卯木은 손에 기(氣)가 실려있기 때문에 침(針)이나 지압(指壓)을 하는 경우가 있고, 사주의 관계에 따라서 다양한 도법을 가지고 있다. 이외에도 우리가 알지 못하는 약명 도법이 많을 것이다.

십신에 따라서 도법의 방법을 정할 수 있다. 즉 비겁은 심부름하면서 도법을 익히려고 한다. 식신은 약재를 생산이나 연구하기에 다양한 약의 지식을 가지고 있으며, 상관은 약성을 바꾸기 위하여 법제하는 기술이다. 재성은 약의 관리 유통으로 이익이 우선이며, 관성은 비법이나 약성을 임의로 조절하고 기록한다. 인성의 도법은 약을 처방하는데 타고난 기질을 발휘하며, 항상 의심하면서 분석하려고 한다.

火천신 도법

하늘에서 부여받은 도법으로 인간의 과거와 현재 그리고 미래까지 알아볼 수 있는 도법이다. 하여 천신들은 저마다 도법을 가지고 있지만 그러하지 못한 신명은 인연 된 제자를 통하여 후천적으로 보고 듣고 경험하여 도법을 높이려고 한다. 제자가 이를 알지 못하고 천신이 부족함을 느끼지 못한다면 도법이 떨어지면서 제자는 길을 잃고 헤매게 된다. 천신 제자들은 항상 배우는 것을 가까이하고 기도를 열심히 하여야 한다.

그래서 火가 火를 만나면 벼락 신장이나 천신 선녀이다. 木은 천신 약명이 되고 土를 만나면 허공 신명이고, 金을 만나면 천신 미륵이다. 水를 만나면 천신제석이나 대범 천신으로 더 높은 천신으로 진화하려고 한다. 丙火는 천신으로 두루 볼 수 있으며, 丁火는 칠성으로 한곳에 집중을 잘한다. 巳火는 깊이 들여다보지 못하여도 움직임이 빠르고, 午火는 화침(火針)에 해당하고 자세하게 살펴서 문제를 찾아보려고 한다.

십신에 따라서 도법을 나눌 수가 있는데 비견은 항상 열린 상태이고, 겁재는 필요할 경우만 천신이 내린다. 식신은 천신 동자로 명신이고, 상관은 천신 별상에 해당하여 말을 잘한다. 편재는 한량으로 자랑하고자 하는데, 정재는 丁火의 성향이 강하다. 편관은 벼락 신장이나 포악한 성정을 가지고 있으며, 정관은 원칙을 고수하는 천신 국사에 해당한다. 편인은 천신 도사로서 글에 관심이 많고, 정인은 천신 대감으로 점잖하다.

土산신 도법

산에 의지하여 살아가는 민족은 산신을 믿는다. 그뿐만 아니라 산의 크기와 형태에 따라 명패까지 새로 지어서 모시는 것이다. 하여 土가 土를 만나면 큰 산신으로 모시고, 金을 만나면 바위로 이루어져 있다고 미륵 산신으로 붙어진다. 水를 만나면 산에 용왕이 살고 있다고 하여 산신 용왕이고, 木을 만나면 산신 약명이고 火를 보면 허공 신이다. 사람과 가장 가까이에서 건강과 주식은 당산(堂山)의 도법이다.

하지만 재물(財物)과 인물(人物)은 명산(名山)의 도법에서 이루어지고 나라의 인재는 영산(靈山)의 도법이 담당한다. 土는 복잡한데 戊土는 높고 넓으며 己土는 낮고 좁으므로 戊辰은 물과 숲이 우거진 우람한 산이다. 戊戌은 물과 나무보다 바위가 많고 경사진 산이며, 己丑은 협곡이나 높은 산에 가리어 바람이 많고 춥다. 己未는 언덕처럼 낮거나 사람이 살아가는데 이로움을 많이 주는 산이거나 터 신에 해당한다.

십신으로 보면 비견은 산 신장의 도법을 가지고 있고 겁재는 산신 도령이며, 식신은 산신 동자나 대신이고 상관은 산신 별상의 도법을 가지고 있다. 편재는 산신 한량이며 정재는 산신 대감으로 급수가 낮으며, 편관은 산왕(山王)대신일 수 있다. 정관은 산신 국사의 도법으로 명산에 많이 모셔져 있고, 편인은 산신 글문 도사로 金을 만나면 산신 불사의 도법을 지니고 있다. 정인은 산신 글문 대감의 도법으로 책을 가까이한다.

金불사 미륵 도법

미륵(彌勒)이라고 하는 것은 공간보다는 시간이며 언제가 될지 알 수 없음이다. 그리고 자력(自力)으로 생겨나지 못하고 타력(他力)에 의하여 생겨나는 공간이므로 도법도 오랫동안 축적된 것이다. 하여 金이 金을 만나면 확실한 미륵 도법일 것이고 水를 만나면 용궁 미륵이며, 木을 만나면 미륵 약명 도법이다. 火를 보면 천신 미륵에 해당하고 土를 만나면 산신 미륵의 도법으로 오랜 시간을 공들여야 가능하다.

불사는 미륵의 시간을 기다려야 하는데 庚金은 스스로 수행을 통하여 터득하려고 하니 대사나 존자의 도법을 가질 수 있다. 辛金 불사는 수도승으로 후천적으로 도법을 익히고 인내(忍耐)로 도법을 가질 수 있는데 丙火를 만나면 천궁불사가 될 수 있다. 申金은 신침과 작두 도법을 기본적으로 가지고 있으며, 확실한 목적이 설정되면 미륵과 대사의 도법까지 터득하게 된다. 酉金은 법당이나 불사 인연에 관계가 많다.

미륵 도법을 십신으로 보면 비견은 미륵 신장 도법이고, 겁재는 도령이나 선녀의 도법으로 온다. 식신은 불사를 만나면 공양주로 공덕을 쌓을 수가 있으며, 나반존자 기도를 열심히 하는 대신이다. 상관은 미륵 별상으로 木을 만나면 약명 도법을 가지며, 편재는 불사에 의식을 진행하는 도법이고 정재는 미륵 대감일 뿐이다. 편관은 대사나 존자이며 정관은 미륵 국사이고, 편인은 글문으로 대사 정인은 미륵 글문 도법이다.

水용신 도법

물을 다스리는 신으로 용신과 수신으로 도법이 나누어진다. 그래서 庚辰은 하늘 용궁이고 戊辰은 산 용궁이며, 丙辰은 천신 용궁이고 壬辰이 사해(四海)용왕 도법으로 비와 구름과 바람을 조절한다. 하지만 癸亥는 수궁으로 수신 도법을 가지고 사람이 살아가는데 절대적인 식수(食水)를 담당하고 있다. 하여 木은 용궁 약명이고 火는 제석이나 대범천이고 土는 용소이고 金은 미륵용궁과 인연이 깊다고 할 수 있다.

하여 壬水는 용궁으로 보는데 子水를 만나면 흐르는 강으로 보고 申金을 보면 샘이 솟아나는 용궁이다. 辰土를 만나면 바다나 호수 같은 거대한 용궁이고 午火를 만나면 온천을 관장하는 신이다. 癸水는 수궁이며 亥水는 고여 있거나 돌고 도는 물레방아 같은 수신이며, 丑土를 만나면 우물이라 계곡에 흐르는 물을 관장하는 수신이며, 巳火를 만나면 안개로 덮여진 천신 역마이고 戌土를 만나면 무지개이다.

십신에 따라서 붙여지는 도법으로 壬子 癸亥 비겁은 용(龍) 장군이나 6군웅에 해당하며, 식신은 용궁 할머니 상관은 용궁 별상이나 수궁 별상이 된다. 정편재는 용궁 한량이기도 하지만 물을 건너다니면서 장사하는 업(業) 대감의 도법을 가지고 있다. 편관은 문무(文武)를 겸하신

용궁 신장이며 정관은 국사에 해당하는데 癸巳는 자라, 壬午는 거북을 타고 다닌다. 편인은 용궁 글문 도사이고 정인은 글문 대감의 도법을 가지고 있다.

35. 몸주

일주(日柱) 중심으로 하여 정하는데 합을 하거나 음신(陰神)으로 변화하는 경우가 많으며, 일주가 강할 때와 약할 때의 명패가 다르다. 또한 계절과 12운성 그리고 합하여 변화할 수도 있으며, 삼합이나 방위 합을 하려고 하는데 음신으로 들어서면서 변화할 수도 있다. 여기서는 일주만 서술(敍述)하는 것이지 전부는 아니며, 형 충을 당하거나 파해 또는 원진으로 명패(名牌)가 깨어질 수도 있으니 궁리(窮理)를 하여야 한다.

천간(天干)은 신명(神明) 세계이므로 우선 적으로 붙여져야 하고 지지(地支)는 부호와 십신으로 도법(道法)을 결정한다. 그리고 천간 합에 따라서 신명 세계가 변화할 수 있으며, 때로는 지지의 영향으로 천간의 신명 세계가 바뀔 수 있다. 그리고 지지의 도법과 십신에 따라서 다양한 명패를 지어야 하고, 합과 형 충 파해 원진 관계로 명패의 다름과 허주를 구분하여야 한다. 또 한 새해가 시작되면서 신명이 바뀌는 경우도 분명 있다.

甲子 : 천상글문/ 당산 약명(장(醬))
甲寅 : 옥황상제/ 천상, 당산, 의술신장/ 약명도령 선녀/ 걸립(장군)

甲辰 : 천하한량/ 천상대감/ 당산용궁/ 업(業) 대감/ 한량(부친)
甲午 : 천상대신, 동자 설녀/ 당산별상/ 약명 별상(뜸)/ 신침(뜸)
甲申 : 천상, 나라 국사/ 당산 미륵/ 내의관(대, 쇠침)/ 약명(왕진)/ 걸립(미륵)
甲戌 : 매화부인/ 독성/ 산신/ 약명(건재)/ 천상악사/ 한량부친(악사)

乙丑 : 약명대감(비법)/ 조상/ 골메기/ 약명(발효)/ 당산성황/ 부친(한)
乙卯 : 약명(잎, 뿌리)/ 약명도령 선녀(약초 재배)/ 신침(목침, 지압)
乙巳 : 당산 약명(외줄)/ 걸립(노중별상)/ 당산동자 설녀/ 당산 별상(몽유)
乙未 : 당산약명세존/ 업 대감(약재상)/ 부친(공줄)/ 신침(쑥뜸)
乙酉 : 당산미륵, 불사/ 약사불/ 수행, 수도승/ 야단법석
乙亥 : 당산글문, 용궁, 걸립(글문)/ 약명대감(처방)/ 중탕

丙子 : 천신국사/ 천신 대감/ 저승사자
丙寅 : 천신글문도사, 대감(부적)/ 걸립(대감)/ 산신약명(산삼)
丙辰 : 천신보살, 용궁대신/ 명신 동자, 설녀
丙午 : 벼락신장/ 천신장군(군웅)/ 도령 선녀/ 신침(뜸, 부항)
丙申 : 천신한량(작두), 미륵, 걸립(한량)/ 한량부친/ 신침(철鐵)
丙戌 : 천궁불사/ 천신대보살, 동자, 설녀(친가)

丁丑 : 남극노인(노자)/ 칠성 대신(친가)/ 한 많은 할머니(감금)
丁卯 : 칠성약명(화침)/ 약명도사/ 천관 선생/ 부적(주당 부정)/ 신침(지압)

丁巳 : 노중도령, 선녀/ 걸립(칠성장군)
丁未 : 칠성세존(향,초)/ 대신, 동자, 설녀/ 신침(부항)
丁酉 : 칠성불사(칠성전)/ 한량(바라 법패)/ 부친
丁亥 : 칠성 용궁대감, 국사/ 걸립(물동이)

戊子 : 허공대감/ 부친/ 고모
戊寅 : 문무대감/ 산신대감/ 산신약명/ 허공 신/ 걸립
戊辰 : 허공신장/ 용궁신장/ 산신신장, 도령, 선녀
戊午 : 글문대감/ 산신글문/ 천상글문/ 신침(찜질)
戊申 : 산신미륵, 할머니, 동자, 설녀/ 걸립(허공장 미륵대신)/ 신침(쇠)
戊戌 : 산신장군, 군웅, 도령, 선녀/ 독성(허공기도)

己丑: 장군(포로)/ 조상도령, 선녀(허약)/ 골메기/ 터신
己卯 : 당산성황/ 약명(약탕), 대감(약손)
己巳 : 작은 산신/ 노중(상식), 도당, 골메기 글문/ 걸립(글문대감)
己未 : 세존(몸에 실림)/ 도령, 선녀(공줄)/ 신침(찜질)
己酉 : 법당/ 기도보살/ 불사동자, 설녀/ 작은 산신동자, 설녀
己亥 : 수신/ 작은 용궁(저수지,우물,샘)/ 부친 형제(고모)/ 걸립(수궁대감)

庚子 : 미륵 별상(동자, 설녀, 대신, 외줄)/ 수궁 미륵대신
庚寅 : 당산미륵/ 미륵 약명(환)/ 대사줄/ 걸립(미륵한량)/ 미륵 한량(부친)
庚辰 : 하늘용궁 글문/ 용궁 미륵도사/ 산신 미륵글문/ 독성

庚午 : 미륵국사/ 미륵대감(속이 깊음)/ 신침
庚申 : 백마도신장/ 걸립(옥황상제 근위대장)/ 미륵도령, 선녀/ 신침
庚戌 : 미륵글문도사/ 미륵존자/ 산신독성

辛丑 : 수도승/ 불사조상(할머니)
辛卯 : 불사약명(침)/ 불사한량(바라)/ 부친(약초사업)/ 신침(대)
辛巳 : 탁발승/ 법사/ 걸립(노중불사)
辛未 : 불사세존/ 공양미/ 불사할머니/ 신침(바늘)
辛酉 : 비천녀(불사선녀, 도령)/ 동진보살
辛亥 : 용궁불사/ 걸립(불사별상)/ 불사대신/ 불사동자 설녀

壬子 : 제석신장/ 용궁장군, 도령, 선녀/ 6군웅
壬寅 : 용궁 당산대신/ 걸립(약명), 동자, 설녀/ 산신용궁
壬辰 : 대범천신/ 제석천신/ 용궁대감, 국사/ 산신용궁
壬午 : 용궁대감(부친)/ 거북도령(丁壬合木상관: 별상)/ 신침(온탕)
壬申 : 용궁글문도사/ 걸립(글문대감)/ 신침(폭포)
壬戌 : 용궁문무대감/ 대사

癸丑 : 수궁대감/ 물귀신
癸卯 : 수궁약명(수액)/ 대신/ 수궁동자, 설녀/ 신침(발효)
癸巳 : 수궁노중/ 걸립(수신대감)
癸未 : 세존(조왕신)/ 증류수액/ 정한수/ 신침
癸酉 : 수궁불사/ 수신글문/ 불사(강원)
癸亥 : 수신장군, 도령, 선녀/ 걸립(6군웅)/ 하늘역마/ 용소(龍沼)

36. 신명(神明) 풀이하는 방법

 사주를 신명으로 풀어내기 위하여 십신을 명패로 바꾸어야 하고, 년주를 전생(全生) 조상으로 보고 월주는 현생(現生)으로 사주에서 강력한 힘을 나타내는 곳이다. 일주는 지금(只今)을 나타내고, 시주는 내생(來生)을 이야기할 수 있지만 지금 나의 상황을 판단하는 자리이다. 그리고 신과의 관계를 어떻게 유지하고 있는가를 알아볼 수 있으며 신이 원하는 것이 무엇인가도 살펴볼 수 있는 공간이라고 할 수 있다.

사주팔자를 신으로 전환하여 인연 된 신명을 찾아가야 하는데 일주(日柱)를 중심으로 하여 몸주로 정하고 팔자에 합리적인 부호를 선택하여 부여된 십신을 주장신으로 정한다. 때로는 세력은 미약해도 일주를 다스리는 부호나 팔자의 중심이 된다면 주장신으로 정하는데 이를 사주에서 용신(用神)이라고 할 수 있다. 그리고 사주에 인연 된 신을 대신하여 가장 말을 잘하는 신명을 설판으로 설정하는 것이다.

하여 필요에 따라서 주장 신명이 몸주와 설판까지 담당하는 경우가 가장 이상적이다. 그리고 주장신과 몸주 신이 하나일 경우와 주장신이 설판을 겸할 수도 있으며, 몸주와 설판이 같을 수도 있다. 사주는 일주가 강하면 기갈(氣喝)이 세고, 설판이 강하면 이야기를 합리적으로 잘할 것이다. 주장신이 강할 경우 부여된 십신이 발달하여 기회가 오거나 운이 도래하면 동안 준비한 목적을 이루게 된다.

예문1) 신안이 열려 있으나

시 일 월 년
癸 己 己 甲
酉 亥 巳 戌

己巳월 癸酉시에 저물어가는 태양을 따라 己土의 뭉게구름이 밀려들어 보기가 아주 좋은데 이렇게 모여드는 구름이 癸水노을에 먹구름으로 변해가는 것을 알지 못할 때 己亥가 태어난 것이다. 밤이 깊어 巳亥충으로 불이 꺼질 때 구름은 비가 되어 내리기 시작하여 물난리가 난 것이다. 저 높은 곳에 서 있는 소나무 甲戌은 덩실거리며 춤추고, 내린 비는 己巳의 작은 텃밭에 己亥의 물골이 巳酉合金되어 흐르고 있다.

사주 구성으로 보면 천간은 甲己合土하여 비견을 이루고 있는데, 지지에 원진과 충과 자형으로 구성되어 상당히 어지럽다. 전생을 보면 甲戌정관 겁재로 甲己合土하여 궁궐에서 성수청(星宿廳)이나 소격서(昭格署)에 있었을 것이다. 이는 戌亥천문성으로 巳酉合金식신이기 때문이다. 丑土는 음신으로 비밀스럽다. 그러한 인연으로 이생에서 신안(神眼)으로 사람의 미래예측이나 소리로 혼(魂)을 달래는 일에 종사하면 좋다.

*"성수청"은 궁궐 안에서 미래를 예측하는 기관이라고 할 수 있다. 즉 하늘의 별자리를 살피거나 무당들이 나라의 대소사에 길흉을 판단하여 공식적인 의식을 치르게 하는 왕실 전담 관청이다. "소격서"는 본래 소격전(殿)에서 개편되었으나 도교(道敎)가 배척되면서 폐지되었다. 이는 하늘의 별자리나 산천(山川)에 복을 빌고 병(病)을 고치게 하며, 가뭄 때 비를 내리게 기원하는 등 나라의 제사(祭祀)를 담당하는 관청이다.

己亥는 己巳정인과 충하여 쫓겨난 것이다. 즉 동료를 고발하는 잘못된 상소문 때문에 벌칙으로 巳亥충하여 공부를 하지 못하게 한 것이다. 그래서 巳火정인과 충하고 일찍 巳戌원진으로 부모인연을 어긋나게 하여 미움을 받는다. 그래서 부모 말씀을 건성으로 듣고 놀이에 시간과 재물을 탕진하도록 하였다. 巳酉丑合金식신의 두 분 조상 할머니의 인연 줄을 잡고 살아가라 하는데, 허주가 많아서 힘들 것 같다.

*친가 할머니 두 분은 巳酉丑合金하기 때문이고 일 월이 巳亥충(沖) 하는데 음신으로 乙未세존이 들어서서 부모와 인연을 이어주고 자식에 대한 기대를 저버리지 않도록 하려는 것이다. 그리고 乙未는 己亥에게 친구처럼 다가오는 연하의 癸水인연을 맺어주고자 한다. 하여 어쩌다 마주한 인연을 임신(妊娠)으로 혼인이 이루어지게 될 것이다. 이는 亥水정재의 지장간에 甲木정관과 일주가 합을 하고 있기 때문이다.

음신(陰神)으로 일주와 월주 사이에 乙未편관 비견으로 몸이 아파서 공(供)을 들이는 할머니가 巳亥충을 해소하고 戌未파형(破刑)으로 전생의 인연 고리를 정리하려고 한다. 하여 己亥는 乙未의 줄을 잡고 공을 들이며 巳午未편인의 공부를 하여, 전생에 하였던 비밀스러운 이야기를 지인들에게 전해주면서 살아가야 할 것이다. 이를 거부한다면 癸酉의 다음 생은 탁발(托鉢)하는 승려나 거지로 태어날 수 있다.

*巳酉丑合金과 申酉戌合金하여 식신(食神)이 발달하므로 친가 할머니가 두 분인 것이다. 일주 己亥는 년간의 甲木정관에 합을 하여 비견이 되고 戌土겁재는 높은 대우를 받았다고 할 수 있다. 즉 관료의 시험을 치르지 않고 특별한 재주를 이용하여 임명된 국사(國事)인 것이다. 하

지만 巳戌이 원진이라 기본적인 학문이 부족한데 巳亥충으로 재물에 욕심을 내면서 巳酉合金식신으로 癸水편재는 여러 여자를 탐하여 파직을 당한 것이다.

　주장신)

시 일 월 년
癸 己 己 甲
酉 亥 巳 戌

하여 주장신은 년주 甲戌정관 천상 국사이다. 이는 戌土가 높다는 의미이고 겁재는 또래 중에 뛰어나다는 뜻이다. 하여 己巳비견 정인으로 같이 연구하는 동기들의 부러움을 나타낸 것이다. 甲木정관은 8대조이며 戌土편재 위에 있으니 상당히 부유하고 甲己合土하니 식솔(食率)을 많이 거느린 것으로 추측할 수 있다. 하지만 癸酉인수 정관과 酉戌해(害)의 관계를 유지하고 있으니 타 관직과 유대관계는 부실하였을 것이다.

이는 甲戌의 주장신 입장에서 사주를 이야기하는 것이므로 일주 己亥에서 바라보면 다른 이야기가 나오게 되는 것이다. 하지만 亥水지장간에 甲木정관이 장생지에 들어서 주장신이 강력한 힘을 쓰지 못하기에 타(他)의 기운에 많은 억눌림이 있을 것이다. 즉 허주로 인하여 자신의 정체성(停滯性)을 찾지 못한다고 할 수 있다. 사주를 보호하기 위한 강력한 기운을 가지고 있지만 몸주를 보호하는데 부족할 것이다.

*허주로 나타내는 巳戌원진(怨嗔)은 대인(對人)기피(忌避)증으로 남과 어울리는 것을 싫어하여 혼자만의 공간에서 활동하려고 하는 성향이 강하게 드러난다. 하여 사회성이 떨어질 수 있고 언어 구사도 떨어질

수 있다. 그리고 巳亥충(沖)의 허주는 월주궁의 부모나 己巳비견 정인으로 형제나 사회에 나가서 활동하는데, 동료들과 다툼을 일으키기 때문에 사교성이 떨어질 수 있고 혼자 활동하는 것을 좋아하게 된다.

몸주)

시 일 월 년
癸 己 己 甲
酉 亥 巳 戌

몸주는 일주 己亥의 산신 수궁대감이다. 통상적으로 산 용궁이라고 하며 亥水는 고여있기에 용소(龍沼) 같은 곳이다. 몸주는 주장신 甲戌과 合土하여 보호를 받으며 戌亥천문을 따라가야 하는데 이를 거부하거나 무시하면 보호받기 어렵다. 그리고 월주 己巳비견 정인과 충을 하고 있으니 몸주는 항상 불안하고 깊이 파고들기 싫어하여 건성으로 공부를 하고, 안정을 취하기 어려우니 잠을 깊이 잘 수 없을 것이다.

또 한 亥水정재는 자형(自刑)이라서 활동하는 것을 싫어하거나 느리므로 己土비견의 부모 형제나 지인으로부터 巳火정인의 충고와 잔소리를 많이 듣게 된다. 그래서 巳火역마(驛馬)로 볼일 없이 밖에 나가려고 하고 癸酉편재 식신으로 놀고먹고 巳火의 게임에 빠져들기 쉽다. 하지만 몸주는 주장신과 합심하여 戌亥천문 공부를 한다면 癸水편재의 불확실한 것을 乙未공줄을 따라가면 巳火의 글이 밝게 보일 것이다.

*己亥와 己巳는 같은 동료인데 亥水는 움직이는 것을 싫어하고 巳火는 왕성한 활동력을 자랑한다. 하여 己亥는 己巳를 충(沖) 하려고 년주 甲木정관에게 투서(投書)한 것이 원인이 되어 파직(罷職)당한 것이다. 이

러한 버릇 때문에 이생에서도 자신의 일신에 약간의 결점이 있다면 가까운 사람에게 이야기하는 습관이 있을 것이다. 그래서 가족이나 지인들과 친하게 어울리는 것이 어려워 독립생활을 하려고 할 것이다.

설판)

시 일 월 년

癸 己 己 甲

酉 亥 巳 戌

시주 癸酉편재 식신이 월주 己巳비견 정인과 合金식신으로 설판을 봐야 하는데 아는 것이 없다. 즉 癸酉편재 식신 불사가 己巳비견 정인 노중과 합하여 매일 탁발(托鉢)이나 하고 공부에 관심이 없다. 하여 음신 乙未편관 비견 약명을 모시고 매일 공을 들이면서 공부하면, 巳戌원진을 해소하기 위하여 甲午정관 편인을 음신으로 움직이게 된다. 즉 공부를 깊이 있게 파고 들어간다면 전생의 기억이 날 것이다.

설판은 노중과 합을 하지만 辛丑식신 비견이 음신이기 때문에 巳火의 지장간에 丙火정인과 合水편재가 되어 공부는 형식적으로 한다. 癸水편재는 戌土겁재와 巳火정인과 亥水정재의 지장간 戌土겁재와 合火하여 순간순간 다양한 경로를 통하여 신(神)의 눈을 뜨는 것이니 화경(畫境)이다. 癸酉식신 수궁 불사 동자가 설판을 보는데 己巳노중글문을 외면하면 빈 깡통처럼 소리만 요란할 것이다.

*丙辛合水의 이론은 丙火의 태양열에 의하여 辛金 서리나 이슬 같은 기체가 액체로 뭉쳐진다는 것이다. 즉 물이 되지만 충분하게 물의 역할을 하지 못하고 형식적이라는 것이다. 하여 물체의 표면을 간신히 적시는 정도에 만족하기에 이들의 합은 깊이가 얕다고 할 수 있다. 즉 진

실보다는 보여주는 정도에 불과하므로 丑土에 조금씩 모이는 것으로 만족하니 끈기를 가지고 노력하면 水의 구실을 할 것이다.

　예문2) 주장 신명의 뜻을 따라서

시 일 월 년

丙 庚 戊 己

戌 申 辰 亥

戊辰월 丙戌시에 태어난 庚申비견은 신장(神將)이다. 하지만 년주 己亥정인 식신은 전생에 작은 어촌 마을에서 아이들을 가르치는 훈장(訓長)이다. 亥水식신은 줄어듦도 늘어남도 없는 소수의 아이를 가르치며 천문을 연구하였을 것이다. 이후 戊辰편인에 빠져서 학문을 익히고 새로운 이론을 정립하여 높은 경지에 오르고자 하였을 것이다. 정편인이 혼잡하여 두 분 할머니의 보호를 받고 있을 것이다.

*전생은 일주에서 년주의 부호와 십신으로 풀이하여야 한다. 사람은 누구나 전생에 이어서 지금 살아가므로 전생의 하던 습관이나 버릇을 가지고 있다. 이러한 습관을 고치지 못하면 다음 생으로 또 이어질 수 있기에 이생에서 어떠한 인연을 만나는가에 따라서 습관까지 바뀌는 것이다. 그리고 환경이나 행위 직업 명예를 알 수 있으며, 부과 권력 대인관계 등을 감추어둔 것이 사주팔자의 비밀이다.

庚申비견 신장을 중심으로 하여 戊辰편인 산신 글문도사의 도움으로 申辰合水식신의 새로운 것을 착안(着眼)하여서 戊辰土의 높고 넓게 펼치려고 할 것이다. 그리고 주장 신명인 丙戌7대 조부의 뜻을 받들어서 책으로 엮어내고, 명성을 알리는 것이 신명의 뜻이다. 庚申신장은 토다매금(土多埋金)되어도 합水가 되어 丙火편관의 제련하는 고통을 견디어 내면 순수한 강철이 되어 다양한 쓰임으로 살아갈 것이다.

*丙戌편관 편인의 주장 신명은 몸주에게 申戌合金으로 주문을 한다. 즉 편관 글문대감께서 하지 못한 책을 엮어내기 바라는 것이다. 일시의 방위합은 어떠한 방향성을 뜻하기에 오직 丙火의 뜻은 한결같다고 표현하며, 일월의 삼합은 목적을 분명히 하는 주문으로 戊土의 목적은 새로운 것을 넓게 퍼트리는 것이다. 이러한 신명의 뜻을 몸주는 설판과 화합하여 이루면 신의 도움을 받을 것이고, 거부하면 상당히 불편할 것이다.

　주장신)

시 일 월 년
丙 庚 戊 己
戌 申 辰 亥

주장신은 시주丙戌 7대 조부로 비록 세력은 약하지만 흐름에서 火운을 만나면 강력하게 몸주를 깨우려고 할 것이다. 하여 52세 이후 주장신으로 확실한 책임을 다할 것이지만 그전에는 甲木편재가 주장신의 책임을 대신 맡았을 것이다. 하여 몸주는 신(神)이 원하는 길을 가지 않았을 것이고 다양한 고통을 경험할 수 있었을 것이다. 丙火편관은 戊土편인을 통하여 방대한 지혜를 전해주고 이를 몸주가 표현하는 방식이다.

丙戌주장신 입장에서 천간의 戊己土와 지지에 辰戌土가 식상에 해당하는데 이는 무엇인가를 새롭게 만들고 싶어 하는 것이다. 즉 己土상관은 일찍 몸주의 뜻을 꺾어버리고자 하고, 戊辰식신으로 방대한 공책에 글을 가득 채우라고 한다. 그래서 멀리까지 펼쳐지기를 바라는 것이

며, 戌土는 공책에 채워진 글이 어렵다는 것이다. 분명 주장신은 몸주가 신(神)의 뜻을 받들면 원하는 것을 해줄 것이다.

*土는 공간이며 성향은 무엇이든 받아들이는 것이다. 하여 戌土는 높고 辰土는 넓다는 이미지를 가지고 있으니 이를 통합하면 방대하다는 것이다. 그리고 편인(偏印)은 불확실한 문서이기에 공책(空冊)으로 표현한 것이다. 戌土는 높은 공간으로 쌓이거나 어려움으로 표현하고, 편인은 알 수 없는 글이므로 부적이나 어려운 뜻을 가진 책이라고 할 수 있다. 하여 丙火와 戌土는 庚申몸주와 합하여 뜻을 이루고자 한다.
　몸주)

시 일 월 년

丙 庚 戌 己

戌 申 辰 亥

몸주는 庚申비견 미륵 작두신장으로 丙火편관 천신의 명(命)을 절대적으로 따라야 할 것이다. 그래야 주장신을 모시고 있는 戌辰편인 산신 글문도사의 도움을 받을 수 있으며, 몸주는 戌辰과 합水식신으로 왕성한 활동을 나타내는 것이다. 몸주 庚申은 어떠한 조건을 가지고 활동을 하려하기에 목적(目的)이 불분명하거나 없으면 활동하지 않으려고 한다. 하여 丙火의 주장신의 기운이 강할 때 이로움이 많을 것이다.

*庚申은 金기운이 강하고 흰색이며 역마(申)이기에 丙火천신(天神)을 호위하는 백마(白馬) 신장이다. 그리고 火生土하여 戌辰산신(山神)을 식솔(食率)로 거느리고 戌土식솔인 庚金은 천신의 호위(護衛)대장으로 있다. 하여 금화교역(金火交易)의 원칙에 따라서 金은 火에 의하여 변화하므로 丙火의 기세(氣勢)가 강해지면 庚申은 원하는 대로 변화할 수

있을 것이다. 하지만 金의 본성을 벗어난 변화는 있을 수 없다.

그래서 丙戌 52세를 전후할 것이며, 이후 흐르는 운에서 水를 만나지 않으면 몸주는 주장신의 뜻을 따라서 편안할 것이다. 그러하지 못하고 몸주가 독단적으로 甲木편재를 따르면 망조(亡兆)가 들어 힘들어 할 것이다. 즉 태어나서 己亥는 분명히 甲寅을 찾아다니게 될 것이고, 인연 없는 편재는 庚申을 유혹하여 戊辰편인과 丙火편관을 무시하고 寅亥합파형(破刑)의 소용돌이에 빠져나오지 못할 것이다.

*火는 2.7이고 土는 5.0의 수리에 해당하므로 丙戌은 52세가 된다. 이는 辰월태양이 일찍 솟아나기 때문에 2를 선택하는 것이다. 水운을 만나면 庚申은 식솔을 살펴야 하기에 丙火의 뜻을 거부하게 되므로 서로 힘들어진다. 甲己合土의 이론에 의하여 甲을 선택하고 亥水는 육합에 의한 寅木을 선택하는 것이다. 하여 일찍부터 甲寅편재를 쫓아가려고 부단한 노력을 할 것이고, 결과는 합 파형으로 뜻을 이루지 못한다.
　설판)

시 일 월 년

丙 庚 戊 己

戌 申 辰 亥

戊辰편인 산신 글문도사와 庚申비견 미륵신장이 合水하여 식신이 되므로 설판을 담당하고 있다. 즉 戊辰글문 도사가 庚申신장을 통하여 자연과 신의 세계를 이야기하고 이를 문자로 남기고 싶어 한다. 하여 설판은 몸주가 글문을 익히고 연구하여 바위에 물이 떨어지듯이 끊임없는 이야기를 구사하고 있다. 때로는 몸주가 주장신과 합하여 높은 학문을 연구하기도 하지만 이는 오롯이 丙戌편관 주장신의 뜻이다.

그리고 몸주에서 시작되는 申辰合水식신은 水生木하기에 년주 己亥식신의 지장간에 甲木편재를 생(生) 하는데 이는 새로운 학문으로 후학을 가르치는 재능을 나타내는 것이다. 하여 전생에 이어서 지금도 찾아오는 이를 가르치는 직업으로 살아가면 편안할 것이다. 그리고 庚申과 戊辰설판은 주장 신명 丙戌의 뜻을 일방적으로 따라야 하고, 丙火편관 천신 국사가 원하는 명성(名聲)을 받들어야 할 것이다.

*戊辰은 높고 넓다는 의미로 이를 산에 비교한다면 지리산(智異山)처럼 물과 숲이 우거진 우람한 산이다. 즉 깊은 산속에 무엇이 존재하는지 알 수 없듯이 글문도사의 자연이야기는 끝이 없다. 천간과 지지의 부호가 품고 있는 많은 뜻을 상황과 환경에 따라 변화무쌍한 표현을 한다. 亥水의 지장간 甲木편재를 인간사로 보면 일찍부터 재물에 대한 집착이고, 전생으로 보면 돈을 받고 글을 가르치는 훈장(訓長)이다.

예문3) 주장 신명과 몸주가 다른 뜻을 가지고

시 일 월 년

癸 丙 庚 戊

巳 午 申 寅

庚申월 아지랑이 피어나는 癸巳시에 丙午의 태양이 戊寅숲에 영글어가는 庚申열매가 마음에 들지 않는지 寅巳申삼형(三刑)으로 정리한다. 寅木편인과 合火비견이 되어 평소에 戊土식신의 높은 꿈을 이루고자 하지만 때를 잘못 만나서 흐름에 어긋나니 戊癸合火로 서둘러 庚申을 제거하려고 한다. 오로지 癸巳정관 비견에 합하여 보지만 내 것이 아닌 戊寅의 것으로 丙午는 어쩔 수 없이 庚申을 선택한다.

*일주는 년주와 寅午합하고 戊土식신의 높은 꿈을 꾸면서 노력할 것이

다. 하지만 癸巳17세를 지나면서 寅巳해형(害刑)으로 서서히 학업에 대한 집중과 자신감이 떨어지기 시작하고 巳申合水편관의 방향을 급하게 바꿀 것이다. 丙午양인(兩刃)살 같은 태양열에 癸水정관은 아지랑이로 피어나서 사라지니 잡을 수가 없다. 하여 巳火에서 申金으로 급하게 合水하여 庚申에 집중하여야 한다.

이는 대운의 흐름이 午未申酉戌亥子丑으로 흐르기에 申월은 未대운에 열매가 밖으로 드러나야 하는데, 이때가 15세를 전후하여 한창 공부할 나이에 장애가 발생하였다고 볼 수 있다. 하여 직업은 巳申合파형의 직업을 가진다면 좋을 것 같으며, 지금 시대로 이야기한다면 庚申과 癸巳가 순간 合水하여 편관이 된 것이다. 즉 庚申편재는 경영 관리 투자 등을 寅申충 위탁(委託), 대행 등이며 癸水정관은 다수의 사람을 상대로 한다.

*형충(刑沖) 파해(破害) 원진(怨嗔)을 부정적으로 풀이하는 것보다, 상황에 따라서 개혁 개발 변화 이동 분석 등으로 풀이하여야 할 것이다. 또 한 합(合)으로 인하여 묶여있거나 결정 장애로 때를 놓치고 후회할 수도 있다. 寅木편인과 申金편재가 충하면 인간사는 부모가 싸워서 丙午는 戌寅과 합하게 된다. 즉 강한 火기운이 金기운을 녹이게 되므로 庚申편재가 견딜 수 없고, 火기운은 金을 제련하려고 한다.

*월주는 사회나 직장으로 풀이하고 시주는 찾아오는 사람이나 개인적으로 만나는 지인이라고 풀이하여야 한다. 하여 申金편재가 巳火비견과 合水편관으로 직업적으로 지인의 재물을, 癸水정관은 다수의 사람으로부터 정상적으로 받아서 파(破)는 투자에 비교할 수 있다. 형(刑)

은 강력한 주장이나 사건 사고에 해당한다. 巳午未방위합에서 未土상관을 음신으로 해석하면 상대방 의견을 듣지 않고 일방적이라고 표현한다.

그리고 법이 정한 범위 내에서 巳火비견 평소에 일반인으로부터 合水 받아들이는 직업이다. 이를 종합하여 풀이한다면 금융회사나 법인을 만들어서 투자를 원하는 다수의 사람을 대표하여 운영하고 이익을 나누는 직업이라고 할 수 있다. 또는 상업 광고이기도 하며, 戊寅식신 편인에 合火비견으로 경매나 선물거래에 해당하기도 한다. 丙火가 34세부터 申酉戌재성운이 오지만 이때는 경험이고 40세 酉金 대운부터 좋아질 것이다.

하지만 庚申편재 활용을 어떻게 할 것인가인데, 지식(知識)은 戊申 18세까지는 학업에 집중하였으나 원하는 직업을 선택하기 어려울 것이다. 하여 기술직으로 보면 火기운에 관련한 직업을 가지는 것이 좋으며, 높은 기술은 전자나 화공이며, 예술에서 염료 또는 조명이다. 보편적인 기술은 전기분야이며 戊寅식신 편인은 전문기술이며 새롭게 만들어가는 것이다. 寅巳申역마는 왕성한 활동으로 문제가 있을 수 있다.
　신명)

시 일 월 년

癸 丙 庚 戊

巳 午 申 寅

전생에 뜻을 펼치지 못하고 전사(戰死)하여 이생에 태어난 장수(將帥)이다. 그래서 꿈은 분명 장군이 되고자 노력할 것이다. 하지만 庚申편재 미륵 한량 대감이 戊寅편인 글문을 충형(沖刑)하여 재상(財商)이 되기를 원한다. 이는 전생에 戊寅이 癸巳와 戊癸합火겁재의 부대원들이 매복(埋伏)이나 기습(奇襲)당하여 함께 몰살하였을 것이다. 이러한 인연으로 강인한 장군이 되어 원수를 갚으려고 하는데 戊寅이 원하지 않는다.

*시주에 癸巳는 안에 있다는 의미로 해석하고 년주 戊寅은 밖이라고 생각하며, 寅巳해형(害刑)을 이루고 있으니 기습이나 매복이 아니면 형을 가할 수 없다. 癸水정관은 巳午未合火방위합으로 해석하면 같은 무리라고 할 수 있으며, 未土상관이 없다는 의미는 대원들이 정상이라는 뜻이다. 癸水는 다수(多數)라고 표현하여야 하며, 巳火는 정관에 대한 책임을 지지 않는다고 하니 부하(部下)일 것이다.

*시주의 癸巳정관 비견은 노중(路中)국사에 해당하며 부모의 형제 같으나 형제가 아니고 丙午의 형제처럼 지내는 관계로 생각을 하여야 한다. 또 한 합을 하고 있으니 이들을 두고 갈 수 없는데, 원인은 丙午가 戊寅식신 편인과 合火비견으로 새로운 식구들을 가르치는 책임자이기 때문이다. 즉 교육사단장 직위라고 할 수 있고, 寅巳해형(害刑)은 부정적으로 해석하면 외부에서 안으로 공격당하였다고 할 수 있다.
　주장신)

시 일 월 년
癸 丙 庚 戊
巳 午 申 寅

庚申편재를 감싸주는 戊寅식신 편인이 주장신이다. 이는 강력한 火의 기운이 戊土에 집중하고 있으며, 강한 비겁에 의하여 庚申편재를 자연스럽게 제련(製鍊)할 수 있기 때문이다. 하지만 戊土식신은 癸水정관

과 合火겁재하여 巳火노중 국사를 일일이 챙겨주고 싶어서 庚申편재에 合水편관이 되어 조금이라도 도움을 주고 싶어 한다. 하지만 주장신은 오로지 丙午만을 생각하려고 하니 몸주로서 답답할 것이다.

戊戌음신은 寅午戌合火를 하는데 일주(日柱)와 시주(時柱) 사이에 들어서지 못하고 년 월주 사이에 寅申충(沖)을 가로막아 서서 庚申을 보호하려고 한다. 만약 火의 기운이 강하게 들어오면 庚申은 녹아서 명(命)을 다하지 못할 것인데, 다행히 戊戌이 가로막아서 火의 기운을 조절하고 있기에 편재는 申酉戌合金으로 변화하여 살아갈 것이다. 주장신은 丙午에게 庚申편재를 강력히 권하는 것이다.

  몸주)

시 일 월 년

癸 丙 庚 戊

巳 午 申 寅

몸주는 丙午겁재로서 양인(兩刃)에 해당하여 성격이 불같을 것이다. 하지만 시주에 癸水정관 국사가 비록 약하지만 몸주의 일방적인 행위에 제동을 걸어주고 있어 다행이다. 丙午는 년주 戊寅주장신으로부터 寅午合火하여 믿음과 신임은 받으나 庚申편재를 巳火비견과 나누고자 한다. 그런데 주장신이 쉽게 물러서려고 하지 않으니 寅巳해형(害刑)으로 분란(紛亂)이나 반란(反亂)이 크게 일어날 수 있다.

하여간 몸주는 庚申편재를 사이에 두고, 주장신과 설판 사이에서 이러지도 저러지도 못하고 힘겨운 고민을 하여야 할 것이다. 이는 寅午戌 삼합과 巳午未방위합과 巳申육합으로 쉽게 결정을 내리지 못하고 있다. 한편으로 庚申을 癸巳와 공유(共有)하고 싶은 마음의 결정은 확고

한 것 같다. 寅巳申삼형(三刑)이 申金을 두고 다양한 방법으로 다스리고자 하는데, 丙午몸주가 중재하려니 눈치와 영향을 받을 것이다.

*몸주는 일주를 이야기하는 것으로 丙午천신 장군이다. 년주 戊寅산신 글문과 합하여 가르치는 무리의 수장(首長)으로 주장신과 합을 하고 있으니, 주장이 강하고 합을 많이 하고 있으니 정이 많고 의리가 있다. 월주 庚申편재를 강력한 기운으로 억제하고 있기에 어려움이나 고통을 잘 참아내고, 어떠한 방침이나 목적을 정하여 정확하다. 그리고 무리를 책임지고 이끌어 가려고 하는 힘이 강한 장수이다.
　설판)

시 일 월 년
癸 丙 庚 戊
巳 午 申 寅

설판은 戊土의 보호를 받는 庚申편재가 강해지면서 癸水정관이 적합하다. 설 판을 통하여 재물이 들어오도록 하는 신명이 가장 유리하기 때문이다. 癸巳의 작은 것이 모여서 庚申의 무리를 이루게 되므로 설판에 적합한 것이다. 사주의 구성과 흐름을 판단하는데 십신에서 식상(食傷)이 오직 설판으로 설정된다는 법은 없다. 재물을 잘 다스리는 오행이 가장 적합하고 그렇게 하려면 설득력이 필요하기 때문이다.

그래서 癸水정관 국사는 공직에 있으면 가장 원만하고 그러하지 못한다면 비겁을 이용하면 좋다. 주장신과 戊癸合火하여 순간의 판단이나 순발력이 뛰어나고, 지지에 寅巳해(害)는 巳火의 외형부터 살피어 규정에 어긋남이 없는가를 알아봐야 한다. 중간에 巳申合水편관은 점검 파(破)는 분석 형(刑)은 결정인데 자연스럽게 진행되어야 한다. 즉 합파

형이 동시에 이루어져야 하고 寅木편인의 전문적인 지식과 경험을 원하는 것이다.

*癸水정관은 수증기가 찬 공기를 만나면 아주 작은 물방울이 되어 나타내는 안개처럼 지지에 巳火비견을 달고 있으니, 이를 풀이하면 "평범한 무리가..."라고 할 수 있다. 午火몸주와 방위합을 이루고 싶어 하니 이를 해석하면 "많은 사람이 장수 주변에 항상 가까이 있고 싶거나 따르고 있다."라고 할 것이다. 하여 설판을 담당하게 되고 주장신과 戊癸合火겹재는 "눈치 보면서" 寅巳해형(害刑)은 "공정한 나눔,,,."이다.

　예문4) 귀신이 보여요

시 일 월 년

丙 癸 丁 戊

辰 丑 巳 寅

살아있는 것들을 살찌게 하는 아침 태양은 먼 산(山)을 지나서 손에 잡힐 듯 가까워지고 있다. 하여 산천(山川)은 푸르름이 짙게 변해가는 丁巳월 丙辰시에 따사로운 햇볕을 타고 골짜기 숲속에서 뽀얀 안개가 밝게 피어날 때 산의 정기(正氣)를 받고 태어난 것이다. 하지만 13세 전후하여 寅木상관의 산바람으로 巳丑습金편인이 되어 24세 전후하여 친가에서 칠성 불사가 강하게 들어오고 있으니 거부할 수 없을 것이다.

*13세는 년주의 戊寅에서 戊土는 5와 10이며, 寅木은 3과 8에 해당하는데 사주에서 년주는, 조상 집 밖 입구 학창 어린 시절 일찍 등으로 해석하기 때문에 13에 해당하는 것이다. 역시 월주 丁巳를 24세라고 하는 것은 火오행이 가지고 있는 수리가 2와 7이고 巳丑습金은 4와 9

이기 때문이다. 년주에 寅木상관(傷官)은 산바람의 영향을 강하게 받으며 태어나서 건강에 문제가 있으며, 오행으로 병(病)을 유추한다.

하여 젊은 나이에 신내림을 통하여 寅木상관 산바람 타고 들어오는 丑土조상이 癸丑에게 재물을 주고 대신 공부하여 보자고 조상 글문대감이 들어선다. 土정편관이 혼잡하여 외가에 할머니가 두 분이지만 丑辰파(破)를 하고 있으니 도움은 되지 않고, 오로지 월주 丁火편재가 癸水를 강력하게 충(沖)하여 巳丑합金불사로 들어서니 아버지를 건너서 인연 된 자식에게 들어왔다. 즉 아버지를 피해 자식에게 산바람이 들어선 것이다.

*이 사주는 일주 癸丑이 년주 戊寅과 합을 하여 조상과 인연이 깊다는 것을 알 수 있고, 寅木상관은 丑土와 지장간을 통하여 합을 이루고 있기에 형제처럼 성질이 많이 닮아있다고 해석하는 것이다. 외가에 할머니가 두 분이지만 戊土정관은 큰 외조모이고 인연이 있지만, 辰土정관은 작은 외조모로서 丑辰파(破)를 하여 癸丑을 강하게 원망하니 인연은 약하다. 하여 寅巳해형(害刑)으로 도움이 안 된다.

*외가와 인연이 없다고 하는 것은 월지 巳火는 어머니 궁인데 戊寅과 관계가 寅巳해형(害刑)을 하기 때문이다. 관성(官星)의 인연은 월지와 관계에서 합을 이루고 있어야 가능하다. 그리고 관성이 일주를 형충(刑沖)을 하거나 파해(破害)를 하고 있으면 이로움보다 해로움이 많다고 할 수 있다. 하여 丁巳는 戊癸합火비견(比肩)으로 친가의 아버지 인연으로 巳丑합을 하는 것으로 조상이 아버지를 건너서라고 풀이하는 것이 옳다.

주장신)

시 일 월 년
丙 癸 丁 戊
辰 丑 巳 寅

월주 丁巳편재가 주장 신명으로 친가의 아버지 인연으로 들어서는데 칠성 한량 노중 대감으로 몸주 癸丑을 깨워서 칠성당을 지어보자고 하신다. 이러한 인연은 전생에 戊癸合火비견으로 丁火와 같이 천신에서 의관으로 있으면서 戊寅상관 동료가 독약을 잘못 다스려 시름시름 병들었다. 이후 丁巳동료를 찾아가 보니 寅巳해형(害刑)으로 거절당하고, 어쩔 수 없이 癸丑과 합하여 많은 재물을 줄 수 있으니 공부를 하자는 것이다.

*의관(醫官)은 戊土정관은 국사이고 寅木상관은 약명 별상이다. 하여 관직에서 환자를 진료하고 약을 다스리기에 의관이라고 한다. 칠성당은 丑辰파(破)를 해소하기 위해 酉金음신으로 작용하기 때문이다. 칠성불사의 뜻은 巳酉丑合을 순서대로 하지 못하고, 巳丑은 지금 조그마한 칠성당을 차려서 辰酉合金 조건이 이루어질 때마다 조금씩 지어가는 것이다. 이는 辰土가 우람하니 나누어 지으라는 것이다.

丁巳칠성 노중의 뜻은 재물이 생기면 칠성당을 짓고 戊寅산신 약명 별상과 丙辰천신 용궁 국사를 모시고 공부를 하는 것이다. 巳丑合에서 酉金편인과 寅卯辰으로 戊寅이 丙辰과 합하여 들어오게 하여 辰酉合金편인 선생으로 모시고 공부를 한다는 것이다. 巳火는 해박(解博)한 것처럼 보이지만 실속은 그러하지 못하고 寅木상관은 지혜를 가지고 있으나 건강이 허락하지 않아서 뜻을 펼칠 수 없음이다.

*戊寅은 戊癸合火로 전생의 도움 받은 동료로서 상당히 뛰어나고 영특한 산신 약명이다. 시주 丙辰은 안쪽 구석 말년 밀실 등으로 습木식신(食神)으로 새로운 지식과 일상적인 지혜를 터득하려는 것이다. 丁巳편재가 할 수 있는 것은 소수이고 그마저 깊이를 알 수 없으니 丑土를 통하여, 전생의 동료와 산신에게 부탁하여 辰酉合金편인 공부와 불법(佛法)을 공부하니 불사에 인연이 있다고 할 수 있다.

몸주)

시 일 월 년
丙 癸 丁 戊
辰 丑 巳 寅

癸丑편관 대감은 丁巳편재 아버지의 인연으로 몸주가 된 것이다. 하여 주장신과 합하여 戊寅산신 국사가 별상으로 丁巳편재를 대신하여 몸주와 합을 하게 된 것이다. 어릴 때부터 戊癸合火하여 신안(神眼)이 밝아지고 戊寅을 대신하여 살아가야 할 팔자인데, 이는 밖에서 알 수 없는 고통을 당하는 사람들에게 친구처럼 희망을 전해주기 바라는 것이다. 그래서 필요한 만큼의 재물을 받아서 공부도 하고 칠성당도 지어야 한다.

*일주를 몸주로 정하는데 어떠한 인연과 합을 하고 있는가를 잘 살펴야 한다. 癸丑편관 대감은 지극히 알뜰하고 검소한 대감이지만 년주 戊寅과 합火가 되어 주장신과 친구이다. 즉 한량 선녀로 행세하고, 寅木상관은 丑土를 통하여 허영심(虛榮心)이 생겨서 밖으로 나간다. 이는 木生火하여 丁巳편재를 만드는데 스트레스를 해소하고 싶은 것이다. 하지만 戊癸合火비견 선녀에게 寅木인성은 공부하라고 주는 재물이다.

이를 알지 못하고 辰土지장간 戊土와 습火편재로 즐거움에 빠진다면 반드시 丑辰土관성(官星)은 파(破)를 당하여 乙木식신 건강을 훼손하거나 자손에 결점을 남기게 될 것이다. 몸주 丑土편관은 丁巳주장신과 합하여 칠성 불사에서 戊寅산신 별상으로 어려움을 겪게 된다. 그리고 戊寅정관은 丑辰의 땅속을 살피는 기운을 가지고 파묘(破墓)나 이장(移葬)으로 길흉(吉凶)을 판단하는 능력도 있을 것이다.

*辰土정관은 분명 외조모로 인연 되어 癸水를 이용하여 지장간 乙木식신이 먹고 싶어서, 癸水비견은 또래들과 찾아올 것이다. 戊土정관은 바르게 놀다가 戊癸합火편재로 갑자기 변하는데 이는 이성으로 합을 하는 것이다. 하여 丑辰파를 당하니 즐거움은 잠시이고, 괴로움과 고통을 가슴에 감추어야 하니 이는 외조모로 인한 허주의 농간에 놀아난 것이다. 신명에서 丑辰土는 지관(地官)이나 지장보살에 해당한다.
　설판)

시 일 월 년
丙 癸 丁 戊
辰 丑 巳 寅

년주의 戊寅설판은 寅辰합木 하여 木生火로 이어지기에 丁巳를 넉넉하게 해준다. 다만 巳火나 寅木이 역마로서 밖으로 돌아다니는 것을 조심하여야 할 것이고, 특히 설판은 土관성에 관심이 많으며 함부로 인연을 맺으면 寅巳해형(害刑)으로 진행할 수 있으니 상당히 조심하여야 한다. 설판은 걸립까지 담당하고 있으니 이는 밖에 관심이 많다는 뜻이다. 몸주를 밖으로 끌어내는 마장(魔障)이 될 수도 있다.

*설판으로 戊寅산신 별상이 담당하고 있는데 이는 전생의 동료 의관(醫官)이다. 寅巳해형(害刑)으로 의심이 많고 결과를 알고 싶어 하는 강한 욕구로 사고(事故)를 당하는 경우가 있다. 하지만 허주(虛主)로 진행하게 되면 자해(自害)로 위협하거나 폭력적일 수 있다. 그리고 寅巳는 역마(驛馬)가 되어서 밖으로 나가려고 하는 것이 특징이다. 이러한 허주는 스스로 자신의 행위를 느끼고 인내심(忍耐心)으로 해결하여야 한다.

戊寅산신 별상은 스쳐 지나가는 인연이 많고 의관으로 경험은 적지만 매우 뛰어난 재주를 가지고 있으니, 몸주가 순간의 유혹에 넘어가지 않도록 스스로 다짐하여야 한다. 이를 가벼이 생각하고 함부로 밖으로 나가면 巳火노중(路中)이 화나서 재물을 마르게 할 것이다. 하여 몸주는 설판을 잘 활용하여 밖에서 도통하신 선생을 안으로 모시고 공부를 하게 되면 丁巳주장신이 좋아하고 칠성당 짓는데 정성을 다하여야 한다.

*신(神)은 정이 없으며 재물을 주는데 이유가 있다. 그리고 신은 요구를 하는데 이를 거부할 경우 매정하게 고통을 안겨준다. 이러한 상황을 알 수가 없으니 제자는 신벌(神罰)을 받게 되고, 신의 뜻을 알고 따르면 신의 도움으로 제자는 공명(功名)을 누린다. 戊寅은 전생 한(恨)을 癸丑를 통하여 풀고자 丁巳의 재물을 주고 공부하기를 바라며 설판으로 들어선 것이다. 몸주가 함부로 하면 寅巳해형(害刑)과 丑辰파(破)를 당하게 된다.

37. 운(運)

운은 은밀하게 움직이는 군사(軍士)를 뜻하는 것으로 철저한 준비와 계획 그리고 때를 정확하게 포착(捕捉)하여야 한다. 일반적으로 무작정 기다리는 것이 아니라 준비된 사람이 때를 만나야 하고, 신(神)의 도움을 받으면 대성할 것이다. 하여 크게 나누어진 대운(大運)과 매년 다가오는 세운(歲運), 월에 오는 월운(月暈)과 오늘의 기회는 일운(日運)이다. 그리고 찰나(刹那)의 기회인 시운(時運)으로 나누어진다.

사주는 운이 좋다고 좋은 사주가 아니고 다만 편안한 정도일 뿐이다. 운을 잘 타고나야 한다는 옛 성인(聖人)의 말씀은 없으며, 그러한 이야기는 좋은 환경과 인연을 선택하는 운까지 포함된 것이다. 많은 사람들이 운을 기다리고 있는데 이는 준비되지 않은 사람의 어리석은 생각이다. 사주는 시간(時間)이고 환경은 공간(空間)이며 이를 활용하는 것이 운(運)이라고 할 수 있다. 이를 알지 못하고 사주와 운을 타령하면 안 된다.

하여 운을 활용할 줄 아는 사람은 환경을 찾아가거나 만들어가며, 타고난 저마다의 소질을 충분히 발휘하는 것이다. 또 한 인연도 지어가는 방법을 알고 있기에 나쁜 인연을 만나도 피하지 않고 바르게 다스리고, 좋은 인연을 만났다고 거만하지 않고 이해와 양보로 더욱 아름답게 한다. 차고 넘쳐나는 운을 나눔으로 복을 지으면 되는데, 감히 사주를 두고 좋고 나쁨을 이야기하는 자는 지식(知識)은 있을 수 있지만 지혜(智慧)는 없다.

*좋은 사주)

운을 잘 만나는 것이 좋은 사주이다. 즉 사주는 좋고 나쁜 것이 아니고 환경(環境)과 인연(因緣)과 운(運)이 사주를 결정하는 것이다. 하여 동일(同一) 사주라고 하여도 좋은 인연을 만나면 평범할 것이고, 가진 능력을 자유롭게 개발할 수 있는 환경이라면 상류에 해당한다. 그리고 흐르는 운이 타고난 능력과 일치한다면 특별한 대우를 받게 되는 것이지, 뛰어난 두뇌를 가졌다고 좋은 사주로 살아가는 것은 아니다.

*나쁜 사주)

하늘이 내린 천재라고 하여도 때를 만나지 못하고 잘못된 인연으로 최악의 환경이 만들어진다면, 범죄자나 도망자가 되어서 타인의 눈치를 보며 고달프게 살아가게 된다. 하여 타고난 재능을 발휘하지 못하고 개발을 하여도 운이 따르지 않으면, 쓸모가 없거나 환경에 적합하지 않아서 폐기되는 것을 바라만 보고 있어야 할 것이다. 정해진 사주이지만 흐르는 운에 적합한 재능을 개발하면 환경이 결정하여 줄 것이다.

1) 대운설정

명리에서 대운은 10년마다 변화하는 것으로 만들어져 있다. 그리고 월주를 중심으로 하기에 공차(公差)가 많이 난다. 하여 무당 사주학에서는 시주(時柱)를 기점으로 하는데 지지(地支)는 남녀불문하고 무조건 순행한다. 즉 시간 흐름이 거꾸로 흐르는 경우가 없기 때문이다. 다만 천간은 무형이고 생각에 해당하기에 년주를 중심(中心)으로 하여 남자 양간과 여자 음간은 순행하고, 남자 음간 여자 양간은 역행하는 것으로 생각하면 옳다.

급속도로 변해가는 시대에 명리학에서는 월주를 중심으로 하여 대운을 정확하게 지정하여 적용하고 있다. 환경이 변화하고 인연을 소중하게 생각하지 않는 지금 시대에 수백년을 변함없이 전해오는 대운은 당연히 틀리게 되는 것이다. 그 당시에는 시간개념이 약하고 10년이면 강산이 변한다는 이야기가 지금은 전설(傳說)이다. 지금은 정확한 것을 요구하는 때이므로 시간중심의 대운을 적용하여야 공차가 줄어든다.

태어난 시간을 모르면 시주(時柱)에 해당하는 다양한 일상을 확인하면 된다. 즉 자식의 성향, 본인의 안방 환경을 부호와 십신으로 유추(類推)하면 되는 것이다. 시간을 모르고 사주풀이를 하는 것은 무지(無知)에 해당한다. 대운 풀이는 지지부호의 나열에 따라 숫자를 1부터 정하고, 부호의 수(數)리로 대운이 설정되기에 흐름이 길고 짧을 수 있다. 원인(原因)은 일정한 간격으로 사건 사고가 일어나지 않고, 사람마다 긴 숨이 다르기 때문이다.

예문1) 남자일 경우

시 일 월 년
甲 乙 丙 丁
子 丑 寅 巳

丁 戊 己 庚 辛 壬 癸 甲 乙 丙 丁
未 午 巳 辰 卯 寅 丑 子 丑 寅 巳
7 6 5 4 3 2 1

대운의 흐름이 水의 끝에서 木火운으로 흐르고 있다. 丙寅월 甲子시에 태어나서 乙丑은 아직 추위에 떨고 있다. 하여 부모로부터 丙火의 기운을 받지만 대운 천간 壬癸水기운으로 부정적인 생각을 하면서 성장할 것이다. 따스한 火기운을 기다리고 있는데 초년에 인성과 인연이 약하여 어려울 것이며, 35세 庚辰대운부터 자신감을 회복하기 시작할 것이다. 이후 온도가 오르면서 己巳 42세부터 경쟁을 하면서 승부를 걸어보려고 할 것이다.

예문2) 여자일 경우

시 일 월 년
甲 乙 丙 丁
子 丑 寅 巳

辛 庚 己 戊 丁 丙 乙　甲 乙 丙 丁
未 午 巳 辰 卯 寅 丑　子 丑 寅 巳
7 6 5 4 3 2 1

아직은 추위가 남아있는 丙寅월 밤이 깊은 甲子시에 태어났다. 어릴 때 부모의 보호를 받으며, 천간이 火기운으로 흐르기에 긍정적인 생각으로 형성될 것이다. 지지는 봄에서 여름으로 흐르기에 乙丑은 타고난 재능을 발휘할 수 있으며, 子丑合土하여 배운 것을 적극 활용할 것이다. 己巳대운 57세부터 乙木은 꽃피고 수정하며 좋은 자녀를 두고 편안하게 노후를 지낼 수 있을 것이다. 직업은 火의 기운을 가진 것으로 선택하면 좋다.

2) 세운(歲運)

세운이 대운과 같은 방향으로 흐르면 좋은데 그러하지 못하고 서로 거꾸로 흐르는 경우, 대운과 세운이 충돌(衝突)을 하게 되며 상당한 피해를 당할 수 있다. 하여 반드시 대운을 알고 세운을 해석하는 것이 옳은 해석이며, 태어난 계절에 따라서 세운을 적용하는 시기도 다를 것이다. 원인은 년초(年初)에 태어난 사람과 연말(年末)에 태어난 사람이

받는 기운은 분명히 다를 것이다. 세운은 보편적인 숨이라고 생각하면 된다.

매년 바뀌는 기운으로 1월생과 12월생이 같은 운을 받는다고 생각하면 안 된다. 하여 寅卯辰月 巳午未月 申酉戌月 亥子丑月에 태어난 사람이 같은 해의 운은 확연하게 다를 것이다. 예를 들어보면 일주에 따라서 새해 신년운을 풀이한다면 반드시 태어난 계절따라 해석이 다름을 알아야 할 것이다. 이는 한해를 4등분으로 나누어 해석하여야 한다. 즉 일주는 개인의 몫이고, 월주는 사회구성원으로 생각하여 해석하면 좋다.

　예문)

　　　　　시 일 월 년
　　　　　丙 庚 丁 辛
　　　　　戌 戌 酉 酉
　　　丁戊己庚辛壬癸甲乙
　　　未午巳辰卯寅丑子亥
　　　9 8 7 6 5 4 3 2 1

甲辰이라는 세운을 만나게 되었는데 丁酉月에 태어나서 년초(年初)부터 甲辰년의 영향을 받는다고 할 수가 없다. 하여 甲辰년 중반을 넘어가면서 영향을 받기 시작한다는 것이다. 그리고 水木火운으로 흐르는 가운데 43세부터 辛卯대운으로 흐르고 있으니 결과를 보려고 할 것이다. 하지만 세운과 卯辰해(害)가 되어서 잔잔한 사건사고로 쉽게 이루어지지 않을 것이다. 이러한 경우 戌土편인과 寅木편재로 타협하여야 할 것이다.

하여 甲辰년 巳월부터 서서히 운(運)을 받기 시작하기에 철저한 계획과 환경과 인연을 점검해볼 필요가 있을 것이다. 여기서 戌土편인은 부도(不渡)처리 할 것인가 아니면 참고 기다릴 것인가를 따지는 것이고, 寅木은 투자에 대한 기다림이나 지속적인 투자를 할 것인가를 묻는 것이다. 결론은 다가오는 乙巳년을 보고 결정하는 것이 옳다. 즉 乙木정재가 巳火편관으로 작용하니 보기는 좋으나 실속이 없을 것이다.

단순하게 甲辰년을 풀이한다면 중 후반에 태어났기에 세운은 巳월부터 받으며 본격적인 기운은 申월부터 시작된다. 하여 甲木편재가 辰土편인으로 작용하기에 여기저기 관리할 일이 많이 생겨날 것이다. 즉 申월부터 새로운 일이 생겨날 수가 있으니 더욱 피곤할 것이며, 土기운으로 金비겁이 강하게 살아나므로 재성을 보호할 준비를 하여야 한다. 비겁은 나의 재성을 탐내기 때문이며 辰酉合金겁재는 타협을 잘하면 이롭다.

38. 영가 장애 찾는 방법

　무당은 무엇을 하는 사람인가 하고 생각하여보자. 자신의 신령님께 감사하다고 진적굿을 하는데 과연 신령님이 제자가 죽지 않고 살아있게 해주어서 고마운 건지 아니면 점사(占辭)를 기가 차게 볼 수 있게 하여 재물을 많이 모아서인지 알지 못한다. 그래도 도법이 높은 신령은 그렇게 할 수 있지만 천신만신이 다 높은 도법을 가진 것은 아니다. 부모 잘 만나서 태어나면서부터 수 억의 유산을 받는 이도 있다.

무당은 높은 도법을 가진 선관과 인연 되어 공명 나고 부자로 살아가는 소수의 무당도 있고, 전 국민의 80%가 고만고만하게 살아가듯이 무당도 대부분이 어렵지만 신령님을 지극하게 모시고 살아간다. 하여 신령님을 탓하지 말고 부족한 도법은 제자의 몫이니 공부하여 신을 깨워라. 기도는 공부가 잘되도록 신이 도와주고 함께 알아가고자 하는 것이지, 공부하지 않고 기도하는 것은 노력 없이 공명과 재물을 바라는 어리석음이다.

무당은 기도는 잘하는데 공부는 게을리하고 있다. 신이 무엇을 원하는지 알지 못하고, 무지(無智)에서 나오는 생각을 행위로 옮기는 무당은 용하다는 기도처를 찾아다니는 그때뿐이다. 차라리 기도만큼 공부하면 천하명당이 책 속에 있음을 알게 되고 신이 춤을 출 것이다. 무당은 힘들어 찾아오는 서민의 가슴에 비수를 잘 날린다. 신령님을 핑계로 하여 자신의 욕망을 채워가는 무당들은 자식이나 가족이 힘들어할 것이다.

정확하게 알고 점사를 보면 공명은 절로 날 것이고 재물은 그릇만큼 채워지는 것이다. 책 속에 신이 바라는 것과 서민의 애환이 어디서 오는 것인지 알 수 있게 기록하여 두고 해결하는 방법까지 기술하여 둔다. 깊이 파고들어 공부하면 모시는 신령님을 높은 곳으로 오르게 하여, 무척이나 제자를 아끼고 자랑하며 공명을 내고 싶어 한다. 제자들은 이러한 이치와 신의 뜻을 어쩌자고 외면하고 있는가?

무당은 아무나 하는 것은 아니다. 누구나 맺을 수 없는 신(神)의 인연을 함부로 맺고자 한다면 신과 제자는 천박함에서 벗어나지 못할 것이다. 고귀함은 하늘이 내리는 것 같지만 실체는 자신이 만들어가야 하고, 못난 얼굴도 성형을 하려 하듯이 부족한 신의 도법도 스스로 공부하면 많은 사람이 듣고 따라올 것이다. 아는 것이 힘이고 능력이며 재산인데 게으른 무당님아 기도하며 공부해서 신(神)을 살찌게 하라.

1) 영가 장애의 원인

전생에 탐욕으로 지인을 속이거나 화(禍)를 참지 못하여 무력을 행사하였거나 어리석음으로 피해를 준 업보(業報)를 가지고 이생에 태어난 것이다. 이러한 인연으로 조상과 후손의 관계가 이루어지면서 다양한 파동(波動)으로 전해진다. 그리고 후손은 욕심으로 조상의 음택을 파묘(破墓) 하거나 시신을 훼손하고 음택을 소홀하게 관리하여 주변 환경으로부터 피해를 받으면 후손은 피할 수 없는 영가 장애를 받게 된다.

조상의 원한(怨恨)은 다양한 파동으로 후손(後孫)에게 보내는데 인연된 후손은 이를 알지 못하고, 시간이 흐르면서 업보(業報)는 두터워져

그 무게를 견디지 못할 때 당하게 된다. 이를 사전에 알고 예방할 수 있다면 이보다 더 좋은 방법은 없으며, 이를 정리하여 주는 사람이 무당(巫堂)이나 종교(宗教)인이다. 이러한 원인을 사주팔자의 부호(符號)로 전하고 있으며, 무당이나 종교인이 사주팔자를 공부하면 명확하게 알 수가 있다.

2) 영가(靈駕) 장애 찾기

지금까지 명리(命理)에서 전하는 신살(神殺)과 다른 것이다. 하지만 전생에 이어 현생까지 끊어지지 않는 인연이나, 살아가면서 찾아오는 인연과 조상의 묘지에 관련된 흉(凶)한 파동(波動)으로 원하지 않는 고통을 받는다. 이는 사주(四柱) 속에 비밀스럽게 기록하고 있으며, 이러한 파동이 우리에게 전해 오지만 이는 일반인은 알기 어렵다. 그러나 무당이 모시는 신(神)은 다양한 파동을 감지하여 점을 친다.

이러한 비밀을 알고 적합한 부적이나 천도재 굿으로 풀어주면 좋은 삶이나 인연으로 맺어진다. 인간으로 태어나면 전생을 이어서 지금까지 다양한 파동으로 활동하는데, 이를 알고 원만하게 타협하면 인연 된 후손은 편안하다. 그리고 영혼이 보내는 파동을 인연 된 후손의 사주팔자에 기록하고 있으며, 무당은 이를 어렴풋이 감지(感知)한다. 이럴 때 사주를 통해서 정확하게 알고 확신한다면 신(神)이 밝아진다.

3) 넋과 지박령(地縛靈)

넋 또는 수살고(水殺苦)는 대부분 물에 빠져서 허우적거릴 때 혼신(渾身)을 다하여 빠져나오려고 발악하는데, 이때 뭉쳐진 기운이 원귀(冤鬼)가 되고 넋이 된다. 이러한 영혼은 시신(屍身)을 수습하여도 따라

나오지 못하고, 그곳에 얽매여 수중고혼(水中孤魂)으로 춥고 어두운 공포를 느끼게 된다. 사주에 亥子丑合水가 되면 흐르는 강으로 보고, 申子辰合水이면 거대한 호수나 바다로 전하는 경우가 많다.

지박령(地縛靈)은 죽은 그곳에 얽매여 떠나지 못하는 영혼으로 사주 속에 丑土로 표현하는데 동굴이나 우물 같은 곳이며, 戌土는 높은 곳으로 낭떠러지이다. 未土는 실종되어 찾지 못하는 영혼이며, 辰土는 물을 나타내기 때문에 넋에 해당한다. 그리고 丑辰土는 차고 어둡고 예민하여 원한(怨恨)을 품게 되고 未戌土는 공포(恐怖)를 느끼게 한다. 음(陰) 기운이 모여 있는 곳에 지박령이 모이고 이러한 곳을 건드리면 동티(動土)났다고 한다.

사주 속에 감추어진 수살(水殺)은 合水하여 丑辰土가 되거나 음신(陰神)으로 감추어져 있다. 하여 丑土는 원한이 쌓인 영혼이며, 辰土는 물에 잠긴 영혼이다. 년월일시에 나타난 丑辰土의 십신으로 어느 영가(靈駕)인가를 알 수 있거나 추측할 수 있다. 그리고 음신으로 나타낼 경우도 십신으로 가늠하는데, 추측한 인물과 인연 있음을 알고 한을 풀어주거나 넋을 건져서 따스한 곳으로 천도해드리면 복(福)을 받는다.

4) 넋은 천도를 기다린다

넋 또는 지박령(地縛靈)은 순간 사고로 즉사(卽死)하거나 파묘 등으로 시신(屍身)을 거두어갈 때 영혼(靈魂)이 따라가지 못하는 경우이다. 이를 사주에서 辰土로 나타내며, 합을 하여 水오행이면 물에 메인 경우이다. 木오행이면 나무에 목을 매거나 하고 火오행이면 화재나 음독자살이고, 土오행이면 사태(沙汰)나 매몰(埋沒)이다. 金오행이면 추락(墜落)이나 투신(投身)이며, 역마와 합하면 길에서 죽은 노중(路中)으로 본다.

이러한 넋이 사주에 드러내는 경우 인연 된 후손은 알아차리고 넋을 건져서 천도하면 좋다. 하지만 이를 모르고 있으면 넋이 보내는 파동으로 인하여 후손은 다양한 장애가 발생하고, 심하면 우연히 넋이 이끄는 곳으로 따라가다 불의의 사고를 당하는 수도 있다. 이장(移葬)하면서 넋이 시신을 따라오지 못하고 그곳에 머물 수도 있다. 영혼(靈魂)은 파괴된 음택에서 기다리며 원망의 파동을 인연 된 후손에게 보낸다.

이러한 파동을 받는 후손의 사주에 辰土로 나타내고 있으며 십신으로 영혼을 판단한다. 辰土는 넓고 방대하여 찾지 못하고 헤맨다는 의미로 가야 할 곳을 알지 못한다. 육신이 없어서 가지 못하는 영혼은 공포와 추위에 떨면서 인연 되는 사람에게 하염없이 파동을 보낸다. 이를 알지 못하는 인연은 건강과 금전과 인간관계가 무너지고 영가 장애로 고통을 받는데 천도를 해드리면 영가는 반드시 보답한다.

   예문) 습하여 파묘 해주기를 기다려도

시 일 월 년
丙 癸 戊 壬
辰 未 申 子

申월 아침부터 산 너머에 많은 비가 내리고 있다. 바위로 이루어진 산에서 흐르는 물줄기는 강을 이루고 흘러 굽이굽이 돌아 양지바른 곳에 모여든다. 그곳이 할아버지를 모신 묘가 물에 잠기고 넋은 허우적거리며, 파동(波動)을 戊申을 통하여 癸未까지 전하고 있다. 하여 丙辰의 넋은 戊申을 통하여 癸未로 괴롭히는데 강한 戊申 어머니는 견딜 수 있어도 연약한 癸未 아들은 무척 힘들 것이다.

*戊申정인 어머니는 거대한 바위로 金生水하기 때문에 물을 좋아하며, 물살에 꿈쩍하지 않고 버티고 있다. 하지만 丙火정재 아버지는 견디지 못하고 꺼져버릴 것이다. 일주 癸未는 戊申과 戊癸合火하여 어머니를 대신하여 순간의 실수로 고통을 받을 것이다. 즉 모래톱 같은 癸未는 밀려오는 물살에 사라지지는 않아도 51세를 전후하여 생각을 바꾸고 물길을 피하려고 할 것이다. 이때를 놓치면 거대한 水운에 사라진다.

丙辰의 넋이 인연 되는 손자의 사주에 이렇게 도장을 찍듯이 하였다. 할아버지가 원하는 것은 癸未의 나이 25살이 되기 전에 구조해주기를 기다렸을 것이다. 그러하지 못하면 壬子겁재로 未土의 지장간 丁火와 合木하여 여자 재물 직장을 사고로 힘들게 할 것이다. 아무리 늦어도 丙辰 52살을 넘기지 말라고 하였으니 戊申은 이를 알아차리고 할아버지 음택을 정리하려고 한다. 모든 것을 잃어버린 후에 정신을 차린 것이다.

*강력한 년주 壬子겁재가 癸未를 잡으려고 하지만 戊申의 바위 뒤에서 이루어진 모래톱이기에 쉽게 잡아갈 수 없게 되어 있다. 하지만 癸未와 인연 된 丁火정재를 壬水가 합하여 빼앗고 乙木식신으로 건강까지 물살에 떠내려갈 것이다. 그리고 己土편관에 해당하는 자손과 직업까지 진흙탕으로 변하여 쓸 수 없도록 하였을 것이다. 壬子의 경고는 丙辰 52세까지였는데 후손은 뒤늦게 이를 알고 파묘하여 화장해드린 것이다.

*해결 방법은 영가가 놀라지 않게 파묘한다 소리치고 시작한다. 유골을 빠짐없이 발취하여 화장 후 분골을 고운 창호지에 (미리 써둔 망자(亡子)의 본관과 이름과 사망 일자)에 싸서 납골 수목 또는 양지 바른 곳에 뿌려준다. 이장을 하면 미리 좋은 터를 마련해두고 파묘 하여 유골을 발취하여 칠성판에 고운 한지를 펴고 최대한 머리 상체 하체를 맞추고 염습(殮襲)하여 장사(葬事) 치르면 인연 된 후손도 서서히 형편이 좋아질 것이다.

5) 성주단지(세존)

사주에 未土는 공을 들인 흔적으로 세존을 모시거나 경험을 나타낸다. 조상이 몸을 정갈하게 하고 바위 나무 우물 장독대 같은 곳에 맑은 물을 올리고, 향과 초를 밝혀서 지극정성으로 두 손 모아 기도하며 빌었다. 그러면 알 수 없는 영묘(靈妙)한 기운이 뭉쳐진다. 소원을 이루기 위해 자연신이나 조상신(神)께 술과 음식을 차리고 빌어도 기운이 모이는데, 이러한 기운은 사라지지 않고 파동이 일치하는 후손에게 이어진다.

간절함에 쌓인 영기(靈氣)를 외면하거나 깨뜨리면 반드시 재앙(災殃)이 따른다. 이러한 기운을 未土로 표시하여 두었는데 사주에 드러나 있는 후손은 이를 거부하면, 몸이 아프거나 재산상 불이익의 타격을 받는다. 이런 기운을 풀기 위해 무당이나 활인(活人) 업에 종사하는 경우가 많으며, 십신이 재성이면 업(業) 세존으로 모신다. 파기(破棄)하려면 반드시 해원(解冤)으로 영기(靈氣)가 흩어지게 하여야 한다.

예문) 자손의 어리석음

시 일 월 년
戊 丁 丙 丙
申 未 申 午

서편으로 기울어가는 초가을 태양은 강력한 열을 발산하면서 꼬리를 늘어뜨리기 시작되는 戊申시에 간신히 저무는 丙午는 열을 내리면서 丁未가 빛을 타고 태어난다. 이는 친가 할머니의 끈질긴 공줄을 丁未가 놓치지 않고 이어가기를 원하지만 이미 늘어나기 시작한 그림자로 인하여 丁未의 열정은 식어가고 거대한 戊申의 그림자를 따라갈 것이다. 하여 丙午는 어리석은 자손을 원망하며 丁未와 戊申의 발목을 잡게 될 것이다.

인간의 마음은 자식을 따르기에 신(神)의 뜻을 무시하므로 신도 무정(無情)하게 자손의 앞을 가로 막아설 것이다. 어리석은 丁未는 土식상의 그림자를 중심으로 하여 살아가려고 하지만 丙午겁재 선녀 할머니는 이를 용납하지 않을 것이다. 하여 丁未에게 戊申의 자식을 주고 지장간을 통하여 丁壬合木편인을 주문할 것이다. 그래서 戊土식신에서 재물이 生할 것이니 丁未의 끈을 이어가도록 한 것이다.

*일주 丁火는 자식에게 집착하여 丙午가 주는 申金편재를 탕진(蕩盡)하게 되면 申金의 호흡기 계통과, 未土의 소화기에 丁壬合木 되어 신경성으로 인한 호르몬 계통에 고통을 줄 것이다. 그리고 午火선녀 할머니는 丁火의 자식인 未土와 合火비견으로 매사를 가로막아 훼방(毁謗)을 놓게 될 것이다. 이는 午火의 건성 열 기운이 未土의 습한 열과 마주하게 되면 화합하지 못하고 서로가 부딪치게 된다.

그리고 未土는 월과 시지 申金과 돈독한 관계를 맺고 미륵이 존재하는 사찰을 찾아가게 되며, 午火자형으로 52세를 전후하여 칠성 세존할머니를 원래 오신 곳 즉 巳午未合火하여 노중(路中)으로 보낼 것이다. 그리고는 戊申을 찾아서 공(供)을 들이면 자식들은 피해갈 것인데, 어리석은 자손은 이러한 신의 뜻을 알지 못하고 인간의 마음으로 살아가게 되므로 화근(禍根)을 피하지 못하고 午未合火하여 근심이 많을 것이다.

*未土와 申金의 지장간으로 합을 이루고 있기에 특별한 관계로 표현하며, 戊申은 산신(山神)미륵에 해당한다. 丙午겁재 선녀가 未土식신 친가 할머니와 合火비견이 되어 선녀 할머니라고 표현하는데 午未의 성향이 다르기에 선녀의 생각이 할머니의 행실로 나타내기 어려울 것이다. 그리고 일주에서 년주 午火와 合을 하는데 음신으로 巳火가 노중이 되어 丁未를 밖으로 돌아다니게 하려는 허주에 해당하게 된다.

*해결 방법은 모시던 성주단지를 해원 해드리는 것이다. 즉 해원이 가능한 일자를 정하고 술과 음식을 정성껏 마련하여 일정한 격식을 갖추어서, 인연이 다됨을 알리고 해원경을 읽으며 적합한 율려(律呂)로 여러 가지 살풀이와 해원풀이를 한다. 그리고 사주에 적합한 방법으로 단지를 묻거나 적당한 장소를 찾아서 그곳에서 내용물을 소각하거나 풀어서 뿌려주기도 한다. 돌아올 때 뒤돌아보지 않는다고 한다.

6) 친가(親家) 할머니 두 분

사주 속에서 식상이나 정편인이 혼잡하게 구성되어 있다면 친가에 할머니가 두 분일 수 있다. 다양한 원인을 후손은 알지 못하고 자신을 낳아주신 부모가 이러한 이야기를 하지 않으면 모른다. 하지만 사주는 이러한 비밀을 알고 기록하고 있으며, 윗대 할머니가 자식을 낳지 못하거나 일찍 죽으면 할아버지는 후처(後妻)를 맞이하고 여기서 후손을 낳아서 이어간다면 인연 된 자손의 사주에 나타낼 것이다.

사주에서 할머니가 서로 앙숙(怏宿)으로 지내는 경우 인연 된 후손을 두고 다툼이 벌어지고, 화합하고 있다면 인연 된 후손을 도와줄 것이다. 이러한 관계를 사주에 드러내고 있으며 일주와 관계를 살펴서 길흉을 판단하고, 방편을 찾아서 해원을 해드린다면 두 분 할머니는 기뻐하실 것이다. 하여 일주와 형 충 파해 원진 관계로 이루어져 있다면 반드시 천도나 해원(解冤)을 해드리고, 이를 무시하면 장애를 피할 수 없다.

 예문1) 친가 할머니의 도움으로

시 일 월 년
庚 庚 丙 己
辰 申 寅 未
辛壬癸甲乙丙丁戊己(대운)
丑子亥戌酉申未午巳
9 8 7 6 5 4 3 2 1

따스한 기운이 돋아나기 시작하는 오전에 호수에서 반짝이는 햇살이 아름답다. 크고 작은 돌 틈 사이로 피어나는 새싹들은 20대를 지나면서 화려한 꽃을 피우게 될 것이다. 년주에 己未정인 할머니는 작은 체구에 매일 장독에 정한수를 올리고 좋은 자손을 내려주시기를 천신(天神)에 빌었을 것이다. 그러한 공덕으로 차고 맑은 거대한 호수에 떠오르는 태양이 품고 있을 庚辰시에 庚申이 태어난 것이다.

*申辰合水하여 물이 들어오는 통로 子水가 보이지 않아서 거대한 호수로 표현하며, 寅申冲은 물결에 丙火가 빛이 반짝이는 것으로 풀이한다. 庚申광석(鑛石)이 辰土위에 寅申冲으로 깨어져 흩어진 상태이다. 하여 火대운을 만나면 제련(製鍊)될 것이다. 즉 20대에 午未火운부터 쇳물이 흐르기 시작한다. 己未할머니가 몸을 낮추고 장독대에 정한수를 올리고 지극한 정성으로 공들이고 이러한 원력으로 태어난 자손이다.

庚申일주가 土정편인이 합하여 水식신이 되므로 친가 할머니가 두 분이다. 辰土편인과 未土정인이 申金비견을 중심으로 하여 모여들어 흙이 쌓이고, 그곳에 丙寅편관 편재에 새싹이 돋아나면서 꽃이 핀다. 하여 23세를 지나면서 서서히 알아보는 사람이 많으며 32세를 지나면서 화려한 꽃을 품에 안을 수 있다. 즉 丙火편관 용광로에 庚申을 넣으니 쇳물이 흐르기 시작하고 이를 이용하여 寅木편재를 만들 것이다.

*사주에 식상과 정편인이 혼잡하면 친가 할머니가 두 분일 수 있으며, 일주와 합을 하고 있다면 두 분의 기운을 받고 있다고 할 것이다. 그리고 庚申바위 앞에 쌓여가는 土인성에 한 송이 꽃을 피우고 있으니 丙火편관은 명성이다. 丙午대운을 지나면서 25세 丁未대운에서 丙寅이 피고 34세 丙申대운에서 결실을 맺기 시작한다. 하지만 할머니는 寅申冲으로 손부(孫婦)를 반가워 하지 않고 있으니 가정이 불안할 것이다.

己未정인은 관심 있는 학업에는 집중력이 대단하지만 그러하지 못한 것은 떨어진다. 하지만 대운이 巳午未 39세까지 따스한 여름으로 흐르기에 丙寅의 새싹에서 꽃이 피어 학창시절에 디자인 대상을 받고 대기업에서 산업디자인으로 최고의 자리에 올랐다. 이후 庚辰편인 할머니의 뜻을 따라 학업을 다시 시작하여 교수(敎授)의 길을 가려고 한다. 申酉戌 66세까지 결실을 맺어 亥子丑寅으로 93세를 전후하여 인생 졸업을 예상한다.

*己未정인은 어머니의 정성으로 해석할 수도 있으며, 여기서는 먼 곳에 계시는 할머니를 찾아서 어머니가 또 공을 들일 것이다. 하여 할머니가 庚申비견 도령을 도와서 신장을 만들려고 한다. 이는 할머니의 뜻을 庚申을 통하여 하나둘 이루는 것이며, 庚辰 54세전후에 교수(敎授)가 되고 싶어 하는 것이다. 丙寅 28세에 이름나고, 寅卯辰이라 방향을 알고 申子辰合水식신의 목적(目的)은 후학을 가르치는 것이다.

예문2) 할머니가 따라 다니면서 보살피고

시 일 월 년
甲 乙 癸 丙
申 未 巳 午

아지랑이 아롱거리며 피어나는 癸巳월 오후에 수온이 오르고 포근한 날에 태어난 乙未는 돌아오는 丙午식상 때문에 힘들었을 것이다. 그리고 甲申겁재 정관으로 인하여 해형(刑害)을 당할 수도 있을 것이다. 어릴 때 丙午식상으로 열병(熱病)을 경험하고 할머니 도움을 많이 받거나, 午巳未合火식신으로 할머니를 따라다니면서 성장하였을 것이다. 하여 丙午할머니의 공덕이 巳火를 건너서 乙未에게 전하였다.

*午巳未合火의 열에 의하여 癸水는 수분이 되어 올라가기에 아지랑이다. 이는 타고난 눈썰미에 해당하고, 편인이 되어 알게 모르게 전문가

로 가르칠 수 있는 능력으로 본다. 월주 癸巳와 시주 甲申이 合水하는데 이는 타인으로 인하여 水生木을 하는 것 같지만, 실상은 올가미가 되어 파형(破刑)을 당하는 것으로 해석할 수 있다. 월지에서 午巳未로 이어지기에 어머니 대신 할머니를 따랐다고 풀이한다.

그래서 타고난 식상은 할머니 덕으로 안이비설신의(眼耳鼻舌身意)가 발달하여 눈썰미와 착안을 잘하고, 눈으로 보면 익혀지는 능력까지 전해진 것이다. 이는 할머니가 일머리에 밝은 것이 그대로 이어져, 다양한 재주가 그대로 이어진 것이라고 할 수 있다. 그리고 巳申合水정인을 파형(破刑)으로 진행하므로 학업을 이어가지 못하였을 것이다. 하지만 스치고 지나가는 문자라고 하여도 필요한 핵심은 놓치지 않는다.

*할머니 덕이라고 하는 것은 년주丙午를 중심으로 하여 午巳未合火식신이 발달하기 때문이고, 火는 형체는 없어도 분명히 존재하는 것을 나타내는 오행이다. 일간 乙木이 未土편재와 동주(同舟)하고 있으니 분명 할머니의 인연 줄을 잡고 있다는 뜻이다. 월주는 부모궁으로 癸水편인이 증발하고 있기에 가정 형편상 공부를 놓치는 것으로 풀이하고, 巳火상관은 정관을 위협하니 학업중단이나 기술 방면일 것이다.

*덕을 보고 있다면 제물을 준비하여 대접하는 것이 원칙이고 그러하지 않으면 풍수가 좋은 곳에 자리 하고 있는 절에 가서 재를 지내드리는 것도 하나의 방법이다. 분명 공덕을 받았으면 인사를 하는 것이 옳으며 그리하여야 할머니가 더 보살펴 주실 것이다. 받기만 하고 보답을 하지 않는다면 어느 때에 이르러 다시 빼앗길 수 있음을 꼭 명심하길 바란다. 무당은 이러한 행위를 진적굿이라고 하여 규모를 크게 한다.

7) 외가(外家) 할머니 두 분

사주 속에 정편관이 혼잡하면 외가에 할머니가 두 분일 수 있다. 우리나라는 부계(父系) 사상이라서 외가와 인연이 없다고 하는 사람이 많은데 이는 잘못된 생각이다. 인간은 부모의 영향을 벗어날 수가 없으며, 외가 인연으로 영가 장애도 흔하게 있다. 즉 무당의 예를 들어보면 외가에서 모시던 신(神)이 어머니를 통하여 자신에게로 이어지는 경우도 많다. 여자가 결혼하여 시집에서 모시던 신명(神明)을 모시게 되는 경우와 같은 의미이다.

일주를 중심으로 하여 정편관이 합을 해서 이롭게 한다면 외할머니의 인연으로 무탈한 일생을 살아갈 수 있다. 그러하지 못하고 합하여 일주를 괴롭히거나 형충(刑沖)이면 사건 사고를 일으켜 할머니의 뜻을 따르게 할 수도 있다. 또 한 파해(破害) 관계로 장애와 고통을 줄 수 있고, 원진(怨嗔) 관계를 이루면 시비가 자주 일어날 것이다. 이러한 것은 부호에 따라 외할머니의 조건이 다르고 월일시에 따라 다양하게 해석할 수 있다.

예문) 외줄 인연의 한을 풀고 싶어서

시 일 월 년
壬 丙 丙 己
辰 申 子 丑
癸甲乙丙丁戊己庚辛
丑子亥戌酉申未午巳
9 8 7 6 5 4 3 2 1

丙子월 아침 저만치에 구름을 두고 솟아 오르는 태양을 따라 丙申이 태어났다. 굽이쳐 돌고 돌아 흐르는 강물이 壬辰에서 쉬고자 할 때는

337

60을 넘어야 가능할 것이다. 골짜기에 쌓인 눈 속에 볼 품 없는 오두막은 쓰러질 것 같고, 먹구름 사이로 간신히 태양열이 쏟아지고 있다. 하여 丙申은 己丑상관 외조모의 인연으로 子水정관에 합하여 발상(發想)과 언변(言辯)이 타고나서 사람이 많이 모이게 될 것이다.

*己丑계곡에서 흐르는 물소리가 壬辰큰 강까지 파(破)하고 있으니 소리가 나고, 子월에 구름 사이로 드러내는 丙火 열(熱)은 약하지만 빛(光)은 살아있고, 火운으로 흐르기에 건강은 약해도 혼(魂)은 강하게 살아있다. 子申辰合水을 하니 굽이치는 형상이고, 丑辰土식상은 물소리이며 壬水편관을 받들고 있으니 소리가 요란하다고 표현하는 것이다. 丑辰土식상은 合水정편관이 되어 외조모가 두 분인 것이다.

己丑상관은 산바람으로 일찍 불행의 씨앗이 트기 시작하였으나 丙子의 인연으로 고비를 넘기고 子申辰合水편관에 인연을 맺어갈 것이다. 이러한 인연은 丑土상관이 子水정관에 합하고 다시 申辰合水편관으로 壬水편관에 힘을 실어주는데 이는 외할머니의 보살핌 덕이다. 土식상관이 합을 하여 정편관이 되어 壬水편관을 받들고 있으니 이름은 날 것인데 水기운이 뭉쳐져서 土의 성향으로 종교 지도자를 원하는 것이다.

*년주 土상관은 산바람으로 일찍부터 힘들었을 것이며, 사주에 인성이 없으니 부모덕이 약하다고 볼 수 있다. 하지만 壬己구름 사이로 丙火빛이 강하여 정신력으로 살아남을 것이고, 대운이 巳午未火운으로 흐르고 이후 천간에 다시 戊丁丙火의 기운을 만나므로 늦게까지 좋다고 할 수 있다. 하여 따스한 기운에 木인성은 잘 살아날 수 있으니 무탈하

게 34세 戊申식신 대운부터 새로운 인생을 살아갈 것이다.

년주 己丑상관은 산바람으로 어린 시절에 저승사자가 잡으려고 왔는데 할머니가 이미 알고 눈(雪)으로 덮어서 숨겨준 것이다. 이후 외할머니는 丙申을 통하여 명예(名譽)를 회복하려고 부단한 노력을 하도록 하였다. 즉 흐르는 물결 위에 반짝이는 물보라처럼 외할머니는 丙子를 통하여 도움을 주게 하였으며, 순간의 기질(器質)을 발휘하여 능수능란(能手能爛)한 말솜씨로 많은 사람의 이목을 집중하도록 하였다.

*년주 土식상은 산바람이 매우 강하다. 丑辰파(破)로 언변에 매력이 있고 水편관과 합하여 힘이 있다. 하여 종교지도자가 어울리고 壬水편관이 강하기에 명성으로 살아가면 재물이 쌓일 것이다. 외할머니가 치마로 감싸주어서 산바람을 피할 수 있고, 丙子인연을 붙여주어서 水편관이 반짝이는 것이다. 그리고 대운의 흐름이 火비겁을 만나고, 이어서 천간에 火를 보게 되므로 두각(頭角)을 나타내니 丙戌50중반 이후이다.

*공덕은 없고 하는 일마다 장애(障礙)가 되고 병마(病魔)에 시달리고 있다면 천도재를 지내어 좋은 곳으로 보내드리는 것이 옳다. 이를 모르고 있으면 공덕은 원래대로 돌아가고 악연은 알아줄 때까지 괴롭히게 됨을 명심하여야 할 것이다. 인연 된 후손은 여하한 경우라도 무당이나 영적인 사람과 의논하여 할머니를 천도해드려야 일상에 장애를 막을 수 있을 것이고 자손에게 넘어가지 않을 것이다.

8) 산(山)바람

산바람은 년주에 식상이 있으면 성립된다. 특히 土오행이 식상이면 확실하며, 일주와 형 충 파해 원진 관계이면 흉하다. 이는 부모나 조상이 모셔진 산소가 훼손되거나 풍수(風水)에 위배(違背)되어 발생하는 흉한 영가(靈駕) 파동이다. 하여 태어나서 건강이 좋지 않아 죽을 고비를 경험하거나 살아가면서 풍파가 많다. 이를 알고 천도해드리면 조상은 좋은 곳으로 가면서 고마움을 인연 된 후손에게 보낸다.

이를 무시하면 건강 학업 재물 등의 고통을 받는데 심하면 정신장애까지 경험할 수 있다. 土식신(食神)보다 상관이 더 고통스럽다. 년주에 土가 아닌 식상이라도 영향을 받을 수 있다. 산바람은 태어나기 이전에 이미 흉한 파동과 인연 되어 서서히 발생할 수도 있고, 갑자기 몰아쳐서 견디기 어려운 경우도 흔하다. 일주가 강하면 조상 기운을 억제하는 수도 있지만 이를 알고 천도하면 무탈하고 전화위복(轉禍爲福)된다.

예문) 찬 바람 몰아치는 곳에 외조모를

시 일 월 년
辛 壬 戊 乙
亥 辰 寅 丑

골짜기에 찬 바람 불어오는 소리가 메아리 되어 울리는 밤이다. 땅속에서 돋아나는 새싹은 얼어있는 눈이 녹기를 기다리고 집 앞 나무에 앉아있는 올빼미가 울고 있을 무렵 외가의 작은 할머니 인연으로 壬辰이 태어난 것이다. 볕이 들지 않는 큰 산 계곡에 묻힌 乙丑조모의 파동은 차가운 바람이 되어 壬辰을 파하려고 방풍림(防風林) 사이로 불어온다. 기세(氣勢)가 부족한 乙丑은 寅木을 통하여 辰土에게 호소하고 있다.

*戊寅월 辛亥시에 보이지 않은 골짜기에 乙木바람으로 표현되고, 乙木상관 이라서 바람 소리가 丑辰파(破)하여 골짜기에 맴돌고 있다. 戊土의 땅속에 寅木식신의 새로운 생명이 살아나고 있으니 말(言)은 잘할 것이다. 월주 戊寅은 담장 안이나 가까운 곳으로 戊土는 높고 寅木은 크기에 큰 산으로, 丑과 寅의 지장간이 合을 이루고 있으니 잡목이 우거져 있고 寅亥合木으로 무성하니 바람이 잘 통하지 않을 것이다.

여자 사주로서 정편관이 혼잡하여 외가에 할머니가 두 분인데 乙丑상관이 산바람이다. 찬 바람이 몰아치는 골짜기에 두지 말고 이장을 요구하였으나 파동과 인연 되는 외손(外孫)녀는 아무 권한이 없기에 뜻을 이루지 못한다. 이를 알지 못하는 외손녀는 강한 水기운에 火가 극(剋)을 당할 수 있으니 시각(視覺)장애나 부친과 인연이 약할 것이다. 寅월 골짜기에 볕이 들지 않고 亥子丑合水의 찬 기운에 꽃이 피지 못한다.

*土정편관이 혼잡하여 외조모가 둘이라고 할 수 있으며 乙木상관이 丑土를 극(剋)하고 있으니, 나무뿌리가 묘지 속으로 침범하여 시신이 괴로운 것이니 산바람이다. 하여 乙丑상관 정관은 자식을 두지 못한 큰조모이며 丑寅辰으로 이어져 인연 된 壬辰에게 도움을 강력하게 청하지 못하고 있으니 인간의 마음으로 알지 못하는 것이다. 乙丑할머니가 寅木의 지장간에 丙火를 잡고 있으니 가물거리는 시력(視力)은 머잖아 꺼져버릴 것이다.

그리고 골짜기에 햇살이 들어오는 52세를 지나면서 신경계에 극심한 자극을 받게 되어 무척 힘들고 巳亥충(沖)으로 신경성으로 신방광(腎

膀胱)에 부담을 주어 병(病)이 깊어질 수 있다. 이는 火운으로 흘러가기에 木이 살아나면 水기운이 반발하기 때문이다. 또 한 乙丑이 살아나면서 壬辰을 강하게 파(破)하므로 水기운이 약하게 되어 방어할 기능이 떨어지고 심각하면 활동하기 어려울 수 있다.

*산바람은 乙丑정관 외조모의 인연으로 사주에 드러내고 있으니 누구도 이러한 진실을 알 수가 없을 것이며, 집안 내력을 알고 계시는 어른도 없으니 마땅하게 해결할 방법이 없을 것이다. 丑土의 한(恨)을 풀어드리고 싶어도 묘지(墓地)가 어디에 있는지 알 수 없고, 본인도 이러한 사실을 믿으려고 하지 않기 때문이다. 산바람은 영가(靈駕)가 원하는 것을 해드리면 응당 보답을 할 것이며, 그러하지 못하면 서로가 괴롭다.

*산바람으로 피해를 본다면 반드시 막아야 할 것이다. 이를 그대로 방치하게 되면 다양한 우환으로 일상이 무너지고 삶이 괴롭거나 외로워서 고통을 느끼게 된다. 묘지에 권한이 없는 자손이라고 하여도 꼭 천도재나 굿으로 방편을 써야 피해갈 수 있음을 명심하기 바란다. 이를 무시하거나 모르고 지나게 되면 꼭 본인이 아니라도 후손으로 이어지기 때문이다. 나만 피하면 그만이라는 생각은 큰 착각일 것이다.

9) 선천적 산소 탈

산소 탈은 산바람과 다르다. 부모나 조상의 산소가 외부의 공격을 받거나 환경적인 영향을 받게 되어 훼손될 경우이며, 사주팔자에 백호(白虎)살이 형 충 파해를 당하게 될 경우이다. 그 외 수맥 풀뿌리 미물이 영혼을 불편하게 하거나 시신을 괴롭히는 경우이다. 이처럼 산소 탈이 나면 시신의 괴로운 파동을 인연 되는 후손에게 보내는데 이를 사주팔자로 분석하여 영가(靈駕)가 원하는 방향으로 정리한다면 복(福)을 받는다.

예문) 조상의 뜻을 거부하니 자식을 주지 않네

시 일 월 년
乙 己 甲 己
丑 卯 戌 未

단풍이 붉게 물이 들어가는 甲戌월이다. 하지만 밤이 깊어가니 앞을 볼 수가 없어 답답하고, 높고 낮은 산 사이로 난 바람길 끝에 자리한 옹기종기 모여 있는 마을 외진 집에는 불을 밝히고 가을바람을 타고 온 아이를 맞이하고 있다. 己卯한 아들을 낳은 부모는 기쁨에 손뼉을 치며 환희심으로 가득하다. 木정편관이 혼잡하여 외조모 두 분임을 드러내는데 전생에 형제인지 친구인지 알 수는 없지만 찾아온 것이다.

*甲戌 부모는 卯戌合火로 집에 불을 밝힌 것이다. 그리고 戌未파형(破刑)은 하늘에 甲己合土하여 벼락이 치고 있다. 그것도 甲戌을 두고 양쪽에서 합하니 정신이 오락가락하고, 己未언덕에 甲戌이 우뚝 서 있으니 상당히 괴로울 것이다. 乙丑 골짜기에서 찬 바람이 丑戌未삼형(三刑)으로 몰아치니 己卯는 甲戌에 의지하여 힘겹게 살아갈 것이다. 즉 甲戌은 己未를 포기하고 己卯와 합을 하고 있으니 전생 인연이다.

乙丑의 찬 바람이 불어오는 언덕 숲속에 앙상한 묘지가 보이는데, 영가(靈駕)는 바람과 풀뿌리가 침범하여 괴로움을 호소하고 있다. 하여 인연 된 己卯에게 35세를 넘기지 말고 파묘(破墓) 하여 화장(火葬)하고, 분골(粉骨)을 따스한 나무 아래 흩어주기를 간곡하게 부탁한다. 하

지만 이를 알아차리지 못하고 있으니 부친(父親)의 3대 조부가 화(禍)나서 여자와 자손을 주지 않고 절손(絶孫)시키려고 한다.

*乙丑이 甲戌 己未와 형(刑)을 하고 있기에 바람에 흙이 날아가므로 앙상함을 알고, 丑土가 乙木바람과 동주(同舟)하기에 땅속에도 바람이 지나가고 있다는 뜻이다. 그리고 卯木은 잔뿌리로 甲戌에 합하여 침범한 것으로 보고, 甲戌35세를 전후하여 戌未파형(破刑)에 丑戌형으로 파묘(破墓)를 예견한 것이다. 월주 부모궁에 甲木정관은 부친에서 3대 조부이고, 木정관이 형으로 작용하니 자식이 없고 묘지에 뿌리가 침범한 것이다.

결혼하여 10년이 지났으나 자식이 없다. 년주 己未조상의 봉분이 무너지고 甲己合土하고 戌未파형(破刑)하여 자연 소멸하기를 기다리는 것 같으나 실제는 卯木이 己未에 合하여 나무 뿌리나 미물(微物)로 인하여 시신이 고통스러움을 나타낸다. 그리고 己未土는 언덕에 조성된 밭 같은 곳에 모셔져 있기에 乙丑의 찬 바람에 丑未충형(沖刑)으로 흙이 무너지고 있다. 하여 丑戌未삼형(三刑)으로 조상이 노발(怒髮)하고 있다.

*사주에 자식은 甲戌과 乙丑이 권한을 잡고 있는데 丑戌형(刑)으로 조상의 괴로움을 풀어주지 않았기에 절대로 자식을 주지 않을 것이다. 일반적인 생각으로 조상이 후손을 위하여 무조건 베풀어야 한다는 생각은 육신을 가진 인간의 정(情)이다. 영가(靈駕)는 육신이 없기에 무정하고 냉정하여 후손이라는 관계를 따지지 않고, 파장(波長)으로 인연을 찾아가는데 연이 없으면 무득(無得)하고 무해(無害)할 뿐이다.

하여 풍수를 따지고 명당에 조상을 모시고자 하는 것은 음택을 통하여 시신이 땅의 기운을 후손에게 전해주어 발복을 하기 위함이다. 즉 순수한 후손의 욕심이라고 볼 수 있는데 음택을 잘못 택하여 후손에게 미치는 파장은 엄청나다고 할 수 있다. 이 사주는 관성이 자식으로 亥卯未合木하여 조상의 권한으로 풀이한다. 未土의 조상은 甲戌 때까지 화장하라고 하지만 무당도 알지 못하는데 일반인은 당연히 알 수 없다.

*사주에 드러내는 土오행은 대부분 땅과 관계가 있으며 이를 풍수(風水)로 전환하여 풀이하며 사주 속에서 조상의 풍수를 알 수 있게 된다. 未土는 화장(火葬)을 원하고 辰土는 매장(埋葬)으로 습한 곳이다. 丑土는 볕이 들지 않는 곳이 많으며 戌土는 접근성이 불리하거나 개발(開發)이 많다. 하여 己未조상은 己卯가 태어나서 甲戌35세가 되면 戌未파형하고, 丑戌형하고 丑未충형 하라고 비밀스럽게 기록하여 두었다.

*영매의 능력을 가진 무당이나 종교인을 통하여 영가가 무엇을 원하는지 통하여 알고 뜻을 풀어드리는 것이 최상의 방법이다. 부적은 임시방편이고 천도재는 영가가 좋은 곳으로 가는 것을 확인할 수 없을 수도 있으니 반드시 영매자를 통하여 확인하는 것이 옳다. 굿은 무당이 충분히 감당할 수 있어야 좋고 영가가 그쪽 세계에 들어갈 수 있는 일자와 문이 열리는 시간을 알고 굿을 한다면 가장 확실한 방법이다.

10) 파묘(破墓)와 이장(移葬)

후손이 어떠한 목적으로 파묘(破墓)나 이장(移葬)을 하게 되면 인연 되는 후손은 영가(靈駕) 장애가 있다. 무정한 사후세계에서 영가의 집이라고 할 수 있는 묘지를 훼손하면 영가는 피해당하는 만큼 또는 그 이

상을 인연 되는 후손들에게 고통을 주려고 한다. 하여 이장할 경우 넋이 시신을 따라가도록 무당이나 이장을 집행하는 사람이 파묘(破墓) 전에 고(告)하고 유골(遺骨)을 수습(收拾)하여야 후환(後患)이 없다.

파묘는 사주에 辰戌丑未로 표현한다. 辰土자형은 수맥(水脈) 침수(浸水) 수몰(水沒)이고, 戌土는 토질이 불량하고 접근성이 불리하여 방치되거나 개발되는 경우가 많으며 공동묘지에 모시는 경우가 많다. 그래서 이장(移葬) 또는 화장(火葬)하게 된다. 未土는 집 주변의 밭에 매장하거나 대부분 화장하는 경우이며, 丑土는 골짜기나 응달이므로 우환(憂患)이 많이 생겨날 수 있으며 丑未는 납골당으로 볼 수 있다.

이장(移葬)은 파묘(破墓)를 하여 다른 곳으로 옮겨 매장(埋藏)하는 경우이다. 조상의 묘지와 시신(屍身)을 이유 없이 건드리면 후손이 험한 꼴을 당하는 경우가 많으니, 예(禮)를 갖추고 시신과 영혼을 함께 옮겨야 한다. 丑戌형은 조건 없이 개발이나 자연소멸 하는 경우가 많고, 丑未충형(沖刑)은 무력에 의한 파묘가 많다. 戌未파형(破刑)은 개발이나 타(他)에 의하여 이장되거나 화장하는 경우이며, 丑辰파(破)는 수맥으로 이장하는 경우가 많다.

　예문) 후천적 산소 탈의 피해자

시 일 월 년

丁 己 壬 癸

卯 亥 戌 丑

늦가을 새벽에 골짜기에 내린 비로 인하여 물이 졸졸 속삭이듯이 낙엽 속으로 흐르고 떨어지는 온도 차에 산(山)안개가 피어오르고 있다. 이른 새벽 작은 물방앗간에 물길을 열어주니 밤을 새워 모인 물살에 돌아가는 물방아 소리를 듣고 己亥가 태어났다. 기뻐하는 아비는 개울가에 피어난 보라색 국화꽃을 꺾어서 작은 화병에 꽂아두었으나, 누구도 관심을 주지 않고 물마저 갈아주지 않으니 꽃은 시들어 말라 버렸다.

*戌土의 높음과 丑土의 낮음이 분명하니 골짜기이며, 壬癸水는 가을비가 내려서 흙탕물이 흐르고 있다. 己亥웅덩이에 丁卯 꽃을 피우고 卯戌合火로 활짝 피어도 丁壬合木편관은 고달플 것이다. 壬戌과 癸丑은 형을 하고 있으니 물레방아로 표현하고 丑戌 지장간에 辛金식신은 활동이고 소리 내어 돌아가는 것이다. 己亥정재의 작은 것으로 亥丑合水하여 흐르는 물 사이에 卯戌合火로 온천(溫泉)일 수도 있다.

*丁壬合木이 지지에 亥卯合木으로 큰 나무가 아닌 잡목으로 우거진 숲이다. 己亥의 웅덩이 주변에 丁卯꽃이 피고 丁火의 붉은색에 壬水의 검은색이 습하여 木으로 혼합되니 야생 약도라지 같다. 월주 壬戌은 아버지이며 시주丁卯는 어머니로서 서로 합을 하여 己亥를 낳은 것인데, 화병(花甁) 속에 물처럼 존재감이 떨어지고 지극히 수동적으로 살아간다고 볼 수 있다. 하여 관심보다는 머슴 같은 자식일 것이다.

50대 초반으로 년주 癸丑의 조상묘지가 월주 壬戌자손에 의하여 형(刑)으로 파묘(破墓)되었다면 卯戌合火로 화장(火葬) 후 丁壬合木하여 수목장(樹木葬)으로 정리를 하여야 한다. 어쩌다 이 사주에 이러한 것을 감추어 두었는지 생각하여보면 서글프다. 후천적 산소 탈의 피해자 己亥는 亥丑合水하여 재성으로 항상 고달프다. 즉 부친의 형제 일신에서 벌어진 파묘가 己亥에게 몰려들고 있으니 감당하기 어려울 수

도 있을 것이다.

*壬戌부친은 장자가 아니기에 권한이 없는데 丑戌형(刑)으로 쌓인 한(恨)은 己亥와 合水하여 고달픈 것이다. 사주라는 문서에 이렇게 찍어 두고 있으면 피하기 어렵고 조상의 원한을 받아들이게 된다. 즉 壬戌의 형제들이 후손들과 더불어 묶은 묘지를 정리하였을 것이고, 영가의 기운은 己亥가 받는다. 戌土의 묘지는 관리가 안 되기 때문에 파묘 당하고, 丑土의 묘지는 볕이 들지 않아서 잡초가 무성하여 파묘 당한다.

여기서 癸丑편재는 조부(祖父)에서 6대조이며, 亥丑으로 춥고 물이 흐르는 주변에 자리하여 亥卯合木 나무 때문에 볕이 잘 들지 않는다고 볼 수 있다. 하여 집안에 훈훈한 기운이 없거나 약(弱)하고 때로는 수맥(水脈) 영향으로 영가(靈駕)들이 집에 드나들 것이고, 흐르는 물소리에 편안하지 못하여 인연 된 후손에게 파동(波動)을 보낸다. 년주 癸丑편재 비견은 전생의 친구를 따라온 원앙(鴛鴦)으로 누나이거나 할머니 이다.

*년주 癸丑은 1과 6에 해당하여 할아버지에서 6대조이니 본인에게는 9대 조부일 것이다. 丁卯가 亥水를 중심으로 하여 合木하고, 다시 癸丑에 合水하니 햇볕이 나무에 가려져 있다고 볼 수 있다. 사주를 줄여서 집안으로 구성하여 보면 역시 집에 화기(和氣)한 에너지가 없고 음산한 水의 기운만 감돌고 있다. 己土의 전생은 癸丑편재 비견이 있으니 형제이거나 할머니와 원앙(鴛鴦)이 되어 찾아온 것이다.

*파묘나 이장으로 인연 된 후손은 반드시 있다. 하여 사전에 집행하는

사람을 통하여 선별하여야 할 것이고 지금보다 못한 곳으로 이장을 한다면 덕보다 피해가 더 심각하게 발생할 수 있음을 명심하여야 한다. 다행히 좋은 곳으로 이장을 하였거나 때를 잘 맞추어 파묘 하였다면 반드시 영가의 덕을 볼 수 있게 된다. 살아있는 사람은 대화로 풀어가면 되지만 영가는 영매자를 통하여 확인하여야 한다.

11) 수맥(水脈)

산소 옆이나 땅속으로 물이 흘러가면서 발생하는 파동(波動)과 소음(騷音)으로 영가(靈駕)가 고통을 받으면 인연 된 사람에게 다양한 방법으로 신호를 보낸다. 그로 인하여 삶과 건강을 위협받게 되고, 묘지 안에 물이 차면 시신이 잠수(潛水)되어 자연분해가 되지 못한다. 하여 소음과 추위로 흉한 파동을 인연된 후손에게 보낸다. 그리되면 후손의 가정(家庭)에 음산(陰散)한 기운이 감돌거나 이상한 냄새와 질병이 발생한다.

음택이 수몰(水沒)이나 유실(流失)되면 반드시 시신을 수습하고 넋을 위로하여 천도해드리면 후환(後患)이 없다. 후손이 알면서도 무시하거나 모르고 넘어가도 영가(靈駕)는 인연 된 후손에게 계속 파동을 보내어 구조를 요청한다. 이러한 신호가 누적되면 한(恨)이 되어 영가 장애가 일어난다. 하여 근심이나 괴로움이 현실로 나타나면서 고통이 시작한다. 인연 된 후손이 없으면 훗날 인연 되는 자손을 기다리게 된다.

수맥은 水오행 즉 사주 속에 물을 나타내는 부호 亥子丑이나 申子辰으로 이어지면서 일주를 약하게 하거나 형충(刑沖)으로 이루어지면 사건 사고나 하는 일에 막힘이 많다. 파해(波害)나 원진(怨嗔) 관계이면 관재(官災) 구설(口舌) 등으로 일상이 편하지 못하고 가정에 사소한 다툼이 자주 벌어지게 된다. 때로는 예민하여 잠을 자지 못하고 피로가 쌓이면서 건강에 치명적인 영향을 주는 경우가 있다.

예문) 물소리와 나무뿌리가 시신을 괴롭히니

시 일 월 년
癸 戊 乙 庚
亥 申 酉 子

乙酉월 어둠 속에 갑자기 강한 바람으로 마당에 심어둔 대추나무 열매들이 떨어지고 있다. 밤은 깊어가고 달도 물길 따라 저물어가는데 식솔 많은 집에 불이 밝혀지면서 戊申이 태어난 것이다. 작은 도랑에 물이 모여서 맑은 시냇물을 이루고 물속에는 자갈과 모래가 자연스럽게 한곳으로 모여 있다. 아버지의 얼굴은 기억 속에 사라지고 있으니 분명 인연은 짧고 어머니와의 인연도 그렇게 길지 못한 것 같다.

*戊申담장 가까이에 乙木의 유실수는 많은 열매를 달고 있으니 대추나무 같으며, 바람이 乙酉에 庚子와 합하여 子酉파를 하니 열매가 떨어짐을 알 수 있다. 申子合水로 집 앞으로 흐르는 시냇물 따라서 庚金달은 북을 바라보고, 戊癸合火로 집안에 불이 밝혀진다. 하지만 申亥해(害)가 되어 그렇게 반가워하지 않는다. 庚金이 子水의 묘지(墓地)에 있으니 그믐달이 가까움을 알고 식상(食傷)이 합하니 대가족으로 해석한다.

*戊申이 태어나면서 庚子와 멀어지고 子水가 亥水와 合水 하는 곳에 戊癸合火정인이 있으니 어머니가 아버지 역할까지 하였다고 볼 수 있다.

물이 맑아서 물속에 조약돌이 식상(食傷)으로 합하고 있으니 순진하거나 순수하지만 戊申일에 태어나서 고집스럽고, 천복을 타고나서 좋은 인연을 맺을 것이다. 土비겁(比劫)이 없으니 독자(獨子)이거나 형제가 많아도 같은 이성(異性)이 없거나 막둥이로 볼 수 있다.

년월의 子酉파(破)가 일어나 甲辰이 음신으로 들어오지만 甲庚충(沖)으로 머리에 심각한 문제를 일으킬 수 있고, 申子辰合水편재이니 부친을 매장하였다면 수맥의 피해를 호소할 수 있다. 하여 년주 庚子는 음신 甲辰과 천간은 甲庚충(沖)하고 지지는 申子辰合水 하여 뇌수막(髓膜)염으로 수술후 장애가 발생한 것이다. 그리고 戊癸合火로 재물이 순식간에 사라질 수도 있으며 이는 정인의 영향 때문이다.

*년주 庚子에 음신으로 작용하는 甲辰과 합하여 甲木이 강력한 작용을 하게 된다. 이를 묘지로 풀이하면 甲木의 뿌리에 해당하는 辰土의 지장간에 乙木이 庚金과 합하고 있다. 다시 이를 사람의 건강으로 해석하면 甲은 뇌에 해당하고, 乙木은 신경계에 해당하며, 乙庚合金의 덩어리가 子辰合水하니 염증이나 물혹일 수 있다. 의학적인 용어는 뇌수막염에 해당하고 월주乙酉가 절지에 있으니 수술후 장애가 될 수 있다.

늦둥이로 태어나 戊癸合火정인의 인연이 짧다고 볼 수 있으며, 어머니가 의료사고로 급사(急死)하면서 서둘러 묘터를 찾아 매장하고 그로부터 20년이 넘어서 뇌수막염이 발견되었다. 이러한 사실은 신(神)의 영역에서 가능한 것인데 사주 속에도 이러한 비밀을 감추어 두었다. 뿐만 아니라 위로 오빠가 현장에서 사고로 다리를 절단하고, 한 사람은 당뇨로 젊은 나이에 직장에서 급성 심장마비로 죽었다고 한다.

*이러한 현상은 다양한 영가(靈駕)의 복합적인 장애이며, 특히 음신(陰神) 甲辰편관 비견은 분명 형제 세 명을 잡아간다고 명시하였다. 원인은 부모의 묘지 옆으로 실 같은 물이 바위를 타고 흐르면서 소리가 들리는 곳에 매장하여 3년이 지나면서 위로 오빠 세 사람이 죽거나 사고로 장애가 되었다. 그리고 조카와 본인은 뇌수막염으로 행동 장애가 되니 친어머니도 사후세계는 무정하여 영가가 불편하면 반드시 흉한 파동을 일으킨다.

*수맥을 차단하거나 이장을 하여야 할 것이다. 물론 후손 전부가 피해를 보는 것이 아니라서 차단하는 방법을 선택하는 것이 옳다. 그리고 굿을 하거나 천도재를 지내드리면서 타협하는 방법을 찾아야 할 것이다. 이를 무시하고 그대로 간다면 인연 된 후손은 무척 괴로울 것이다. 시신이 괴로움을 받은 부위에 후손도 병으로 고생할 것이며, 그로 인하여 일상이 무너지고 금전적인 피해가 상당할 것이다.

12) 전생의 업보(業報) 백호살(白虎殺)

사주 속에 甲辰 乙未 丙戌 丁丑 戊辰 壬戌 癸丑이 백호살이다. 특히 양간(陽干)으로 이루어진 양(陽) 백호의 위력은 음(陰) 백호보다 강하다. 하지만 낳아준 어머니와 남매(男妹) 즉 인성과 겁재 백호는 없다. 木편재(偏財)는 부친 火식신(食神)은 자식 土비견(比肩)은 형제 水편관(偏官)남편이 백호와 인연되어 있다. 타에 의하여 이루어지는 金오행은 백호가 성립되지 않고 괴강(魁罡)으로 작용한다.

백호살은 전생에 화(禍)를 참지 못하여 발생한 시비와 다툼을 풀지 않았거나 뜻을 이루지 못하고 태어났기 때문이다. 하여 배고픈 호랑이가 사냥한다는 뜻으로 해석하여 집중력과 공격성이 강하며, 백호의 표적(標的)은 이미 정해두고 있다. 그리고 년월일시와 십신에 해당하는 관계로 대상을 정하는데 이들은 생명의 위협으로 금전적인 손실을 당할 수가 있다. 이를 해결하려면 부적과 기도로써 오랫동안 하여야 한다.

특히 백호가 산에 살고 있기에 인연 된 묘지에 탈이 날 경우도 있다. 甲辰 乙未는 편재가 되어 부친이며 여자는 시댁에 해당한다. 그리고 조상 할아버지나 아버지의 산소에 수맥과 물이 차거나, 풀뿌리 침범으로 영가가 괴로워서 인연 되는 후손의 재물에 손실을 줄 수 있다. 丙戌 丁丑은 식신으로 여자는 자식이며 남자는 처가에 해당한다. 조상 할머니 산소가 볕이 들지 않거나 돌보지 않아서 인연 되는 후손은 일상과 건강에 영향을 줄 수 있다.

戊辰비견은 형제가 잡혀가는 경우가 많으며, 가까운 지인과 시비하거나 다툼으로 위기를 맞을 수 있다. 그리고 집에서 제사를 모시는 조상이 아닌 5대조 이상으로 산소에 직접 찾아가서 묘사(墓祀)를 지낸다. 후손의 욕심에 묘지를 이장과 훼손 또는 물에 잠기는 경우가 있다. 또한 공동묘지에 매장하고 관리를 하지 않거나 다양한 원인으로 인한 영가(靈駕)의 고통으로 형제는 원수가 되고 심각할 경우 자손이 끊어질 수도 있다.

壬戌 癸丑은 편관으로 남자는 자식 여자는 남편이며 때로는 외가에 문제가 있다. 직업 관재 신장 방광 이뇨계통이 불편하고, 섬이나 수몰 개발되는 곳에 묘지가 있을 수 있다. 풍수적으로 음지(陰地)에 방치되거

나 장남인 자손이 없어서 버려지는 경우가 많다. 하여 영가와 인연되는 후손은 자식과 남편 덕이 없다. 백호살은 土로 이루어져 있어서 산소 탈이 많고, 오행에 따라서 영가의 장애를 많이 받을 것이다.

예문) 甲辰 壬戌 癸丑백호가 나를

시 일 월 년

甲 丁 壬 癸

辰 亥 戌 丑

가을이 깊어가고 나무는 물을 내려야 다가오는 겨울을 견디어 낼 수가 있는 戌월 아침, 야속하게 내린 비로 논바닥에 물이 고이고 따사로운 햇볕에 가을걷이가 끝난 줄기에 새싹이 돋아나듯이 丁亥가 태어난 것이다. 때를 알지 못하는 줄기는 포근함에 빠져서 꽃 피지 못한다는 것조차 잊어버린 것이다. 하여 일찍 밖으로 나가서 여기저기 적합한 자리를 찾아다녀 보지만 가는 곳마다 반겨주는 이가 없다.

*나무가 물을 내려야 겨울에 얼어 죽지 않을 것이다. 동지(冬至)가 오기 전에 최소한의 물만 줄기에 남기고 뿌리로 내려야 다음 해에 싹을 틔울 수가 있다. 가을비는 나무에 도움이 되지 않으나 巳午未火 대운이 흐르기에 丁壬合木정인을 선택하였지만 뜻을 이루지 못한다. 하여 일찍 癸水편관에 亥丑合水로 객지(客地)로 나가서 丑土식신에 자리를 잡으려고 노력하여 보지만 丁癸沖으로 뜻을 이루지 못할 것이다.

가을걷이로 바쁜 戌월의 아침 丑戌형을 하니 추수가 끝난 들녘에 비가 내려 물이 고이는데 여기에 丁壬合木하여 지독하게 살아나는 새싹들이 백호들이다. 즉 癸丑백호는 조상이고 壬戌백호는 부모이다. 여기에 시주 甲辰백호가 합세하여 丁亥를 위협하고 있다. 하여 丁壬合木

편인에 의지하여 간신히 생명을 보호받고 있다. 즉 丑戌형으로 부모나 할아버지 대에 조상의 묘지가 개발되거나 파묘 당하니 丁亥를 원망한다.

*일주가 백호에 포위되어 움직일 수가 없을 만큼 살벌하게 태어난 것이다. 야행성인 백호를 피하여 아침에 태어나서 다행일 뿐이고 살아가는 동안 지속적으로 피해 다녀야 할 것이다. 어둠이 시작되는 40세부터 壬戌과 合木하여 누군가가 대신 희생을 할 것이다. 癸丑백호는 객지 친구 조심하고 조상을 모신 곳에 백호가 난장판을 만들고 있으니 윗대 할머니가 두 분인데 서로 다툼으로 산바람이 강하게 불어올 것이다.

이렇게 백호에게 포위되어 있으면 일주가 강하거나 합으로 타협을 하여 위기를 벗어나야 하는데 그러하지 못하고 있다. 이는 전생에 직장 동료들과 좋은 관계를 이루지 못하고 자신의 이익을 추구하려고 피해를 주었거나 고통을 주었기에 여기까지 따라와서 丁亥가 하고자 하는 일에 방해하고 파괴를 하려고 한다. 하여 사죄하는 뜻으로 壬戌백호가 바라는 戌亥천문 공부를 하고 甲辰이 바라는 가르침으로 살아가면 무탈하다.

*살아남기 위해 집중하여야 할 것이며 년주 癸丑은 전생에 이루지 못한 꿈이며, 월주 壬戌은 전생에 동료와의 시비나 다툼이라고 볼 수 있다. 즉 戌土상관의 지장간에 丁火비견이 壬水정관과 合木정인으로 투서(投書) 같은 문서로 시비나 다툼으로 풀이하는 것이다. 하여 丁亥는 癸丑으로 합하여 丑戌형(刑)을 하려고 하는 것이 되어 동료인 것이다.

이러한 원인은 甲辰편재 백호가 상관(傷官)이 되기 때문이다.

*백호살이 발동하는 해는 지장간에 나타난 부호가 밖으로 드러내는 해이다. 즉 乙未의 지장간에 丁乙己 癸丑은 癸辛己 壬戌은 辛丁戊 甲辰은 乙癸戊로 시작되는 해에 발동하는데 戊己土는 약하다. 특히 백호와 백호가 충(沖)을 하는 당해년에 심각한 사건사고가 발생할 수 있으니 각별한 조심을 하여야 한다. 해결하는 방법은 정초 7일간 기도를 하거나, 백호살 풀이와 백호부적을 7년동안 소지하고 있어야 피해 갈 수 있다.

13) 수자령의 원한(怨恨)

여자 사주에 식신(食神) 상관(傷官)이 형충(刑沖)을 하면 낙태(落胎)로 본다. 파(破)는 계획적 해(害)는 어쩔 수 없이 낙태나 자연 유산(流産)이며, 원진(怨嗔)은 원하지 않는 임신(妊娠)인데 식상이 일주와 합을 하면 낳을 수도 있다. 어렵게 찾아온 인연을 낙태하면 수자령이 되어 원한(怨恨)을 가지게 된다. 남자는 관성이 형충이이거나 파해나 원진이면 낙태로 자식을 잃어버리거나 외면하고 살아가는 경우가 있다.

여자 사주에 수자령이 다양한 방법으로 합을 하여 괴로움을 주기도 하지만 때로는 많은 도움을 주어서 수자령이 전생에 하고 싶은 한(恨)을 풀기도 한다. 하여 일주 또는 관성에 합이나 형충 파해 하면 부모에게 뜻을 전하고자 하며, 비겁에 관계를 이루고 있다면 형제를 통하여 뜻을 전하고자 한다. 인연 되어 찾아왔지만 환생(幻生)할 기회를 놓친 수자령의 원한(怨恨)을 천도재로 위로하여야 할 것이다.

예문) 寅申충으로 형제의 소식이 궁금

시 일 월 년
辛 甲 丙 甲
未 申 寅 寅

따스한 기운이 감도는 丙寅월 오후 아지랑이가 피어나면서 자연은 숨을 쉬기 시작하고 새싹이 파릇하게 돋아나고 있을 무렵에 바위틈에 의지하여 甲申이 태어났다. 꿈과 희망에 부푼 丙寅부모의 뜻을 알고 있는지 무시하는지 알 수는 없지만, 그렇게 申金편관과 결혼을 하였을 것이다. 그리고는 꽃 같은 丙寅식신의 첫 자식을 낳고 다시 들어서는 두 번째 丙寅은 寅申충(沖)으로 낙태하였을 것이다.

*丙辛合水에서 자연이 숨을 쉬고 무형의 火와 인정 받으려는 辛金정관이 合水하니 아지랑이가 되었다. 丙火의 흩어짐을 보고 새싹이라고 할 것이며, 寅木이 申金과 충(沖)을 하니 바위틈 사이로 강한 木이 돋아남이다. 월간 丙火식신은 부친이 타이르듯이 申金편관을 극(剋)하니 남편으로 부족함을 넌지시 전하는데 결혼하고, 丙火의 첫 자식을 낳지만 두 번째 찾아온 인연은 관계가 틀어지면서 寅申충으로 낙태할 것이다.

이는 寅木의 지장간에 丙火식신을 자식으로 보지 말고 丙火가 合을 하는 辛金정관을 두 번째 자식으로 보아야 한다. 그래야 丙辛合水하는데 불완전한 합으로 이루어져 있음이고, 나무에 열매가 완전하지 못함을 나타내고 있기에 낙태(落胎)라고 판단하는 것이다. 많은 인연(因緣) 중에 甲申을 찾아왔는데 꽃을 피우지 못하니 그 원한을 형제 되는 寅木의 지장간에 붙어서 간접적으로 寅申충하여 떨어지게 한다.

*丙辛合水가 불완전한 합이 되는 원인은 丙火열기에 辛金서리(이슬)가 녹거나 뭉쳐지면서 작은 물방울이 되지만 자연에 영향을 약하게 주고 있기 때문이다. 하여 辛未의 자식에 애정을 가지지 못하고 오로지 丙寅에만 집중하려는 생각으로 낙태를 결정한 것이다. 하여 원한을 년주 甲寅의 지장간에 丙火와 合水하여 甲申의 목을 마르게 하고 丙火식신과 寅木비견들이 가까이 지내지 못하게 하여 외롭게 살아가게 한다.

하지만 고목(古木) 나무 같은 甲申은 쓰러지지 않고 잘 견디어 내며 씩씩하게 살아남을 것이다. 이는 이른 봄날 오후이기에 물이 그렇게 많이 필요로 하지 않기 때문이다. 수자령의 원한(怨恨)이 申金편관을 충(沖)할 수 있어도, 辛未정관 정재까지 어떻게 해볼 수가 없으니 甲申의 피난처일 것이다. 찾아온 인연을 함부로 하면 안 되며, 수자령을 천도해 주고 어미의 미안함을 진심으로 전하면 된다.

*해결방법은 寅申이 충(沖)하지 못하게 음신(陰神)으로 庚辰미륵 용궁(龍宮)에 가서 辛未수자령이 甲寅의 지장간에 丙火와 合水하니 하늘 용궁에서 태어나길 간절하게 빌어준다면 천도될 것이고 새로운 인연을 맺어갈 것이다. 피난처인 辛未는 45세 이후에 未土공줄이 강한 사람의 도움으로 丙辛合水정인의 학문을 배우는 곳이기 때문이다. 수자령이 행여 어미를 도와준다고 한다면 지인들과 화합(和合)하게 하는 것이다.

14) 노중객사(路中客死)

사주 속에 巳火가 있으면 노중으로 판단하는데 일주와 어떤 관계이며, 부여된 십신으로 관계를 따질 수가 있다. 이는 밖에서 활동하다가 뜻밖의 사고로 죽거나 행방불명 되어, 일정한 세월이 흘러도 돌아오지 못하면 노중 객사라고 한다. 지금은 장례(葬禮)문화가 바뀌어 부모님의 노환(老患)이 깊으면 요양병원에 모시고 그곳에서 임종(臨終)하도록 한다. 이 또한 노중 이라고 할 수가 있으며 이는 망자(亡者)의 뜻이 아니다.

巳火가 일주와 형충(刑沖) 파해(破害) 원진(怨嗔) 관계로 이루어져 있으면 노중 영가 장애이다. 노중이 년월일시 어느 곳에 있는가에 따라서 인과관계를 유추할 것이며, 합을 하는 경우 밖으로 회유(回遊)하는 것이다. 노중은 인연을 떠나 파동이 일치하면 영향을 받거나 감응(感應)되는데 노중 영가가 그곳을 떠나지 않고 도움을 원하기 때문이다. 이를 알고 사전에 넋을 건져서 위로해주고 천도하면 피해갈 수 있다.

巳火노중(路中)이 일주와 합을 하여 좋은 오행으로 바뀌어서 일간을 도와준다면 돌아다니는 업(業)으로 성공한다. 그리고 노중이 원하는 업을 선택하면 노중 영가(靈駕)의 도움을 받을 것이고, 그 공덕을 인정하고 정기적으로 대접하면 번창(繁昌)한다. 하지만 이를 무시하거나 외면하면 사업에 고초(苦楚)를 당할 수도 있으며, 장례문화의 영향으로 태어나는 자녀들의 사주에는 반드시 巳火로 표적을 남긴다.
   예문) 노중이 무엇을 바라는지

시 일 월 년
辛 丁 癸 辛
亥 巳 巳 亥

四月 밤은 깊어가고 별들도 하나둘 모여서 은하수가 되어가고 있을 무렵에 골짜기 숲속으로 떨어지는 별들을 바라보며 丁巳의 요정으로 태

어났다. 나름대로 빛을 내려고 안팎으로 좌충우돌하며, 자기만의 영역을 만들어 가려고 반딧불이는 열심히 오고간다. 하지만 주변에 또 다른 무리들이 모여들어 巳亥충(沖)하기 시작하고, 무리 가운데 중심이 되고 싶어 발버둥치고 있다. 巳월의 밤은 그리 길지 않을 것이다.

*辛亥의 지장간에 壬水와 合木하여 숲을 이루고 있으니 밤하늘은 은하수가 되고 유성은 숲속으로 떨어진다. 巳亥충으로 숲속의 요정인 반딧불이는 무엇인가를 찾아서 열심히 날아다닌다. 주변에 火비겁(比劫)이 많으니 형제가 많을 것이고 그중에 가장 유별난 요정이라고 할 수 있다. 辛亥정관 위에서 빛은 더욱 아름답게 보이며 즐거워 보이지만, 亥水자형(自刑)이 되어 찰랑거리니 오래가지 못하고 흩어진다.

일월지에 巳火노중이 쌍으로 있으면서 년시지에 亥水와 충(沖)하고 있다. 이들 사이에 음신(陰神) 丑未식신이 친가 조상에 할머니가 두 분이시고 형충(刑沖)을 하고 있으니 앙숙(怏宿)이다. 즉 년월 사이에 癸丑식신 할머니는 무자(無子)이고 일시에 丁未식신 할머니의 후손이다. 하여 丁巳선녀를 두고 다툼이 생겨서 오락가락하는데 이는 丑土가 巳亥 사이를 이어주고 있기 때문이다. 하지만 未土는 丁壬合木편인 숲을 만들어준다.

*년주 辛亥와 월주 癸巳 사이에 음신을 찾는 방법은 일주 丁巳에서 뒤로 짚어나가면 丙辰 乙卯 甲寅 癸丑이 된다. 즉 차고 매정한 성격으로 날카롭고 야무지게 생겼을 것이며 상당히 매정하다. 癸水의 자식은 木인데 사주에 없다. 일주 丁巳와 시주 辛亥의 충(沖)을 중재하려면 丁巳 戊午 己未가 성립된다. 이는 항상 몸에 할머니가 실려 있으며, 순진하

고 온순하고 말이 적고 작은 체격이지만 당당할 것이다.

숲속의 반딧불이 같은 丁巳선녀를 몰래 또는 거짓으로 밖으로 불러내는 癸丑식신은 도움이 안 되며, 시기와 질투가 강하여 열심히 날아다닐 것이다. 하지만 己未식신은 어른스럽기도 하면서 어린아이처럼 순진하여 남의 말을 잘 믿고 따르기도 하는데 손익(損益) 계산이 느리다. 즉 반딧불이는 밤하늘의 별이 되고 싶어 하지만, 癸丑은 巳丑合金편재가 되기도 하고 丑亥合水편관으로 인정도 받고 싶어한다.

하지만 맏이처럼 집안의 대소사를 챙기는 己未는 巳未合火비견으로 형제 우애를 도모(圖謀)하면서 未亥合木편인으로 상담 가능한 공부를 시키려고 하는 것이다. 음신으로 나타난 두 할머니가 丑未충으로 丁巳선녀를 두고 다투는 것이다. 하여 일지 巳火의 노중은 己未할머니 영향으로 안에서 공부하며 가르치고 상담을 원하고, 癸丑할머니는 밖으로 나가서 자랑도 하고 싶고 자기를 바라보며 따라와 주기를 바랄 것이다.

*성향이 다른 두 할머니 사이에서 丁巳선녀는 오락가락할 것이고 사람으로 살아가는데 중심이 흔들리는 경우가 상당히 심할 것이다. 하지만 50세를 넘어가면서 己未할머니가 강하게 작용하면 조신(操身)하게 집안을 살피면서 상담하고 공부하면서 살아갈 것이다. 그리고 癸丑할머니의 한(恨)을 풀어드리고자 한다면 가정을 지켜내기 어려울 것이고, 밖으로 활동하려면 여러 사람과 어울려야 하므로 천도가 바람직하다.

15) 물 귀신

사람이 물에서 빠져나오려고 엄청난 기운으로 애쓰지만 결국 물에서 나오지 못하고 수중고혼이 되어버린다. 그렇게 차디찬 한(恨)을 품고 넋이 되어 인연 된 사람의 사주팔자 속으로 스며든다. 이러한 기운이 있으면 갑자기 몸이 차기도 하고, 순간 독종으로 변하기도 한다. 그리고 이러한 영가의 기운을 가진 사람과 오랫동안 교류하거나 관계를 맺고 있다면 당할 수 있다. 하여 반드시 원인 된 조상의 넋을 건져서 천도해야 한다.

자연에서 가장 강한 힘을 가진 것이 물이며 이를 가까이하지 않고는 살아갈 수가 없다. 인간도 물이 흐르는 곳에서 꽃을 피우고 열매를 맺으며 물처럼 후손을 이어가는데, 어쩌다 물을 두려워하지 않고 들어가서 나오지 못하는 경우가 있게 된다. 관계되는 사람은 시신을 건질 수도 있고 찾지 못하고 포기할 수도 있다. 하지만 물에 잠긴 영혼은 생각하지 못하고 넋을 건질 생각도 하지 않는다.

이렇게 잠수(潛水)된 영가(靈駕)는 추위와 무서움에 떨면서 강한 파동을 인연 되는 사람에게 보내어 물가로 찾아오게 한다. 그리고 물에 들어오게 하여 접신(接神)하고 물 밖으로 나올 수도 있지만, 그러하지 못하고 급작스러운 상황으로 돌변하여 죽는 경우가 많다. 때로는 물을 싫어하는 강한 성향을 보이기도 하는데 이는 물에 빠진 영가의 파동으로 차가운 기운을 느끼기 때문이며, 속히 넋을 건져서 천도하는 것이 옳다.

예문) 도망가서 빌면 살 수 있다

시 일 월 년
戊 乙 辛 丁
寅 巳 亥 酉

찬 바람이 허름한 옷 속으로 파고드는 초겨울이다. 반짝이는 새벽 별을 두고 먼동이 트려고 하는데 乙巳의 바람이 앞장서서 길을 열고 있다. 이른 새벽 흐린 불빛 아래 막아둔 수문(水門)이 열리면서 물레방아가 돌아가기 시작한다. 요란한 소리에 겨우살이 준비를 하려고 앞서거니 뒷서거니 사람들이 하나둘 모여들면서 목청을 올려 소리 지르고 있다. 누군가가 돌아가는 물레방아 물속에 빠진 것이다.

*亥월 戊寅이 合木하고 있는데 乙木바람이 寅巳해형(害刑)로 바람이 파고드는 것으로 풀이한다. 丁火식신이 酉金에 장생(長生)으로 있으니 흐린 불빛이며, 戊土가 寅木에 장생하고 있으니 먼동이 트고 乙巳상관의 찬 바람이 불어오고 있음을 알 수 있다. 辛金편관 만들어진 것이고 亥水정인 역마로 물길인데 巳火상관이 沖하여 열린다. 寅亥合木겁재하니 모여들고 巳酉丑合金 하여 지금 돌아가고 있음이다.

*巳火상관의 큰소리나 악을 쓰며 亥水정인에 충(沖)하여 부탁하거나 구원을 요청하는 것을 알 수 있다. 辛金의 곡식을 찧어서 亥水겨울 양식으로 저장하려고 한다. 이는 巳亥충의 가운데 辛丑편재 음신(陰神)이 작용하기 때문에 저장인 것이다. 巳火상관을 중심으로 하여 寅亥合木겁재들이 둘러싸고 있으며 巳亥충(沖)으로 큰 사고가 났음을 알 수 있다. 즉 누군가가 물에 빠져서 나오지 못하고 있다는 뜻이다.

남자로 태어나 사주에 비겁이 깨져 있으니 형제 우애(友愛)는 약할 것이고, 寅亥合木하여 자수성가로 위로 형제 하나가 관(官)에 종사할 것이다. 辛亥는 戊寅정재로서 寅亥合 파형(破刑)으로 부모님의 형제이다. 辛亥는 물길을 만들어서 돌아 나가게 사람이 만들어 놓은 곳이다. 여기에 戊寅을 寅亥合木겁재 하여 수장(水葬)된 것이다. 이는 乙巳가 태어나면서 이루어지는 이야기이다. 그리고 辛金편관으로 부모속을 끓인다.

*乙巳를 중심으로 寅亥合木을 못하게 寅巳해형(害刑)을 하고 월주와 巳亥충(沖)을 하니 부모덕도 없고 형제 우애도 없다는 뜻이다. 하지만 월주 辛亥 형제(寅亥合木겁재)가 편관이라서 힘들게 나라 밥을 먹고 살아갈 형제이다. 巳酉合金으로 지금 돌아가는 辛亥물레방아 물속에 寅亥合파(破)로 빠져서 허우적 거리다가 결국 형(刑)으로 죽었다. 이는 월주 辛亥편관 정인으로 부친 형제일 수 있다.

丑土가 음신으로 들어와서 巳酉丑合金편관의 고통을 亥丑合水편인에게 부탁을 하였지만 들어주지 않으니 辛亥의 자식을 寅亥合木겁재로 잡아갈 것이다. 다음에 乙巳를 잡으려고 하였으나 丁酉를 따라 먼 곳으로 숨어서 남처럼 살아가니 찾을 수 없어서 포기한 것이다. 이른 새벽에 차가운 물 속에 빠졌으니 무섭고 춥고 배고프고 도움의 파동을 수 없이 보냈으나 모르고 넘어가니 넋의 서러움은 쌓여만 간다.

하지만 亥水의 지장간 壬水가 년간 丁火식신에 丁壬合木한 형제는 酉亥자형(自刑)으로 알아서 피해가니 辛亥의 공격을 피할 수 있었을 것이다. 하여 辛金은 亥水식신으로 寅亥合木겁재를 잡아갈 것이며, 춥고 배고픈 파동(波動)을 보냈지만 어느 누구도 제사(祭祀)를 지내주지 않는다. 亥水물귀신의 한(恨)을 피할 수가 없을 것이며, 乙巳는 역마가 되어 丁酉를 찾아가서 숨어버리니 넋이 된 물귀신이 찾지 못한다.

*사주팔자를 풀이하는데 무지한 학자들은 오로지 재물을 중심으로 하여 풀이한다. 자신의 명줄과 돈줄과 출세는 어느 영가(靈駕)의 도움으로 이루어져 있는가를 알고 운을 논하여야 한다. 乙巳는 巳火의 지장간 庚金정관과 合金되어 金生水로 亥水물귀신을 알게 모르게 위로해준 덕으로 무탈하게 살아갈 것이다. 영가는 반드시 파동이 일치하는 인연과 교감을 하려고 한다. 하여 인연 없는 영가의 침범은 극히 드물다.

16) 혼인장애 원앙(鴛鴦)

사주에 원앙(鴛鴦)이 있으면 혼인하기 어려운데 이는 전생에 부부나 형제 친구 등의 인연을 정리하지 못하고 이생까지 이어지기 때문이다. 이는 서로 보내는 파동(波動)에 감응하기에 혼인을 방해하는데, 원앙살이 사주에 있으면 혼인을 치르기 전에 풀어주는 것이 좋다. 이러한 기운을 흐리게 하거나 소멸시켜서 새로운 기운을 찾거나 채워야 좋은 인연을 찾아간다. 원앙은 풀어주거나 떨어져 살아가면 좋다.

원앙살은 일간이 합을 하는 관계에서 찾을 수 있는데 남자는 재성 여자는 관성이 되면 원앙인데 비겁은 형제, 식상은 자식이나 조모, 재성은 아버지 삼촌 고모 관성은 자식 인성은 어머니이다. 특히 년 월에서 원앙이 있으면 혼인장애가 더욱 심각하다. 그리고 일간이 타지(他地) 지장간에 재성이나 관성에 합하면 년지는 조부모이고, 월지는

부모이며 시지는 자식과 원앙이기에 결혼을 시키려고 하지 않을 것이다.

원앙살이 사주 속에 있으면 남녀를 막론하고 혼인할 때 뜻밖의 문제가 발생하는 경우가 많다. 혹 결혼하여도 전생의 인연에 이끌려서 안으로 정(情)을 붙이지 못하고 밖으로 방황하는 경우가 흔하고, 원앙은 대부분이 가족이나 가까운 친인척이 많고 때로는 원진(怨嗔)으로 작용할 수 있다. 전생 인연에 이끌려 이생까지 왔으나 서로 모르고 지내는 것 같지만 서로의 파동은 통하고 있으니 쉽게 정(情)을 끊어내지 못한다.

이를 알고 원앙을 풀어주거나 떨어져 살아간다면 이성 친구를 만나려고 하거나 결혼을 생각할 것이다. 그리고 이상적인 궁합을 만들거나 그러한 인연을 만나게 되면 자연스럽게 정리될 수 있는데, 대부분 어릴 때부터 원앙의 흔적을 드러내기도 한다. 즉 가까이 있기를 원하거나 떨어지지 않으려고 하거나 가는 곳마다 따라가려고 하기도 하며, 혼자 두고 가는 경우 떼를 쓰면서 난동을 부리고 올 때까지 힘들어한다.

때로는 년주에 있으면 전생의 인연으로 볼 수도 있으며 십신으로 다양한 관계를 알 수 있다. 즉 비겁은 친구이며 식상은 자식이고 재성은 조부모, 관성은 동료 인성은 부모임을 알 수 있다. 그리고 이러한 관계에서 합 형 충 파해 원진에 따라서 친분까지 어느 정도는 알 수가 있을 것이다. 전생에 악연이면 다툼이 많고 식상이면 집착이 강하고, 재성과 관성 인성은 부호에 따라서 한쪽이 일방적인 희생을 할 수도 있다.

예문1) 전생의 단짝 친구를 찾아왔는데

시	일	월	년
丁	戊	癸	戊
巳	寅	亥	辰

겨울로 들어가는 길목에 하늘은 하염없이 투명하고 먼 곳에 솟아오른 큰 산을 바라보며 산과 들 사이로 흐르는 물길 따라 癸亥월 丁巳시에 물 위에 반짝거리는 순간 빛을 따라 찾아온 戊寅이다. 물은 가을걷이 끝난 들녘 모퉁이를 돌아서 숲 사이로 파고들어 거대한 호수에 머물고자 한다. 차가운 겨울이 다가오면 나무는 물을 내리려고 하는데 전생에 어떠한 인연이기에 변함없이 흐르는 차고 맑은 물을 마다하지 않는다.

*월과 일주가 천지 합을 이루고 있으며 癸水정재가 戊土와 합火정인으로 아버지가 인자하고 어머니 역할까지 하였을 것이다. 하지만 어릴 때 년간의 戊土비견과 癸水편재와 합火정인은 학창시절에 집중력이 떨어진다고 볼 수 있어 학업에 흥미가 부족하였을 것이다. 巳亥충으로 물에 빛이 반사되어 반짝이고 戊癸合火로 수분이 마르고 있으니 하늘이 투명하여 높게 보인다. 亥월에 寅木은 물을 내린다.

일주 戊寅이 월주 癸亥와 합하고 있으며, 특히 일 월간에 戊癸合火정인이 되어 어머니와 원앙(鴛鴦)을 이루고 있다. 이는 전생에 戊辰으로 역시 戊癸合火정인이 되며, 지지에 寅卯辰合木정관의 학교 다닐 적에 단짝 여자친구였는데 이생에서 모자(母子)로 만난 것이다. 시주 丁巳정인과 집안에서 아옹다옹 다투고 하여도 여전히 자식을 돌보듯이 하고 있다. 둘도 없는 효자로 어머니를 봉양하며 살아갈 것이다.

*하지만 巳시에 태어나서 寅亥合木을 하지만 온도가 떨어지는 酉시를 지나면서 寅木은 물을 내리게 될 것이다. 즉 이때가 40세 辛酉대운를 전후하여 어머니의 건강이 위험할 수 있으며 51세 전후하여 壬戌대운에 원앙의 끈을 놓게 될 수도 있다. 戊辰비견은 전생으로 寅卯辰으로 항상 함께 다닌 관계로 볼 수 있으니 동창(同窓)일 수 있다. 시주와 일주가 寅巳해형(害刑)을 하고 있으니 집에서 의견충돌로 본다.

전생(全生)에 학교 다니면서 단짝이었으니 다른 교우들의 부러움도 많았을 것이다. 그러한 인연으로 있으면서 여자친구가 건강이 좋지 못하여 17세를 전후하여 짧은 생을 마감하였을 것이다. 혼자 남은 戊寅이 이를 잊지 못하고 친구를 찾아온 것이 모자(母子)의 인연을 맺은 것이다. 하지만 어머니는 전생에 이어온 병(病)을 수술하여 생명은 구할 수 있어도 장애인이라 아들의 지극한 도움을 받고 있다.

*년주 戊土비견과 癸水정재가 합火정인은 공부이며, 지지에 寅木편관이 辰土비견과 습木하니 학교 때 단짝이다. 癸水가 일간 戊土와 습火정인은 어머니이며, 부친이 모친 역할을 하였을 것이다. 辰亥원진은 외롭고 그리움이며, 丁巳와 癸亥가 천충 지충하니 사망이다. 다시 만난 인연이지만 亥水지장간 壬水가 丁火정인에 습木하니 신경계에 문제가 있음이고 寅巳해(害)는 대수롭지 않음이고 형(刑)은 장애이다.

    예문2) 전생의 스승이 이생의 남편이라고

시 일 월 년
庚 壬 癸 庚
子 子 未 戌

습도가 높아서 잠을 쉽게 이루기 힘든 癸未월 야심한 밤, 달빛은 밝은데 안개가 자욱하게 피어오르고 있다. 적막한 밤을 깨우는 동굴속에 떨어지는 낙수물 소리가 은은하게 울려퍼지고, 둥근달은 저물어가는데, 壬子는 꿈쩍 않고 앉아있다. 기암절벽에서 하염없이 떨어지는 낙수(落水)를 타고 내려온 선녀는 무엇을 기다리고 있는지 알 수가 없다. 그래도 庚戌은 낙수마저 조심 조심 떨어뜨리고 있다.

*가장 무더운 癸未월이다. 庚戌의 거대한 바위 앞에 癸水옥수를 올려놓고 未土공(供)을 들인다. 癸水자욱한 안개로 戌土지장간 丁火와 合木상관으로 불이 흐리다. 庚戌바위에서 癸水물방울이 壬子액체가 庚子에 모이는데 子未원진(怨嗔)으로 매우 느리다. 庚戌에서 戌未파형(破刑)으로 떨어지는 癸水는 庚子에 모이고 戌未土지장간 丁火가 子水지장간 壬水와 合木되어 이끼이며, 벌레인데 상관(傷官)이니 앵앵거리는 것이다.

여자로서 년주 庚戌편관이 남편이다. 일주 壬子는 전생에 년간 庚金편인의 차원 높은 공부를 하거나 수행을 하는데 戌土의 지장간에 丁火와 합을 하여 木상관이 되므로 뒷바라지를 하던 인연이 지금의 남편으로 만났다고 할 수 있다. 癸未정관은 子水겁재와 원진이 되어 남편은 항상 부인을 걱정한다고 할 수가 있고, 지금의 남편은 전생에 부모 같은 스승 관계이기에 그토록 지극하게 부인의 수행을 돕고 있다.

*전생을 보려면 일주를 중심으로 년주가 전생에 해당하고 庚戌편인이 편관과 동주(同舟)하고 있으니 높은 공부이다. 土生金으로 남편이 공부하는데 도움을 주는 스승이며, 壬子가 득도(得道)할 수 있게 戌土편관

의 지장간丁火정재와 습木상관(傷官)을 이루고 있으니 뒷바라지이다. 스승이 제자의 꿈을 이루어지게 하려고 부부의 인연을 맺어서 뒷바라지하는 것은 대단한 원앙이다. 하지만 子未원진(怨嗔)으로 어려울 것이다.

전생에 사제(師弟) 인연이 현생에선 부부(夫婦) 인연으로 만나 공부와 수행을 마무리하도록 맺어지는 것은 壬子가 지은 선업(善業)이다. 여자의 몸으로 태어난 것을 子未원진(怨嗔)으로 원망(怨望)하지만, 그래도 庚戌의 남편은 미련을 버리지 못한다. 지금도 전생(前生)의 스승처럼 뒤에서 바라지 하며 때를 기다리고 있다. 하지만 시주 庚子가 사지(死地)에 놓여서 수행(修行)을 이어가기 어려울 것이다.

*욕심 없이 바위에서 흐르는 壬子의 맑은 물처럼 깨끗하게 세세생생 살면서 이끼와 벌레가 물을 더럽히어도 조건 없이 희생하니, 하늘에서 좋은 인연을 맺어주어 전생에 하던 과업(課業)을 이루도록 한다. 하지만 이생에서 삶의 고통을 견디며 수행하는 것도 한계가 있으며, 또 다른 인연으로 찾아온 자녀들이 훼방하니 뜻을 이루기 어려울 것이다. 이처럼 원앙으로 맺어진 인연 고리를 정리하기에는 어렵다고 한다.

17) 전생 악연(惡緣) 원진살(怨嗔殺)

子未 丑午 寅酉 卯申 辰亥 巳戌 원진살이다. 십신으로 인연을 따지고, 년월일시에 따라서 관계를 알 수 있다. 원인은 전생(前生)에 속이거나 물질과 정신적인 피해를 주고, 믿음이 부족하여 소통(疏通)하지 못하는 관계이다. 개인적인 감정(憾情)을 정리하지 못한 인연을 이생에서 다시 만나면 원진이 된다. 부부 부모 형제 친인척으로 만나서 감정을

해소하거나 갚으려 하니 안 보면 궁금하고 만나보면 의심과 원망이 생겨난다.

원진은 가까운 사람과 관계이며 내부 충(沖)으로 피할 수 없는 가족관계로 많이 이루어져 있다. 전생의 악연을 매듭 지으려고 서로 기(氣)싸움이 시작되고, 보이지 않는 시기 질투와 사소한 일에 화(禍)를 낸다. 원진이 긍정적이면 받은 것을 갚으려고 하는데, 부정적이면 사사건건 시비와 다툼으로 갈등이 많아서 일상생활이 곤란하다. 서로 떨어져 살아가면 무탈하지만 같은 공간에서 활동한다면 불화로 이어진다.

  예문) 내가 아들에게 무슨 빚을 졌기에

시 일 월 년

壬 癸 癸 癸

戌 巳 亥 未

고요한 겨울밤 하늘에서 겨울비가 갑자기 내린다. 메마른 풀잎이 추위에 떨고 있을 무렵에 이웃의 도움으로 어둠을 밝히는 연약한 癸巳가 힘겨운 癸亥에서 벗어나려고 한다. 하지만 부모는 반가워하지 않고 한숨을 쉬며 나가버리고 옹골찬 아이 울음소리는 동구밖까지 퍼진다. 전생에 살아남기 위해 지인에게 빌려쓴 돈을 갚지 못하고 야밤에 도망쳐서 이생으로 왔는데, 이를 받으려고 따라온 사람이 남편이고 자식이다.

*천간에 壬癸水가 지지에 亥水로 인하여 비가 되고 巳亥충하여 갑자기 내리는 것이다. 겨울에 내리는 비는 亥未合木식신으로 풀잎을 더욱 힘들게 한다. 그리고 비겁이 강하여 식솔이 많은 집이라고 할 수가 있으며 부모 癸亥는 巳未合火를 위해 亥未식신에 집중할 뿐이다. 즉 많은

동료가 모인 未土편관에 모여들고 지장간 丁火편재를 壬水겁재로 合木 식신이니 돈을 벌려고 생산공장으로 몰려드는 것이다.

어둠 속 작은 마을에 희미한 불빛이 깜박이는데 손님처럼 찾아온 亥未 合木식신은 자식이다. 큰 자식 癸未는 亥未合木식신으로 노력하는데, 癸亥 작은 자식은 고집이 세고 巳亥충(沖)으로 노력은 잠시 뿐이다. 하여 큰 자식은 戌未파형(破刑)으로 스스로 판단하여 성공할 것인데 작은 자식은 형에게 의지하며 癸巳를 힘들게 하였을 것이다. 이는 전생에 巳火는 未土큰 자식과 작당하여 작은 자식인 癸亥의 재물을 빌려 쓰고 갚지 않았을 것이다.

이렇게 전생에 지인으로 이웃으로 살아가면서 받은 도움을 돌려주지 않으니 巳戌원진이 되어 찾아왔는데 壬戌아들로 태어난 것이다. 그곳에서 巳火는 未土편관과 뜻을 같이하여 丁壬合木식신 동거(同居)하면서 癸亥의 재물인 巳火를 빌려간 것이다. 서로 지인으로 지내고 있지만 癸巳는 癸未와 각별한 사이로 형제 같으니 이생에서도 같은 공간에서 생활할 것이다. 하지만 癸亥는 외톨이가 되어 힘들어할 것이다.

*와글거리는 癸水비견들이 편을 가르기도 하고 서로 다투기도 하며 생계를 이어가는 빈민촌이다. 그래도 잘 살고 있는 癸亥에 의지하며 빌려가서 갚아주고 하는 관계를 이어가고 있다. 이는 癸亥입장에서 癸巳와 未戌土의 지장간丁火가 재물이기에 부농(富農)의 집안임을 알 수 있다. 지금으로 이야기하면 癸未와 癸巳 형제는 癸亥의 토지를 빌려서 소작하며 살아가는 관계로 볼 수 있는데, 戌未파형은 갚지 않고 巳戌원진은 야반도주이다.

18) 나무나 풀뿌리(신경쇠약)

조상이나 부모의 묘소(墓所)에 나무나 풀뿌리가 침범하여 시신(屍身)이나 유골(遺骨)을 휘감으면 영가는 묶여 있는 것과 같다. 하여 감긴 부분에 해당하는 오행의 파동을 인연 된 후손에게 보내는데 이에 감응(感應)한 후손도 그 부위에 통증을 느끼거나 증상이 나타난다. 즉 유골의 머리에 침범을 당하면 정신질환이나 뇌장애가 발병하고 하체를 휘감으면 다리를 다치거나 걸음이 자유롭지 못하거나 마비가 된다.

이는 사주팔자에 丑辰未戌에 木오행과 합을 하거나 지장간에서 합하는 木오행으로 판단하는 것이다. 하여 후손은 묘지 관리를 소홀히 하면 나무나 풀뿌리가 물을 찾아 파고들어 시신(屍身)이나 유골(遺骨)을 만나면, 잔뿌리가 급속하게 휘감고 유골 속으로 파고들게 된다. 그러면 인연 되는 후손은 고통을 받게 되며 파묘(破墓)하여 좋은 터로 이장하거나 화장(火葬)하고 굿이나 천도재를 지내주면 후손이 발복 한다.

예문) 할머니 살려주세요

시 일 월 년
乙 甲 丁 癸
亥 子 巳 卯

丁巳월 乙亥시 강변에 회오리바람이 소낙비를 몰고 와서 세차게 내리고, 무성한 숲은 몸서리치며 음산한 소리를 내며 울고 나니 밤하늘은 맑고 별들이 반짝이기 시작한다. 한바탕 소란을 피운 바람에 얕은 강가에 옹기종기 떼를 지어 꽃을 피운 수초(水草)들이 바람에 흩어지고, 甲子도 견디지 못하고 子卯형(刑)이 되어 꺾어진다. 癸丑 조상을 물이 들고 나는 골짜기 응달에 모셨으니 한이 쌓여 후손을 잡는 것이다.

*乙亥의 비바람이 巳亥충(沖)하여 몰아치고 丁癸충(沖)으로 소낙비가 내리는 것이다. 일시에 亥子合水는 흐르는 강변에 크고 작은 甲乙木이 亥卯合木으로 무성하고, 子卯형(刑)으로 뿌리가 없으니 水위에 수초(水草)이다. 甲子와 癸卯가 子卯형(刑)을 하니 가지들이 바람에 부러져 형제들이 흩어지거나 사고 등을 당한다는 것이다. 그리고 木기운이 강하여 丁巳식상이 힘을 받지만 巳亥충(沖)으로 언어가 확실하지 못하다.

60대 중반의 남자로서 사주에 水정편인이 혼잡하니 분명 할머니가 두 분일 것이다. 지지에 亥子丑 방위합을 이루기 위해 丑土가 음신(陰神)으로 子水와 巳火 사이에 들어오는데 癸丑편인 정재로서 할머니와 아버지 산소가 골짜기에 볕이 들지 않고 물이 들고 나는 곳이라고 丁巳의 양지바른 곳으로 이장을 원하는 것이다. 이를 거부하면 형제들의 학업을 가로막고 때로는 잡아갈 수도 있음을 암시하고 있다.

*癸卯는 큰할머니고 乙亥는 작은할머니로 甲子를 두고 심각한 분쟁이 벌어지고 있다. 즉 癸卯은 子卯형(刑)으로 잡아가려고 하는데 乙亥가 합을 하여 물길 따라 바람이 부는 곳으로 보낸 것이다. 원인은 癸丑이 원하는 곳으로 이장을 하여주지 않고 계속 시신이 춥고 물로 고통을 받고 있기에 큰할머니가 여러 후손을 잡아가고 甲子를 잡으려고 하는데, 작은할머니가 巳亥충(沖)으로 대신 벌을 내리는데 입을 막은 것이다.

*조상의 음택의 영향을 후손이 다양하게 받는데 특히 산소에 풀뿌리가 유골의 어느 부분으로 침범하는가에 따라서 인연 된 후손도 그 부

위에 발병하게 된다. 그리고 영가가 심하게 고통을 받게 되면 해당하는 오행에 따라서 인연 된 후손도 해당하는 부위에 암(暗)이 발병하는 경우가 많다. 즉 木은 신경과 갑상선 火는 혈압과 심장 土는 소화와 췌장 피부이며, 金은 호흡기나 폐 대장이 많고 水는 이뇨와 신장 전립선 등이다.

19) 관(棺)속에 미물(微物)

묘지에 미물(微物)이 들어가 집을 짓는 경우가 많다. 이들은 시신을 놀이터 삼아 타고 돌아다니기에 인연 된 후손의 몸도 이유 없이 가려울 것이다. 그리고 얕은 수면에 뒤척이면서 꿈자리가 어지럽다. 만약 유골의 머리 안에서 미물이 집을 짓고 살아간다면 인연 된 후손은 그 부위에 악질(惡疾)이 생길 수가 있다. 속히 파묘(破墓)하던가 좋은 음택을 찾아서 이장하면 치료가 원활하고 고통을 면할 수 있다.

사주팔자에 水기운이 강해서 木과 합하여 쉽게 자랄 수 있는 조건이 만들어져 있을 경우이다. 어느 조상과 인연이 되었는지 십신으로 알 수가 있고 가깝게는 선망 부모 형제의 인연에서 있을 수가 있다. 간혹 산소를 이장하고 되메우기를 하지 않고 그대로 버려두면 속에서 미물들이 자란다. 시신은 이장하여도 넋은 그 자리에 남아있을 수가 있으니 무당 또는 영매(靈媒) 자를 통하여 넋을 위로해서 천도하면 좋다.

　예문) 나를 힘들게 하는 인연은

시 일 월 년
丁 丁 己 辛
未 酉 亥 酉

초겨울 오후로 접어들면서 비를 뿌리고 있는 지나가는 구름을 바라보며 丁酉가 태어났다. 막아둔 보로 인하여 물은 흐르지 못하고 햇살에 반짝거리고 따라온 丁未는 물에 스며들어 잘살아간다. 고인 물속에 이끼로 덮어진 조약돌은 모습을 잃어가고, 시냇가에 초목은 초겨울 햇살을 반가워하며 나름대로 푸르게 자라고 있다. 여기저기 조약돌이 흐르지 못하는 물에 의하여 이끼가 흉물스러워 보인다.

*己土구름이 亥水와 동주(同舟)하여 비를 뿌리는 먹구름이 월주에 있으니 일주 丁酉햇살은 자형이 되어 가려버린 것이다. 물길을 막은 辛酉편재는 亥水를 사이에 두고 있으니 보라고 할 수 있다. 얕은 물에 잠긴 丁酉는 亥未合木 이끼로 덮어져 있어 추한 모습이다. 하여 자형(自刑)을 풀어보려고 丑土를 음신으로 들어서니 己丑식신 할머니가 된다. 할머니는 丁未와 丑未충형(沖刑)으로 파묘하여 화장하여 납골당을 원하고 있다.

40대 중반의 여자로 土식신의 친가 할머니가 두 분이다. 己亥큰 할머니와 丁未식신 할머니가 합을 하고 있으며 丁酉를 외면하고 알아서 피해가도록 여유를 주고 기다리고 있다. 하여 己亥할머니 음택(陰宅)에 음신 己丑과 合水하여 물소리가 나고 亥未合木편인으로 보이지 않는 풀벌레들이 시신을 괴롭힌다고 파동을 보내고 있다. 이를 알지 못하면 己亥에 고통을 준다고 하니 뇌에 문제가 있을 것이다.

*土식신이 둘 이상이면 친가 할머니가 두 분인데 丁酉와 丁未는 같은 형제이지만 할머니 인연은 다르다. 하여 음신 己丑과 합하는 己亥가 큰 할머니로 丁酉와 酉丑合金편재의 인연이며 丁未작은 할머니는 己亥

큰 할머니와 인연은 있지만 丑未충형(沖刑)으로 앙숙(怏宿) 관계이다. 그래서 丁酉는 음신 己丑을 통하여 己亥의 할머니의 기운을 받아드리는데 丁未할머니가 丑未충형(沖刑)을 한다. 특히 甲己合土하여 己亥의 뇌를 건드리기에 인연된 丁酉도 머리가 불편할 것이다.

조상의 묘터에서 나는 물을 이용하여 벌레가 자라면서 어떠한 부위에 자리를 잡는가에 따라서 인연 된 후손에게도 그 부위에 고통을 주기 시작한다. 심각하면 고질병이 될 수 있으며, 치료하여도 완치되기 어렵고 장애나 생명에 위협을 주면서 재물과 주변 사람을 힘들게 한다. 亥水지장간에 壬水가 丁壬合木을 하였을 경우 己土가 있으면 甲이 되고 庚金이 있으면 乙이 된다. 甲乙木이 없으면 상황에 따라서 선택하여 풀이한다.

39. 예문)

1) 신이 가라고 하는 길

시 일 월 년
丁 己 壬 壬
卯 卯 寅 子

흰 눈이 쌓여가는 정월(正月) 해가 솟아오르기 전에 壬子의 폭설이 壬寅을 덮고 있으니 눈의 무게를 견디지 못한 己卯의 작은 가지는 子卯형(刑)으로 꺾어진다. 하지만 한편에는 눈을 헤집고 丁卯가 살포시 드러내어 丁壬合木하여 꽃을 피우니, 이때가 37세를 전후하여 새로운 운명이 열릴 것이다. 즉 壬子정재 용궁 대감은 볼품없는 己卯산신 약명을 강하게 억제하여 꿈을 접게 만들어 버릴 것이다.

즉 己卯의 타고난 손재주나 글솜씨 그리는 재주를 꺾어버린다. 이처럼 신은 전생의 업을 이어가기를 바라는 것이며, 이를 거부하면 매정하게 쳐 버린다. 이를 견디면 다른 신과 인연을 맺어 타협하며 기회를 가질 수 있고, 그러하지 못하면 고달픈 인생을 살아가는 것이다. 하여 己卯는 壬子의 뜻을 저버리고 壬寅편관 국사의 뜻을 따라 군의관이나 약명으로 살아가면 좋다. 인간의 생각으로 살아가는 것은 신이 용납하지 않는다.

이마저 어려우면 시주의 丁卯편인 편관으로 살아가라고 壬寅과 壬子의 주문을 받아들여야 할 것이다. 즉 년지 子水와 월지 寅木 사이에 乙亥 약명 대감이 중재하면서 寅木정관이 丑土비견으로 하나의 부호로 두 개의 해석을 하는 것이다. 그리고 일간 己土는 甲己合土의 이론을 적용하여 甲木으로 해석하고 지지 卯木의 육합인 戌土가 일주와 월주 사이에 甲戌이 자리하게 되어 火편인의 성향이 강하게 작용한다.

하여 己卯편인 앞에는 똑똑한 글문 선녀가 약명대감을 대신하여 모든 것을 주관하게 된다. 즉 甲己合土비견으로 천상 선녀가 卯戌合火편인으로 천문 공부를 하여 丑土비견의 어려운 사람을 火편인의 따스한 말로 위로하니, 亥子丑편재가 들어오는 것이다. 즉 丁卯그림이나 壬子수리학(學)으로 인생을 상담하여주는 직업인으로 살아가기를 신은 마지막으로 기대하고 바라는 것이다. 이처럼 인연 된 신이 무엇을 원하는지 알면 좋다.

*甲己合土의 원리는 甲木이 己土를 만나면 木의 성향이 土의 성향으로 바뀐다. 하여 甲木과 己土는 하나 같은 둘의 부호로 甲木은 己土의 성향을 따라가는데 己土는 甲木의 성향을 따르지 않는다는 것이다. 이를 인간사로 표현한다면 결혼하지 않은 형제라고 할 수 있으며, 형은 동생을 위하여 부모(父母)를 대신하는 것이다. 乙庚合金도 이와 같은 원리가 작용하는데 甲己合土의 이론과는 다르다.

*몸주는 己卯의 약명대감인데 음신(陰神)으로 작용하는 甲戌의 천상 선녀와 合火편인으로 천문 공부를 하면 좋다. 하지만 인간으로 살아가려면 壬子의 재물을 가져야 하니, 丁火를 이용하여 壬水용궁 대감이 원하는 수치(數値)로 점을 치는 학문에 관심을 가질 것이다. 이는 甲戌선녀가 壬寅도반에게 배워서 己卯대감 대신 활동하는 것이다. 이처럼 몸주와 신의 뜻이 다른 경우 반드시 음신으로 들어오는 신명을 찾아야 한다.

*주장신은 가장 강한 년주의 壬子재성 대감으로 몸주와 화합하지 못한다. 하지만 乙亥약명대감의 중재로 壬寅비견 식신은 丁丑편인 비견으로 변화하여 주장신 壬子를 설득(說得)한다. 그래서 子卯형(刑)으로 인간의 뜻으로 살아가지 못하게 하였지만 신의 뜻을 거역(拒逆)하지 않는다고, 몸주를 대신하여 甲戌천상 선녀가 책임지고 제자를 이끌어가도록 한 것이다. 이를 거부한다면 己卯는 형(刑)을 당하여 괴롭게 살아갈 것이다.

*설판은 용궁 칠성 줄을 타고 내려온 약명선생이며, 甲戌에서 보면 丁卯는 별상선녀이기에 탐탁(貪濁)하게 생각하고 있다. 하여 丁卯설판은 한가지는 분명 뛰어났는데 그것이 점술(占術)로 보면 당사주나 타로(tarot) 같은 그림을 보고 점을 치거나 숫자로 풀어가는 수리학 같은 것을 잘한다고 할 수 있다. 하여 실질적인 설판은 甲戌천상 선녀를 통하여 사주에 드러난 丁卯칠성별상 선녀가 설판을 담당하고 있다.

2) 신이 내린 벌(罰)이 자식에게

시 일 월 년
甲 丁 壬 戊
辰 丑 戌 戌

한참 가을걷이가 분주한 오전에 한줄기 비가 내리고 있다. 먼저 거두어들인 戊戌은 쓸모가 있는데 비를 맞은 壬戌은 丑戌형으로 쓸모없어 버려야 하지만, 아까워 미련을 버리지 못하는 丁丑은 가슴이 터질 것 같다. 인생의 농사는 자식인데 丁丑의 화탕(火湯)지옥 문을 열어놓고 壬戌작은 자식을 기다리고 있다. 어미는 전생의 업보(業報)인지 신(神)의 벌(罰)인지를 알지 못하고 모정으로 자식을 포기하지 못하고 있다.

*壬戌에서 보면 丁丑이 부인으로 이유 없이 구타(毆打)하였을 것이다. 즉 자신의 잘못을 덮으려고 모질게 매질을 하였을 것이고, 이를 견디지 못한 丁丑은 맞으면서 한(恨)이 쌓여 죽었다고 볼 수 있다. 이들 사이에 태어난 戊戌도 고통으로 살다가 죽어 친구인 丁丑의 자식으로 태어난 것이다. 壬戌아비도 죽어서 자식을 찾아왔는데 동생으로 태어난 것이다. 이러한 전생의 업보를 丁丑과 인연을 맺었으니 고통스러울 것이다.

다행히 甲辰시의 큰 자식은 나름대로 기대를 하여 볼 수 있는데 식상(食傷)이 혼잡하여 할머니가 두 분이다. 몸주 丑土식신 한 많은 할머니가 甲辰자식을 파(破)하려고 한다. 원인은 전생의 남편인 壬戌과 戊戌 자식을 찾기 위해서다. 이들 부녀(父女)는 丁丑어미 몰래 도망간 것이다. 이후 丁丑은 몸주로 들어와서 丑戌형(刑)으로 무조건 잡아가려고 한다. 특히 壬戌 남편에 대한 원망이 엄청난 것이다.

*丑土할머니의 한(恨)은 남편인 壬戌이 미운 것이지 자식의 인연으로 온 戊戌에 대한 모정(母情)이 남아있어서 미워도 보살피고 싶었을 것이다. 잘못된 인연으로 일생을 매질로 인한 서러움과 고통을 견디지 못하고, 한을 품고 생을 마감한 여자의 억울함을 백호살(白虎殺)로 품고 온 것이다. 하지만 자식만큼은 어찌할 수 없어 괴강(魁罡)으로 피하고 싶은 것이고 편안하게 살기를 바랄 것이다.

지금의 고통을 무당에게 이야기하면 인간으로 고(苦)에 매여있다고 생각할 것이다. 하지만 사주를 살펴보면 년주 戊戌상관은 산바람이고 월주 壬戌은 편관백호이고, 일주 丁丑은 식신 백호이며 시주 甲辰은 편재

백호 살을 품고 태어난 것이다. 이처럼 사주에 강한 살(殺)의 기운을 가지고 있으면 조상 또는 전생에 원한 관계가 있으며 피를 볼 기회가 올 수 있음을 알고 미리 준비하거나 타협하면 좋다.

*자식을 위하여 찾아간 무당들은 대부분 인간 고(苦)를 들먹이며 굿을 하자고 한다. 자식의 문제가 발생할 때마다 굿을 하여도 풀어지지 않아서 알음알이로 찾아왔다고 한다. 사주와 팔자로 알 수 없는 과거를 풀어낸다는 것이 가능하다니 보고도 믿어지지 않는다고 한다. 모든 비밀을 신이 알지 못하고 알 수도 없으며 이는 사주와 신명과 전생으로 풀어야 비밀을 알 수 있으니, 무당도 사주를 배우면 신(神)이 살아난다.

3) 부모의 전생 업보가 내게로

시 일 월 년
壬 癸 甲 癸
子 亥 寅 酉

甲寅월 칠흑 같은 어두운 壬子시에 백옥 같은 흰 눈으로 어둠을 몰아내니 자연의 형상은 분명하게 보이지만 정확하게 판단하기 어려운 시간에 癸亥가 태어난 것이다. 눈 속에 갇혀버린 甲寅은 인연의 끈을 놓아버린 癸酉를 생각하면서 癸亥만큼은 놓치고 싶지 않을 것이다. 癸亥는 이를 이용하여 甲寅상관 거짓말이나 눈속임으로 亥水는 寅木어머니를 괴롭히고 있다. 어머니는 이를 알고도 자식이라 어쩔 수 없다.

어쩌다가 이러한 자식과 인연이 되었는지 알아야 굿을 하거나 천도재를 지내거나 부적으로 방편을 할 수 있을 것이다. 월주에 甲寅상관은 정관을 극하기에 직장도 다니기 어려울 것이고, 행여 들어간다고 하여도 오래 견디기 어려울 것이다. 水비겁이 강하여 운동으로 살아가거나 경쟁이 심각한 곳에서 굳건하게 살아갈 팔자이지만, 눈으로 덮여버린 세상의 진실은 알지 못하니 일확천금을 기대할 것이다.

원인을 살펴보면 월주 甲寅이 己丑土편관으로 전환하면 酉丑合金편인이 성립되고, 년주 癸酉 앞에 丁巳가 음신(陰神)으로 강하게 작용하게 된다. 즉 甲寅상관은 분명 외줄이나 어머니 일신에 3대조에서 공부에 한(恨)이 맺힌 사람이 노중이 되어 일주와 천충 지충인데 또 다시 寅木상관과 寅巳해형(害刑)을 일으킨다. 이는 작은 사건을 자주 일으켜서 형(刑)으로 진행하여 부모나 주변 사람을 괴롭히고자 하는 것이다.

이렇게 되면 부모는 丁巳노중과 타협을 하여야 할 것이며, 이를 거부한다면 눈이 녹아 강을 이루게 될 때 甲寅상관이 위력을 발휘할 것이다. 寅월의 눈이 녹으려면 巳시 후반이나 午시가 되어야 할 것이다. 하여 대운의 흐름이 47세 전후일 것이다. 가장 안전한 방편은 巳火 노중과 타협을 하고 노중이 바라는 것을 들어준다면 癸亥를 구제(救濟)하는 것이다. 그렇게 하지 못하면 丁巳는 癸亥를 포기하지 않을 것이다.

*신의 세계를 풀이하는 방편으로 음신(陰神)을 어떻게 구하는가를 우선 알아야 한다. 여기서 甲木은 己土와 동일체(同一體)이고 寅木도 丑土형제 같은 역할을 한다. 하여 사주 속의 신(神)은 甲寅을 己丑으로 바꾸어서 하나의 부호를 복수(複數)로 읽으면서 비밀을 풀어갈 것이다. 즉 己丑으로 전환(悛換)하면 癸酉와 합을 하고자 년주 앞에 丁巳

가 음신이 되어 들어와 寅巳해형(害刑)하고 巳亥충(沖)을 하려고 할 것이다.

*외줄의 어머니 일신 3대조라고 하는 것은 甲寅상관(傷官)이 외가 줄이고, 월주가 부모궁으로 년주 조상 궁과 寅酉원진으로 조상 덕이 없다. 그리고 어릴 때 공부와 인연이 희박하고, 寅亥合木상관이 되어 외줄이 확실하다. 월주는 사회궁으로 직업 등을 나타내는데 배움이 부족하여 기술이나 전문직이며, 학문을 이루었다면 대변인일 수도 있다. 이는 巳火노중이 寅巳해형(害刑)하고 巳酉合金편인까지 빼앗아 간 것이다.

4) 귀에 걸면 귀걸이

시 일 월 년

辛 庚 丙 戌

巳 申 辰 午

애동제자로 살아온 세월이 불과 2년을 채우지 못한 지금까지 정확한 신명을 알지 못하고 있다. 여러 무당을 찾아서 이야기를 들어보면 귀에 걸면 귀걸이가 되고 코에 걸면 코걸이가 되는 신명이다. 이렇게 근거(根據) 없는 답을 가지고 어떻게 힘들고 고통스러워서 울며 괴로워하는 중생의 앞길에 등불이 되겠다고 하는가? 무당들이 한심스럽고 무지하며 오로지 탐욕만 부리는 것이 신의 뜻인가 묻고 싶다고 한다.

어느 무당도 논리에 맞게 신령님을 찾아주는 이가 없고 자신의 신령이 그렇게 공수를 내린다는 무당들이 대부분이다. 나 같은 애동제자는 무엇을 배워야 힘들어서 찾아오는 이에게 올바른 답과 길을 찾아주라는 것인가? 오로지 신령님만 믿고 살아가는 무당이 배움을 거부하는 것은 스스로 무지함을 인정하고 지식이 부족하니 상식인들 있겠는가? 모시는 신령의 도법이 약하면 공부하여 채워야 무당이고 올바른 신령님이다.

이 사주의 몸주는 분명히 庚申비견 선녀이고 丙辰편관 편인 글문도사는 공부하여 작두 위에 올라서서 소리하며 공명(功名) 한번 내고, 주장신으로 몸주와 합을 하여 심금(心琴)을 울려보자 한다. 이를 알지 못하는 무당과 법사들이 앞서서 헛소리만 하고, 외가인지 친가인지도 알지 못하는 무당들이 남의 점을 어떻게 친다고 간판을 걸고 행세하는지 이해가 안 된다. 모르면서 떠벌리는 무당 때문에 오늘도 애동제자는 울고 있다.

*일주 庚申비견 선녀는 몸주로서 월주 丙辰과 合水식신이 되어 새로운 무엇을 배우고자 넓은 곳으로 나가거나 아니면 많은 공부를 어렵게 하였다고 풀이하는 것이다. 특히 火오행이 강하여 형체나 일정한 모양이 없으므로 문화(文化) 예술 부분으로 공부하여 공연(公演)하였을 것이다. 丙辰어른께서 그렇게 하라고 하는 것이니 이를 거부할 수 없고, 만약 다른 길을 선택하고 싶다면 소리꾼으로 가능할 것이다.

火정편관이 혼잡하니 외할머니가 두 분이고 도법이 높다 한들 庚申선녀와 인연은 巳申合水식신으로 참견만 할 뿐이지 이내 파형(破刑)으로 진행하니 인연이 미약하다. 丙辰은 부모로부터 7대조 어른으로 크게 이름을 내지 못하여 辰土편인 할머니가 庚申비견 선녀로 들어와서 글과 소리로 멀리까지 이름을 내고 싶어 한다. 丙辰은 辛巳와 合水하지만 형식적일 뿐이지 실질적으로 辰巳지망(蜘網)으로 발이 묶인다.

*사주 원국에 정편관이 혼잡하면 외할머니가 두 분일 경우가 많으며, 일주와 합하여 도와주고 있다면 인연이 있다고 볼 수 있으나 기(氣)를 빼거나 극(剋) 하는 오행이 되면 오히려 고통스럽다. 원국에 火정편관이 혼잡하여 확실하게 외조모가 두 분이며, 丙火편관이 시주 辛巳에 뿌리를 두고 丙辛合水상관으로 별상 천궁불사이다. 그리고 巳申합水합(合) 파형(破刑)과 辰巳지망은 선녀에게 이로움보다 장애가 될 것이다.

丙辰월에 戊午의 하늘은 높고 午火지장간에 己土뭉게 구름으로 일장춘몽(一場春夢)을 나타내고 있다. 즉 일찍 꿈을 가지고 살아보려고 하지만 이는 허사로 끝이 나고, 타고난 운명은 申子辰合水식신과 巳申合水식신이 합(合)파형(破刑)을 하고 있으니 여기저기 청배(請陪) 다니며 소리하는 선녀 이거나 강연(講演)이다. 庚申의 우람한 바위에서 저절로 물이 떨어지듯이 높은 곳에 올라서 나오는 대로 소리하는 것이다.

*丙辰월 환경과 戊午의 어린 시절은 午火의 지장간 丙火편관은 하늘 높이 태양이 솟아오르고, 己土정인은 甲木편재로 변화하여 사주에 水오행이 없기에 뭉게구름으로 생겨나는 것이다. 丁火정관은 오로지 한곳에 집중하는 것 즉 높고 화려한 꿈을 이루기 위해 공부하였을 것이다. 삼합은 목적(目的)을 위하여 丙辰이 도와주고 있으며, 육합은 조건(條件)으로 辛巳는 庚申을 다스리며 기세(氣勢)를 무력화하는 것이다.

火관살이 혼잡하니 남편의 인연은 약하지만 자식은 둘을 두고, 낙태를 죄업으로 생각하여 그렇게 살아가는 것이 어쩌면 옳은 길일 수 있다. 庚申일주로 고집은 세지만 丙火기세(氣勢)에 눌러서 그때뿐이고 金生

水식신이 발달 되어 언변과 소리는 타고났을 것이다. 丙辰52세에 명성을 얻지 못한다면 서러움이 많을 것이고, 戊午17세에 대신(大神)이 들어서고 庚申44세에 선녀가 들어온다. 辛巳47세까지 완벽한 변화를 신(神)이 원하고 있다.

*관살이 혼잡하면 직업(職業)에 해당하므로 어떠한 업종 선택이 혼란하고, 여자는 남편에 해당하므로 짝을 이루는데 혼란하다. 하여 인연이 약하고 자식은 식상에 해당하므로 丙辛合水와 申辰合水에서 둘을 두고, 巳申合水는 파형(破刑)이 되어 낙태(落胎)로 본다. 일주에서 천간지지의 오행이 같으므로 생각을 행위로 옮기는데 충실하기에 고집이나 주장이 강하다. 이러할 경우 독신(獨身)으로 살아가는 이가 많다.

*바위에서 물이 흐르듯이 水식상(食傷)이 차고 넘치고 있으니 언어에 해당하여 자연스럽게 이야기할 것이다. 사주에서 나이를 찾아가는 것은 오행이 가지는 수리와 계절과 시간에 따라서 빠르면 작은 수(數)이고, 늦으면 높은 수에 해당한다. 하여 辰월 태양은 일찍 뜨기에 辰土는 5이고, 丙火는 2이므로 52세 전후(前後)가 된다. 하여 戊午는 17세, 辛巳는 47세인데 庚申은 오전에 달이 보이면 저무는 달로 44세이다.

집안에 글을 잘하시는 丙辰할머니가 계시는데 많이 알고자 배우고 싶어서 넓은 곳으로 나가고자 할 것이다. 이 할머니가 글문 도법을 이어받아 庚申선녀로 들어오기에 설판을 담당하면 많은 재물이 불어날 것이다. 사주 구성으로 년지 午火지장간에 丁火가 일주 申金지장간 壬水와 丁壬合木이 되므로 이는, 전생에서 이어지는 재물이라고 할 수 있다. 신명으로 보면 戊午산신 글문도사가 庚申선녀에게 몰래 주는 재물이다.

*辰土의 이미지는 평야처럼 앞이 탁 트인 넓은 것이라 먼 곳이라고 표현하는 것이다. 그리고 辰월은 살아있는 木오행에 속하므로 넓은 곳에 많은 것이 살아있거나 존재할 수 있고, 십신(十神)은 편인에 해당하여 인간사는 할머니에 해당하고 불확실한 문서에 해당하여 학문을 배우는 것으로 표현할 수 있다. 그리고 신명에서 편인은 글문 도법으로 해석하고, 丁壬合木의 이론은 끝없이 이어지는 것이다.

*辰土편인 할머니가 선녀로 들어오는 것은 辰土지장간에 乙木은 일주 庚金과 合金하여 하나이기 때문이다. 庚金이 주인 같으나 결과는 乙木이 모든 권한을 가지고 있다. 하여 할머니가 선녀를 깨워서 모든 것을 가르치고 훗날 공덕은 乙木의 것으로 돌아가니 선녀는 표적으로 자연석을 구하여 수반(水畔)에 세워두어야 한다. 庚申은 자연석에 해당하고 흰 돌에 검은색(色)이 있거나 검은 돌에 흰색이 강하게 드러나면 좋다.

5) 파묘로 몸이 아픈데 무당은 헛소리만

시 일 월 년
辛 丁 戊 辛
亥 酉 戌 丑

깊어가는 가을밤 丁酉의 희미한 등잔불을 따라 불나방처럼 날아든 辛丑은 戊戌을 넘지 못하고 속절없이 사라진다. 물이 사방으로 흐르면서 괴상한 소리를 지르고 하늘에 흩어진 별빛이 산을 감고, 힘겹게 흐르는 亥丑合水에 소리 없이 빠져들고 있다. 辛丑의 돈 때문에 쌓인 한(恨) 많은 조상은 丁酉와 인연 줄을 잡고 풀어내고 싶은데, 태산에 가로막혀 전해지지 못하고 부딪치는 물소리에 丑戌형(刑)이 되어 조건 없이 사라질 것이다.

*사주가 잠수(潛水)되어 있는데 유독 戊戌만 덩그러니 솟아난 것 같다. 가을밤에 丁酉등불을 따라 辛丑식신이 합하여 구조를 요청하는데, 알고 보니 돈에 한(恨) 맺힌 할머니 같다. 즉 할머니 산소는 물결치는 소리가 심하여 고통스럽다고 파묘(破墓)하여 丁酉의 자그마한 절이나 납골당에 안치해주기를 바란다. 하지만 戊戌의 부모는 이를 무시하고 파묘하여 물에 뿌렸을 것이다. 하여 辛丑의 원한으로 몸이 고단할 것이다.

부모님 대에 戊戌에 접근하기 어렵거나 돌보기 힘들거나 개발행위로 인하여 파묘를 하니 丑土식신 친가 할머니다. 물결 소리에 고이 잠들지 못하고 있는 할머니는 한(恨)을 풀기 위해 丁酉를 찾아와서 酉丑습金편재로 폐 대장에 자리 잡고 표적을 주었을 것이다. 하여 무당을 찾아가서 물어보면 천도재 지내며, 공들이고 살아갈 팔자라고 하여 승려(僧侶)로도 살아보았다. 어쩌다가 무당은 이를 알지 못하고 허튼소리만 한다.

*사주에 土오행을 묘지(墓地)로 보며 년주 조상 자리에 丑土와 월주 부모 자리에 戊戌土가 형(刑)을 하고 있다. 그리고 음택의 조건에서 戌土는 접근성이 불편하거나 개발행위에 해당하고, 丑土는 음택으로 적합하지 못하여 후손에게 영향을 주거나 환경이 좋지 못한 곳에 있으므로 후손으로부터 丑戌형(刑)을 당하는 것이다. 丑土의 영혼(靈魂)이 보내는 파동은 丁酉와 습金편재로 풀어줄 것을 원하고 있다.

아무리 발버둥을 쳐봐도 사방은 물 뿐인데 딱히 갈 곳도 없고 피할 곳도 없는 것 같다. 물 가운데 떠 있는 부표(浮標) 같은 사주이다. 亥丑습

水물은 흐름을 알 수 없다는 의미이고 戊戌상관은 듣기 싫은 소리가 크게 난다는 것이다. 즉 물결 이는 소리가 요란하다는 해석이다. 앙상한 戊戌에 의지하는 丁酉는 酉戌해(害)가 되어 도움이 되지 못하고 간신히 견디고 있음이다. 즉 丁酉가 가야 할 곳이 없다는 뜻이다.

사주에 土와 金기운이 강한데 연약한 火기운으로 이들을 감당하기 어려울 것이다. 하여 酉丑이 습金편재가 되어 돈을 벌어보려고 巳火를 음신으로 활용하여 巳戌원진(怨嗔)이 되고 슬그머니 巳亥충(沖)하여 戊戌에서 벗어나려고 하였을 것이다. 하지만 辛丑할머니가 미리 알고 따라다니며 괴롭히는데 土기운으로 배가 아프게 하거나, 金기운으로 호흡장애를 주면서 辛丑은 오로지 丁酉에게 구조를 원하고 있다.

*사주에 시주 辛亥와 년주 辛丑으로 辛金의 갯바위로 물이 몰려드는 형상으로 亥丑合水방위합에서 子水는 丁酉와 파(破)하고 있다. 하여 水관성이 깨어지므로 일정한 직장과 자녀에 대한 인연이 희박하다고 볼 수 있다. 丑土식신 할머니의 영혼은 강한 金오행에 깊숙이 자리 잡고 있다고 볼 수 있다. 그리고 土오행이 강하므로 위장(胃臟)에 해당하여 대장(大腸)과 위장 쪽으로 왔다 갔다 하고 있음을 알 수 있다.

해법은 월주 戊戌 부모나 어머니가 丑戌형을 막을 수 있는 유일한 분이다. 할머니께서 장독에 물을 떠놓고 정성껏 비는 것을 어머니는 보았을 것이다. 이처럼 사주팔자 속에는 엄청난 비밀을 감추어두고 있는데 이를 찾아서 해결한다면 고통과 미래에 대한 불안을 해결할 수 있다. 무당은 재물 욕심에 신안(神眼)이 흐려져 원인을 알지 못하니 해결할 방법이 없다. 사주는 기록된 것을 알고 해결하는 방법까지 알 수 있다.

*장독은 辛丑식신이고 년주는 담장이다. 丑土식신은 음식을 담아 두거나 저장하는 곳이며, 辛亥의 집안에서 亥水정관 "지극한 정성으로 물을 받아서" 丑土와 합을 하니 장독에 올리는 것이다. 辛丑할머니에서 보면 丑土지장간에 癸水식신은 "가족의 건강과 먹거리" 辛金비견은 "항상"이라고 할 수 있다. 己土편인은 "기술이나 배움"으로 해석하면 "자손이 건강하고 많이 배워서 잘살게"라고 빌었을 것이다.

6) 무당들은 나를 보고 할머니를 찾으라고

시 일 월 년

丁 庚 庚 辛

丑 寅 寅 亥

丙乙甲癸壬辛庚己戊(대운)

戌酉申未午巳辰卯寅

9 8 7 6 5 4 3 2 1

크고 작은 돌 틈 사이로 물이 멈추는 듯이 흐르는 실개천을 따라 庚寅 새싹이 돋아나는데 丁丑의 찬 기운이 아직 물러나지 않고 있다. 밤은 깊어 새벽으로 가는데 둥글게 차오르는 庚寅의 달은 辛亥의 고인 물에 빠져서 나오지 못하고 빛을 잃어버렸다. 하지만 바위틈 사이에 피어난 庚寅은 따스한 봄기운이 스며들 때 아담한 丁火꽃이 차가운 새벽이슬에 활짝 피우지 못하고 봉우리로 대롱거리며 달려 있다.

*寅亥合木하여 나무가 자라는 것처럼 물의 흐름이 느리고 천간에 庚辛金으로 장식하고 있으니 개울이나 실개천으로 표현한 것이다. 월주 庚寅은 寅亥합으로 물에 잠기고, 일주 庚寅은 丁丑에 흡수되어 계곡의 숲 속을 비추고 있으니 덕(德)이 없을 것이다. 시주 丁丑은 寅亥合木 사이

에 고인 물과 같다고 할 수 있으며, 우거진 숲속에 고개를 내밀어 보지만 추위에 웅크리고 있는 寅월에 태양은 늦게 떠 오른다.

전생의 인연인 辛金겁재는 저버리지 않고 庚寅을 찾아와서 굳건하게 살아가기를 바라며, 辛亥식신이 조건 없이 밀어주니 일찍 꽃을 피워 놓고 기다리고 있지만 丑土정인은 펼치기 어려울 것이다. 열악한 환경 속에 잠시 꽃을 피워 보지만 신경과민으로 만병이 생겨날 것이고, 일반인으로 평범하게 살아가기 어려울 것이다. 하여 丁丑52세를 지나 木火기운으로 흘러갈 때 신(神)을 모시고 살아가야 할 것이다.

늦은 나이에 신(神)의 길을 혼자 가는데 주변의 훈수꾼들은 늙은 애동 제자를 희롱하듯이 말을 던지고 간다. 신명의 뜻을 정확하게 가르쳐주지 않고 조상 천도와 진적굿을 하라고 유혹한다. 과연 무당의 돈 욕심이 신명(神明)의 뜻인지, 인간(人間)의 욕심인지 묻고 싶다. 너의 불행으로 내가 만족하는 세상에 신명마저 그러하다면 어려워 찾아오는 서민(庶民)을 두 번 울리게 되니, 아무도 무당을 곱게 보지 않을 것이다.

*辛亥는 정성으로 월과 일주에게 寅亥合木편재로 똑같이 능력을 전하려고 부단히 노력하는데, 곁에 있는 월주(月柱)는 능력을 충분히 발휘하는데 일주(日柱)까지 뻗어갈 기운(氣運)은 부족하여 일주 庚寅은 丁丑숲 속으로 스며든다. 사주에 木의 기운이 강하여 신경계나 간과 담이 허약하여 스트레스가 쉽게 쌓일 것이고, 그로 인하여 다양한 병이 발생할 수 있다. 하여 늦은 丁丑에 조상신(神)과 인연을 맺고 살아갈 것이다.

점사를 보려면 대신할머니를 찾아야 한다고 강력하게 주장하는 무당과 걸립을 잘 세워야 손님을 끌어들인다고 하면서 어느 신명을 걸립으로 모셔야 하는지 정작 모르는 무당도 있다. 늙은 애동제자의 답답한 마음은 검은 불길에 바싹 타들어 가는데 나처럼 발버둥 치며 산천을 헤매다가 결국 용하다는 무당을 찾아가면 거액을 요구한다. 지푸라기 잡는 심정으로 사기꾼 천국인 유튜브에서 사주 속의 신명을 알게 되었다.

*정확하게 辛亥불사 용궁대신 이라고 하지 못하고, 막연하게 이야기하는 무당은 신의 도법이 미약하여 자신감과 설득력이 부족하기 때문이다. 걸립은 손님을 끌어들이는 역할도 하지만 부정한 신들이 들락거리는 것을 막아주는 역할이 더 크다. 丁火는 마음이고 丑土는 진한 색(色)으로 검은 불길이라고 표현하였다. 그리고 지지에 역마(驛馬)가 강하여 산천을 헤매는 것이고, 영상으로 보면 丁丑이 유튜브에 해당한다.

몸주 庚寅편재는 미륵 약명이고 별상이며 천하 한량이라 천황대를 잡고 한판 놀아보자고 하시는 아버지다. 주장신은 丁丑칠성 국사 대감으로 辛亥식신 불사 대신과 손을 잡고 몸주를 도와 설판을 보니 돈줄은 막히지 않을 것이다. 없는 살림에 신당(神堂)을 크게 꾸미지 말고 신의 표적만 하라고 하며, 辛亥식신 부엌에 촛불 밝히고 물 한 그릇을 올리고 기도를 하신 친가 할머니가 걸립을 서고 몸주는 주장신과 설판이 합하고 있다.

*몸주에서 별상은 庚寅이 亥水식신과 합하는데 辛金변했다고 하기 때문이다. 丁丑칠성 글문대감이 주장신인데 아는 것은 많으나 자신감

이 부족하여 표현이 잘 안 된다. 亥丑合水가 水生木편재를 생을 하려고 하지만 여리므로 돈이 안 되고, 지지에 寅木편재가 강하게 작용하므로 천하 한량이다. 亥水식신과 합을 하고 있기에 소리하는 한량이며, 丑土정인과 亥水식신에 합하니 우물에 물을 떠서 조왕(부엌)에 공들인다.

丁丑정인은 탱화 대신 명패로 하고 辛亥식신 불사용궁 할머니는 하얀 옥수 사발에 청정수를 채워드리고, 庚寅편재 미륵 약명은 한약재를 8봉지로 만들어 묶어서 신당에 올리면 좋다. 그리고 丁丑정인 칠성 글문대감 앞에는 의약 서적을 올리고, 향을 사르며 탱화 대신으로 명패를 적어서 걸어두면 신(神)의 표적으로 충분하다. 신당을 깨끗하게 정리하여 꾸미고 걸립에 한약 향기가 그윽하도록 차를 올리면 신이 만족할 것이다.

*탱화는 丁丑에 해당하기에 丑土정인은 작고 소박하게 글로 표현하라고 하며, 丁火정관은 바르다는 뜻이니 명패를 정확하게 적어서 붙이라고 하였다. 寅亥合木이니 오래된 한약재를 가공하여 3,8木에 해당하도록 묶어서 걸어두라는 것이다. 寅木약명이 丑土정인으로 해석하면 의서(醫書)에 해당하고, 亥丑合水 물에 寅亥合木약을 재워서 발효되면 丑土같은 작은 찻사발에 丁火무형의 향이 퍼져 나가도록 하라는 것이다.

7) 신을 알지 못하고 기도하는 선녀

시 일 월 년
庚 壬 丁 甲
戌 子 卯 寅

줄어드는 달이 산마루에서 숲을 밝히고 별들은 무리를 지어 반짝이고 있다. 높은 바위 위에서 떨어지는 폭포수에 물안개는 피어나고, 숲 사이로 흐르는 물에 새싹이 쓰러진다. 卯월 戌시에 달을 두고 유성처럼 壬子가 찾아왔다. 아직 찬 기운이 감돌아 甲寅에 꽃은 언제 피어날지 기약 없는데, 壬子는 이를 모르고 정성을 들인다. 丁卯의 봄꽃은 차가운 물을 반가워하지 않는데 壬子는 과하게 물을 뿌리고 있다.

*庚金편인이 戌土왕지를 지나가니 줄어들고 있다. 丁火의 별들이 壬水와 合木상관으로 지지에 子卯형(刑)을 하고 있어 제각각 빛을 발산하는 것이다. 金生水하여 壬子水는 庚戌바위에서 떨어지고, 壬子는 丁卯와 丁壬合木상관으로 물안개 되어 피어오르고 있다. 子水겁재가 卯木상관과 형(刑)을 하니 요란한 물소리이며, 흐르는 물살에 쓰러진 丁卯상관을 잡고 있다. 미련한 壬水는 甲寅식신을 보지 못하고 있다.

그래도 나무 사이로 해가 들어오는 48세를 지나면서 물안개 위로 무지개가 다리를 놓고 풀잎에 꽃이 피기 시작한다. 壬子선녀의 꿈은 甲寅식신에 꽃이 만발하기를 원하는데 어쩌다가 卯木상관에 丁壬合木을 하는지 신(神)이 물어볼 것이다. 庚戌미륵 글문도사는 선녀를 두고 고심(苦心)하는데 고집 센 선녀는 저 멀리 甲寅식신을 찾지 못하고 丁卯에 집착한다. 하여 甲辰편관을 찾아가면 알 수 있을 것이다.

*대운의 흐름에서 卯월의 태양은 늦게 떠오르니 48세를 지나면서 서서히 寅卯木식상에 햇살이 들기 시작하므로 말문이 열린 것이다. 하지만 나무에 꽃이 피어나려면 火운이 찾아드는 60대 중반을 지나야 할 것 같다. 하여 몸주 壬子선녀는 급한 마음에 丁卯의 꽃을 안고 있

지만 거센 폭포수를 막지 않으면 오래가지 못하고 쓰러질 것이다. 하여 甲寅식신은 큰 꽃을 피우기 위해 음신으로 甲辰편관 할아버지를 찾아야 한다.

주장신으로 庚戌미륵 글문도사 앞에 壬子선녀는 밤하늘에 떨어지는 별을 보며 속삭이고, 丁卯상관 칠성 별상약명이 허주임을 모르고 설판을 담당하면 옳지 않은 소리를 주장한다. 하여 甲寅식신의 천상 약명 동자와 당산 약명 할머니가 설판으로 적합하다. 선녀는 甲寅동자를 이용하여 庚戌글문 도사를 모시고 공부하면 이름난다. 壬子는 丁卯를 통하여 庚戌에 접근하면 한량이 되어 공부가 되지 않을 것이다.

*庚戌에서 발원한 壬子는 寅卯木을 생(生)하여 戌土에 합火하여 꽃을 피우는 사주이다. 하여 주장 신명은 庚戌이고 몸주는 壬子선녀이고 甲寅식신이 설판과 결립이다. 丁卯는 火침으로 뜸이나 부항(附缸)에 해당하고, 신침(神針)이 발달하여 신경성으로 발생하는 병(病)을 다스리는 약명 도법이다. 寅戌합火편재에서 음신午火정재를 활용하면 子水겁재를 충(沖)하고 卯木상관을 파(破)한 후에 寅木식신을 선택하여야 할 것이다.

8) 할머니 돈 좀 주세요

시 일 월 년
庚 丁 乙 乙
子 丑 酉 卯

乙酉월 깊은 밤 저물어가는 庚子초승달이 희미한 丁丑별을 부여잡고 마지막 발악을 하고 있다. 영글어가는 골짜기 과수목 열매는 새들이

쪼아서 거두어들일 것이 없으니 庚子바위에서 떨어지는 샘물을 떠 놓고, 작은 초 하나 밝히고 '돈아돈아 내 돈아~' 하고 울고 있을 때가 41살(庚子) 전후이다. 윗대에 지독하게 돈을 아껴 모으신 할머니 丁丑이 인연 되어 들어오시어 내 돈 내놓으라고 하신다.

그리하지 못하면 초라도 밝혀주고 할머니가 하시던 부처님을 모셔두고 염불하고 기도하며 乙木에 꽃을 피우라고 한다. 하여 몸주 丁丑의 할머니가 들어서고 떨어진 과일이라도 버리지 말고 가서 주워오라신다. 이는 巳酉丑습金하려고 음신으로 己巳겁재가 卯酉충(沖)하는 사이를 중재하기 때문이다. 하여 巳火의 지인을 찾아가서 乙卯편인에서 떨어지는 과일 酉金편재를 들고 돈을 만들어보라는 것이다.

하여 酉丑合金편재가 재물인 것을 할머니는 알고 계신다. 하지만 인간의 마음으로 행위(巳火)는 하기 싫고(겁재) 돈을 가지고 싶은 것은 누구나 같은 마음인데 신(神)은 분명하게 전하고 있다. 丑土식신의 자린고비 할머니는 자그마한 체구이지만 지독하게 알뜰하시니 떨어진 과일까지 함부로 버리지 않고 주워서 오신다. 후손이 이러한 마음을 알면 子丑合土식신으로 할머니가 가지고 있는 돈을 주신다고 한다.

몸주는 丁丑할머니고 설판은 음신(陰神) 己巳의 어리석고 순진한 선녀가 볼 것이며, 주장 신명은 乙卯편인 약명 글문대감이다. 하지만 乙庚合金하여 엉뚱한 생각을 가지고 설판을 돕지 않고 있다. 하여 몸주는 설판과 합심하여 주장신을 깨우고, 己巳선녀가 상담을 한다면 할머니께서 만족하고 재물을 풀어주실 것이다. 할머니의 바람은 己巳의 골목길 입구 2층에 작은 법당을 만들어 불경을 틀어놓고 이야기하는 것이다.

*己巳는 작고 좁은 길이며 巳火가 역마(驛馬)이기에 사람이 다니는 골목으로 해석하고, 巳酉丑合金하니 조그마한 법당이라고 풀이한다.

그리고 훗날에 子丑合土식신이 庚子시주와 이어져서 인연 되는 자손으로 이어간다. 하여 할머니가 생전에 하시던 업을 후손이 이어가기를 바라는데 반드시 의사 약사 간호사 약탕 등의 약을 다스리는 직업으로 살아가면 子卯형으로 할머니께서 원하시던 것이 마무리된다. 그러하지 못한다면 또다시 할머니께서 만족하지 못하시고 자손의 재물을 빼앗아가실 것이니 이를 알아야 후회하지 않을 것이다.

9) 동자가 돈 벌어줄게

시 일 월 년
丙 甲 戊 乙
寅 申 寅 卯

戊寅월 동이 트는 丙寅시에 알 수 없는 인연들 속에 甲申이 태어났는데 축하보다 寅申충(沖)으로 고통을 예고하고 있다. 하여 어릴 적에 乙卯 겁재를 당할 뻔 하였으나 寅木비견의 손을 놓지 않으므로 인하여 간신히 살아난 것이다. 즉 태어나서 허약하거나 몸이 아파서 죽을 고비에 어머니가 잡아주어서 건강을 회복하였을 것이다. 하지만 木비겁이 왕성한 사주에 甲木은 申金편관 바위에 뿌리를 내린 것이다.

하여 丙寅의 28살을 전후하여 예쁜 동자들이 찾아오니 감(感)이 발동하고, 신의 눈이 열리기 시작하였을 것이다. 하지만 젊은 나이에 험한 신의 길을 알지 못하고 알고 있다고 하여도 용기 내어 들어서지 못할 것이다. 하여 甲申39세를 전후하여 사방에서 몰려드는 비겁(比

劫)을 감당하지 못하고 신의 길을 가야 할 것이다. 몸주 甲申편관 약명 미륵 할아버지를 모시고 좌우에 천신에서 내려오는 선녀들이 보필할 것이다.

甲申편관은 외줄 할머니가 己未의 당산이나 장독대에서 공(供)들인 인연이라고 할 수 있다. 하여 주장 신명은 丙寅천신 대감으로 7대 조부일 것이고 설판은 주장신을 따라온 명신(明神)동자가 보고, 木비겁의 선녀들은 천황을 잡고 한판 놀아 볼 것이다. 하지만 寅申충을 음신(陰神) 壬辰으로 막아야 하기에 甲申과 丙寅사이에 표적을 남겨두어야 한다. 즉 넓은 사발이나 대야 같은 곳에 물을 6부 정도 채워서 올려두면 된다.

*己未는 甲己合土에서 생성(生成)된 것이고 未土는 申金과 지장간으로 합을 하기에 공줄이 몸에 실린 것으로 풀이한다.

그리고 甲申의 申金은 작두인데 대감이 아니고 선녀가 타는 것이므로 큰 대야에 물을 담아두고, 그 위에 작두를 걸치고 양손으로 대나무를 잡고 있어야 한다. 대나무 한쪽에는 흰 깃발을 달고 다른 쪽에 붉은 풍선을 매어두면, 신(神)이 좋아하고 공수가 정확하다. 왕성한 木선녀의 기갈(氣喝)에 戊土편재는 속수무책이고 申金편관은 乙卯겁재 도령과 합하여 피신(避身)한다. 하여 丙火식신을 앞세운 선녀들이 주름잡고 있다.

신(神)을 거부하고 일반인으로 살아간다면, 丙火식신의 자식 둘을 낳고 나서 申金은 火剋金을 당하여 녹아버릴 것이다. 戊土편재의 재물은

木비겁에게 빼앗기는데, 신을 모시고 살아간다면 丙火식신 명신동자는 선녀들이 가르치고 응원해주니 기(氣)가 살아나서 똑똑할 것이다. 즉 甲申엄마가 공부하면 동자가 상식과 지식이 늘어나서 다양한 언어로 이야기하여, 많은 재물을 만들어 줄 것이라고 한다.

10) 사라진 내 돈의 주인은

시 일 월 년
庚 戊 乙 丙
申 辰 未 午

아직은 강한 丙午의 뜨거운 태양이 높이 떠 있고, 무덥고 습한 바람이 오락가락할 무렵인 乙未월 庚申시에 태어난 것이다. 하여 戊辰은 20대 초반에 丙午 꽃을 피우고 庚申바위에서 흘러드는 물을 戊辰호수에 가득 채운다. 하지만 30대에 乙未정관을 만나면서 庚申에서 솟아오르는 물로 키우려고 하였으나 역부족이라 호수에 채워진 물을 가져다 쓰면서 바닥을 드러낼 것이다. 누가 무엇을 하라고 주는 물인지 알지 못한 것이다.

인간의 생각으로 눈에 보이는 것이 우선이기에 신의 뜻을 알 수가 없을 것이다. 戊辰비견 산신 선녀에게 庚申식신 미륵 할머니가 조건을 걸고 엄청난 재물을 주었는데 선녀는 할머니의 뜻을 알지 못하고, 乙木을 잘 자라게 하려고 많은 물을 주었다가 오히려 乙木의 뿌리가 썩어버린 것이다. 즉 할머니는 선녀를 통하여 戊辰산에 미륵을 모시고 용왕당을 만들어서 약명(藥名)세존을 모시고 공들이며 살아가라고 재물을 준 것이다.

하여 몸주 戊辰비견 산신 선녀는 庚申식신 9대 조부를 주장으로 하고 친가 할머니를 통하여 乙木정관과 습金상관이 되어 별상할머니가 설판을 보면서 많은 재물을 주셨다. 하지만 어리석은 선녀는 이러한 사연을 모르고 乙未를 만나 庚申식신 자식을 낳으므로 인하여 별상할머니는 선대(先代)를 위하여 공을 들이고 살아주길 기다리고 있었다. 하지만 잘못된 선녀의 생각으로 재물은 다시 할머니가 가져간 것이다.

乙庚습金상관 별상할머니는 일찍 많은 재물을 선녀에게 주고 丙火편인 공부와 허약자를 위한 봉사를 주문하였을 것이다. 하지만 午未合火식신은 한결같지 못하고 복불복(福不福)이 확연하게 드러나기에 철부지 선녀는 안된다고 포기하였을 것이다. 이때가 乙未겁재로 58세에 완전히 정리하려고 하는데 신명은 분명히 신벌로 다스리고자 할 것이다. 이를 피하기 위해서는 乙未세존을 모시거나 공을 들여야 한다.

신의 인연을 가지고 일반인으로 살아가고자 한다면 풍파가 많이 일어난다. 이유는 신에서 먼저 재물을 주고 후에 신의 뜻을 따라주기를 바라기 때문이다. 그리고 신은 기다려주는데 인간이 이를 무시하면 충분한 댓 가를 치르게 한다. 신과 타협하여 서로에게 이익되는 삶을 살아가지 못한 戊辰선녀는 이러한 사실을 모르고 자기 생각과 방식으로 살고자 하기에 받은 재물을 다시 돌려주어야 옳을 것이다.

11) 법사가 힘들어요

시 일 월 년
丁 壬 戊 辛
未 辰 戌 亥

가을하늘이 높고 맑은 戊戌월 丁未시에 壬水가 土정편관이 혼잡하여 흐르지 못한다. 하여 丁壬合木상관으로 壬水가 썩어가는 것은 외할머니 두 분의 인연이기 때문이다. 하여 가을 햇살에 고인 물은 혼탁하니 잡초와 벌레가 날고 있다. 木식상으로 살아가려고, 관계되는 대학을 졸업하였으나 뜻을 이루지 못하였다. 이는 辛亥가 丁未정관에 합하여 외조모의 묘지(墓地)에 풀뿌리와 물이 침범하였기 때문이다.

하여 여자를 멀리하고 출가승으로 살면서 수행하였으면 丁壬合木상관으로 한두 번의 깨침은 맛볼 수 있었을 것이다. 인생은 마음대로 할 수 없는 것이라 원망하며 남들처럼 결혼하고 자식을 낳으니 土의 기운만 늘어난다. 이는 정편관이 혼잡하여 두 분의 외조모 기운에서 벗어나기 어려울 것이며, 우연한 기회에 무당을 만나서 신내림을 받고, 집안에 법당을 차리면서 법사의 길을 가게 되었다.

*원인은 丁未의 작은 할머니는 壬辰과 원앙으로 여자를 가까이하면 화(禍)를 내기 때문이다.

다행히 내림을 해주신 신(神) 선생의 도움으로 굿청에 부름을 받고 열심히 하여도 생계유지하기 어렵다. 하여 자신감은 떨어지고 가정은 이산가족으로 흩어지려는데 그래도 경험이 쌓이고, 인맥을 형성하여 굿청이나 민속놀이에 자주 부름을 받는다. 법사의 길은 험난하고 무당의 눈총이 따가워 틈틈이 사주와 신명을 공부하여 사주 상담 방을 열었는데 실력이 부족하여 찾는 이가 적을 것이다.

*지식(知識)은 암기하면 되는데 지혜(智慧)는 자연으로 배워가는 것이며, 사주는 신(神)의 도움이 절실한 학문이다.

50대 중년에 직업전환도 생각하여보지만 마땅하게 할 것이 없다. 전공이 교육학이라 기술은 없고 익힌 대로 토해내는 것이 교육학인데 전업이 불가하다. 하여 법사로 노동자로 일하면서 생계를 이어가야 할 것이다. 무당은 도법이 약하면 설거지를 하면서 신령님을 모신다고 들었는데, 법사는 목숨 걸고 공부하여 길을 찾아가야 한다고 생각한다. 차고 넘치는 법사와 무당의 길로 들어서면 그 정도의 각오로 공부하여야 이길 수 있다.

몸주 壬辰편관은 용궁대감으로 설판은 丁壬合木상관 칠성 별상이 담당하는데 가르치는 선생이다. 월주 戊戌편관은 높고 험준한 산신(山神)으로 丁壬合木별상은 감히 뿌리를 내리지 못할 것이다. 그리고 丁未정관은 외줄에 공을 들이고 살아가신 할머니인데 戊戌에 戊未파형(破刑)을 당하여 허주로 들어서니 그는 초에 불을 켜는 여인들이다. 년주 辛亥불사 글문도령이 丁未별상과 合木상관이 되어 배워서 상담할 것이다.

403

12) 오로지 천신 대보살만 모신다

시	일	월	년
丙	乙	庚	辛
戌	未	子	亥

庚子월 희미한 달이 丙戌이 갈 길을 밝혀주지 못하고 乙未는 戌未파형(破刑)으로 辛亥의 별빛만 바라보고 어두움 밤길을 따라서 태어난 것이다. 丙辛合水편인으로 일찍 인연을 만나서 결혼하고, 丙火식신이 되어 자식을 둘을 낳고 나름대로 열심히 살아보지만 내 생각대로 흘러갈 수 있겠는가? 일찍 水인성이 발달 되고 亥未合木비견으로 학문보다는 재물에 관심이 더 많았을 것이다. 하지만 신은 나를 제자로 살아가라 하였다.

하여 지인을 따라서 경주의 어느 박수무당을 만났는데 첫인상이 신체(身體) 자원을 이용하여 찾아오는 사람을 유혹하는 느낌을 받았다고 한다. 상담을 마치고 여담을 나누는 과정에서 나에게 줄이 있다고 하면서 기도를 권유하였다. 하여 박수무당의 신당에서 기도하기 시작하면서 신(神)의 느낌을 받고 이 길로 들어선 것이다. 신내림을 약속하였으나 친정 부모님이 알게 되어 어쩔 수 없이 포기하게 되었다.

이후 박수무당의 권유로 당시 앞서 내림을 받은 제자와 기도를 따라다니기 시작하면서 화경(畫境)으로 용궁 불사 할머니를 친견하였다. 그렇게 시간이 흐르면서 다양한 경험을 하게 되어 내림을 결정하였고 박수무당은 거액을 요구하였다. 내림굿을 하고 신당을 차려 기도하기 시작하였는데 박수무당이 찾아와서 친가 외가 시가의 신가리를 하여야 한다고 다시 거액을 요구하기에 거절하고 애동제자는 고아가 된 것이다.

박수무당이 내림하는 과정에 용궁불사 대신이 오시고 불사 세존이 오시고 천상 동자 동녀가 들어왔다고 하였다. 막상 신당을 차리고 기도를 하여보니 박수무당의 공수는 장님 문고리 잡는 식이다. 그래서 이를 정확하게 알고 싶어 기도를 같이 다니는 제자에게 이야기하니 사주 속의 신명(神明)을 상담하는 선생님을 알고 있는데 같이 가보자고 하였다. 이후 상담을 통하여 박수무당에게 속았음을 알게 되었다.

무당은 신이 전해주는 것을 받아서 이야기하는데 아무런 근거가 없으니 확인이 안 되는 것이라고 하였다. 그리고 사주는 태어날 때 가지고 온 문서이고 이를 근거로 하여 인연 된 신명을 찾아서 풀어낼 뿐이라고 하였다. 그런데 이상하게도 사주속 신명으로 풀어내는 것이 거의 정확하였고 전안에서 기도하는 과정에서 받은 이야기와 같았다. 하여 오로지 천신대보살을 모시고 기도하니 상담이 이루어지기 시작하였다.

사주 속의 신명 풀이에서 불사 세존은 필요 없고 丙戌의 천신대보살 한 분만 모시면 된다고 하였다. 박수무당이 만든 신당을 정리하고 다시 사주에 인연 되어 있는 신명을 모시고 기도를 하기 시작하면서, 기운이 바뀌고 말문이 열리기 시작하였다. 나는 이후 박수무당과 인연을 정리하고 거액을 들여서 내림굿 하는 사람을 말리고 싶은 심정으로 살고 있다. 그때 기도 다니던 제자도 마침 신당을 정리한다고 들었다.

신기(神氣)가 있다고 주장하는 무당 이야기를 함부로 믿지 말아야 한다. 사람은 누구나 신의 기운을 가지고 있을 것이다. 약한 신의 기운으로 어리석은 무당이 되지 말고 기도하면서 일반인으로 살거나, 사주를 공부하여 신을 깨울 수 있어야 한다. 제자의 신기가 약한데 공부까지

하지 않으면 사기에 가깝다고 볼 수 있다. 산천으로 기도할 시간과 금전을 가지고 차라리 사주 공부하면 신명을 깨울 수도 있을 것이다.

지금은 좋은 인연들이 찾아들고 신명에서 할머니의 가르침을 따르고자 열심히 생활하고 있다. 천신대보살에서 대대로 내려오는 절을 이어받으라고 하는데 아직은 자신감이 부족하여 결정하지 못하고 있다. 부친이 운영하는 사찰을 이어갈 준비를 하면서 지극한 정성으로 천신대보살을 모시고 기도하는 제자이다. 제자는 정확한 신명 가리로 신벌을 피해야 하고, 무당은 제자에게 가르침을 게을리하면 신벌을 받게 된다.

13) 아이고 할배요

시 일 월 년
辛 甲 丙 甲
未 申 寅 寅

나름대로 열을 품고 있는 태양을 바라보며 새싹들이 여기저기 돋아나는 丙寅월 辛未시에 늦둥이 甲申이 씨앗 속에서 고개를 살며시 내밀고 있다. 주변에 비견이 왕성한데 甲木은 申金편관 절지(絕地)에 자리 잡고, 지장간 壬水편인의 도움으로 발버둥을 치고 있다. 살아남기 위해 寅申충(沖)을 하며 가슴에 상처를 받아도 열심히 노력한다. 하지만 丙火 식신을 낳고 申金편관과 丙寅비견 38세 전후하여 나눔을 경험한다.

辛未불사는 丙辛合水정인 천궁불사의 도움으로 未土공줄을 따라 사주 공부를 하든가 신(神)을 받들고 살아가야 할 팔자이다. 이때가 40에서 45세 사이에 그러한 길을 가야 할 것이다. 그리고 甲申편관 할아버지를 몸주로 하여 甲寅팔(8)선녀의 손을 잡은 丙寅식신 동자가 설판을 보게 할 것이다. 몸주 할아버지는 동자 선녀들이 앞장서게 허락하고 丙寅 7대 조부가 주장신으로 辛未정관의 인연을 사방으로 찾는다.

인연을 찾으면 丙辛合水정인의 공부와 辛金정관의 공명(功名)까지 내주기를 바라고 未土정재의 안정적인 생활까지 부탁할 것이다. 하여 주장 신명 丙寅할아버지는 몸주甲申을 곱게 다스리며 제자를 챙겨주는 것이다. 이렇게 선관(仙官)에서 제자를 보살피는데 게으름을 피우거나 남에게 피해를 주는 행위는 용납하지 않을 것이다. 순조롭게 따르게 되면 丙辛合水정인의 공부 절반은 제자의 노력이니 寅申충(沖)으로 활동할 것이다.

일반적인 사주를 풀이한다면 왕성한 木비견으로 인하여 土재성이 무탈하지 못할 것이며, 형제나 지인의 인연도 불안할 것이다. 하지만 火식신은 木비견의 도움을 받아서 강력한 기운을 발휘할 것이니, 火식신의 직업을 선택한다면 일생이 무탈할 것이다. 건강은 강한 木기운을 조심하여야 할 것이며, 水기운이 발동하면 木이 왕성하여 힘들 것이다. 재물에 인연이 약하지만 식신 재능을 발휘한다면 편안할 것이다.

흐름으로 보면 水기운이 없어서 문서(文書) 운이 약하고 火기운을 만나면 未土정재가 즐거워서 좋다. 만약 대운에서 火운을 만나지 못한다면 평소에 많이 웃고 일상생활을 밝게 하면 火의 기운을 불러들이는 것이다. 밝은 의상을 입고 신당이나 집안 내부를 밝게 해두는 것도 하나의 방법에 속하니 참고하기 바란다. 인성이 약하여 지식과 상식을 가까이하고 영상이나 전자기기를 잘 다스리면 이로울 것이다.

14) 선생님 퇴송(退送)하고 싶어요

시 일 월 년

丁 庚 庚 庚

丑 申 辰 申

새벽 궁에 별과 달이 떨어져 마주 보고 있는 庚辰월 丁丑시에 태어났다. 엄마는 자식의 고통을 자신이 안고 가려고 하는 모정(母情)을 악용한 박수무당의 꾀임에 신내림을 받았다. 여식이 아프고 이상한 기운을 이야기할 때마다 엄마의 가슴이 터질 것 같아서, 지인의 소개로 찾아간 곳에 박수무당이 있었다. 엄마가 신(神)을 받지 않으면 자식이 받아야 한다고 하여 내림굿을 하는데, 별상이 몸주라는데 순간 장군이 들어왔다.

어떻게 이럴 수가 있을까? 그렇게 내림굿을 마치고 집에 신당을 차리는데 신단과 탱화는 크지만 신당(神堂)에 모셔지는 형상물은 초라하였다. 이래저래 1억원 정도 들어간 신내림에 누가 보아도 허술하고, 전안에 앉아서 기도하면 아무런 느낌이 없다. 의심하며 유튜브를 보다가 사주 속에서 주장 신명과 몸주 설판을 찾아주는 영상을 보고, 직접 상담하여보니 박수무당의 농간(弄奸)에 당한 것임을 뒤늦게 알아차렸다.

이후 1년을 고민하다가 신과의 인연이 없음을 인정하고 신당을 정리하기로 마음먹었다. 돌이켜 생각해보니 신내림 하는 신굿에서 나는 과연 어떤 신을 받았는지 신내림에 옳은 신이 오셨는지 아무런 느낌이 없는데, "왜 못받냐고! 간절하지가 않아서! 정신 똑바로 차리지 않아서!" 등등 내 탓으로 돌리고, 결국 동자(童子)만 받고 내림굿을 마무리하자는 박수무당의 이야기에 동자만 잘 부려도 된다며 말을 바꾸었다.

별상도 동자도 모르는 제자는 자신의 어리석음은 모르고, 박수무당을 믿고 시키는 대로 하였으나 여러 경로를 통하여 나를 알게 되었다. 하여 퇴송하기로 결정 지었다. 그런데 동안 들어온 신벌(神罰)과 벌전(罰錢)에 대한 공포가 또다시 가슴을 억누르기 시작하면서, 알지 못하는 무당집을 기웃거리며 물어도 보고 해결방법을 물어보면 거액을 요구하니 무식이 용감이라고 무작정 처리하기에는 용기가 없었다.

뜬 눈으로 지새워도 답은 없고 하여 다시 사주 속의 신명을 상담하시는 선생님을 찾아간 것이다. 무당들이 하는 말들이 얼마나 무지한가를 그때 알게 된 것이다. 선생님의 말씀이 "신벌은 무당이 잘못하여 신(神)으로부터 받는 것이고, 벌전은 무당이 제자의 잘못을 잡아주기 위해 내리는 경고이다."라고 하였다. 그러면서 애동제자로 상담 경험도 없이 박수무당이 던지는 칼을 열심히 집어다 준 것밖에 없으니 신벌은 박수무당이 받을 것이다.

신당을 정리하려고 여기저기 물어보니 어떤 무당은 신내림보다 더 많은 금액을 요구하며 겁박과 신벌을 운운하였다. 무당들의 이야기는 코에 걸면 코걸이 귀에 걸면 귀걸이다. 그래서 다시 선생님을 찾아가 부탁하니 무당을 소개해 주었다. 그 무당은 나를 보고 "그 집 신당에 신(神)이 없다." 그리고 "돈 없으면 그냥 소각하고, 약간의 여유가 있다면 허주들이 들락거리니 약소하게 제물 올리고는 인연이 다되어 접는다."라고 고하라는 것이다.

잠시 자식을 위해 무당으로 살아보았는데 이건 아니라는 생각이 들고, 보이지 않는 신을 들먹여서 선량한 서민을 더 고통스럽게 하는 무당은 저질 악마(惡魔)이다. 이 사주의 몸주 庚申비견은 장군이나 미륵선녀. 음신 子水로 인하여 辰丑土 친가 할머니가 두 분으로 丑辰파(破)하여 사이가 나쁘다. 시주에 丁丑작은 할머니는 庚辰큰 할머니와 인연된 庚申선녀를 丑辰파(破)로 괴롭히는데 간단하게 천도재를 올리면 된다.

무당은 어찌하여 사주에 나오는 것을 읽지 못하고 신이 전하는 이야기마저 거짓으로 꾸미는지 모르겠다. "영검하신 우리 신령님만 믿으라고..." 직업은 土는 피부에 해당하고 丑辰인성이 파(破)하니 타투 이거나 마사지 같다. 즉 丁火색(色)을 丑土의 피부 속으로 감추는 것이다. 이를 신명으로 보면 칠성 줄이다. 일주 庚申간여지동이며 水식상의 기운이 강하여 "부부 이별 수는 있어도 자식의 끈으로 끊어지지 않을 것이다"

왜 나는 법당을 접나요? "辰土편인이 자형(自刑)이라서 한 번은 꼭 접게 된다." 그리고 "사주 속에 자형이 있는 무당은 신당을 자형 수(數)만큼 접는 경우가 많다"고 하였다. 나의 어리석음은 박수무당의 좋은 먹이감이 되어 힘들게 모은 재산을 탕진하였다. 무당들은 고민을 해결하려고 찾아온 사람의 약점을 이용하여 거액을 편취하면 반드시 신벌(神罰)을 받는다는 선생님의 이야기를 듣고 용기 내어 퇴송하였다.

*퇴송하려고 한다면 동안 모시던 신을 보내드리는 퇴송굿을 하는데 비용이 많이 드는 것은 사실이다. 금전적 여유가 없으면 최소한의 예를

갖추고 간절한 마음으로 신과 타협하기 바란다.

15) 박수무당에 속아서 내 동생이 자살했어요

시 일 월 년

己 辛 辛 癸

亥 酉 酉 酉

辛酉월 己亥시에 손에 잡힐 것만 같은 별들이 반짝이고, 밤이슬에 씨앗은 더욱 단단하게 변해가고 있을 무렵 辛酉가 태어났다. 자형(自刑)으로 이루어진 사주이기에 서두르는 성향이 강하고, 보이지 않는 곳에서 많은 재물을 찾고 있다. 즉 일주와 시주 사이에 乙丑편재가 음신으로 숨겨져 있고, 酉丑合金비견으로 부풀려서 자기 자랑하는 것을 좋아하는 경우가 많다. 이는 결국 도둑을 부르는 꼴이다.

음신 乙木편재는 가을바람을 타고 己亥편인 상관의 나즈막한 목소리에 애고를 담뿍 실어서 음신 丑土편인이 되어 가슴속으로 파고들 듯이 한다. 하여 직업도 辛金에 酉丑合金비견이 많은 관심을 가지고 들어오니 이들을 상대로 하여 乙丑재물을 모으는 것이다. 그래서 酉金비견 자형이라 자랑을 할 것이고 찾아온 지인으로 재물이 날아가게 될 것이다. 지인의 소개로 유튜브에 영상 몇 개를 올려놓고 낚시질 하는 박수무당을 알게 된 것이다.

지인은 박수무당과 짜고 乙木편재를 베어가려고 접근하여 지금까지 잘나가고 돈을 벌어들이는 것은 신의 뜻이니 신을 모시고 살면 더 많은 돈을 준다고 영검하신 자기 신령님이 공수한다고 유혹하기 시작하였다. 지인은 곁에서 박수무당의 이야기에 장단을 맞추어 신을 받으

면 지금보다 더 잘된다고 바람을 잡았다. 그렇게 맺어진 인연으로 지인과 돈거래가 시작되고 박수무당을 믿기 시작하면서 내림굿을 하게 되었다.

굿 비용으로 삼천만원과 신당을 차리는데 천오백만원 들여서 혼자 생활하는 임대아파트 작은방을 기도방으로 꾸민 것이다. 내림굿과 신당을 차려주고 기도를 하라고 한 후에 소식이 없다. 하여 그릇에 소금을 담아서 신당 문 앞에 놓아두고 3개월을 지인과 박수무당을 수소문하여도 소식은 없었다. 신당은 무서워서 한 번도 들어가지 못하여 문을 닫아두고 사방으로 어떻게 하여야 하는지 탐문 하기 시작하였다.

아는 사람 하나 없어 유튜브를 보고 전화나 대면 상담을 하면서 사연을 이야기하니 내림할 때보다 더 많은 돈을 들여서 퇴송이라는 것을 하여야 신벌을 피한다는 이야기가 대부분이다. 내림굿하고 빌려준 돈이 전 재산이고 지금 활동을 하지 못하여 생활비도 부족한데 퇴송할 비용을 마련할 수가 없었다. 앞이 캄캄하다는 이야기를 실감하며, 유튜브를 검색하다가 사주 속의 신명을 풀이하는 것을 보고 연락을 취하게 된 것이다.

지금의 형편으로 대면 상담은 어렵고 전화 상담을 하면서 퇴송을 부탁하기에 방문하겠다고 약속하고 강의 없는 날 저녁에 실장과 그곳을 방문하여 신당을 확인하고 동안의 사연을 듣고 기물과 무구(巫具)를 정리하여 신당 한쪽으로 쌓아두고 형편이 어려우니 능력껏 처분하라고 일렀다. 나머지는 내가 가져다가 소각(燒却)해준다고 약속을 하였는데 이후 전화로 안부를 묻고 연락이 뜸하여 전화하니 언니가 받았다.

동생의 안부를 물어보니 음독자살을 하였으며 죽기 전에 동생과 통화를 하면서, 유튜브에 나오는 박수무당에게 속아 신을 받았는데 정리하려고 하니 돈이 필요하다고 하였다. 하여 급한데로 돈을 마련하여 전화하니 받지를 않아서 집으로 찾아갔는데 이리 험한 꼴을 보게 되었다고 하였다. 유튜브에 5편 정도의 영상을 올려두고 자신이 최고의 무당처럼 위장하여 인물과 말솜씨로 낚시하는 무당이 너무나 많다.

이들은 대부분 잿밥에 관심을 두고 남의 인생을 재단하여 한탕하려는 무당들이다. 이런 무당은 신벌을 두려워하지 않고 상대를 겁박하고 답답하여 찾아가는 사람의 심리를 이용한다. 아니면 다른 말로 둘러대고 맞으면 자신만이 해결할 수 있다고 거짓말을 늘어놓는다. "삼가 고인의 명복을 빕니다." 무당에게 피해 본 사람이 많을수록 무당의 앞날은 어두울 것이며, 사회로부터 지탄(指彈)받으며 무시당한다.

16) 할머니 살려주세요

시 일 월 년

庚 甲 乙 乙

午 戌 酉 卯

乙卯의 가을바람이 모질게 일어나서 卯酉충(沖)하여 甲戌의 열매를 떨어뜨리니 설익은 庚午와 乙酉자식이다. 가을 한낮의 햇살은 卯戌合火가 붉게 착색되어 가는데, 겨울이 다가오면 甲戌은 앙상하게 변할 것이다. 卯戌合火상관과 午戌合火식신 할머니 두 분이 서로 甲戌을 午卯파(破)가 시작된 것이다. 甲戌의 뿌리는 午火인데 卯木이 卯戌合火하여 악착같이 잡고 있다. 이는 庚午와 乙卯가 乙庚合金이 되어 더욱 심각하다.

甲戌의 학창시절에는 큰 할머니의 인연으로 약(藥)을 다스리는 직업을 하기 바란다. 하지만 庚午의 24세를 지나면서 작은 할머니의 기운을 받고 살아가야 하는데 午火상관 법사(法師) 길을 가자고 한다. 이를 알지 못하고 50을 바라보는 중년의 남자는 확실한 기술이나 일정한 직업이 없다. 노후가 걱정되어 부인의 성화(成火)로 왔는데 "선생님 우리 남편 신명(神明)으로 사주 풀이를 한번 부탁드립니다."

"어떤 신(神)이 이토록 방해하는지 알고 싶어요." 사주를 적어놓고 보니 몸주는 甲戌편재 한량이라 스스로 몸을 아끼는 대감이다. 이러한 대감은 두 여자와 합을 하고 있으니 할머니가 두 분인데 서로 자기 영감이라고 앙숙이 되어 있다. 이렇게 태어난 자손은 인연 고리에서 벗어나지 못하고 할머니의 기(氣)싸움에 피해자일 뿐이다. 午卯파(破)의 줄다리기에 甲戌은 당기는 대로 오락가락하는 신세로 살아가고 있다.

이러한 기운에 휘둘려서 마땅한 직업을 선택하지 못하고 세월만 채워가면서 오만가지 직업 속에 기술을 배우려고 하여도, 건강한 체격에 몸이 허락하지 않고 갑작스럽게 입원까지 하도록 하는 것이다. 일반인으로 신(神)의 세계를 이해하지 못하니 인정하지도 않을 것이다. 답답하여 찾아오는 것이고, 운이 없어 그런가 생각하면 큰 착오인 것이다. 신과 인연이 되면 신이 바라는 직업이나 낮은 자세로 공들이며 살아가야 한다.

甲戌편재 한량은 乙卯상관 큰 할머니가 아파서 죽었으니 인연을 정리하기 위해 해원(解冤)을 해드리고, 庚午식신 작은 할머니 인연으로 법사가 되어 악사(樂士)로 살아가야 한다. 그러다가 한 번씩 병원에 입원하여 쉬었다가 다시 나오면 악사로 열심히 살아가야 하는데 이러한 것이 싫으면 쇠를 두드리거나 요란한 소리가 나는 기계를 다스리면 피해갈 수 있을 것이다. "인간은 절대로 신을 이길 수 없다."

부인은 한숨을 쉬면서 앞으로 어떻게 하여야 하는지 언제 운(運)이 오는지 알고 싶어 한다. 사람들은 운이 저절로 온다고 생각하지만 잘살아가는 사람은 이렇게 이야기를 들어보면 "운(運)도 사람이 지어가는 것이고 운(運)은 불러들이는 것이며, 항상 준비하고 있어야 한다" 는 것이다. 그래서 잘사는 사람은 항상 무엇인가 노력을 하며 때를 기다리고 신(神)께 나름대로 열심히 공(供)을 들이고 기도(祈禱)한다.

어리석은 사람은 아무런 준비도 하지 않고 오로지 운(運)을 기다리고 있다. 신은 이러한 인간에게 기회를 절대 주지 않는다. 신이 어쩌다 먼저 기회를 주지만 공을 들이지 않고 자신이 운(運)이 있어서 이루어진 것으로 생각하는 미련한 인간에게 신벌이 가해진다. 자식의 앞길을 막아두거나 건강이나 재물을 치고 가정에 우환을 집어넣어 항상 불안하게 한다. "사람이 공(供)들이면 신(神)은 그 정성(精誠)에 꼭 보답한다."

17) 신병(神病)으로 고생하는 아가씨

시 일 월 년

己 庚 己 乙

卯 戌 卯 亥

서른도 안 된 아가씨가 찾아왔다. 이쁘고 귀엽고 순진하고 앳된 얼굴에 두 눈을 깜박거리는데 "눈이 아파서 그러는 건가요?" 하고 물으니

언제부터인지 눈이 감겨오고 쉽게 뜰 수가 없었다고 한다. 하여 애타는 부모는 소문난 안과를 수소문하여 서울까지 찾아다니면서 진료와 치료를 받았으나 차도(差度)가 없다고 한다. 대학병원에서 다양한 검사를 하였으나 병명은 없고, 수술하여도 장담할 수 없다고 한다.

乙亥의 바람 따라 己卯의 구름이 흐르고 있는 새벽하늘에 기울어가는 庚戌 달이 己卯의 구름 사이로 살며시 卯戌合火의 밝은 빛을 자랑하듯 하고 있다. 卯월 卯시에 庚戌이 태어나보니 乙亥식신은 할아버지 대에 亥卯合木정재로 己土인성 어머니가 두 분이시니 庚戌에게 친가 할머니가 두 분인 것이다. 乙亥의 어머니 己卯는 亥水식신으로 맑은 물을 조왕신(竈王神)에 올리고 자식 건강을 위하여 빌었을 것이다.

하여 그 인연 공덕으로 卯戌合火정관으로 인연 되어 알아주기를 바라면서, 손녀의 눈을 깜박이게 하였는데 이를 알지 못하니 더 강하게 눈에 장애를 주고 있다. 부모는 신병(神病)을 감지하지 못하고 병원에 의존하려고 하였으나 정확한 병명마저 전해 듣지 못하고, 수술하여도 완치된다는 답마저 들을 수가 없었다. 답답한 마음에 딸의 손을 잡고 용하다는 무당을 찾아다니기 시작하였으나 답은 신(神)을 받으라는 것이다.

어떠한 원인도 모르고 내림을 강요하는 무당들의 이야기에 신빙성을 가지지 못하고 그럭저럭 세월을 보내다 부모님은 포기 상태이고, 답답한 아가씨는 직접 원인을 찾아다니기 시작한 것이다. 우연히 타로를 상담하는 곳에서 소개받아 사주 속의 신을 상담하는 나를 찾아온 것이다. 사주를 적어놓고 첫 마디가 "동자야 내가 누구야…?" 하고 물으니

"할아버지요." 하며 6살가량의 동자가 답을 하는 것이다.

*亥水식신이 동자(童子)이고 1,6水이니 6살이다.

이는 년주 乙亥식신이 당산용궁 약명 동자이기 때문이다. 몸주는 庚戌의 미륵 글문 대감인데 내관(內官)을 지내고, 주장신은 己卯산신 약명으로 戌土편인과 合火정관으로 일상을 기록하는 관직(官職)일 것이다. 그리고 亥卯合木정재를 완성하려고 년주와 월주 사이에 未土정인이 음신(陰神)으로 작용하여 戌未파형(破刑)을 하고 있다. 이는 할머니 산소를 파묘(破墓)하여 화장(火葬)할 기운을 가지고 태어난 것이다.

*음신이 들어가는데 형 충 파해나 원진이 이루어지면 특별한 경우가 아니면 쓸 수 없다.

철부지 처녀가 신의 기운에 눈을 뜨지 못할 지경이다. 그런데 찾아간 무당은 정확한 설명을 하지 못하고 신굿을 하라고만 한다. 어린 가슴이 얼마나 힘들었을 것이며 그의 부모는 일반인으로 살아가지 못하고, 신(神)딸로 살아가야 하는 여식을 보면서 얼마나 울었을까? 나와 마주하고 시간이 흐르면서 눈의 깜박거림이 느려지고 해맑은 얼굴에 미소를 짓고 있으니, 먹고 놀고 싶어 어리광부리는 동자 같았다.

누구도 신과의 대립은 피하는 것이 좋고, 웬만하면 타협하도록 무당들은 신과의 인연을 제대로 설명하여 주고 방법을 선택하도록 하여야 한다. 무작정 신을 받아서 모시라고 한다면 누구나 황당할 것이다. 나는 아가씨에게 신과의 인연을 설명하고 동자의 성격까지 이야기하면

서 신병을 인정하고, 인연 되어 오신 신을 받아들이고 불리면 눈은 정상적으로 회복될 것이며 동자가 점사를 보면서 돈을 가져다준다고 하였다.

문제는 금전적인 부담으로 무당들이 많은 돈을 요구하니 여력이 없어 불편하여도 장애를 감수하면서 부모에게 의지하며 지낸다는 것이다. 이미 몸에 동자가 자리를 잡고 있으니 신을 인정하고, 소박하게 신당을 차려 乙亥식신 약명 할머니께 매일 약차(藥茶) 3잔을 올리고 기도하면 좋아질꺼라고 하였다. 나가는 길에 "동자야 할아버지 책은 언제 낼까?" 하고 물으니 초롱한 목소리로 "내년 봄에 좋아요." 내 생각과 같았다.

18) 전생에 내가 무슨 잘못으로 가혹한 신벌을

시 일 월 년
庚 丁 戊 甲
戌 丑 辰 戌

戊辰월 庚戌시에 달은 밝은데 구름 사이로 흐르는 달빛을 타고 丁丑이 태어났다. 사주에 상관을 휘두르고 있으니 丑土식신의 불만(不滿)이 언제 터질지 몰라 甲木정인은 항상 불안할 것이다. 전생에 甲戌정인을 丑戌형(刑) 하였는데, 이는 戊土상관의 지장간에 辛金편재를 노리고 옥황상제 옥새(玉璽)를 위조(僞造)한 죄로 이승까지 쫓겨난 것이다. 이렇게 상관(食傷)이 강하면 외가 할머니가 두 분이시다.

하여 천상에서 인연을 찾아서 신벌(神罰)을 내리는데, 어릴 적에 甲戌정인 어머니가 모아둔 편재의 많은 재산을 파산(破産)하라고 하였다.

그리고 戊土상관 산바람으로 월주 戊辰부친(父親) 형제 중에 장손(長孫)을 잡아들이라고 하였다. 그래서 친가 조상의 산소를 파묘(破墓)하고, 그 벌로 아버지 형제의 장손이 젊은 나이에 죽었다. 이를 사주에 戊辰형제 백호와 丁丑자식 백호로 찍어 두고 丑辰파(破)로 몰아가도록 한 것이다.

이러한 인연과 사연을 사주에 기록한 것은 피할 수 없는 사연(事緣)으로 한(恨)을 풀기 위함일 것이다. 사주에 상관이 많으니 외가 할머니의 인연으로 甲戌할머니는 어머니께 많은 재물을 주면서 뜻을 알아주고, 이어가기를 바라는 것이다. 하지만 戊辰은 이를 알지 못하고 알 수도 없고 하여, 자신의 운(運)에 의한 재복(財福)으로 생각한 것이다. 신(神)은 무정하고 정확하여 반드시 댓 가를 주고 뜻을 전하는 것이다.

외조모는 아무리 기다려도 알아주지 않으니 丁丑을 통하여 丑戌형(刑)으로 다스리기 시작한 것이다. 그리고 신벌(神罰)로 丁丑을 무당이나 사주쟁이로 살아가기를 바라고, 혼인과 자식을 두지 말고 수행하는 자세로 자신을 낮추고 속죄하라고 한다. 이러한 신의 뜻을 저버리면 다음에는 庚戌의 벌(罰)을 내릴 것이며, 신병(神病)으로 두통(頭痛)을 주기 시작하면 견디기 어렵다. 신의 길을 가지 않고자 한다면 丑戌의 직업을 선택하면 된다.

즉 辰戌土상관은 타인을 이롭게 하는 직업이고 丑土는 밖으로 활동하지 말라는 뜻이다. 丁丑이 외부활동을 자유롭게 하게 되면 丑辰파(破)를 당하거나 丑戌형(刑)을 당할 수 있다. 또 다른 직업은 丑土식신의 미숙아나 치매 노인이며, 辰戌상관의 장애인을 가르치거나 보모로 살아

가야 전생의 죄를 사면(赦免)받을 수 있다. 戌土의 천문 공부를 하여도 무관할 것인데 나약한 인간은 신을 무시한다면 충분한 벌을 받게 된다.

19) 신을 받지 않아서 그런다고

시 일 월 년
庚 丙 丙 丙
寅 辰 申 午

책을 구입하여 읽어보지 않고 책장에 두었다가 하는 일이 힘들어서 찾아간 무당들은 한결같이 신(神) 제자라 하고, 또 다른 곳에 가면 줄이 있는데 받지 않으면 자식으로 넘어간다고 한다. 답답한 마음에 굿도 하며 살아보고 발버둥을 쳐봐도 신은 대답이 없고, 사업은 수직으로 떨어지니 포기하는 심정으로 긴 의자에 누워서 책장을 바라보는데 노란 책이 보였다. 바로 "사주속의 신명 이야기" 였다.

지푸라기 잡는 심정으로 변경된 전화번호를 누르고 신호음이 가는데 심장(心臟) 박동(搏動)이 굿당의 고장(鼓匠) 소리보다 더 크게 울린다. 庚寅달이 지지 않고 있는데, 새벽은 밝아지고 강물이 붉게 물들이고 있는 시간에 丙辰이 태어난 것이다. 하여 火비겁이 申金편재를 제련하려고 열심히 풍구질을 하고 있다. 申金을 달구어 辰土에 담그니 재물이다. 붉게 흐르는 쇳물은 辰土에서 굳어져 새로운 물건이 생산된다.

"나도 신을 받아야 하나요?"라고 시작된 물음에 답은 "아니요" 이다. 그리고는 사주 속의 신의 흐름을 풀어가기 시작하였다. 년주 丙午는 무당으로 조부모의 윗대 할머니께서 공을 들이며 무당으로 살아간 인연이 시주 庚寅과 합하여 자식을 두면서 다시 寅卯辰으로 인연 된 것이다. 즉 丙午의 할머니는 庚寅을 품에 안겨주면서 햇살이 들어오는 곳으로 주둥이가 넓은 사발에 붉은 약차를 올려주라고 한 것이다.

누가 이러한 사연을 알 수 있겠는가? 찾아간 무당도 윗대에 무당이 있어서 그러니 신을 받지 않으면 자식을 치거나 그쪽으로 넘어간다고 겁을 줄 뿐이다. 도법이 높지 않은 무당은 이러한 인연 고리를 알 수 없으며, 글문 도법으로 높은 공부를 하여야만 알 수 있는 것이다. 하여 인연 된 할머니가 많은 재물을 가져다주었는데 丙辰은 丙午의 뜻을 알지 못하고 무시하면서 寅申충(沖)을 예고한 것이다.

무당의 이야기를 듣고 굿과 천도재를 많이 했는데 효험(效驗)은 없었다고 한다. 왜 그런가 하고 묻기에 "신은 부른다고 오는 것이 아니고 때를 알고 청해야 오신다." "무당은 이를 알지 못하기 때문이고 하는 방법도 알지 못한다." 하였다. "그럼 왜 굿을 하나"고 다시 질문하기에 "목구멍이 포도청이고 신이 오시는 날을 잡는데 한 달이 걸린다면 당가(當家) 집에서 마음 변하기 전에 그냥 생기(生氣) 복덕(福德) 일에 하는 것이지요."

이러한 이야기를 듣고 지금까지 무당에게 속았다고 언성을 올리며 야단이다. 하지만 그 역시 인연으로 그렇게 돈을 탕진하게 하여 할머니의 뜻을 외면한 죄 값 이라 설명하고 모든 죄는 "내 탓인 것이다."라고 무당을 대변한 것이다. 굿을 하거나 천도하려면 이유를 설명하여야 한다. 무턱대고 굿을 해봐야 안다고 하면 안 되는 것이다. 그래서 무당도 배워야 하고 도법이 약하면 부차적인 것을 배워야만 한다.

20) 어긋난 인연 때문에

시 일 월 년
己 丙 壬 戊
亥 申 戌 寅

壬戌월 밤이 깊어가고 앞을 볼 수 없는 어둠 속에 화려한 불을 밝히고 잔치가 한창이다. 강 건너 불이 꺼진 외딴 집에서 호롱불 같은 희망을 안고 태어난 丙申이다. 대궐 같은 戊寅의 집에는 귀한 음식과 좋은 술을 먹고 마시며 목청껏 노래를 부르는데, 우물가에서 웅크리고 앉아 바라보며 부러움과 기다림에 지쳐서 몰래 찾아간다. 하지만 반가움보다 잔소리와 구박으로 오래 있지 못하고 나올 수밖에 없었다.

*寅戌合火비견은 매일 같이 무리를 지어서 서로의 목적을 이루기 위해 특정한 곳에 불이 밝혀진 큰 집이다. 년간에 戊土식신은 새로운 사람과 음식과 소리이며 寅木편인은 매일 찾아오는 꾼이라고 할 수 있다.
*戊寅식신 편인이 丙申편재를 두고 충(沖)을 하는 것이 멀리까지 소문이 났다고 할 수 있다.
*己亥시는 어둡다는 것이고 己土상관 몰래 이루어진다는 것이다. 寅亥合木편인은 찾아가서 거지로 돌아오는 것이다.

친가 쪽으로 윗대 조상에 할머니가 두 분이신데 큰 할머니는 戊寅이고 머슴으로 살다가 주인의 자식을 낳고 쫓겨난 己亥가 작은 할머니이다. 丙申은 큰집에서 잘 먹고 즐기고 싶은 마음에 찾아가지만 그럴 때마다 戊寅으로부터 좋은 소리는 듣지 못하고 오랫동안 두들겨 맞아 후회와 앙심을 품고 돌아온다. 어쩌다 잘못된 인연(因緣)을 맺어서 돌아올 수 없는 강(江)을 건너려고 하는지 한심할 뿐이다.

*戊土식신은 친가이며 높다는 것은 큰 할머니이고 己亥상관 편관은 낮은 신분의 머슴이나 몸종이다.
*寅木지장간에 甲木과 甲己合土상관으로 몰래 주인 대감과 합하여 丙申의 자식을 낳았으니 첩(妾)으로 작은 할머니에 해당한다.
*寅亥합파(破)로 잔소리와 구박(驅迫)에 견디지 못하고 亥水자형(自刑)이 되어 스스로 물러난 것이다. 하지만 그리움과 원망이 쌓여 죽었으니 그 영혼이 丙申을 통하여 申戌합하고 戌寅合火하여 찾아가는 것이다.

젊은 나이에 환경과 사회에 적응하지 못하여 옳은 직장도 없이 뜬구름을 잡으려고, 인터넷 불법 오락에 빠져서 나오지 못하고 있는 남자이다. 노력 없이 화려함을 추구하는 잘못된 생각은 己土상관 할머니의 설음으로 항상 戊土식신을 생각하며, 寅亥合木편인의 대접을 받고 싶어서 그러는데 결과는 파(破)로 깨져서 스스로 돌아오는 상황이다. 어떻게 하여야 己亥의 한(恨)을 풀어줄 수가 있으며 戊寅과 인연정리를 하여야 할까?

*丙申이 壬戌과 지지는 합을 하여 능력으로 살아가고 싶은데 천간 丙壬충(沖)을 하여 적응하지 못하고 있다. 이는 인간의 몸을 가지고 조상 할머니가 접신(接神)되어 부(富)와 화려함을 풀어보려고 하는데 이용당하고 있다.
*己亥는 태산(太山) 같은 戊寅에게 한(恨)을 품고 있는데 파형(破刑)되어 마음 뿐이다.
*시주의 己亥할머니는 집 안쪽에 亥水역마로 자주 사용하지 않는 자그마한 출입문 앞에 쪼그리고 있다.

인연 된 자손 丙申은 병신(病身)같은 생각에서 벗어나야 할 것이고, 억지스럽게 고통을 참아가야 할 것이다. 그리고 戊寅을 탓하는 것이 아니라 己亥의 한을 풀어주고 천도해드려야 할 것이다. 즉 申亥해(害)로 미련을 버리지 못하고 있으니, 음신으로 庚子편재 정관 할아버지가 달래주어야 할 것이다. 즉 집에 출입하지 않는 문이 있는데 그곳에 己亥할머니가 자리 잡고 丙申이 들어오면 寅木으로 가자고 하는 것이다.

*여기서 丙申은 발음이 나오는 그대로 풀이하며, 申酉戌合金재성은 직장에 다니면서 나름대로 능력을 발휘하고 싶다는 것이다. 하지만 丙壬충(沖)을 당하고 있으니 생각이 몸을 지배하여 그렇게 하지 못하고 己亥작은 할머니의 조종을 당한다고 풀이하는 것이다. 즉 申金과 亥水사이에 음신으로 庚子편재 정관이 들어서서 申子合水하니 바위 사이로 흐르는 계곡에 辰土식신 물이 고여있는 곳으로 유인(誘引)하여야 한다.

庚子는 물이 흐르는 계곡으로 己亥를 유인하여 寅戌合火하여 불을 밝게 밝히고 戊寅의 음식과 壬戌의 독한 술부터 올리고 신명 나게 소리 높여 놀아주면 丑土의 한(恨)이 풀어질 것이다. 그리고는 집으로 돌아와서 己亥의 출입문을 철거하여 봉합하면 가능할 것이다. 한 많은 작은 할머니의 소원은 많은 돈을 가지고 큰 집에 살면서 좋은 음식과 술을 마시고 큰소리를 내면서 살고 싶다는 것이다.

*寅申충(沖)을 가로막고 타협할 수 있는 음신으로 壬辰이 들어서니 이를 풀이하면 기토임탁(己土壬濁)으로 현혹하고 타일러서 밖으로 유인

하여야 한다. 물이 고여있는 곳에서 戊寅처럼 화려한 불을 밝혀두고 술과 음식을 대접하여 해원경(解冤經)을 들려주면 원한(怨恨)을 풀어준다. 그리고는 甲木대감이 오신다고 기다리자며 속이고 흥겨움에 빠지게 한 뒤에 뒤돌아보지 말고 집으로 오면 될 것이다.

21) 산바람에 편관 백호살까지

시 일 월 년
甲 辛 壬 癸
午 丑 戌 丑

먼 산을 넘어오려는 가을비를 바라보며 바쁘게 수확하여 말리고 있을 무렵에 갑자기 떨어지는 우박(雨雹)을 타고 辛丑이 태어났다. 가을걷이하여 종자(種子) 하려 말리고 있는데 우박을 맞았으니 다음 농사는 이미 망친 것이다. 비탈진 골짜기에 아슬하게 만들어진 논과 밭으로 하늘만 바라보고 농사를 짓고 있는데 하늘도 무심(無心)하다. 전생에 무슨 죄를 지었기에 마지막 희망인 종자마저 남겨두지 않는다.

정편인이 혼잡하여 친가에 할머니가 두 분이다. 하여 癸丑은 큰 할머니고 壬戌작은 할머니인데 서로 丑戌형(刑)으로 앙숙(怏宿)이다. 하여 작은 할머니의 인연으로 甲午남편을 만났으니 丑午원진(怨嗔)으로 구박 덩어리가 되었을 것이다. 그리고 癸丑 壬戌식상들이 관성 백호(白虎)살을 타고나서 형(刑)으로 이어지니 이유도 없이 자녀들이 학업을 게을리할 것이다. 辛丑은 태어나서 월주 壬戌과 형(刑)을 하고 있으니 부모덕이 없을 것이다.

이러한 원인은 전생 것은 아니고 두 할머니의 관계에서 발생하는 원한

때문에 일생이 피곤할 것이며, 관성이나 식상으로부터 도움을 받을 수가 없도록 하였다. 또 한 丑戌형(刑)으로 조상의 묘지(卯地)에 백호살이 발동하여 辛丑을 괴롭히고 있지만 여식(女息)으로 태어나서 아무런 권한을 행사할 수 없는데 떼를 쓰는 조상이 원망스러울 것이다. 박복(薄福)한 인연으로 고달픈 인생은 신(神)과의 조화를 거부하기에 힘들게 살아가는 것이다.

22) 두 할머니의 보살핌에 어머니는

시 일 월 년

丙 庚 戊 己

戌 申 辰 亥

비록 작은 산이라고 하지만 통 바위로 이루어져 있으며, 소리 내어 흐르는 맑은 물은 굽이 돌아 작은 저수지에 머물기도 하고 큰 강줄기 따라 끊임없이 흘러가고 있다. 봄기운이 완연한 戊辰월 달도 저물어 어두운데 산길 따라 물길 따라 庚申이 찾아왔다. 밤하늘에 둥근달이 빛을 잃고 큰 산은 바위를 감싸주는데 귀퉁이의 저수지에 흙탕물만 가득히 고여있다. 날이 밝으면 무진장 넓은 뜰에 물이 채워질 것이다.

戊辰월 丙戌시에 구름에 가린 둥근달은 빛을 잃어버리고 어두운 밤에 己亥의 작은 물통에 씨앗을 담아두고 발아(發芽)하기를 기다리며 물을 채워 두었는데 어두워서 알지 못하고 있다. 즉 庚申의 씨앗을 어릴 적에 己亥의 작은 물통 속에 담아두고 戊辰부모가 辰亥원진으로 관심을 가지지 않고 있으니 亥水식신은 떨어지는 기온 때문에 싹을 틔우지 못하고 있다. 즉 자식의 재능을 알고자 하지 않았다는 것이다.

이는 전생에 작은 시골 마을의 훈장으로 배고프게 살아가는데 이웃에 戊辰백호의 욕심 많은 부잣집 늙은 부부와 사이가 좋지 못하여 시비와 논쟁을 자주 벌이곤 하였다. 즉 글은 모르고 재물 욕심을 부린다고 무시하는 훈장과 글만 알고 농사를 모른다고 외면하는 노부부와 인연이 되어 이생에 자식으로 태어난 것이다. 그래서 어릴 때 젖을 주지 않아 건강이 좋지 못하였을 것이고 애써 가르치려고 하지 않았을 것이다.

무당 사주학 이야기

무당(巫堂)편

선녀 인사드립니다.

할아버지를 주장 신령님으로 모시고 사주를 공부하고 있는 선녀 무당이다. 신명에서 무엇을 원하시는지를 구체적으로 알지 못하고, 오로지 지극한 정성으로 기도하며 무당으로의 삶을 살아가면 된다는 아집(我執)뿐이었다. 경험이 쌓이면서 알 수 없는 답답함과 채워지지 않는 공허함에 무엇인가를 놓치고 있다는 생각을 하여, 많은 고민 끝에 찾아간 곳이 타고난 사주에 드러나 있는 신명(神明)을 연구하는 곳이었다.

나는 신내림 전부터 이미 어떠한 이끌림으로 사주(四柱)를 배웠으나 제자(諸子)로 살아가면서 자연스레 책을 덮어두고 오로지 기도에 치중하였다. 기도중 화경으로 낡고 누런 서책을 펴놓고 할아버지 앞에 앉아 공부하는 나를 보았고, 그러한 서책들이 하늘에서 무더기로 떨어지기도 하였다. 단순히 공부의 의미를 기도라고 생각하여 더 매달리며 살았는데 그것이 제자의 무지(無智)였음을 뒤늦게 알게 된 것이다.

사주 속에서 주장신 할아버지의 원하시는 바람이 정확하게 드러났었다. 높은 학문에 해당하는 주역(周易)이나 사주(四柱) 같은 하늘과 통하는 인간 공부를 원하시는 할아버지는 인연 된 제자가 스스로 책을 펼칠 때까지 기다려 주신 것이었다. 보여주신 모든 것들을 의심할 것도 없이 기도라고만 착각하고 살았으니 다시 생각해봐도 정말 부끄러운 일이 아닐 수 없다. 제자의 어리석음에 할아버지도 답답하셨을 것이다.

신 선생으로부터 배움이 부족하거나, 지금도 길을 찾지 못하고 홀로 전전긍긍하는 제자님, 공수를 증명하지 못하고 횡설수설하는 제자 많다. 무당이 기도에 목숨 걸면 된다는 생각으로 배움을 두려워하는 어리석은 제자들이 많은데 신의 도법이 부족하여 사주 공부로 채워가는 지혜로운 무당은 아직 부족하다는 생각이다. 오로지 기도로 할아버지 할머니를 찾는다고 공명(功名) 나기를 기다리는 어리석은 무당은 되지 말자.

이름난 무당은 주장신과 몸주 설판이 전생에 수행과 공부를 많이 하신 대감이나 대신을 모시기 때문이다. 숙명(宿命)으로 신을 모시는 것은 아니지만 운명(運命)으로 인연 된 신명의 도법이 부족하여 그 제자를 통하여 배우고자 한다. 과연 무당에게 사주 공부가 필요할까? 라고 의심하는데, 공명(功名)과 재물(財物)을 가진 이름난 무당들조차 사주 속의 신명을 알고자 하는 것은 인연 된 신명을 정확하게 모르기 때문이다.

할아버지 말씀에 "太山처럼 높다 하나 못 오를 山은 없느니.."라 하셨다. 무엇이든 노력 없이 이루어지는 결과는 없을 것이나, 공부하고자 한다면 신령님도 반드시 도와주신다고 믿는다. 지금의 나는 신과 함께 공부하기에 점진적으로 속도가 빨라지고 있음을 몸소 실감하고 있다. 이는 모시는 신령님이 더 높은 차원으로 승화(昇華)하려고 인연 된 제자와 함께 기도와 공부를 병행하기에 가능할 것이다.

무당이라고 다 같은 무당은 아닐 것이다. 각기 다른 신명을 모시고 무당의 길에 들어선 제자도 모두가 행복하여야 한다. 인연 된 제자에게 무당으로의 새 삶이 주어졌을 때는 필시 이유가 있을 것인데, 제자는 이러한 사실을 외면하고 신을 앞세워 자신의 욕망을 채우기에 급급할

뿐이다. 신령님은 이러한 제자를 이쁘게 봐주지 않고 기다림에 지치면 매를 들어 고통 속으로 밀어 넣을 기회를 호시탐탐 엿보고 있음을 알아야 한다.

무당이 사주를 알면 점술에서 최상의 위치에 자리매김할 것이며, 신점을 학문으로 증명할 수 있다면 신은 더없이 기뻐하고 사람은 미래에 대한 불안감을 상당히 해소할 것이다. 아울러 부족한 저에게 '무당 사주학 이야기'의 모든 집필 과정에 참여할 기회를 주신 청암 김석택 선생님께 머리 숙여 깊이 감사드리오며, 이렇게 인연 줄 잡아주신 신령님의 큰 뜻을 알고 자부심을 가져 열심히 공부하는 무당으로 정도(正道)의 삶을 살아갈 것이다.

약명(藥名)선녀 인향(仁香) 심 연주

1. 신(神)과 종교(宗敎)와 사주(四柱)

　천기(天氣)를 누설(漏泄)하는 것은 아니다. 그냥 우리가 알고자 노력하지 않았고 보이지 않으며, 보려고 하지도 않고 과학도 증명(證明)하지 못하기에 미신으로 몰아가는 것이 신(神)이다. 이를 통하여 종교(宗敎)가 생겨나면 초자연을 섬기게 하는 신앙(信仰)심과 신의 소리를 부호(符號)로 바꾸어 미래에 대한 불안한 마음 까지 해결하려고 한다. 때로는 나약한 인간이 의지하는 믿음과 공포의 대상이 되기도 한다.

보이지 않는 신(神)을 들먹이며 사람을 불안과 공포감을 만들어서 부리거나 재물을 착취하는 행위는 나쁘다. 그리고 신을 섬기는 지도자 행세를 하면서 추잡한 범죄를 저지르는 종교인도 있다. 또 한 초자연적인 신의 능력을 보여주며 사람 위에 군림하려는 무당이나 부호를 통하여 미래를 예측하는 역술인, 이러한 사람들은 교양(敎養)과 상식(常識)과 양심(養心)을 두루 갖추지 못하고 있다면 사기(詐欺)술에 가깝다.

신을 섬기는 무당은 정립된 학문이 없어서 스스로 법을 만들어 운영(運營)하기에 대중(大衆)의 믿음을 주지 못하는 것이다. 대부분 종교는 교주(敎主)가 있고 교리(敎理)를 기록한 경전(經典)을 통하여 약속된 의상과 시간에 맞추어 행사한다. 부호를 활용하는 사주는 학문처럼 고정된 이론만 주장하고 신을 모시는 무당은 인연 된 신의 소리를 듣고 전한다. 이를 직업으로 살아가기 때문에 서로 화합하지 못하는 것이다.

원래 하나인 뿌리에서 줄기로 자라며 사방으로 뻗어진 나뭇가지처럼 태초에 자연을 만든 신을 바탕으로 하여 무당(巫堂)이 나왔다. 그중에

뛰어난 사람은 종교를 만들어서 사람을 다스리고, 점을 쳐서 통계한 학문인 주역이나 자연을 부호로 만들어 학문으로 점치는 사주도 생겨난 것이다. 그런데 무당은 신앙인으로 신(神)도 경문(經文)도 전해오는 이야기를 나름대로 각색(脚色)하거나 타 종교의 경전을 읽고 있다.

특히 무당은 점을 칠 때 자신과 인연 된 신명(神明)의 소리를 전하는데, 이를 사람들에게 증명하지도 못하면서 믿으라고 한다. 사람들은 답답해서 당장은 찾아와 믿고 의지하며 따르지만, 아무리 신통방통하여도 돌아서면 무시(無視)하고 천대(賤待)하며 업신여기게 된다. 학문을 바탕으로 하는 역술인은 존경과 대우를 받는데, 이는 학문으로 증명하고 교단(敎壇)에서 전수되는 학문이기 때문이다.

이제는 무당(巫堂)의 역사(歷史)를 주장하고 종교의 아버지로 예술학의 시조임을 강조하여야 한다. 이를 증명하기 위해 학문을 바탕으로 하여 신을 증명하고, 경전과 행위를 통일하여 기본적인 소양 교육을 하여야 살아남을 수 있다. 신의 도법이 부족하면 공부하여 신을 깨우고 힘을 한곳에 집중할 수 있게 단체를 결성하여 우후죽순처럼 생겨나는 무속(巫俗)인을 통제하고 무당으로 충분한 자질을 갖추도록 하여야 한다.

1) 글쓴이

30대 중반에 기(氣) 수련으로 쿤달리니를 각성(覺性)하면서 5억6천만 광년(光年) 떨어진 미륵(彌勒)세계 연화대(蓮花臺)에 한 발을 들여놓고 내가 사는 곳을 돌아보면서 알았다. 연화대를 포기하고 불보살의 실체가 궁금하여 혼자 수행하며, 육신(肉身)이 중성(中性)으로 바뀌는 과정에서 극심한 마장(魔障)으로 포기하였다. 이후 자연명리(自然命理)와 사주 속의 신명(神明) 풍수(風水) 전생(前生)과 저승사자 등을 연구하고 있다.

특히 강신무로 살아가는 무당과 인연 된 신명을 학문으로 증명하려고 깊이 연구를 하고 있다. 그리고 세습으로 살아가는 무속인들을 위하여 자신과 인연 된 신을 찾아서 스스로 공부하여 신을 깨우고, 무당으로 살아갈 수 있게 '무당사주학'의 이론을 정리한다. 종교도 아니고 통계 한 주역도 아닌 무당의 아버지가 사용한 도구를 부호로 바꾸어서 신을 증명하는 사주학이다. 또 한 무당은 어떠한 일을 하여야 하는지 연구 중이다.

이러한 글도 지식이 아닌 나와 인연 된 신명의 도움으로 스스로가 모르는 신의 영역을 표현하고 있다. 꿈도 지식도 문헌도 없는데 신명의 도움 없이는 절대 할 수 없는 글이니, 무당에서 보면 나 역시 제자일 뿐이다. 팔자에 드러난 주장 신명께서 원하시는 뜻을 몸주를 통하여 문자로 설판하고 있으니, 이처럼 신이 원하는 것을 현실에 맞게 제자가 실행한다면 신은 깨어나고 제자도 무탈하게 잘 살아가는 것이다.

2) 신(神)의 역사

초월적인 신(神)이 존재하면서 인간은 주술(呪術)의 발달로 신(神)의 역사(歷史)가 지금까지 이어지고 있다. 신(神)은 자연의 어머니고 주술(呪術)은 무당의 아버지로, 행위는 예술(藝術)로 언어는 문화(文化)로 발전되어 인간의 정신적 감정(感情)을 다양하게 표현하였다. 인간의 정신이 깨어나면서 종교(宗敎)를 만들고 교리를 정하여 세력을 확장하기 시작하였다. 하지만 신을 모시는 무당에게 남은 것은 오로지 무시(無視)뿐이다.

사람을 깨우고 지식을 만들게 하고 문화를 꽃피게 한 신(神)의 역사는 지워버렸다. 인간이 알 수 없는 진리를 신으로부터 계시(啓示)를 받았다고 교리(敎理)를 그림이나 부호 또는 문자로 만들어서, 종교를 세운 교주(敎主)가 신을 대신하고 있다. 무당들은 역사가 빼앗겨도 부끄러운 줄 모르고 오히려 사이비 교주 행세를 하는 무당들이 우후죽순처럼 생겨나고 사라진다. 이는 신을 증명할 문자를 만들지 못하였기 때문이다.

3) 신(神)의 세계

자연에서 학문이 나오고 과학이 생겨나서 거꾸로 이를 증명하는데, 아직 신의 세계와 무당과의 관계는 과학이 증명할 수도 없고 가치도 느끼지 못하니 미신(迷信)으로 몰아붙이는 것이다. 신을 모시는 무당은 과학이 접근할 수 있도록 교본(敎本)을 만들어 놓고, 허공에서 유영(遊泳)하다가 파동으로 인연이 이어짐을 알게 하여야 한다. 파동 에너지가 다하면 소멸을 하거나 본래 온 곳으로 돌아간다는 사실을 가르쳐주어야 한다.

지금의 전파는 전기를 이용한 파동(波動)이지만 신은 자연이 이루어지면서 가지는 고유한 파동이다. 사람의 영혼은 고유한 파동으로 인연된 조상과 교감(交感)하고 있으며, 이러한 조상이 육신을 받지 못하고 인간계로 내려오면 신명(神明)으로 모셔진다. 인간은 5억 6천만 광년(光年)을 벗어나면 돌아오기 어렵고 미륵(彌勒) 세계라는 곳에서 기다려야 한다. 화려한 연꽃처럼 만들어진 연화대에 들어가서 윤회를 기다리는 것이다.

인간은 6식으로 살아가는데 신은 7식을 기준으로 하여 6식에 가까우면 조상신(祖上神)이고 8식에 근접하면 자연신으로 영(靈)이라 한다. 하여 조상신은 훈습(熏習)을 하며 색욕(色慾)과 재욕(財欲)이 많다. 하지만 높은 영은 음식은 눈으로 먹고 욕심이 없어 눈썹과 수염과 호흡이 길어 화(禍)를 잘 내지 않고 장수(長壽)한다. 또 한 파동이 전해지지 않고 생각하는 순간 알아내며 제자의 언행과 얼굴은 모시는 신과 비슷하다.

하여 신의 세계는 무정(無情)하고 인간계보다 더 복잡하고, 엄격한 서열이 정해져 있어 그들만의 공간 속에는 거짓이 통하지 않는다. 신을 모시는 제자들은 정확하게 어느 신명과 인연이 있는지 알지 못하는 경우가 많으며, 때로는 허주(虛主)에 휘둘리면 이간(離間)으로 화합을 깨고 욕심으로 난잡(亂雜)하다. 이는 천박한 신의 특징으로 원한(怨恨)을 품어서 저승으로 가지 못하고 인연 된 후손에게 접신(接神)되어 한(恨)을 풀고자 한다.

원한을 풀기 위하여 신은 후손에게 고통을 주거나 아니면 먼저 보상(補償)부터 한다. 하지만 후손은 이를 알지 못하고 있으며 감각적(感覺的)으로 알고 대처하는 사람도 있다. 때로는 신이 완전하게 영글기 전에 제자가 먼저 서두르는 경우가 있는데 이는 설익은 풋과일처럼 보기는 좋아도 어설프고 불편하다. 많은 무당이 여기에 해당하며, 신과 인연 된 제자가 완전하지 못하다면 공부하여 신을 깨워야 한다.

4) 신(神)이 원하는 것

제자(諸子)의 몸을 빌려서 신은 무엇을 전하고 원(願)하시는지 생각하여보자. 공명(功名)을 내고 싶어서인지 아니면 재물(財物)을 많이 가지고자 하는 것인지 알 수가 없다. 분명한 것은 살아생전에 하고 싶은 것을 제자를 통하여 이루기 위함인데 무당은 이러한 신의 뜻을 알지 못하고, 무당은 신(神)을 통하여 욕심을 채우기 위한 수단으로 받들어 모시고 기도하고, 신을 핑계로 자신의 욕망(慾望)을 채우려고 한다.

5) 신명(神明)과 귀신(鬼神)

초자연적인 능력으로 미래를 예측하는 영기(靈氣)가 인연 된 후손에게 접신(接神)되어, 인간보다 한 차원 높은 경지에서 인간이 알지 못하는 것을 미리 알고 제자를 통하여, 가르쳐 주거나 행위로 풀어주는 능력이 있으면 신명 또는 신령(神靈)이라고 한다. 제자를 통하여 모셔지는 인연이 있어야 가능하며, 강한 원력으로 도법을 펼쳐야 공명이 나는 것이다. 그러하지 못하다면 제자가 공부하여 신을 깨워야 한다.

사람이 죽어서 하늘로 가지 못하고 넋이 되어 인간사의 어두운 곳에 머물면서 스쳐 지나가는 인연을 괴롭힌다면 귀신이라고 표현한다. 이러한 귀신은 자연사(自然死)하지 못하고, 고통으로 힘들어하다가 저승사자가 오기 전에 숨이 끊어지면서 갈 곳을 잃어버린 영혼들이다. 이러한 영혼은 때를 맞추지 못하여 생겨난 것이기에 누가 언제 마중을 나오는지 모르고, 마냥 기다리며 인연 된 사람을 괴롭혀서 피해를 주니 귀신이라고 한다.

6) 민족 신앙의 복원(復元)

민족 신앙은 산천이나 물 맑은 곳 또는 당(堂)을 지어놓고, 무당을 통하여 하늘을 관장하는 신이나 자연신을 모신다. 때로는 우리 조상님이나 한(恨)을 품고 죽은 영혼이나 유명한 인물을 신으로 모시고, 향으로 주변을 청정하게 하고 초에 불을 밝혀서 신을 청한다. 그리고 정성껏 마련한 제물을 올리고 몸을 청결하게 하고 엎드려 두 손 모아 지극한 마음으로 빌며 공을 들인다. 때로는 공물(供物) 대신 금전을 올리기도 한다.

지금의 종교 행위는 상술(商術)이 되어 보여주기 위한 격식(格式)을 따지며, 누구나 재물에 대한 욕심이 많은데 무당만 탓할 수 없다. 그리고 일정한 날과 시간을 정해두고 일상생활에 간접적인 압력을 가하는 종교보다 자유로운 일상 속에 틈을 내어 찾는 곳이 무당이고 참 신앙인이다. 무당은 대우를 받으려고 편견(偏見)으로 재력(財力) 권력(權力) 학력(學力) 인물(人物) 등을 기준으로 정하여 선별하면 아 된다

무지한 무당이 전체를 욕 먹이고 질서를 무너뜨리고, 부자가 되면 모든 죄가 용서되는 것처럼 생각하고 있다. 진정성을 가지고 민족 신앙을 복원하여 무당이 대우를 받고자 한다면 나름대로 증명할 수 있는 교본을 먼저 갖추고 이어서 의식과 의복을 통일하여야 한다. 그러하지 않으면 민족 신앙을 복원할 수 없고, 고등 종교로 대우를 바라는 것은 모래 위에 집을 짓는 것과 같아서 누구도 믿으려고 하지 않을 것이다.

7) 종교 천국

우리 민족은 산(山)에 의지하기에 산신(山神) 신앙이 강하고, 자연을 신앙(信仰)의 교주(敎主)로 믿는다. 호랑이를 산신으로 표현하고 당산 나무와 우물에 제물을 올리고, 향(香)을 사르고 촛불 밝히어 신이 찾아들게 하였다. 그러한 민족의식(意識)을 변화시키는 수입종교가 원수와 이웃을 사랑하라고 떠벌리면서 천당(天堂)과 극락(極樂)과 지옥(地獄)을 들먹이며, 인심(人心)을 갈라치게 하여 교세 확장에 열을 올리고 있다.

지금 우리 주변에는 불교 유교 기독교 원불교 이슬람교 힌두교 등 다양한 종교가 성행한다. 나름대로 시간과 의상을 통일시켜 교주가 전해주는 경전을 외우면서 고등(高等)신앙이라고 자평(自評)한다. 경전해석에 따라 뜻을 같이하는 사람끼리 새로운 종파나 유사한 종교를 만들어 서로 사이비라고 공격한다. 그리고 무당들은 무지(無知)하고 의식이 낮은 저급한 잡신(雜神)들을 모시는 집단으로 몰아붙이고 있다.

이러한 원인은 자기 신명만 옳다고 주장하며 상대방의 신은 한낱 저급한 허주로 몰아세우기 때문이다. 기본적인 소양 교육 하나 없이 무당을 업(業)으로 생각하고, 생계(生計)를 여유롭게 하려고 힘이 들어 찾아오면 겁박하여 거액의 굿을 하게 한다. 더군다나 자질이 부족한 사람까지 신내림을 하여 무당 천국을 만드니 스스로 천박(淺薄)함을 자랑하고 공부가 아닌 오로지 기도만 주장하니 무식함까지 인정하고 있다.

8) 종교(宗敎)와 신앙(信仰)

자연 속에서 형상(形狀)이 있거나 없거나 상관없이 절대적인 힘을 발휘하는 것이면 믿음의 대상이다. 종교는 인간이 만든 유일신(唯一神)으로 초월적인 힘을 가지지 않는다. 다만 교리로 인간의 사상(思想)을 다스리는 것일 뿐이다. 하지만 신앙은 수련(修練)과 수행(修行)을 통하여 초월적인 힘을 가진 신과 교감하고 있다. 인간은 뛰어난 두뇌를 가졌음에도 공포를 벗어나지 못하여 신을 믿고 마음을 쉬게 한다.

수행을 통하여 초월적인 힘을 가진 누군가를 중심으로 하여 집단이 이루어지면 종교가 만들어지는 것이다. 그를 교주로 추앙(推仰)하고 교주의 말씀이나 가르침은 변하지 않는 진리라고 믿고, 문자로 기록한 것을 경전(經典)으로 하여 수지독송(受持讀誦)하게 한다. 누구를 막론하고 교주를 믿으면 천국으로 인도 된다고 유혹하니, 나약하고 겁이 많은 인간은 혹하고 빠져들어 사악(肆惡)한 행위를 두려워하지 않는다.

신앙은 스스로 특별하거나 뛰어나다고 생각하면 믿고 따르는 것으로 때와 장소와 환경과 의상에 구애받지 않고, 가장 편안하고 생각과 마음이 함께할 때 자연의 형상(形像)물을 신으로 받드는 행위이다. 하여 개인의 취향에 따라서 행해지며, 강제성이 사라지고 상당히 긍정적이고 자발적이다. 자연의 이치나 인간의 근본적 사상을 경문으로 만들어 읽으면서 자연의 소리를 내는 악기로 장단을 맞추며 기도(祈禱)하는 것이다.

지금의 무당은 경전이 없고 행위가 통일되지 못하니 믿음이 약하고, 지도자가 없으니 단합이 안 되어 세력을 확장하지 못한다. 또 한 통일

된 경전이나 문자로 전해지지 않으니 종교나 제도권에 진입하지 못하여 무시당하고 있다. 특히 각개(各個)활동을 하므로 단합이나 통제가 어려워서 겨우 개개인의 신앙 행위로 만족할 뿐이다. 그러니 사회로부터 사이비로 낙인되어 법의 보호마저 받을 수가 없는 형편이다.

초월적 힘을 가진 신령님을 모시고 살아가는 무당이 어쩌다가 신앙이 되어서 자신의 소리도 내지 못하고 있다. 떨어지는 빗방울이 모여서 강을 이루듯이 무당들은 종교의 원조(元祖)인 주술사가 만든 모든 것을 복원하여야 대우받을 것이다. 무당은 자연의 기운을 받아서 인간에게 전해주고, 인간은 이를 바탕으로 예술과 과학이 발달한 것이다. 종교는 이익이 우선인데, 자연과 조상을 신으로 모시는 무당은 무시와 외면(外面)이 우선이 되어버렸다.

9) 민족 신앙의 복원

신명(神明)을 정확하게 호칭할 수 있는 교본이 필요로 하고 이를 근거로 사주팔자에 감추어진 신(神)을 찾아서 인간의 고통과 미래 예측을 해준다면 어떠한 종교 못지않게 대우받을 수가 있을 것이다. 그러하지 못하고 일관성 없는 만 가지 법(法)을 주장한다면 영원한 사이비가 되어 미신으로 몰리게 된다. 무당도 신명을 정확하게 설명하고 이를 증명할 수 있는 교본이 있어야 한다. 그래야 무당의 권위(權威)를 가질 수 있는 것이다.

우리나라는 산에 의지하여 살기에 산신(山神) 신앙이 발달 되어 자연을 신으로 섬기고, 함부로 훼손하는 것을 신벌(神罰)이라 생각한다. 하여 신을 모시듯이 자연을 아끼고 자연에서 먹거리와 약초를 얻기에 파괴되어가는 환경을 복원하도록 스스로 노력을 하여야 한다. 지금 종교는 이익 집단으로 변질이 되어 사람 위에 군림하는데, 본래 무당 것이니 교본을 만들어서 바로잡고 민족 신앙을 복원하면 될 것이다.

10) 스님과 목사 그리고 신부

가족 친구와 일상적인 삶을 포기하고 속세(俗世)를 떠나 부처님의 깨달음을 구하려고 출가(出家)하여 수행하는 승려(僧侶)를 높여서 부르는 존칭이다. 스님의 본뜻은 "스스로 자신을 알고 있는 사람"이란 뜻이다. 하지만 짝퉁 만능시대에 공부와 노동은 하기 싫은데, 존경받고 싶어 하는 사람이 다양한 방편을 가지고 스스로 스님행세를 하는 사람이 차고 넘칠 것이다. 깨달아서 중생을 제도할 수 있는 경지에 오른 스님은 부족하다.

목사는 교회 운영과 성경을 전파하기 위하여 일정한 교육을 통하여 자격증을 가지고 목회자로 활동하는 사람이다. 목사가 무당처럼 화경이나 통신을 하거나 입담이 좋으면 많은 신도가 따르기 시작하면서 하나님을 초월한 절대자처럼 교주행세를 하면서 욕심과 욕망으로 자신의 허망한 가슴을 채우려고 한다. 이러한 목사들은 또 다른 교단을 창시하여 기본적인 성경을 입맛대로 해석하여 사이비의 기준을 성립한다.

야휘 즉 예수를 낳은 어머니 성모 마리아를 교주로 하여 교단이 성립된 종교를 지도하며 가르치는 사람을 신부님이라고 높여 부르고 있다. 깨끗하고 투명한 삶을 기본으로 하여 욕심(慾心)과 욕망(欲望)을 문밖

에 걸어두고 대부분은 문 안에서 조용히 수행하는 사람이다. 하여 종교지도자로 외부활동을 많이 하지 않기에 보편적으로 알려진 것은 없고, 타 종교와 화합하여 대중의 모범이 되려고 한다.

11) 사주의 아버지는 주술사 어머니는 무당(巫堂)

미래의 궁금증을 풀어내고자 찾아가는 것이 점집이나 사주 상담이다. 이러한 사주는 어디서 시작되었는가를 찾아보면 중국의 황하(黃河) 용마(龍馬) 거북이 복희 문왕 등등 많은 설(說)을 학자들이 그대로 가르치고 있는데 필자 생각은 다르다. 점술(占術)의 아버지는 주술사이며 어머니는 무당으로 통치하는 수단으로 점을 치고 이를 통계한 것이 역사인데 이를 왜곡(歪曲)하고 중국의 설화(說話)를 만들어 전해오고 있다.

주술사나 무당의 행위를 천간(天干) 부호(符號)로 나타낸 것이 사주의 시조(始祖)가 된다. 지지(地支) 부호는 자연의 흐름과 무당이 점을 칠 때 사용하는 도구(道具) 등을 가장 적합한 문자를 선택하여 부호로 사용한다. 또 한 배속된 동물은 인간이 성장하는 과정을 나타내고, 사주 풀이에 도구(道具)로 합(合) 형(刑) 충(沖) 파(破) 해(害) 원진(怨嗔)은 자연이 품고 있는 기운(氣運)이며, 십신(十神)은 사주 언어로서 상대성으로 만들어진 것이다.

사주학을 공부하는 사람들은 이를 부정(不正)하고 전해지는 설화를 역사로 믿고 있는데, 갑(甲)이 만들어진 원인이나 의미를 설명하지 못하고 있다. 이는 주술이나 무당이 원조라는 사실을 부끄럽게 생각하기 때문이며, 문자(文字) 하나 없는 무당보다 자신이 우월하다고 생각하기 때문이다. 초월적(超越的) 힘을 가진 무당이 부럽고 두려움의 대상이며, 무당의 행위가 예술(藝術)의 시조인 것을 믿고 싶지 않아서이다.

12) 무당과 사이비 교주
무당은 보는 신안(神眼)과 듣는 신이(神耳) 그리고 상대의 생각까지 알아낸다면 신통(神通) 방통(旁通)할 것이다. 여기에 말문까지 열리면 뛰어난 도법(道法)을 받은 무당으로 따르는 사람이 많아지고, 때로는 교주 행세까지 하는 경우가 있다. 특히 전생을 보는 신통력을 가진 사람들은 무당을 거부하고 이를 이용하여 단체를 만들어 스스로 교주가 되어서 신이 특별한 능력을 부여한 것처럼 행세하며 탐욕심으로 채워진 사람도 있다.

무당이 무당을 헐뜯으면 저급한 신을 모시는 무당이고, 종교가 타 종교를 비방하면 그것이 사이비 종교이다. 내 것이 소중한 만큼 남의 것을 더 소중하게 생각하고, 존경하는 마음을 가져야 진정한 종교인이고, 올바른 믿음을 가진 사람이라고 할 수 있다. 종교나 무당이 이익을 우선으로 하고 희생과 봉사를 거부하거나 실천하지 않으면 교주나 교리가 잘못된 것이다. 그리고 섬기는 신도 허주임을 알아야 한다.

13) 점집과 절집
신을 모시고 일반인의 앞날을 점치거나 신의 장애를 해결하는 무당이 상주(常主)하는 곳을 점집이라고 한다. 신당(神堂)에 신을 대신하여 불상(佛像)을 모시고 있는 무당들도 있는데 격(格)에 맞지 않는다는 생각을 하게 된다. 절에서 예배의 대상을 조각하여 모시는 것인데 점집이

절집을 모방하고 있다면 웃음거리가 된다. 신을 신앙의 대상으로 하는 점집은 인연 된 신명의 형상을 모시고, 점을 치고 행위를 하며 포교 활동을 하여야 한다.

스님이 불상(佛像)을 모시고 수행이나 대중을 집합하여 다양한 교리(敎理)를 통하여 정신 사상을 바르게 가르치는 곳이 절집이다. 하지만 다수의 불교 신자들은 절집에 스님을 찾아가서 미래를 물어보고 신의 장애를 해결하려고 천도재를 올린다. 절집과 점집은 비슷한 점이 많아서 이권 다툼이 일어나고 서로 장단점을 떠벌리며 이간하기도 한다. 절집은 교단(敎團)이 설립되어 종교로 등록되어 법의 보호를 받는다.

정리하여보면 산신 칠성 약사는 분명 점집에서 섬기는 신명이며, 후에 절집에서 무당을 인정하고 화합하면서 공유하게 된 것으로 알고 있다. 하여 절집에서 만들어진 천수경(千手經)을 대표로 하여 칠성(七星)경 산신(山神)경 등을 점집에서도 기도나 굿을 할 때 독송하는 경우가 많다. 하여 점집은 무당이 인연 된 신명을 모시고 신앙심으로 거주하는 공간이고, 절집은 수행과 깨달음으로 인간의 본성을 회복하고자 하는 곳이다.

14) 신명(神明)과 사주(四柱)

사주학의 시조는 주술사이고 인간은 태어나면서 알 수 없는 미래를 예측하지 못하여 불안하다. 어디서 왔고 어디로 가는가에 대한 답을 알기 위하여 신(神)을 찾고 의지하는데, 특히 외부의 공격으로부터 살아남기 위해 집단생활을 하면서 여러 가지 이로움과 부작용이 생겨나기 시작하였다. 하여 자연의 형상물을 신으로 설정하여 힘을 모아 통치하기 시작하고, 지도자를 중심으로 교리를 만들면서 종교가 되었다.

자연의 어머니인 물을 음(陰)으로 하고 아버지인 태양을 양(陽)으로 하여 만물이 번창(繁昌)하면서 인간이 생겨난 것이다. 그렇게 시작된 인간은 어둠과 내일에 대한 두려움을 신에 의지하려고, 물을 매개로 하여 교감하기 시작한 것이다. 시간이 흐르면서 종족(種族)을 번식(繁殖)하고 대(代)를 이어 가면서 사회(社會)가 이루어지고, 문화가 지식과 과학으로 발달 되어도 미래의 두려움 만큼은 주술사를 믿고 의지한 것이다.

장수(長壽)와 복(福)을 구하기 위하여 주술은 더욱 성행하고 점(占)으로 미래를 기대하며, 무당을 통하여 욕심과 욕망을 채우고자 하였다. 구전(口傳)으로 전해오던 것이 문자의 도움으로 주술에 사용된 것이 지금의 천간이고, 자연의 시작에서 사라질 때까지 12단계로 나누어 가장 적합한 문자와 동물로 채워진 것이 지지이다. 그런데 주술은 미신이 되고 사주는 비과학적이지만 학문을 통하여 통계학으로 인정받은 것이다.

이러한 사주를 과거(過去)로 돌아가서 주술에서 원리를 찾아 천간과 지지를 신의 세계로 전환하면 쉽게 알 수 있게 된다. 자연의 흐름에서 상대성의 강약(强弱)을 합 그리고 형 충 파해 원진으로 표현하였으며, 천간과 지지가 교류하는 힘을 12운성으로 나타낸 것이다. 지지 속에 자연의 흐름을 담아서 지장간으로 나타내고, 이를 통하여 자연의 비밀을 감추어 둔 것이다. 무당은 이를 신을 통하여 알아가는 것이다.

신(神)의 화합 폭력 충돌 투쟁 다툼 눈치 등을 합 형 충 파해 원진으로 바꾸어 사주 속에 도구로 활용하고 있다. 신명(神明)을 자연의 원리에 의하여 만들어진 부호(符號)를 기록한 것이 사주팔자인데, 난해하고 복잡한 것 같지만 자연을 이해하면 쉽다. 하여 사주학의 시조는 주술이기에 무당은 쉽게 사주를 배울 수 있어도, 사주 명리(命理)의 술사(術士)는 신의 선택을 받기 어렵고 공부하는 무당을 따라잡지 못한다.

15) 사주(四柱)와 운(運)

태어난 연월일시를 사주라고 한다. 여기에 8개의 부호로 이루어져 있어서 팔자이다. 팔자는 변함이 없는데 환경은 끊임없이 변화하기에 이를 운이라고 한다. 그래서 사주는 숙명(宿命)이고 팔자는 운명(運命)인데 운은 기회(機會)이다. 사주는 땅에 해당하고 팔자는 주택이며 가재도구는 운으로 생각하고 쉽게 바꿀 수 있는데, 땅은 옮길 수도 없고 집도 쉽게 허물고 지을 수가 없기에 사주팔자에 해당한다고 볼 수 있다.

사주라는 터에 팔자가 원하는 집을 짓고 필요한 가구로 집안을 꾸민다면 생활에 불편을 느끼지 않을 것이다. 인간의 인생도 사주에 적합한 환경과 팔자가 원하는 직업을 운의 흐름에 적합한 것으로 선택하면 좋다. 하지만 욕망과 욕심으로 인연을 구하여 터가 아닌데 집을 지어 필요 이상의 가구를 들이면서 공간이 좁고 활동하기가 불편하다. 하여 휴식을 취할 수 없어 건강에 해롭고 인연이 들어올 공간이 부족하다.

즉 터는 명당(明堂)으로 주인이 따로 있다고 하며, 팔자는 집에 해당하니 능력(能力)에 적합하게 지어야 한다. 그리고 터에 맞추어 집을 지어야 생기가 넘치듯이 사주팔자에 맞게 적합한 직업을 선택하면 편안하게 살아간다. 집의 구조(構造)가 인간의 뇌(腦)나 체격(體格)에 해당하므로 직업 속에 가장 잘하는 것을 선택하면 높은 수익이 난다. 가구(家具)를 바꾸듯이 운(運)도 돌고 도는 것이라 미련을 두면 안 된다.

또 한 환경을 바꾸는 것은 대운(大運)이며 집안 구조나 가구를 이리저리 옮기고 바꾸고 하는 것은 세운(歲運)과 비슷하다. 밖으로 나가서 사회의 일원으로 살아가는 것을 월운(月運)에 비교하고, 식생활과 출퇴근하는 일상으로 일운(日運)에 비교하면 된다. 시시각각 변하는 시운(時運)에 집착하는 것이 바른 생각은 아니다. 사주팔자(四柱八字)와 신(神)이 원하는 공통점을 찾아서 살아간다면 가장 행복한 인생(人生)이다.

16) 신점(神占)

신과 인연 된 사람들만 할 수 있는데 찾아오는 신은 대부분 조상으로서 자연계와 인간계로 나누어져 있다. 자연계는 약명 천신 산신 미륵 용신으로 다섯 신명을 근본으로 하여 다양한 신명 세계로 나누어진다. 인간계에도 신장 동자 한량 국사 글문 까지 합하여 다섯 신명을 근본으로 하여 많은 신명이 등장한다. 그리고 유교 기독교 민족 신앙 불교 도교에서 전해지는 신들도 수 없이 많다.

이러한 신은 배움을 통하여 또는 수행이나 간절한 기도를 통하여 자연의 이치를 터득하신 신명(神明)도 있으며, 자연을 통하여 살아가면서 터득한 신명이 더 많이 존재할 것이다. 문자(文字)가 나오기 이전부터 우리 조상님들은 후손을 낳으면서 구전(口傳)으로 경험을 전해주고 육

신(肉身)을 통하여 가르쳤다. 훗날 문자가 만들어지면서 구전을 기록하여 전해지고 개선(改善)하여 발전하고 이를 통계(統計)하여 전해진 것이다.

인간은 영(靈)과 육(肉)으로 이루어서 태어나지만 죽으면 육신은 흙이 되고 영혼은 파동(波動)을 따라서 본래 온 하늘의 어느 별로 돌아가 또 다른 인연(因緣)을 기다리게 된다. 하지만 육신이 가졌던 버릇은 사라지지만 영혼이 기억하는 것은 지워지지 않기에 겹겹이 살아온 경험을 기록하고 있다. 그러다가 파동이 일치하는 인연을 만나면 합체(合體)하여 공생(共生)하는데 이를 모시면 무당(巫堂)이 되는 것이다.

이렇게 공생을 하면서 영검한 신들은 인간을 통하여 아는 소리를 하는데, 이를 공수라고 하여 점을 치며 재물과 명성을 드러내고자 한다. 하지만 경험이 부족하거나 수행이 부족하고, 글을 알지 못하여 학문이 부족한 신은 어중간하여 재물과 명성이 따르지 않고 힘들게 살아간다. 이러한 무당은 후천적으로 공부하여 지식을 익힌다면 신(神)이 밝아지고 재물과 공명이 따라오고 인연 된 신명도 이를 기뻐할 것이다.

영검하지 못한 신이 공부를 거부하고 오로지 산천(山川)으로 기도(祈禱)만 가자고 한다. 이는 제자(諸子)를 이용하여 놀아보자는 심보(心寶)를 속이고 기도를 빙자(憑藉)하여 제자를 골탕 먹이고, 재산과 인생을 파탄(破綻)으로 이끌어서 영원히 속박(束縛)하려고 하는 악령(惡靈)에 불과하다. 절실한 신명은 수단과 방법을 가리지 않고 제자를 통하여 공생(共生)하면서 재물과 공명을 내어주며 다음 인연을 준비하고자 할 것이다.

참신(神)은 순수하고 천지 모르는 제자에게 이익을 주고 한(恨)을 풀고자 한다. 하지만 악신(惡神)은 시작은 아름다운데 과정이나 결과에서 제자를 희롱하고 농락하게 된다. 하여 인연 된 제자를 통하여 신당(神堂)은 화려하고 겁박(劫迫)으로 거액을 편취하여 사치(奢侈)로 탕진(蕩盡)한다. 이러한 악신은 제자들이 공부하는 것을 방해하고 오로지 기도만 강요하며, 애타는 제자들을 이용하여 부려먹으려고 한다.

17) 점술학(占術學)

구전을 바탕으로 문자로 정리하여 전해오면서 통계 된 학문으로 시간과 공간을 활용하여 미래를 예측하는 학문이다. 즉 주역(周易) 사주(四柱) 풍수(風水) 관상(觀相) 손금 육효(六爻) 귀문(鬼門) 육임(六壬) 구성(九星)학 구궁(九宮)수 성명(姓名)학 매화역수 등으로 다양하게 발전되어 전해지고 있다. 하지만 이러한 점술학의 근본은 신점과 같은 맥락으로 영적으로 가지 못하고 문자로 기록되었다는 것이 다를 뿐이다.

이렇게 뿌리는 하나이지만 음양의 원리에 적합하게 나누어져 발전하였으며 신점은 음(陰)의 기운이 강하게 작용한 것이다. 반대로 점술학은 양(陽)의 기운이 강하게 작용하여 문자와 부호와 그림 등으로 지금까지 전해오고 있다. 선인들의 지혜와 통계를 이용하여 전해지고 있는 점술은 문명이 발달한 지금은 누구나 배울 수 있으므로 신점과는 다르다. 하여 점술학은 신의 도움을 받고 싶어 나름대로 노력을 하고 있다.

여러 가지 점술학이 있는데 동양에서 음양(陰陽)을 기본 한 주역과 오행으로 발전한 사주, 그리고 음양오행에서 드러내는 수리(數理)를 이

용한 점술이 발달하였다. 서양에서는 별점이나 타로라는 그림을 이용한 점술이 발달하기 시작한 것이다. 하여 동서양과 숫자가 하나로 합쳐진 구성(九星)이 생겨난 것이다. 각자의 적성에 알맞은 학문을 공부하여 술사(術士)로 시작을 하여도 통계의 시대적 공차(公差)를 느끼게 된다.

하여 양지(陽地)의 술사들은 음지(陰地)의 무당이 가지고 있는 신과 인연을 기대하면서 나름대로 노력하지만 뜻을 이루기 어렵다. 만약 음양이 화합하여 학문으로 지식을 터득하고 신안(神眼)이 밝아져서 자연을 통달하면 신이 조화를 부리기 시작하여 명사로 이름나고 저수지에 물이 채워지듯 재물이 불어날 것이다. 이러한 인물은 전생부터 수행하고 학문을 연마하여 이생에 태어나서도 수행과 학문을 닦아야 가능하다.

학문의 깊이가 없으면서 술사로 입문하여 자신의 이익을 챙기고 때를 기다리고 있는 사람과 타고난 입담과 광고를 이용하는 사람도 많다. 고학력을 가지고 취업은 힘들고 노동의 댓 가가 부족한 시대에 편하게 수익을 챙기고자 하는 사람들이 무당이나 술사에 관심을 가진다. 하지만 인연 된 신명도 없고 학문을 배워도 현실에 적합하게 응용하지 못하는 이도 많을 것이다. 하여 술사는 비법을 들먹이고 무당은 제자를 이용하는 것이다.

참신한 술사는 인간도 자연의 부산물로서 자연과 더불어 살아가기에 점술학을 자연의 이치에 적합하게 전하고 있다. 그리고 점술의 역사가 학문이 아니고 무당의 아버지인 주술사에서 유래되어 부호로 발달한 것이고, 자연은 음양의 조화로 이루어지기에 다양한 문자로 전환되었다고 가르친다. 하여 신을 무시하지 않고 존경의 대상으로 가르치는데, 어중간한 술사들이 신(神)을 무시하고 설화(說話)를 사실처럼 가르친다.

18) 점술(占術)

과거(過去)를 이야기하면서 미래(未來)를 예측(豫測)하는 기술(技術)로서 신(神)을 통하여 이야기하는 무당과 학문으로 전해지는 전해지는 점술학이 있다. 이 둘을 합성하여 신점(神占)이라고 하며, 무당은 헤아릴 수 없을 만큼 다양한 신들을 모시고 있지만 정리하면 자연신과 인간 신으로 나누어진다. 하여 누구나 할 수 없으며, 점술학은 누구나 배울 수 있는데 이는 부호(符號)와 그림과 수리(數理)로 통계(統計)한 학문이기 때문이다.

2. 무당(巫堂)

1) 무당

무당은 신(神)이 인간의 몸에 실려서 신의 이야기를 하면서 드러내고자 하는데, 인간은 선택할 권리가 없고 무조건 따라야 한다. 하여 무당은 신앙대상으로 일반인들의 지지를 받으며 종교적 지도자 위치에 있다. 그래서 신의 초월적인 힘을 이용하여 탐욕심을 낼 때 신의 벌이 내려지며, 신의 능력으로 선업(善業)을 쌓아간다면 참다운 무당으로 인정받아 대중이 모여들고 신으로부터 다양한 즐거움이 내려오게 된다.

2) 무당의 역사

신화로 전해지는 단군(檀君)은 하늘에 제사(祭祀)를 올리는 사람이다. 기다란 띠를 머리와 허리에 두르고 하늘을 향하여 소 울음소리를 내면서 시작하는데 이러한 전통을 이어가는 사람이 무당이다. 천지 창조주이신 엄마를 부르는 소리(음~메~~)와 비슷한 소를 잡아 제물(祭物)로 올리고, 꼬리를 흔들며 몸짓하고 소리 내어 고(告)하며 재(齋)를 지낸 것이다. 지금은 무당이 북을 두드리고 사설(辭說)과 춤으로 변화하였다.

하지만 신을 모시고 수행(修行)하다가 새로운 종교(宗敎)를 만들고 교주(敎主)가 신으로 추대(推戴)받게 되었다. 조직(組織)을 만들고 세력을 키우면서 철저한 계획으로 무당은 천박(淺薄)하다고 떠벌리기 시작한 것이다. 하여 무당이 섬기는 신은 미신이 되고, 교회의 신유(神癒) 은사는 미신이 아닌 예수의 능력을 전하는 전도사가 된 것이다. 즉 무당은 교단(敎團)과 교리(敎理)가 없고 개인 신앙이라 힘이 없어 무시당하는 것이다.

지금은 무당협회가 아닌 무속 또는 경신(敬神) 연합회라는 단체를 만들어서 무당의 대변(代辨) 역할을 하지만 미약하여 명맥만 유지하고 있다. 이를 무당들이 필요성을 느끼지 못하고, 홍보와 활동 부족으로 누구를 위한 협회인지 업무가 무엇인지 대부분이 모르고 있다. 통신망이 빈약하여 집계(集計)도 안 되고, 무당의 상식과 역사와 통일된 교본도 없는 참담한 현실 앞에서 용기 있는 사람이 없으니 무시당하는 것이다.

무속(巫俗)은 지방에 따라서 특성이 있고, 전통을 보존하는 것이 목적이라서 무형 문화재 보존자(保存者)로 인증을 받는 것이 영광으로 생각하고 있다. 무당이 명예와 단합된 힘과 대중의 지지를 받고자 한다면 본래의 것을 되찾고 지켜야 하는데, 철저한 개인주의와 의식주(衣食住) 문제로 못난이 짓만 하고 있다. 전통(傳統)을 이어가는 것은 무속인의 몫이고, 무당은 신을 모시는 사람으로 신앙(信仰)에 해당한다.

3) 무당의 능력

무당의 능력을 무엇으로 측정하는지 고민하여보자. 인물 학력 직업 언변(言辯) 집안도 아니다. 무당은 도법(道法)을 갖춘 신령을 모시고 미래를 정확하게 예측하는 능력을 지닌 사람이다. 우등생이 사회에서 뛰어난 실력을 발휘한다는 원칙이 없듯이, 모시는 신령님의 도법이 부족하면 제자의 노력으로 신을 깨우면 되는 것이다. 무당의 능력이 부족하면 훈수(訓手)하는 정도인데, 이를 자랑하는 무지하고 어설픈 무당은 되지 마라.

차라리 무속을 배워서 무속인으로 살아가며 찾아오는 사람들의 이야기를 듣고 훈수나 하고 무당이 불러주면 행위를 대신해주면서 살아가는 것이 옳다. 신의 도법도 약하고 말하는 재주도 없으면 공부를 하여서 신을 깨워야 하는데, 게으르고 핑계가 많은 무당이 모시는 신명은 도법마저 빈약하다. 무능한 무당이 신을 모시고 있으면 고통만 쌓여가고 아무런 방편이 없으니 사회로부터 외면당하여 신용불량자가 될 뿐이다.

4) 세습(世襲)무와 강신(降神)무

세습무는 대대로 가업으로 전승되어 신을 모시는 것으로 점을 치기보다는 행위를 이어가는 무속인이 많다. 승무(僧舞) 가무(歌舞) 등의 전통 굿을 계승(繼承)하는 것이 대부분이고, 어쩌다 접신(接神)되어 무당으로 살아가는 경우가 있다. 이렇게 세습무에서 무당으로 살아가는 사람은 대부분이 굿을 하거나 행위 위주로 신의 일을 하게 된다. 세습무는 집안 조상이 공을 들이고 무(巫)의 행위를 보존하여 이어가는 것이다.

하지만 강신무는 인연 된 후손(後孫)을 선택하여 접신되었다고 고통으로 알리고 굴복시켜서 신내림을 받거나 자통(自通)으로 신안(神眼) 신이(神耳) 통신(通神)이 이루어지는 경우이다. 별도로 학습하지 않고 신령이 가르치는 대로 행하기 때문에 상황에 따라 다르고 즉석에서 이루어지는 경우가 많다. 강신무는 인연 된 조상의 한을 풀어보자고 들어서는 경우와 대대로 공을 들인 기운이 인연을 만나면 강신이 된다.

5) 무속인(巫俗人)

무속인은 집안에서 부모나 조상이 무당으로 살아오면서 모시던 신이나 행위와 풍속을 그대로 물려받아 무업(巫業) 행위를 하는 사람이다. 즉 집안 대대로 무당을 업(業)으로 이어오는데 가족 중 한 사람이 이어받아 살아가는 것이다. 지금은 이를 예술 행위로 승격하여 무형 문화재로 지정하여 보전하거나 보존하는 경우가 많다. 하여 전통 굿거리나 신을 섬기는 민속놀이 일체의 행위가 무속에 해당한다.

6) 박수와 법사(法師)

어쩌다 남자가 신과 인연 되어 신내림을 받아서 살아가는 사람을 박수 무당이라고 한다. 사람이 신(神)을 선택하는 것이 아니고 신이 사람을 선택하기에 박수가 될 수밖에 없고 이런 사람이 바르게 살아가면 더없이 좋은데 신을 악용하여 여 제자를 희롱하고 재물을 빼앗는 경우가 알게 모르게 자행(恣行)되고 있는 것이 사실이다. 박수 무당으로 자부심을 가져 제자들을 선도하고 올바른 무당이 되도록 가르친다면 대우 받을 것이다.

법사는 수행을 통하여 후천적으로 깨달음을 가지고 남을 가르치는 사람을 높여서 부르는 호칭이다. 하지만 무당 세계에서 법사는 굿판에서 악기를 다루고 굿이 시작되기 전에 경문(經文)이나 축문(祝文)을 읽어 주는 사람이나 뒤에서 잡일을 하는 사람을 통틀어 부르기도 한다. 누구나 법사 일을 하는 것은 아니며 일정한 소양(素養)을 갖추고 있으면서, 대중의 질문에 기초적인 답변을 할 수 있다면 대우받는 법사일 것이다.

7) 무당이 머꼬

무당(巫堂)이라는 한자를 살펴보면 하나의 집에 하늘 사람과 땅의 사람이 같이 살고 있다는 뜻이다. 즉 하나의 육체에 영혼이 둘이라고 표현한 것으로 자력(自力)과 타력(他力)이 공존(共存)한다. 자력이 강하면 일반인이고 타력이 강하면 신의 제자로 무당이 되어 신이 전하는 파동을 감지하고, 이를 일상적인 언어로 전달하거나 행위로 표현하는 것이다. 가끔은 신이 원하는 형상을 하고 과장된 행위를 보여주기도 한다.

무당은 신의 말을 대신하고 적당한 댓 가로 생활하는데 명신(明神)과 인연 되면 소문이 멀리까지 퍼지면서 많은 재물을 가질 수 있다. 하지만 무당은 신을 통하여 받은 재물로 잘 살아가는 경우는 소수인데, 이는 신이 바라는 것을 제자가 하지 않기에 재물을 앗아가고 훼방하기 때문이다. 제자의 심성(心性)이 곱고 선업(善業)을 베풀었다면 신도 이를 자랑스럽게 생각하여 재물을 몰아주고 제자는 공덕을 쌓아야 한다.

신(神)의 수준이 낮으면 제자의 품행이 떨어지고 제자가 배우고 노력하면 신의 도법이 올라가는 것이다. 무당은 원한을 품고 있는 신의 뜻을 알고 부족한 부분을 배워서 채운다면 신은 즐거워한다. 신명(神明)의 시기 질투로 제자가 공부하여 신을 초월하지 못하게 한다는 것은 어리석은 인간의 생각이고, 저급한 신이기 때문이다. 제자가 공부하여 신을 깨우고 신도 제자의 뜻을 따라 화합하면 원한을 풀고 공명(功名)이 난다.

8) 무당의 내력(來歷)

하늘과 인간사를 이어주는 사람이란 뜻으로 태초에 자연은 음(陰)에서 시작되었기에 음기(陰氣)가 흩어지지 않고 홀로 깨끗하게 살아가는 여자가 신(神)을 받들고 천제(天祭)를 주관(主管)하였다. 그래서 당(堂)이라는 칭호를 받아서 무당이라고 하여 나라에서 벼슬을 내린 것이다. 남자들은 곁에서 축문을 읽어주고 무당이 행위를 할 때 힘든 일을 도맡아 하거나 악기를 다스리는 악사(樂士)나 법사로 자리 잡고 있다.

9) 무당의 신분(身分)

사람이 아닌 보이지 않는 신을 모시고 살아가는 미천한 신분으로 천대받는 사람이란 뜻이 아니다. 왕의 특권으로 임명되어 권력이나 국정에 참여할 수는 없지만, 왕의 물음에 자문(諮問)하는 당상관(堂上官)에 해당하는 관직이다. 지금의 비서실이나 정무(政務)장관 정도인데, 학문으로 관직에 올라온 양반들의 반대로 몰락하였다. 한 곳으로 쫓겨난 무당들이 서민들과 어울리지 못하게 하려고 하였으니 이를 당골래라 한다.

주나라 이전에 왕이 제사와 정치를 행하는 신권정치로 중국의 역사에 기록되어 있으며, 옳고 그름을 통계하여 만들어진 것이 주역이 아니던가. 하여 왕이 신하에게 문제를 풀어보기를 명령 내려도 지식으로 알지 못하는 것을 답하는 이가 무당이 아니던가. 하지만 문자가 발달하면서 지식이 쌓이고 문명(文明)이 인간을 지배하기 시작하면서 근거 없는 무당의 말에 신비함을 느끼지만 어쩔 수 없이 쫓겨나서 무시당하게 된 것이다.

그리고 인간은 미래에 대한 불안한 마음을 항상 가지고 있으며 특히 높은 벼슬을 가진 사람들이 더욱 불안한 것이다. 하여 왕은 자신의 앞을 예측하지 못하기에 항상 무당을 가까이 두고 내관(內官)들이 함부로 할 수 없게 높은 관직을 내린 것이다. 학문이 발달하면서 무당은 음지로 밀려나고 학문을 바탕으로 한 종교가 생겨나고 권력에 먼저 탄압(彈壓)되어 왕으로부터 떨어뜨리고 활동하지 못하게 한곳에 몰아넣은 것이다.

학문을 바탕으로 한 종교(宗敎)가 생겨나면서 인간을 지배하려고 음지(陰地)로 무당을 몰아넣기 시작한 것이다. 그러나 지식(知識)으로 무장한 과학(科學)이 발달 되어도 여전히 신(神)을 증명(證明)하지 못하나 인정은 하고 있다. 종교와 과학은 무당을 주적(主敵)으로 찍어서 몰아내려고 발버둥 치고, 과학은 신을 지배하려 하고 종교는 신을 능가하는 초자연적인 힘을 가지려고 부단히 노력하여도 올바른 무당을 당할 수 없다.

신이 지식으로 무장하면 종교를 만들어 인간을 종으로 부리고, 과학으로 자연을 지배하려고 한다. 하여 노력 없이 부(富)를 바라고 양심 없는 쾌락과 인격 없는 지식을 배우게 되는 것이다. 그리고 도덕성 없이 재물을 모으고 인성(人性)을 무시한 과학으로 희생(犧牲) 없는 기도를 한다. 권력자는 원칙(原則)을 무시하고 정치(政治)하여 자신의 이익을 챙기는데, 무당이 공부하면 이를 알게 되고 바로 잡아 자연을 이롭게 할 것이다.

10) 무당이 하는 일

무당은 점치고 부적(符籍) 쓰며 굿하고 천도(薦度)재 고사 부정(不淨) 치고 약명(藥名)치료와 퇴마(退魔)로 신을 다스리는 일이다. 그리고 주당(周堂)이나 동토(動土) 조상 바람 산소 탈 등을 바로 잡아주는 행위도 겸한다. 이러한 일들은 모시는 신이 가르치는 대로 하는 것인데, 이를 증명(證明)하는 방법은 없고 지금 이전에 벌어진 사건 사고로 입증(立證)할 뿐이다. 하지만 사주 속에는 이러한 기운(氣運)을 분명히 기록하고 있다.

그리고 조건에 따라서 방법이 다르기에 배워야 한다는 것이다. 정확하게 알지 못하고 겁을 주어 위기감을 조장하여 재물을 요구하면, 신벌(神罰)이 쌓이게 된다. 하여 무당이 서민의 고통에 대한 원인을 신에서 전해주는 것을 사주로 확인하거나, 사주에 드러난 것을 신명이 확인한다면 정확하게 답을 찾고 알맞은 방법으로 처리한다면 최고의 무당이 된다. 이를 악용하여 가족과 자손을 들먹이는 짓은 하지 말자.

일상에서 신의 장애가 수없이 많은데 신명이 전하는 것도 있지만 대부분은 모른다. 즉 전생(前生)의 영가(靈駕) 장애로 혼인이 어려운 원앙살, 전생의 앙금으로 악연이 된 원진살, 시비와 다툼을 풀지 못한 백호살, 찾아온 인연을 끊어버리는 낙태살 등이 있다. 현생(現生)의 영가 장애로 조상이 모시던 공줄, 조상이 품고 있는 원한, 인연 된 친가와 외가 할머니 두 분의 장애 등이 있다. 이를 천도재를 올려 풀어주면 좋다.

풍수(風水) 영향으로 조상묘지에서 발생하는 흉한 파동과 인연 된 후손을 괴롭히는 산바람, 수맥과 나무뿌리 미물(微物)들이 시신을 괴롭게 하여 그 고통을 후손이 바로 잡아주라고 보내는 파동도 있다. 후천적으로 파묘(破墓)나 이장(移葬)으로 풍파(風波)가 일어나며, 밖에 나가서 객사한 노중, 물에 빠져 죽은 혼(魂)을 건지지 못하여 넋이 되거나, 사고로 간 지박령을 찾아서 고통을 풀어주고 인연 된 후손을 편안하게 하는 일이다.

11) 무당이 원하는 것

무당의 이야기를 들어보면 최고의 신앙심을 자부(自負)하며, 그가 모시는 신이 최고라고 주장하는데 무당은 마음을 내려놓고 사심(邪心)을 내지 않아야 한다. 무당의 사치와 욕심은 신(神)의 뜻이 아니고 제자의 어리석은 생각이고 자랑하고 싶어서이다. 무당은 자유롭게 희생에 감사하고 타인의 신명(神明)을 존경하며 자신을 낮추는 것이 진정한 제자이다. 목사(牧師)는 언행(言行)이 일치하여야 하고, 승려(僧侶)는 자신부터 알아야 한다.

12) 나는 무당

지금도 신당에 엎드려 울어보고 원망과 한숨으로 살아온 나는 신벌(神罰)이 두려워 벗어나지 못하고 무당으로 살고 있다. 신으로 맺어진 선생의 인연은 오래 가지 못하고 나를 버렸다. 홀로서기에 발버둥을 치면서 떠돌이 무당으로 배움의 동냥을 하였으나 결코 그 길은 순탄하지 않았다. 그렇게 오랫동안 무당을 하였지만 지금 남은 것은 내 몸에 병(病)이 신(神)보다 더 왕성하고 여전히 가난에서 벗어나지 못하고 있다.

자신의 앞날을 생각하지 못하고 신을 받았으나 생계에 도움이 되지 않는 경우가 많고 때로는 가정파탄으로 이어지는 경우가 있다. 신(神) 선생은 말을 듣지 않는다고 인물도 능력도 돈도 상식(常識)도 눈치도 없다며 벌전(罰錢)을 앞세워 호되게 잔소리한다. 알고 보면 선생은 제자를 머슴이나 몸종 취급하는데 신은 그렇게 가르치지 않았을 것이다. 인간의 사심이 그렇게 힘겹게 하니 무당의 서러움은 신도 모른다.

13) 어쩌다가 무당

우연한 기회에 인생이 힘들어서 찾아간 곳이 점집이다. 그곳에 무당이 나를 보고 신(神)가물 이라며 신을 받지 않으면 자식과 남편과 부모 형제에게 화가 미친다고 들먹이는데, 이 길을 가야 할 팔자라고 하여 신을 받고 무당이 되었다. 보이지도 들리지도 않으니 신경이 예민해져서 감(感)이 살아나고 이를 신이 강림한 것이라 믿고 점사(占辭) 본다면 이는 무당이 아니다. 지금 생각하여보면 신의 뜻이 아니고 무당이 이렇게 만든 것이다.

어쩌다가 무당이 되어 가진 돈은 기도한다고 털어먹고 카드로 힘겹게 버티어 보지만 결과는 신용불량자이다. 신벌을 풀어야 한다는 신(神) 선생의 이야기를 듣고 부모 형제와 자식의 적금까지 털어서 수없이 굿을 하였지만 듣지도 보지도 못하고 느끼지도 못한다고 오히려 타박한다. 답답한 건 제자인데 신(神) 선생의 언성이 더 높아지니 지인에게 부탁하여 돈을 마련하고 또 굿을 하여본다. 돈이 떨어지니 버림을 받고, 배운 것은 신벌과 협박뿐 이더라.

14) 무당 넋두리

누구나 같은 사연일 것이다. 살다 보니 인간사의 고통을 당하고 우연히 무당의 꿀맛 같은 이야기에 빠져서 신을 받고 10여 년을 신령님을 모시며 살아온 무당이다. 신은 제자에게 무엇을 전하고 원하는지, 제자는 신령님의 진실한 뜻을 알지도 못하고 신(神) 선생의 말만 믿으며 하염없는 세월을 보낸다. 무지와 미련으로 무인도 같은 공간에서 벗어나지 못하고 마음이 썩어가는 괴로움에 "사주 속의 신명 이야기"가 영양제 같았다.

무당의 아집과 고집이 스스로 함정을 파고 있다는 것을 알았고, 신벌(神罰)이라는 올가미 덫에서 빠져나오지 못한다. 일부 무당은 먹거리를 구하기 위해 극한 직업까지 신의 뜻이라고 믿는 어리석음을 신앙심으로 견딘다고 한다. 나는 기도하면서 제자가 공부하여 지식을 쌓아 보다 높은 경지로 올라가기를 원하는 신의 뜻을 알았다. 이 산천(山川)과 궁전(宮殿)을 준다는 신의 속삭임에 농간당하는 무당은 지금도 집 한 칸 없이 살아간다.

15) 대(大)무당

기대와 걱정으로 신(神)을 받는 제자를 이용하여 개인의 욕심만 채우지 말고 친자식 챙기듯 책임져라. 애동제자는 정신적 육체적 고통을 참고 희망으로 차려진 신당에서 세월없이 기다려 보지만 찾아주는 사람 하나 없다. 돈은 떨어지고 확신할 수 없는 신(神)과 동거하면서 하소연을 하여도 신(神)은 답이 없다. 벼랑 끝에서 신당(神堂)을 접으려니 신벌(神罰)이라는 올가미가 두렵고, 버림받은 제자는 의지할 곳이 없다.

제자를 가르치고 달래어 용기를 주는 사람이 큰 무당이다. 신당은 화려하고 제자들이 북적대며, 찾아오는 사람이 좀 있다고 돈 자랑하는 무당은 악덕 가맹점 대표와 무엇이 다른가? 제자의 고통을 들어주고 도법이 약하면 사주를 가르쳐서 신이 깨어날 수 있게 인도하고, 고통으로 찾아온 사람을 포근하게 위로해주고 적은 돈이라도 적선할 줄 아는 사람이 진정한 대무당이다. 제자들 가르침에 소홀하고 벌전으로 부려먹는 무당은 되지 말자.

16) 현명한 무당

학문을 배워서 양지(陽地)에서 활동하는 무당은 당당하고 현명하다. 어리석은 무당은 오롯이 신(神)의 파수(把守)꾼으로 살아가며, 근거가 분명하지 못하여 믿음이 떨어지고 원인도 설명할 수 없어 천대(賤待)를 받는다. 돈이면 된다는 잘못된 생각으로 무당은 학문을 외면하고 음지(陰地)에서 활동한다. 정확한 신명과 무엇을 원하는지 알면 당당하고, 교본(敎本)과 경문(經文)을 바탕으로 신명(神明)과 부적(符籍)과 굿을 설명할 정도라야 한다.

도법(道法)이 약한 신명과 인연 된 제자는 기도와 공부를 하여 신을 깨워서 도법을 펼치면 명신(明神)이 된다. 이를 거부하는 신은 저급하고 시기와 질투가 많고 공부한 제자는 방법을 알며, 굿이나 천도 퇴마(退魔) 부적(符籍)의 효험을 설명할 수 있고 공명(功名) 나면 제자의 신이 영검하다고 소문난다. 자식을 가르치지 않는 부모가 가장 무식(無識)하듯 공부하면 안 된다는 무당이 가장 어리석고 무지하며 욕심이 많다.

17) 무당은 싫어

사람들에게 신(神)은 두려움의 대상인데 이를 모시고 섬기는 무당은 피하고 싶어 한다. 비과학적인 직업으로 종교가 아닌 개인의 신앙으로 모시는 신을 증명(證明)할 수 없고, 이를 이용하여 아는 소리를 한다. 그리고 필요에 따라서 과거를 알아내고 미래를 예측하면서 겁박(劫縛)하여 자신의 욕심을 채운다. 그래서 신(神)을 모시는 무당이 대우받지 못하고 사회로부터 지탄받고, 관심 밖에서 무시(無視)와 푸대접을 받는다.

무당은 싫어하는데 행위 예술을 하는 사람은 좋아한다. 이는 볼거리 놀거리 먹거리를 제공해주며, 흥을 올려주면서 대중과 함께하기 때문이다. 모두가 공유하는 산천에 아무 곳에나 초를 켜 놓거나 음식물을 함부로 버려 자연을 훼손하고, 험악한 행위나 신명(神明)을 빙자하여 버릇없이 반말과 술을 마시고 담배를 피우기에 대중이 기피 한다. 굿을 하면서 신이 실려서 하는 언행은 굿판이라 이해를 하지만 스스로 장소를 가려야 한다.

18) 무당과 애동제자(駿童諸子)

신굿을 하여 신내림을 하거나 신과 타협하여 신을 눌러줄 능력이 된다면 무당이라고 한다. 점사를 보고 부적을 내리고 작은 치성과 일반인을 대신해 기도를 해주는 정도는 무당의 기본적인 소임(所任)이다. 애동제자는 피할 수 없는 인연으로 신을 받아 신당(神堂)을 차려놓고 신(神) 선생으로부터 독립할 때까지 많은 것을 배워야 한다. 그리고 도법이 약하면 부차(副次)적인 사주 공부로 보충하면 되는데 이를 부정해서는 안 된다.

사주를 공부하면 안 된다고 주장하는 무당들이 대부분이다. 이는 신(神) 선생의 농간이거나 무당으로 형편이 좋은 사람들이 원력이 약한 무당을 무시하려고 하는 핑계이다. 애동제자가 열심히 기도를 해보아도 신령님의 도법 원력을 펼치기 어렵다면 사주나 적성에 맞는 공부를 하여야 신이 깨어난다는 사실을 알고 있어야 한다. 현재 도법이 약한 제자들은 부차적으로 익힌 공부로 상담하여 대무당을 앞지르는 경우가 상당히 많다.

19) 신벌(神罰)과 벌전(罰錢)

신의 제자들에게 올가미를 씌우기 위한 수단으로 무당들 입에서 자주 나오는 말이다. 특히 큰 무당이 제자들을 편안하게 부려먹으려 방편으로 악용되고 있는데, 무당 선생이 지은 죄는 무엇으로 대신하는지 묻고 싶다. 신벌은 무당 선생이 지은 죄에 대한 것을 신이 따지는 것으로 본인이나 가족 또는 후손들에게 많은 영향을 미치게 된다. 하여 신벌을 피하는 방법은 선업(善業)과 자선(慈善)이며, 제자를 바로 가르치는 것이다.

벌전은 무당 선생이 제자의 잘못을 기록하여 두었다가 죄를 묻고 따지고, 벌칙으로 혹독한 기도를 하도록 하여 같은 죄를 짓지 못하도록 가르치는 것이다. 이를 남발(濫發)하는 무당은 신벌을 받을 것이고, 제자의 잘못을 무시하거나 편견(偏見)으로 덮어두는 행위를 하면 안 된다. 무당 선생은 바른 제자가 되어 신을 받들고 기도하며 공부를 가르쳐야 하는데, 이를 무시하고 재물만 요구하면 반드시 신벌을 받는다.

20) 무당이 무당을 무시(無視)

신(神)이 신(神)을 미워하고 시샘하며 깎아내리고자 하는 성향이 사람보다 심각하다. 제자가 모시는 신이 서로 소통(疏通)하기 시작하면 인간보다 더 의지하고 위로하며, 친형제 이상의 정(精)을 나눈다. 하지만 사소한 이유로 돌아서면 무정(無情)하게 독설(毒舌)이 날아오고, 고요하고 조건이 맞으면 한없이 피어나는 안개 같다. 그러나 바람만 불어도 사라지는 안개처럼 무당들 세계에 대동단결(大同團結)은 있을 수가 없다.

무당이 무당을 욕하면 하늘에 침을 튕기는 꼴이다. 남의 신령을 인정하여야 내가 모시는 신명도 인정을 받을 수가 있다는 사실조차 모르는 무지몽매한 무당이 차고 넘친다. 밥그릇 싸움을 하는 고등 종교도 아니고 오로지 무리가 옳다며 주장하는 정치판도 아닌데 무당이 무당을 믿지 못하고 무시하고 이간하고 있다. 신을 모시는 사람이 남의 신명을 무시하면 이는 분명 허주를 신으로 모시고 있다는 자랑하는 꼴이다.

21) 무당이 무당을 생산(生産)

미래를 예측하는 직업에 종사하는 사람이 대략 200만 가까이 된다고 하며, 그중 무당이 가장 많을 것이다. 이러한 무당은 경쟁자를 스스로 만들어내고 있으며, 무당이 무당을 만들면 흔히 가맹점을 늘리는 꼴이다. 그리되면 본점(本店) 격인 무당은 좋은데 대리점(代理店) 격인 제자는 경쟁자가 많아지고 살기 어렵다. 하여 엉터리 본점을 만들어 제자를 우려먹고 징징거리면 제자 능력 탓으로 몰아붙이고 인연에 책임지지 않는다.

신의 장난이라고 생각할 수도 없고 무당의 기만에 속은 사람이 바보가 되는 것이다. 예전의 무당은 점을 보고 신의 고통을 굿으로 해결하여 주었으나, 지금은 제자를 생산하지 못하는 무당은 무당으로 취급하지 않을 정도다. 자신의 밥그릇을 쪼개어 나누어 먹는 사람처럼 보이는데, 실상은 무당이 무당을 생산하고 무당을 이용하여 살아가는 무지하고 당찬 무당들만 살아남는 시대이다. 개체 조절이 안 되는 무당 세계는 무질서뿐이다.

22) 무당은 음지(陰地) 직업

영검하신 도법을 가지신 신명께서 강림(降臨)하지 않으면 찾는 이가 없어 가난을 면하기 어렵다. 무당들은 자질 부족한 사람에게 신을 내려주고 많은 돈을 챙기고, 이를 이용하여 다양한 핑계로 산천에 기도하여야 한다고 푼돈을 요구한다. 욕심으로 살아가는 무당이 너무나 많으며 용한 신명이 접신 할 것이라 믿고, 많은 돈을 들여서 내림굿을 하지만 인연 된 신을 찾지 못하면 신불(信不)이 접신되어 고통을 경험하게 된다.

일부 상위(上位) 신명을 모시고 잘살아가는 무당은 대부분의 하위(下位) 신명을 모시고 살아가는 무당들에게 기도만 하면 된다고 한다. 이는 상위 부자가 열심히 일만 하면 잘 살 수 있다고 하는 것과 같다. 인간도 공부하여 이름이 나길 바라는데 신령님이라고 제자가 하늘 공부하여 공명(功名) 나기를 바라지 않겠는가? 부모가 자식이 잘되길 바라지 않는 것과 같으니, 욕심 많은 무당의 가맹점(제자)에서 과감히 탈퇴하라.

23) 기도(祈禱)와 공부(工夫)

무엇을 구(求)하기 위하여 몸을 정갈하게 하고 약간의 공양(供養)을 올리고, 향(香)과 초를 밝혀놓고 신명께 지극 정성으로 비는 것을 기도라고 한다. 무당은 자신을 위해서 또는 찾아온 신도를 대신하여 공(供)을 들이는 행위로 간절히 바라는 것을 이루기 위해 노력을 하지만 속히 이루어지도록 신의 도움을 청하는 행위라고 볼 수 있다. 제자가 기도하는 목적은 다양한데 신령님의 원력으로 도법을 펼치고 싶은 간절함이다.

문자(文字)나 파동(波動)을 통하여 자연의 이치를 깨치려고 명산(名山)과 명당을 찾아다니면서 영혼을 정화(淨化)하고, 신령님의 도움을 받아서 신과 원활한 소통을 하려고 하면 공부다. 하여 기도와 공부가 병행되어야 하는데 무당이나 제자들은 공부는 소홀히 하면서 오로지 기도에 집중한다. 양손을 마주쳐야 소리가 나듯이 기도와 공부를 같이 하여야 뜻을 이룰 수 있다는 것이다. 기도만 하고 공부를 하지 않으면 공염불이다.

24) 공부하는 무당(巫堂)

무당이 신을 모시고 존경을 하면서 맹목적으로 따르기도 한다. 하지만 무당이 모시는 신명이 누구인지 모르는 경우가 허다하고 알고 있다고 하여도 증명하기 어렵다. 하여 전생과 현생과 지금 그리고 다음 생을 비밀스럽게 기록한 사주를 보면 정확하게 알 수 있다. 그래서 신을 깨워 사주를 통하여 공수를 내린다면 최상의 무당이 될 것이다. 무당이 사주를 공부하면 신이 떠난다고 하는 것은 우매(愚昧)하고 어리석은 주장이다.

신이 공부를 싫어하고 기도만 주장한다면 분명 게으르고 저급한 신(神)이거나 기도를 빙자하여 무당에게 빌붙어 살아가는 무지한 신이다. 무당이 공부하면 신은 깨어나 정확한 공수가 나오면서 공명과 재물이 동시에 통하기 시작한다. 즉 음양(陰陽)이 화합하여 만물이 생겨나는 이치와 같아서 술사(術士)들이 두려워하고 신을 모시는 무당들을 가까이 접근할 수 없게 된다. 공부하는 무당이 모시는 신은 분명 도법이 높고 밝아진다.

25) 무당(巫堂)과 사주(四柱)

무당도 사주를 배우면 신(神)의 도법이 상승(上昇)한다. 즉 낫 놓고 기역 자도 모르는 소위 말하는 할배 할매 찾아서 무엇을 배운다는 것인가? 그렇게 헤매지 말고 공부와 기도를 같이 하면 신(神)이 밝아진다. 신통방통한 무당도 있지만 사주나 관상 손금 수리(數理) 타로 등을 보고 해석을 잘하는 무당이 더 많다. 이는 부차로 공부하여야 가능한 것으로 저마다 타고난 소질(素質)이 확연하게 다름을 인정하여야 한다.

무당도 사주 등을 배워서 잘 불리는 사람이 있는가 하면 전생의 인연으로 자통(自通)이나 신안(神眼) 말문이 열린 사람도 있다. 공부하면 벌전(罰錢)이나 신벌을 받는다고 주장하는 무당은 오만(傲慢)하고 어리석은 주장이다. 보는 순간 과거를 맞춘다고 미래에 대한 확신(確信)은 아니고, 과거를 바탕으로 미래를 유추(類推)하는 것은 사주가 더 확률이 높다. 그래서 다양한 학문을 배우고 익히면 신(神)이 밝아져서 월등하게 유리하다.

무당은 자연의 기운으로 뭉쳐진 신(神)의 뜻을 받아서 전하는 것이고, 사주는 자연이 전해주는 것을 부호로 만들어서 비밀로 전하는 것이다. 하여 보이지 않는 신은 무당을 통하여 전하고, 부호로 전하는 사주의 비밀은 신의 눈으로 풀어야 한다. 그런데 지금은 앙숙(怏宿)처럼 시비하고 미신(迷信)과 통계(統計)로 우위를 주장하는데 이는 잘못된 것이다. 본래 하나로 돌아가서 신(神)이 부호(符號)를 풀어야 옳은 방법이다.

　　무당은 근거가 없어 믿음이 떨어지고 원인을 설명할 수가 없어서 음지(陰地)에서 활동하고 있다. 사주는 양지(陽地)에서 당당하게 활동하는 이유는 학문으로 인정받기 때문이다. 무당도 교본을 가지고 당당하게 주장하고 민족 신앙(信仰)으로 발전시켜야 한다. 자연의 이치는 같은데 교리(敎理)로 우월성을 주장하는 종교, 통계학으로 제도(制度)권에서 인정는 사주학이다. 그런데 모든 것을 내어준 무당은 미신(迷信)이 되었다.

26) 신기(神氣)와 공줄

사람은 누구나 신(神)의 기운을 가지고 있다. 신의 기운은 자력이 약하거나 인연 된 조상으로부터 이어지는 경우가 많으며, 수행을 통하여 영혼을 맑게 할 수도 있다. 무당은 공(供)을 많이 들인 조상과 파동이 일치하거나 인연 줄이 있기에 가능하고 이러한 기운을 이용하여 다양한 재능을 발휘하는 사람도 많이 있다. 하여 보통사람의 능력을 능가하면 신기에 가깝다고 하고, 남들이 할 수 없는 능력을 신기라고 부른다.

반면에 공줄은 집안 조상이 뜻이 있어서 자연의 어떠한 형상물에 지극한 정성을 들이기 시작하면서 대를 이어 오거나 인연 된 후손이 이를 받아서 정성을 들이고 기도하며 이어지는 것이다. 하여 이러한 기운을 모신 신당을 만들어 세존 단지를 모시고 가정 성불이나 건강과 후손의 발복을 기원하게 된다. 공을 들인 조상은 뜻을 펼치고자 인연 된 후손을 통하여 능력을 드러내는데 이를 도법이라고 한다.

27) 신을 모신 제자(무당)가 하는 일

무당은 스스로 신을 깨워서 하고자 하는 일을 찾아야 하는데 그러하지 못한다면 무당이 아닌 버림받은 제자에 불과하다. 하여 제자는 의지할 곳을 잃고 방황하게 되는데 이때 용기 있는 제자는 공부와 기도를 같이 시작한다. 그리고 섬기는 신명을 다시 깨우고 당당하게 방법을 배우기 위해 선생을 찾아간다. 나름대로 공부하여 굿 천도재 부적 등으로 신과 타협해주고 충분한 댓 가를 받으며 무당으로 인정받는 것이다.

신을 모시고 있으면서 공부는 외면하고, 양어깨 가득 제물을 지고 산천만 오르내리면 신이 절로 영검해지지 않는다. 제자는 죽을 만큼 공부를 하던가 신을 부여잡고 목숨을 걸어야 신령님이 감동하고 돌아볼 것이다. 신의 원력도 천차만별이며 도법도 헤아릴 수 없는데, 어느 인연에 신명인지 알지도 못하면서 기도만 한다고 신이 알려주지 않는다. 하여 정확한 몸주와 설판과 주장 신명을 찾고 무엇을 원하는지 알고 기도를 해봐라.

28) 제자(諸子)와 보살(菩薩)

신(神)을 모시고 살아가는 무당(巫堂)을 신의 자식이라고 하여 제자라고 부른다. 제자란 신을 섬기며 부모처럼 봉양한다는 의미가 있는데 대부분 경험 많은 무당이나 신내림을 하여준 선생이 아랫사람을 부를 때 쓰는 용어이다. 하여 대(大) 무당이 자신의 자식처럼 생각하여 가르친다고 하여 제자라고 하는 것이다. 위로는 신령님을 받들고 아래로는 신(神) 선생과 부모를 섬기고, 대중을 자식처럼 인도하여야 한다.

보살은 부처가 되기 전에 수행하는 사람으로 깨달음을 위하여 탐욕심을 버리고, 많은 사람을 교화시키려고 노력한다. 즉 상구보리(上求菩提) 하화중생(下化衆生)을 목적으로 살아간다. 하여 제자들이 스스로 보살이 되고 싶은 마음과 서로를 존경하는 마음으로 부르고 있다. 그리고 덕망 높은 스님이 수행하는 여신도를 존중하여 부를 때 보살이라고 하는데 이는 깨달음을 구하여 많은 사람을 제도하라는 의미이다.

29) 신을 내리는 대 무당들

자신의 욕망을 채우려고 신내림 받은 제자의 재물을 탐하지 마라. 제자는 육신의 고통을 참고 신당(神堂)을 차려보지만 찾는 이가 없어 돈은 떨어지고 배운 것 없어 신당에 주저앉아 하소연을 해보아도 신(神)은 답이 없다. 하여 신당을 접고 싶어도 신벌(神罰)의 올가미에서 벗어나지 못하고, 버림받은 제자는 무엇을 믿고 의지하여 살아가는지 생각해봐라. 대 무당은 입버릇처럼 신벌이라고 하는데 자신이 짓고 있다는 것을 알아야 한다.

30) 행위를 대신하는 무당

신을 받드는 사람을 무당이라고 하는데 상황 따라 신명 따라 시간과 의상이 바뀌고 경문과 행위에 통일성이 없다. 그래서 만신(萬神)을 모시는 무당은 많지만 대부분 인정받지 못하고 무시와 천대를 받는다. 이는 자신이 어느 신명과 인연 되어 있는지 확실히 알지 못하기 때문이고, 시간과 장소에 따라서 의상을 갖추는 것도 알아야 한다. 자기 방식대로 하는데 무당은 신을 무시하거나 허주에 휘둘리기 때문이다.

31) 신당에 엎드린 무당이시여

세상과 어울리지 못하고 버림받은 제자들은 스스로 신을 깨우고 세상 밖으로 당당하게 나오기를 바란다. 하지만 신의 원력과 도법이 약하고 제자는 아는 것 없이 신을 모시고 무당으로 살아가는 것이 정말 두려울 것이다. 하여 신당에 엎드려 기도하며 울어도 보고 발버둥을 쳐봐도 상황은 변하지 않음이니 더 외롭고 무서워 자신감마저 떨어진다. 하지만 용기 내어 사주를 공부하고 신을 깨워서 함께 일어나라.

사람을 피하지 말고 마음을 여유롭게 하여 신의 굴레에서 벗어나고자 하지 말고 제자로 사주 공부를 하여라. 보이지 않는 신명은 사주에 정확하게 기록되어 있으며, 무엇을 원하는지 알고 신과 타협하거나 화합을 하면 신벌은 소멸이 되고 벌전은 말장난이란 것을 알게 된다. 신의 원력이 약하고 도법이 특출나지 않아도 신을 원망하지 말고, 제자는 허약한 신명이 원하는 것을 터득하도록 기도하며 노력한다면 신은 즐거워 춤을 춘다.

32) 삼산기도 본주(本州) 본산(本山) 당산(堂山)

태어나 성장한 동네이며, 나를 받쳐주고 관리하는 기운을 가지고 있는 정기(精氣)이다. 어릴 때 당산(堂山)의 기운을 받아서 무탈하게 성장하고, 명산(名山)의 정기(正氣)를 받아서 건강과 학문을 연마하여 사회로 진출하도록 한다. 제자들은 명산의 기운으로 공부하며, 영산(靈山)에서 재주와 재능을 받으면 명성이 난다. 여자는 시집가면 남편이 태어난 본주 본산의 기운을 받지만, 이혼하게 되면 다시 돌아간다.

신내림을 받기 전 삼산을 돌아 기도를 올린다고 한다. 즉 삼산이라고 하는 것은 내가 태어난 곳의 산신의 보살핌이 절실하기에 대부분은 당산을 찾아가서 예를 갖춘다. 태어나서 그곳에서 건강하게 자랄 수 있게 도와주시고 학업을 연마하여 출세할 수 있게 도움을 빌었던 곳이다. 마을의 수호신으로 동민의 안녕을 일일이 살펴주십사하고 뜻을 모아 보호하고 그곳에 모여서 화합을 도모하기 때문에 강한 기운이 서려 있다.

그리고 그 지방의 이름난 명산을 찾아가서 제물을 올리고 예를 갖추어 고(告)하는데 이는 재물이 불어나고 하는 일이 잘되기를 바라는 마음으로 찾아가서 인사를 하는 것이다. 마지막으로 지역 경계 내의 영산에 이름난 기도처를 찾아서 신의 제자로 남다른 도법을 내려받아 공명나게 지극한 정성으로 기도를 올리는 것이다. 이렇게 제자로 살아가기를 맹세하면서 복 주고 명 주어 지켜주시기를 간절하게 빌어야 할 것이다.

그런데 지금의 무당들이 말하는 삼산은 이름난 명산 세 곳을 다니면서 기도하는 것으로 생각한다. 이는 명산의 정기를 받고자 하는 신령님의 뜻이고, 도법의 원력이 떨어지기에 기운을 받으려고 세 곳의 산을 찾아 기도하는 것이다. 진정한 삼산은 당산과 명산과 영산을 찾아가는 것이며, 삼산의 기운을 선관(選官) 신령님을 통하여 제자가 도법을 펼치고자 기도하는 것이다. 그리하여야 복을 받고 건강하게 공명(功名)이 날 것이다.

33) 주장신(主將神) 몸주(身主) 설판(說辦)

무당은 몸주가 누구인가에 따라서 성격이나 생김새를 드러낸다. 내림굿을 할 때 몸주부터 찾고 난 뒤에 몸주와 인연 된 신을 찾아서 모신다. 몸주가 다른 신의 도움이 없으면 사람이 고독해지고 험난하게 살아가야 할 것이며, 주장 신명이나 설판과 화합하면 다양한 도법을 펼치면서 공명이 나고 재물이 불어날 것이다. 하여 몸주가 타 신명과 화합을 이루지 못하면 조건에 맞추어 몸주가 희생할 수 있다.

설판은 굿을 할 때 공수를 내리거나 점을 치고 무당의 수익을 책임지는 신으로 설판이 명신 또는 설판 제자라고 하는데 영검하다고 소문이 나기를 바라는 것이다. 설판은 몸주와 화합을 잘하여 부족한 도법은 후천적으로 몸주가 공부하여 익히면 설판이 이를 활용하게 되는 것이다. 무지한 설판은 몸주를 힘들게 할 뿐만 아니라 게으르고 오만가지 핑계로 몸주를 피폐하게 하여 고통을 불러들이게 된다.

신당에 모셔진 신명 가운데 전체를 책임지며 이끌고 가는 신을 주장신이라고 한다. 즉 무당의 성품(性品)과 인격(人格) 그리고 지식(智識)과 희생(犧牲)이 갖추어져 있어야 한다. 그래야 몸주를 설득시켜 바르게 하고 설판을 가르쳐서 듣고 보고 말하는 것을 바르게 하도록 한다. 주장 신명이 어리석어 몸주와 설판을 똑바로 이끌지 못한다면 노력한 댓가도 없이 힘들게 고생하여도 먼 길을 돌고 돌아야 할 것이다.

34) 퇴송(退送)과 하직(下直)

무당이 신당(神堂)을 정리하고 신(神)을 모시지 않는다는 뜻인데, 연륜이 있는 무당이 노쇠하여 그만두고자 할 때와 신과 인연이 끝난 사람

이 신당을 정리할 때 퇴송이라 한다. 인간이 신을 선택하는 것이 아니고 신이 사람을 선택하기에 맺어진 신과의 인연을 쉽게 생각하고 정리를 하게 되면 후환이 따라올 것이다. 하여 격식(格式)에 의하여 경험 많은 무당이 퇴송을 하여야 신의 노여움을 피할 수 있을 것이다.

하직은 신을 모시던 신당(神堂)을 어떠한 연유로 닫아두었다가 다시 신(神)을 모시고자 한시적으로 접어두는 것이다. 무당도 인간사의 다양한 사건과 사고가 있을 수 있으며 조건에 따라서 변수(變數)도 발생할 수가 있다. 그래서 격식을 갖추고 신당에 모셔진 신명께 정식으로 아뢰는데 언제부터 언제까지 사유를 분명히 하여야 올바른 하직이 될 것이다. 제자 임의대로 신당을 닫고 열고 하는 것은 신의 노여움을 받을 수 있다.

35) 깃대와 오색천

무당집 앞 대나무에 오색천으로 장식하여 세운다. 대나무는 속은 비었지만 쉽게 꺾이지 않고 뿌리보다 줄기가 빠르게 자라고 풀도 나무도 아니다. 대나무는 비 내린 뒤에 죽순이 솟아나면 뿌리는 약해도 한 해 동안 여러 마디로 나누어서 하늘 높이 자란다. 이후 마디가 단단해지면서 사철 푸른 기운을 가지고 있으니 사군자(四君子)에서 절개(節槪)를 나타낸다. 줄기는 강한데 뿌리가 약하니 서로 의지하고 살아간다.

대나무는 무당의 일생을 그대로 표현하고 있다. 신내림을 받으면서 오로지 하늘만 쳐다보고 신을 받들고 살아가는데 근본이 약하여 여러 신명을 모시게 된다. 가진 것이 없어도 하루도 빠지지 않고 신명께 정성을 들이고, 스스로 기도와 공부를 하고 한번 모신 신의 인연을 쉽게 저버릴 수도 없으니 이것이 절개이다. 평범하게 살아가지 못하는 팔자라 같은 무당끼리 서로 돕고 살아가니 대나무 같은 일생(一生)이다.

여기에 오색(五色)천으로 장식하는 것은 오방(五方)에 계시는 신령님이 내리고 계신다는 표적이며, 삼색으로 장식하는 경우는 하늘의 붉은 태양과 푸른 물 그리고 땅과 인간을 흰색으로 표현한 것이다. 그리고 흰색은 점을 치는 곳이란 뜻이고, 붉은 깃발은 굿을 하는 곳이라는 뜻으로 구분할 수 있다. 두 깃발이 함께 걸려 있다면 굿과 점을 같이 한다는 의미로 보면 된다. 광고(廣告)의 원조(元祖)라고 할 수 있다.

태극기를 같이 걸어두면 나라 신명 또는 국사나 공명을 뜻한다. 신굿이나 눌림 굿을 할 수 있는 만신(萬神)으로 해석하는데, 여기에 장난감 같은 풍선을 걸어두면 동자(童子)신을 뜻하기도 한다. 옛날에는 간판이 없었기에 깃대를 높이 세워서 깃발의 색깔로 어떤 신을 모시고 있다고 표식(表式)을 하고, 쉽게 알아볼 수 있도록 높은 대나무를 사용하였다. 때로는 신의 안테나로 생각하여 세운다는 등의 다양한 해석이 전해오고 있다.

어쩌면 천황대와 오방기는 하나일 것이다. 문밖에는 천황대에 오색천을 걸어두고, 신당 안에는 대나무에 하얀 종이를 입혀 만든 천황대를 오방기와 같이 세워두고 있다. 대나무 가지를 꺾어서 선거리 할 때 무당이 들고서 신을 청하는 것으로 앉은 거리에서는 하얀 종이로 만든 천황대나 오방기를 꽂아두고 북 장구 징을 치며 신을 청하기도 한다. 굿할 때는 선녀나 동자들이 크기가 작은 오방기를 들고 놀면서 공수를 준다.

천황대와 오색천의 유래는 다양하다. 사연이 분명하고 이유가 성립되며, 해설이 모두 옳았다. 필요에 따라서 오방기로 대신하고 신명에 따라서 다양한 용도로 쓰이는 것이 천황대와 오방기이다. 가장 확실한 것은 무당이며 누구나 있어야 할 무구로서 없어서는 안 되는 것이다. 지역에 따라 오방기 색상의 의미와 해석이 다르며, 시대가 변하면서 깃대에 매어두는 천 또한 다양한 문양과 장식까지 변하고 있다.

36) 공수와 표적(表迹)과 화경(畫境)

신(神)을 모시는 무당이 신이 하는 소리를 전하는 것을 공수라고 한다. 말하자면 무당이 신의 도법으로 점을 치면서 하는 소리로서 대부분은 무당이 해석하여 전해주고 있다. 신은 단답형으로 신과 제자와의 약속된 언어이기에 풀어주지 않으면 알 수가 없다. 하여 많은 사람이 굿하는 곳에서 공수를 받고 싶어 하는데, 이때 신명은 묻는 것에 답하는 것이 아니고 일방적으로 신이 공수하는 것이다.

그리고 무당이 몸으로 느끼는 기운으로 기도나 굿을 할 때 신이 몸에 강림하는 것을 느끼게 하거나 신이 누구라고 전해오는 파동을 몸으로 느끼는 것이 표적이다. 하여 제자들이 신으로부터 표적을 정확하게 받으려고 정기가 맑은 곳으로 기도 다니는 것이며, 대부분 무당은 표적으로 어느 신령님이 오셨는지 아는 경우가 많다. 정확하게 표적을 받음으로써 행위를 할 수 있고 그래야 상대방이 진실임을 알 수 있게 한다.

화경은 사람의 눈으로 보는 것이 아니고 신의 눈으로 보이는 그림 같은 것이다. 이를 신안(神眼)이라고 하는데 누구나 가질 수 있는 것은 아니고, 신령님의 원력으로 제자에게 도법을 주는 것이다. 하지만 신안보다 월등하게 뛰어난 6신통이 있는데 그중에 천안(天眼)이 있고, 천안 속에 6안이 있는데 지혜안(智慧眼)이 열리면 자연의 이치를 그냥 알 수가 있다. 무당에게 주어진 신안은 인간의 육안(肉眼)보다 높은 단계이다.

37) 굿과 부적(符籍) 그리고 천도재(薦度齋)

아무나 할 수 없고 함부로 하여서도 안 되는 것이 굿이다. 굿은 재가의 의뢰를 받아서 정성껏 제물을 올리고 무당이 무악과 무복에 적합한 무구를 들고 가무(歌舞)를 하면서 신(神)을 청하는 행위이다. 신과 사람 간의 중개 역할을 하는 무당이 신과 소통하고 타협도 하여 전하고자 하는 소리를 재가에게 직접 전달하게 된다. 보통 재가의 한 많은 조상이 접신되면 함께 울거나 웃거나 하며 산사람의 한도 같이 풀어지기도 한다.

일반적으로 알고 있는 천도재는 망자가 저승에서 심판을 받는 기간 동안 무당이나 승려 기타 종교지도자가 변호(辯護)하는 것이다. 가능하면 신과 타협할 능력이 있는 사람이 제물을 차려놓고 악기에 맞추어 경전이나 경문을 읽고 승무나 가무를 한다. 천도의 참뜻은 살아가면서 뭉쳐진 영혼(靈魂)이 흩어지지 못하고 구천을 헤매는데, 이를 흩어지게 풀어주고 다시 맑은 인연으로 윤회(輪廻)하도록 하는 의식이다.

38) 선 거리와 앉은 거리, 양 줄거리

굿을 하거나 공개된 장소에서 공연할 때 서서 천황대를 잡거나 작두를 타고 물동이 위에서 노래를 부르거나 입담을 늘어놓기도 하고 공수를 내리기도 한다. 또 한 붉은 가사를 걸치거나 고깔을 쓰고 진언이나 다

라니에 맞추어 양손에 꽃이나 바라 천 등을 잡고 서서 춤을 추거나 하는 모든 행위를 선 거리라 한다. 이는 무속으로 전해져 내려오고 있는 것으로 전통 민속에서는 살풀이라고 할 수 있다.

앉은 거리는 장소 구분 없이 대부분 혼자서 북이나 장구 징을 치면서 신을 위해 경문을 읽어주며 하는 행위이다. 장소나 목적에 따라서 적합한 악기를 사용하여 장단을 치면서 경문도 하고 노래나 사설을 늘어놓으며, 때로는 빠른 장단으로 기도(祈禱)할 때 신을 청하기도 한다. 굿처럼 크게 하는 것이 아니고 혼자서 영가를 위로하거나 천도(薦度) 해원(解寃)을 할 경우이며, 터를 울리거나 고사(告祀) 지낼 때 주로 한다.

양 줄거리는 선 거리와 앉은 거리를 다 할 줄 아는 사람이다. 굿판에서 필요에 따라 선 거리를 하면서 신의 표현을 몸으로 하며 공수를 내리기도 하고, 때로는 재가를 향하여 큰소리로 꾸지람을 하기도 한다. 그러다가 주저앉아 하소연을 늘어놓기도 하는데 이러한 경우도 양 줄거리가 되는 것이다. 앉은 거리는 대부분 무당이 할 수 있는데, 선 거리를 하는 무당은 일부분이고 무속으로 전해오는 경우가 대부분이다.

39) 무구(巫具)와 무복(巫服)

무당이 굿을 하거나 점을 치고자 할 때 쓰이는 도구를 무구라 하는데, 다양한 이름으로 또는 신명에서 원하는 물건이나 표적으로 신당에 전시하는 것들이다. 대표적으로 제자가 기도할 때 울리는 장구 북 징이나 대신의 방울과 엽전, 대감의 갓 부채 붓이 있으며, 신장 칼이나 창 작두, 도령 선녀의 노리개와 동자의 장난감 등이 있다. 또 한 무당의 필수품으로 오방기와 천황대 등 여러 소모품 등이 무구에 속한다.

무당이 굿을 하거나 행위를 할 때 강림하는 신령에 따라 입는 옷을 무복이라 한다. 지역에 따라 이를 신복 또는 신령 의대 등으로 불린다. 하여 기본적으로 다섯 가지 무복을 준비하고 있는데, 천황복 신장복 대감 대신복 도령 선녀복 그리고 동자 설녀를 위해서도 옷을 갖추고 있다. 무당이 무복을 입으면 평범한 인간으로서의 무당이 아닌 신격화되어 신의 말인 공수를 내리기에, 신의 옷인 무복을 신성시하게 다루게 된다.

40) 부적과 비방

부적은 잡귀를 쫓고 재앙을 막기 위하여 노랑 종이에 붉은 경면 가루를 기름에 섞어 신의 글이나 그림으로 쓴 것이다. 인간의 힘으로 불가능한 것을 신의 도움을 청하기 위함이나 강력한 기운으로 부적을 쓴다고 하여도 무식한 귀신은 이를 알지 못하니 효험을 못 볼 수도 있다. 신(神)의 세계는 인간 세계보다 더욱 복잡하고 기운(氣運)에 따라 차등(差等)이 심(深)하고, 다양한 언어(言語)가 통용되기에 부적도 다양하다.

비방은 오랜 세월 동안 시행착오를 거쳐 터득해낸 선조들의 지혜가 내려오는 것이다. 무당이 하는 비방의 목적은 잡귀를 달래거나 내쫓게 하는 사람의 행복과 복록을 얻기 위하여야 함이고 상대방의 위해(危害)를 가하는 것으로 악용되지 않아야 할 것이다. 비방이 전해져 내려왔음에도 숨겨져 있거나 전수되지 않고 있음이 매우 안타까운 일이다. 지금은 큰 비용 들이지 않고 할 수 있는 간단한 비방들이 많이 알려져 있다.

옛 선인들께서 신의 도움으로 다양한 학문을 이루었는데 무당은 신을 모시고 직간접적으로 보내오는 파동을 보거나 소리 느낌 감각으로 알아차리고 점을 치고 행위를 한다. 그런데 시대는 급물살을 타고 흐르니 이제는 학문이라는 또 다른 무기를 잡아야 한다. 사주(四柱)는 시대의 변화에 적응하며 살아남았지만 그러하지 못한 무당(巫堂)은 대부분이 빈천하게 살아가고 있다. 지금의 미래 예측은 논리적인 학문이 있어야 한다.

상담은 듣는이가 만족하여 고개 숙여 인사하고 돌아서서 무당이 대단하다는 찬사가 나오게 하려면 신과 사주가 하나가 되어야 한다. 사주에 감추어진 비밀은 무당이 공부하면 더 정확하게 판독(判讀)할 수 있다. 이는 신이 곁에서 훈수(訓手)를 두기 때문이고, 학자는 학문을 바탕으로 답을 찾아야 하니 사심(私心)이 들어 정확성이 떨어진다. 부호(符號)의 비밀을 알지 못하고 통계에 의한 저울을 선택하기 때문이다.

41) 영가(靈駕)와 넋과 한(恨)

영혼(靈魂)이 육신(肉身)을 만나면서 사람으로 살아가는데, 시간이 흐르면서 수명(壽命)을 다한 육신이나 병(病)이나 사고 등으로 영육(靈肉)이 분리된다. 하여 영혼이 양(陽)의 기운으로 가볍게 육신을 떠나기에 영가라고 하며, 육신은 음(陰)의 기운으로 무거워서 흙으로 돌아간다. 이처럼 혼은 육신에 집착을 버리고 본래 온 곳으로 돌아가기 위해 흩어져야 우리가 바라는 극락왕생(極樂往生)을 하는 것이다.

넋이란 살아가면서 어떠한 사고로 갑자기 죽으면 육신은 싸늘한 시체가 되어 지인이나 가족 친지에 의하여 그 자리를 떠나는데, 영혼은 그러한 상황을 인정하지 못하고 죽은 자리에서 머물고 있다면 넋이 되는 것이다. 하여 그 장소를 지나가는 사람을 붙들고 하소연을 하기도 하고, 파동이 일치하거나 비슷하면 잡아가려고 하는데 이때 기가 약하면 당하게 되는 것이다. 하여 이러한 곳에 머무르는 넋을 지박령 이라고 한다.

어떠한 사연으로 한(恨)을 품고 육신을 떠나지 못하는 영가는 분명 전하고자 하는 뜻이 있기에 집착(執着)을 하는 것이다. 이러한 영가는 한을 풀기 전에 육신을 떠나려고 하지 않으며 인연 된 후손에게 파동을 보내서 괴롭히게 된다. 다행히 후손들이 이를 알고 영가의 한을 일일이 풀어주면 고맙다고 무엇인가를 보답하고 떠나게 된다. 만약 한을 풀지 못하는 경우 육신에서 떠나지 못하고 인연 된 후손을 계속 힘들게 만든다.

42) 노중(路中)과 객사(客死)

여행(旅行)이나 집을 떠나서 실종(失踪)되어 생사(生死)를 알 수가 없으면 노중 이라 하고 일정한 시간이 지나서 인간의 수명이 다하였다고 판단되면 객사하였다고 본다. 이를 합하여 노중 객사인 것이다. 요즘은 대부분 죽음이 가까워지면 요양병원으로 옮기어 생(生)을 마감하게 되는데 이 역시 객사에 해당한다. 시대의 변화에 따라서 집을 떠나서 생을 마감하고 새로운 생명을 낳아서 들어오는 경우가 많다.

그래서 인심이 야박해지고 철저한 개인주의로 변해가는 것일 수도 있다. 누구나 늙고 병들게 되어 죽는 것을 인정하지만 두려움이 집착을 낳고, 그로 인하여 자식에 대한 원망이 쌓이기 시작하면 죽어서까지 원망을 풀고자 한다. 하여 육신은 화장으로 사라지고 없는데 영혼이 자손을 찾아와서 원망을 풀고자 하는 것이다. 꿈으로 나타나기도 하고 파동이 같은 후손에게 침범하여 여러 가지 장애를 일으키기도 한다.

43) 꽃과 팥

신(神)을 모시기 위하여 꽃으로 장식하는데 이는 자연이 주는 꽃의 아름다운 빛깔과 향기에 신이 만족하기 때문이다. 신은 화려한 것을 좋아하기에 맞이할 때 다양한 꽃을 접어서 장식하고 제자도 금은보석으로 몸을 치장한다. 생화(生花)를 사용하는 경우 금전적인 부담으로 대부분은 종이로 꽃을 접어서 사용하며, 또 한 설경이라고 하여 물감들인 종이를 여러 번 접어서 도구를 이용하여 여러 문양을 파서 걸어두기도 한다.

팥은 강한 음의 기운을 가지고 있어서 단단하고 팥의 붉은색은 잡귀가 무서워하여 액을 피할 수 있다고 여긴다. 소금은 양의 기운이 강하여 쉽게 깨지거나 으스러지고 소금의 백색은 부정을 물리친다고 한다. 하여 일반 가정집, 영업장 등에서 쉽고 간단하게 제액과 정화의 목적으로 많이 쓰이고 있다. 붉은 팥을 던지거나 소금을 뿌리기도 하고 집안으로 잡귀가 들어오지 못하게 단지에 소금을 채워서 입구에 두기도 한다.

44) 물과 술

모든 종교행사를 하는 곳에는 깨끗한 물을 올리는데 이는 청수(淸水)라고 하며 자연이 물에서 발원하였기 때문이다. 인간도 물에 의하여 잉태되고 물에 의하여 사라진다. 이승과 저승을 이어준다고 생각하기에 신에 가까이 가는 방법으로 색과 향이 없는 청정한 물을 올리는 것이다. 하여 모든 종교는 맑은 물을 올리고 이를 이용하여 신과 함께 그곳에 모인 사람들과 영적(靈的)인 교류를 한다고 생각하고 있다.

술은 하늘에 계시는 신께 올리는 특별히 제조된 음료(飮料)로 신선(神仙)을 위하여 곡식을 발효하여 만드는 것으로 약(藥)과 향(香)을 첨가하기도 한다. 인간을 위하여 만들어진 음료가 아닌 신(神)을 섬기며 올리는 음료(飮料)에 해당한다. 하여 신당에는 귀한 술이 올려져 있는데 이는 대부분의 신명께서 술을 좋아하신다고 할 수 있다. 인간도 술을 마시면 신이 올라서 흥(興)을 즐기듯 신명에서도 그러할 것이라 보는 것이다.

45) 향과 초

향을 사르고 초를 밝히는 이유는 다양하다. 선신(善神)은 향기를 따라 오고 가며, 신을 모시기 위한 공간에 악취를 제거하고 나쁜 기운과 벌레를 퇴치하여 청정하게 하려는 수단으로 사용된다. 신을 모시거나 받드는 곳은 항상 향기로 장식하는 것이 신에 대한 기본적인 예우(禮遇)이다. 이렇게 향을 사르는 사람도 마음이 맑아지고 향기로운 생각을 하게 되어 긍정적인 사고(思考)로 선업(善業)을 행하게 되는 것이다.

초는 공간을 밝게 하며 길을 밝히는데 이는 잡신(雜神)은 밝은 것을 싫어한다는 생각으로 하는 것이며, 다른 한편으로는 어둠 속에서 벗어나지 못하는 귀신을 인도(引導)하는 등대와 같은 의미도 있다. 불교에서 이야기하는 초는 자신의 몸을 태워서 어둠을 밝힌다는 의미가 있으며, 무당이 밝히는 초는 신이 제자를 찾아오도록 길을 밝히는 것으로 본다. 이처럼 많은 뜻을 담아 향과 초를 밝히는 것이다.

3. 신명(神明)

1) 열두 대신(大神)의 뜻

많은 신(神)을 12종류로 묶어서 붙여진 것이기에 세력이 강하고 무섭다는 것이다. 열두 대신은 제자들이 모시는 대표적인 신령을 이야기하는 것으로 이를 풀어보면, 수없이 많은 신이 존재하며 다양한 명호를 가지고 있다. 이들은 육하원칙(原則)에 따라 적합하게 명호(名號)가 붙여지고 그에 따른 도법이 있다. 무당이 원칙(原則) 없이 부르고 도법을 지어내고 있는 경우가 많으며, 신은 나의 전생이고 조상이며 자연에서 시작된 것이다.

그리고 신(神)의 제자는 크게 열두 신명(神明)을 기본으로 하여 몸주와 주장과 설판으로 구분되어 모시는 것이 좋으며, 만신(萬神)을 모시는 것만이 옳다고 할 수는 없다. 나름대로 신앙(信仰)으로 섬기면서 공덕을 쌓고 자선으로 신을 맑게 한다면 신벌을 두려워할 필요가 없다. 흔히 만신 제자라고 하는데 열두 신명을 모신다고 도법이 만 가지로 늘어나는 것이 아니다. 기도할 때 표적을 받았다고 신당에 모시다 보면 만신이 되는 것이다.

2) 열두 대신(신명)

열두 대신이 간절하게 소원하는 것은 통일된 신명(神明)과 계보(系譜)를 만들어서, 제자들이 일치된 명패(名牌)를 가지고 소리를 내었으면 한다. 신명은 제자가 대우받지 못하는 것을 서러워하고, 어려운 사람을 도법과 원력으로 보살펴주기를 부탁하는 것이다. 하지만 일부 무지한 무당의 탐욕심에 전체가 무시당하는 현실은 개탄(慨嘆)스러울 뿐이다. 무당도 종교지도자임을 잊으면 안 되고 바른길로 인도할 책임을 지녀야 한다.

열두 신명은 제자들이 당당하게 신의 위상을 다른 종교의 교주에 버금가도록 해주기를 바라고 있다. 그런데 작금(昨今)의 무당은 존재감까지 무시당하며 자신의 소리를 내지 못하는 오합지졸이 되어버렸다. 이는 개념(槪念) 없이 생각나는 대로 신을 만들어내고, 억지 주장만을 하니 비천한 사람으로 밀려나 버린 것이다. 신에 대한 기본 서적을 보지 않고 교육도 없으며 전해오는 지식도 부족하니 변화하려 노력을 하지 않는다.

3) 12신명의 바램

신명 세계를 살펴보면 전체를 무극(無極)으로 하여 양(陽)은 천상, 음(陰)은 천하로 분리하고 자연신을 이루며 가운데에 인간(人間) 신이 존재하고 있다. 그리고 천상에서 양은 칠성 음은 불사이며, 천하에서 양은 산신 음은 용왕이다. 인간계로 살펴보면 양은 대감이며 아래로 국사와 신장이 있고, 음은 대신이며 약명과 별상 등으로 크게 나누어져

있다. 그렇게 분리되어 다양한 명패와 도법을 가지고 인연을 찾아서 활동하고 있다.

4) 신명(神明)의 명패(名牌)

천간 부호와 오행에 의하여 신명 세계가 정해지고 지지의 12운성에 따라 원력과 도법과 수행능력이 정해지며, 지지는 천간의 뿌리가 되며 부호와 십신으로 명패가 붙여진다. 지금 제자들이 모시는 신명은 그 야말로 팔만사천 가지가지로 사람이 태어나면 이름 짓듯이 하고 있다. 하지만 신명은 분명한 소속을 붙여야 하고 가져온 도법을 드러내야 한다. 그리고 오행과 십신에 의하여 인간사의 관계를 증명하는 것이다.

천상(天上) 대신

옥황상제를 중심으로 하여 수많은 천신과 태양을 상징하는 일광(日光)과 달을 나타내는 월광(月光)으로 대부분은 도교(道敎)에 등장하는 신들로 이루어져 있다. 또 한 광대한 하늘을 관장하는 신을 천신이라고 하지만 이루 헤아릴 수 없을 것이다. 제자가 신(神)의 글이라고 하는 부적을 쓰는 천관 도인도 천상의 신들에 속한다. 일상적으로 부르는 명패나 도법은 비슷하여 팔만사천 불보살이 존재하고 있을 것이다.

천하(天下) 대신

천상(天上)세계를 제외한 세계를 천하 세계라고 하며, 때로는 지하(地下)대신 이라 부르기도 한다. 자연에서 발생한 신으로 산과 땅 그리고 당산나무와 미륵바위, 고여 있는 용소(龍沼)나 흐르는 물을 다스리는 신도 있다. 형상이 있으며 사람이 살아가는 주변에 있기에 일상에서 직접 의지하고 있다. 하여 정신적 의지보다 육체적 고통을 해소하기 위한 신명으로 대부분 이루어져 있다. 그래서 팔만사천 제대 신명이라고 한다.

불사(佛師) 대신

불교(佛敎)에서 나오는 신(神)으로 천상에는 제석천 대범천이 있고 천하에는 미륵 오방신 독성 도인 도사 등이 등장한다. 불교는 정신사상으로 양의 기운에 속하므로 천신의 기운을 강하게 작용하는 것이다. 불교에서 등장하는 불보살과 신중과 비천녀가 있으며 동자 동녀도 있다. 또 한 약사와 공부하는 문수, 희생을 가르치는 보현과 조상을 섬기는 지장이 있다. 그리고 육신을 가지고 수행을 가르치는 관음이 있다.

칠성(七星)

도교적으로 천상에 해당하며 양의 기운이 강하여 인간의 생로병사와 수명과 복을 관장하는 신이다. 본래의 이름은 북두칠성인데 줄여서 칠성이라고 하며 휘하(麾下)에 칠원성군(七元聖君)이 계신다. 이름하여 탐랑성군 거문성군 녹존성군 문곡성군 염정성군 무곡성군 파군성군이다. 그리고 도덕경을 창시(創始)한 태상노군(남극선인)과 자미대제(紫微大帝) 삼태육성(三台六聖) 28수 등이 있으며, 그 외 다양한 신이 등장한다.

산왕(山王) 대신

자연에는 천지 명산이 있고 우람한 큰 산과 아담하고 낮은 작은 산이 있으며, 안으로는 집안에 부엌을 담당하는 조왕(竈王) 대신이 있다. 그리고 그 지역의 뛰어난 인물이 산신(山神)으로 임명(任命)될 수 있으며, 남자 산신과 여자 산신으로 나누어져 있다. 긴 수염에 붉은 옷을 입고

부채나 산삼을 쥐고 있으며, 항상 호랑이가 곁에서 호위하고 있으면 산신이다. 재수를 관장하고 소원을 성취하게 한다고 믿는다.

용왕(龍王) 대신

물을 다스리는 신령으로 크게는 사해 바다와 호수 강 그리고 작게는 마을의 시냇물이나 저수지 우물과 샘 등이 있다. 물은 대자연의 어머니로 음의 기운이 강한데 물을 관장하는 여자 신령을 용부인, 남자 신령은 용왕대신이라고 부르며 비와 바람을 관장하고 물에 의지하여 살아가는 사람들에게 재물을 내린다고 믿는다. 머리에 관을 쓰고 여의주를 들고 있으며 곁에는 용이 호위하고 있다. 여러 도법에 따라 다양한 명패가 있다.

대감(大監)

인간 신으로 남자에 해당하고 자녀들을 출가시킨 경험이 있는 남자로서 수명이 다하여 죽으면 대감이라고 한다. 고관대작에서 평민과 머슴에 이르기까지 다양한 대감으로 분류하는데 보편적으로 머리에 정자관(程子冠)을 쓰고 경상 위에 책을 펼쳐 놓고 있는 모습이다. 살아생전의 다양한 직업에 따라서 대감의 명패와 도법을 가지며 주로 재복(財福)을 관장한다. 대감은 가정이나 마을 같은 일정한 공간을 관장한다.

대신보살(大神)

인간 신으로 자녀들이 출가하고 나이가 많아서 죽은 여자를 대신이라고 하는데 이때의 대신은 큰 보살이라는 의미를 두고 있다. 그리고 경륜(經輪)이 많아서 인간사의 미래에 대한 예견을 잘하는 경험이 많은 신이기에 대신이라고도 한다. 쪽을 진 머리에 비녀를 찌르고 노란 저고리에 붉은 치마를 입고서 부채와 방울을 양손에 들고 있으며, 가정의 우환이나 인간사의 액살(縊殺)과 길흉화복을 미리 알려주는 할머니이다.

국사(國事) 대신

국록을 받으면서 나랏일을 돌보았거나 나라의 외교를 담당하여 사신(使臣)으로 나갔다가 돌아오지 못하고 죽게 된 경우에 국사 대신이라 칭한다. 지금의 국가공무원이라 할 수 있다. 인간 신으로 여러 신명 세계에서 드러내고 있으며 왕족이거나 3정승(영의정, 좌의정, 우의정) 6조판서(이조, 호조, 예조, 병조, 형조, 공조) 또는 무관으로 지내다가 억울한 죽임을 당하여 한(恨)이 쌓인 인물일 수가 있으며, 그를 따르는 신하는 군왕신이 된다.

신장(神將)

군사를 지휘하는 최고의 책임자로 직접 전투에 임하지 않고 휘하에 장군이나 군웅을 통솔하는 참모에 해당한다. 투구에 갑옷을 입고 말을 탔거나 서 있으며, 얼굴에는 위엄이 느껴지며 칼이나 창을 들고 긴 수염을 휘날리는 형상을 하고 있다. 신을 호위(虎威)하거나 제자를 옹호하기 위하여 신당이나 걸립에 모셔진다. 천신에서 내려오는 여(女) 신장도 있으며 주변으로부터 몰려드는 액살(縊殺)을 제거하고 퇴마(退魔)를 잘한다.

약명(藥名) 대신

자연에서 완벽하게 불로장생을 할 수가 없다. 살아있는 것 중에 나무

가 가장 수명이 길다. 하여 인간사의 가장 큰 고통이며 걱정거리가 병(病)인데 이를 다스리는 신이 약명이다. 하여 약명은 다양한 도법을 가지고 있으며, 어떠한 신의 세계라고 하여도 반드시 존재한다. 약명의 분야가 넓고 관계되는 신들이 많이 있으며 특히 별상과 깊은 인연을 맺고 있다. 흰 도포를 입고 양손에 지팡이와 약초를 들고 있다.

별상 대신

인간으로 태어나서 사고가 없고 병(病) 없이 살아가는 사람은 몇 안 된다. 하여 대부분 사람은 병으로 고통을 받거나 목숨을 잃게 되고, 살아가기 위해 다양한 일을 하게 되다가 불의의 사고로 사망할 수도 있다. 즉 자연스럽게 수명을 다하고 편안하게 죽은 사람을 제외한 모든 이가 별상이 되어 또 하나의 신의 세계를 이루게 된 것이다. 별상이 접신되면 몸에 열이 오르고 가려워서 괜한 짜증을 부리는 경우가 있다.

신당에 모셔진 명패가 타 종교에 등장하는 신들이 많다. 본래는 무당이 모시던 신명인데 다른 종교가 이름을 붙여서 모셔지기 시작한 것이다. 이렇게 모든 것을 빼앗기고 설움 받는 원인은 문자로 전해주지 않고 구전으로 전하기 때문이다. 이를 바로 잡으려고 하는 무당은 없고 각각의 제자가 살아남으려고 발버둥을 치고 있다. 지상에 존재하는 종교는 신의 도움 없이 이룰 수 없기에 무당이 모시는 신을 빌려서 명패를 바꾼 것이다.

4) 신명(神明)의 명패(名牌)

천간 부호와 오행에 의하여 신명 세계가 정해지고 지지의 12운성에 따라 원력과 도법과 수행능력이 정해지며, 지지는 천간의 뿌리가 되며 부호와 십신으로 명패가 붙여진다. 지금 제자들이 모시는 신명은 그 야말로 팔만사천 가지가지로 사람이 태어나면 이름 짓듯이 하고 있다. 하지만 신명은 분명한 소속을 붙여야 하고 가져온 도법을 드러내야 한다. 그리고 오행과 십신에 의하여 인간사의 관계를 증명하는 것이다.

4. 상대성 신명(神明)

1) 산신과 조왕신

우리나라는 산악지대로 이루어져 있고 들녘이 좁다. 하여 대부분은 산 아래에 집을 짓고 살아가기 때문에 산신에 의지하고 살아간다. 그래서 자식을 낳으면 산과 들에서 뛰어놀고, 그곳에서 먹거리를 구하기에 밤을 지키는 신으로 의지하였다. 산에는 열매와 약초가 무성하여 살아남기에 적합하고 나무와 바위가 물을 정화하여 건강을 지켜주고 있다. 그리고 적으로부터 보호를 받을 수도 있으니 최고의 신명으로 대우하는 것이다.

그리고 가정을 이루기 시작하면서 가정의 안녕과 가족의 건강 그리고 재물 곡식 물과 불 소금이 끊어지지 않도록 바라는 마음으로 부엌에 모셔진 신명을 조왕(竈王)이라고 부른다. 하루를 시작하기 전에 맑은 물을 올리고 촛불을 밝히기도 하며, 향으로 부정을 제거하고 지극 정성으로 기도를 드린다. 하여 내호조왕이라고 하는데 사람이 살아가는 데 가장 소중한 부엌에 모시고 있으며, 가장 가까운 신명이지만 잘 알려지지 않고 있다.

2) 용신과 수신

물을 관장하는데 바다 호수 큰 강을 다스리는 신으로 우리 민족은 산(山) 사상이 강하지만 중국은 물(水) 사상이 강하다. 바다를 터전으로 하는 사람은 사해(四海) 용왕님을 섬기며 재물이 늘어나기를 빌었다. 그리고 물을 떠나서 살 수 없듯이 육지에 터를 잡고 살아가는 사람도 강이나 호수 우물 샘에 정성을 들이는데 이를 수궁(水宮) 또는 수신(水神)이라 한다. 남(男)신은 바람과 파도를 여(女)신은 구름과 비를 다스린다.

용신은 물의 흐름이 미약하거나 맑게 고여 있는 곳에 존재하기에 바다를 대표적으로 본다. 하지만 마을에 우물이나 샘 흐르는 강에도 물이 멈추어 맴도는 곳에는 용신이 존재하고 있다. 하지만 멈추지 않고 흐르는 강에는 수신이 존재하는 것으로 이해를 하면 좋다. 즉 크게 나누어보면 짠물이거나 맑아서 바닥이 보이지 않는 깊은 곳은 용궁이라고 하며, 사람이 일상적으로 음용 할 수 있으며 바닥이 보이거나 흐르고 있다면 수궁이다.

3) 도사와 도인

도사는 수행을 통하여 자연의 이치를 터득하여 깨달음의 경지에 도달한 일체를 통달한 사람으로 신으로 대우받을 경우이다. 하여 도교(道敎)에서 등장하는 명패로 무위자연(無爲自然)의 신선 수행을 통하여 하늘과 자연의 이치를 깨달아서 신통력을 발휘하는 신명(神明)으로 통한다. 하여 지혜가 열리고 한가지에도 막힘이 없는 경우에 붙여지는데, 인연 된 제자에게 찾아오는 경우 대단한 원력으로 도법을 펼치게 된다.

도인은 천도교(天道教)에서 학문으로 공부하여 천인합일(天人合一)의 경지에 오르면 자연의 이치를 깨닫고 제자를 가르치는 사람을 신으로 받들어 부르는 명패이다. 도사와 도인은 같은 뜻으로 쓰이고 있으며, 남자뿐만 아니라 여자도 있음을 알아야 한다. 즉 왕실의 여자들이 모시던 왕이 죽으면 퇴출(退出)되어 절이나 도교로 출가하여 수행으로 지혜가 열리면, 도사나 도인의 칭호를 받으니 여(女)산신이 존재하는 것이다.

4) 대감과 대신

대감은 남자로 성인이 되어 가정을 이루고 자녀를 키웠다면 지위 고하(高下)를 막론하고 대감이 된다. 학문을 통하여 이치를 배우고 터득하면 글문이며, 나라를 위해 일을 하면 국사이다. 장사하여 돈을 벌어 유흥을 즐긴다면 한량 대감이며, 오래된 조상은 대부분이 글을 모르는데 일상에서 다양한 경험을 통하여 배우는 대감도 있다. 이는 자연을 신(神)으로 믿고 순종하며 살아가면 신의 도법을 터득하게 된다.

대신은 여자로 혼인을 하여 자식을 낳고 기르면서 자연과 인간관계를 체험하면서 흐름이나 길흉화복을 알게 된다. 옛날에 여자들은 글을 가르치지 않아서 대부분이 문맹자로 살았는데 양반 가문의 여식으로 태어나면 글을 배우고 자식들의 글을 스스로 가르치는 여성도 있다. 이러한 대신은 상당히 지혜롭고 해박한 상식을 겸비한 도법으로 제자에게 찾아오는 경우가 있다. 여신(女神)이라고 글을 모른다는 생각은 잘못이다.

5) 신장과 장군과 군웅

수호신으로 가장 높은 지휘권을 가지고 있어서 글을 잘하고, 전투에도 뛰어나기에 왕권(王權)을 수호하는 장군이다. 하여 밖으로 나가 전투를 직접 하는 것이 아니라 명령을 내리고, 안으로 보안(保安)과 안전(安佺)을 책임지고 있는 막강한 권한을 가진 총사령관이다. 그래서 점잖고 엄숙한 기세(氣勢)와 강하면서도 인자한 모습을 가지고 있다. 하여 문신의 신임을 받으니 따르는 신하가 많아서 웬만한 신들은 겁을 먹게 된다.

*전투보다는 내무(內務) 지휘권을 가지고 전략과 전술이 위력적이며, 옥황상제 호위대장인 백마신장이 대표적이다.

장군은 지금의 예를 들어보면 무관(武官)에 해당하는 군인으로 야전(野戰)에서 뛰어난 지략으로 전투를 지휘하는 무장(武將)이다. 하여 글을 알고 있으며 휘하에 많은 군졸을 이끌고 있어, 신당을 지키는 걸립으로 모시게 된다. 신장의 지휘를 받거나 독단적인 권한을 가지고 있으며, 손에 달처럼 휘어진 긴 칼을 들고 있는데 잡귀들은 장군의 눈빛만 보아도 기겁을 한다. 대부분 관운장의 형상을 대신하는 경우가 많다.

군웅이란 나라에 일을 하다가 죽거나 간신들로 인해 억울한 누명을 쓰고 지독한 고문으로 죽임을 당하거나, 외국에 사신으로 갔다가 죽은 원혼들을 일컫는데 본래는 군왕(君王)이라고 한다. 구전되어 내려오는 과정에서 군왕이 군웅으로 발음되어 부르는 듯하다. 너무 억울한 죽임을 당하였기에 한번 틀어지면 복수심이 대단히 강하여 누구를 두려워하거나 무서워하지 않는다. 그래서 험악한 행위를 과감하게 보여주며 무섭게 행동한다.

6) 도령과 선녀

몽정(夢精)은 지났으나 아무리 나이가 많이 먹었다고 하여도 성(性) 경험을 하지 못하고 순진(純眞)하게 자연 그대로 바라보며 살다가 죽어서 신이 된 총각을 도령이라 한다. 하여 살아생전에 즐겨 하던 일이 죽어서 신으로 부르게 될 때 붙여지는 명패가 될 수 있다. 하지만 지극히 수동적이기에 도법이 없거나 미약하여 높은 신령의 명을 받아서 행동하는 것이 대부분이다. 고지식하고 멋을 부리고 꾀도 자주 피운다.

생리(生理)는 하였으나 아직 성(性)을 경험하지 못하고 태어날 때 그대로 몸을 간직하다 죽어서 신으로 부활한 처녀를 선녀라고 한다. 이들은 큰 신령님의 시중드는 역할을 대부분 담당하고 있다. 때로는 동자 동녀 신(神)과 함께 있기도 하며, 순지하면서 고집을 부리는 성향이 대단히 강하여 함부로 대할 수가 없다. 고운 것이나 이쁜 것에 관심이 많아서 제자와 신당을 화려하게 꾸미려고 하며, 욕심은 부리지 않는다.

7) 동자(童子)와 설녀(雪女)나 동녀(童女)

몽정(夢精)하기 전(前)이나 태중(胎中)에서 죽어 신령님의 귀여움을 받으며 따라다니는 남아(男兒)를 동자라고 한다. 이러한 동자들은 심부름을 전담하고 있어서 여러 신령님의 귀여움을 독차지하기에 시기나 삐침이 많다. 그래서 좋아하는 장난감이나 단맛이 나는 사탕으로 달래기도 한다. 무당들의 신당에 고운 옷과 장난감 사탕 과자를 올려 두

고 마음껏 먹고 놀게 하는데 이는 심부름을 잘하라고 선물로 올리는 것이다.

설녀(동녀)는 눈처럼 맑고 깨끗하다는 의미의 여아(女兒)가 생리를 경험하기 전이나 태중에서 죽은 여아(女兒)로서 여러 신령님의 보호를 받는다. 이들은 대감 대신 도령 선녀를 조부모나 부모 형제처럼 따라다니며, 신령님의 잔심부름을 하고 있다. 순진하지만 눈치가 빠르고 거짓말과 손버릇이 나쁜 아이도 더러 있다. 신령님의 꾸지람에 삐져서 틀어지기도 하지만 이내 찾아와서 애교를 부리기도 한다.

8) 약명과 별상

약명은 인간이 살아가면서 병이나 사고로 치료를 받아야 하는데 이를 담당하는 신이다. 특히 의술(醫術)신과 약명(藥名)신으로 나누어지며 약명은 재배(栽培)와 처방(處方)과 조제(調劑)를 담당하는 신명이 각각 다르다. 또 한 유통하는 과정에 다양한 도법을 가진 약명으로 나누어지며, 상처가 심할 경우 의술을 펼치는 신령이 있다. 인간사에 가장 가까이 존재하는 신명이며 존경의 대상이고 약주를 좋아하신다.

별상은 인간의 육신이 깊이 병들어 치료하지 못하거나 사고로 치료 중에 죽게 되면 별상 이라고 하는데, 이는 자신의 병을 완치하지 못한 한(恨)이 쌓여 신이 되어서 인연을 찾아와 표적을 남긴다. 하여 별상이 들어오면 가려운 증세가 나타나고 심할 경우 열꽃이나 피부가 부풀어 오르는 고통을 주기도 한다. 신당에 한약을 걸어두어 약 냄새를 풍기게 하거나 곰방대를 놓아두고 수시로 가려운 곳을 두드리기도 한다.

5. 굿

1) 굿의 의미와 종류

산해진미를 차리고 많은 구경꾼이 모여들어 신명을 울리는 것을 굿이라고 할 것이다. 하여 다양한 의미를 가지고 하는데 보편적으로 이려한 굿거리가 있다는 것이지 이것이 전부는 아니다는 것이다. 신의 명패를 짓듯이 굿판도 명분을 세우기에 따라 다양한 이름이 나올 t가 있다는 것이다. 신을 모실 능력이 충분한 대무당이 굿판을 운영하는데 신명이 감응하여 소원을 이루기 위해 대접하는 행위이다.

천신굿

재수를 기원하는 목적으로 하는 굿이라 일명 재수굿이라고 부른다. 잔치 수준으로 재가집의 마당에서 하게 되는데 지금은 굿당을 이용하고 있다. 운(運)을 맞이하는 굿이기에 제물은 다양하고 푸짐하게 차려서 신(神)을 즐겁게 해드린다. 주로 한 해를 시작하는 봄이나 햇곡식이 나는 가을에 행해지는데 가정과 사업이 무탈하고 번창하기를 바라는 마음에 조상과 신령께 보살핌을 바라고 감사를 표현하는 의식이다.

천도굿

망자(亡者)가 저승길을 편안하게 가도록 후손들이 해주는 굿이다. 하여 가난한 집이나 죽은 망자가 오래되지 않으면 진진오귀라 하고 오래되었으면 진오귀 굿이라고 한다. 그리고 재산이 많은 부유한 집에서 망자를 위해 하는 굿은 새남굿(주로 서울지방)이라 부르며, 씻김굿은 전라도 지방에서 망자를 깨끗하게 씻어서 저승으로 보낸다는 의미다. 천도굿은 일종의 천도(天道)재와 같은 의식이다.

천도재

맑은 영혼이 육신을 만나 숨쉬기 시작하면서 욕심을 채우려고 알게 모르게 영혼이 혼탁하기 시작한다. 더욱 강한 욕망으로 혼탁한 영혼이 단단하게 뭉쳐져 숨까지 쉬지 못하여 죽게 되는 것이다. 사후(死後) 부드러운 영혼은 흩어져 높이 오르지만 뭉쳐진 기운은 무거워서 올라가지 못하고 중엄 세계에 있다. 이러한 기운을 흩트리기 위해 수행이나 수련으로 강한 기운을 가진 사람에게 후손이 부탁하여 기운을 흩어지게 하는 행위이다.

신굿

신굿은 일명 내림굿이라 하며 여기에 허주굿 가리굿 불림굿으로 진행한다. 허주굿은 인연 없는 신(神)을 퇴치하는 행위이며, 가리굿은 몸주와 주장신을 선별하는 행위이다. 불릴 굿은 무업(巫業)을 시작하는데 설판(說辦)을 담당하는 신(神)을 정하는 굿이다. 신굿이 끝나고 신을 내려준 선생으로부터 무당의 기본 예법과 절차를 배우고 익혀서 일정 과정을 마치면, 신을 좌정(坐定)시켜 애동 제자로 신령의 보살핌을 바라는 것이다.

조상 해원굿

가정과 일신(一身)에 우환(憂患)과 병고(病苦)가 끊이지 않고 계속 발생이 된다. 그렇다면 이는 조상들이 편안하지 못해 후손에게 보내는 파동이라고 할 수 있고, 이를 알기 위해 무당을 통해서 인연 되는 조상의 영혼을 청하여 정성껏 제물을 올리고 영가(靈駕) 옷도 준비해서 대접하는 행위이다. 그리고 영가가 무엇을 원하는가를 무당을 통하여 듣고 풀어줄 것을 후손은 약속한다. 이후 조상 영가가 왕생극락을 바라며 천도(薦度)한다.

진적굿

진적굿은 무당이 무업(巫業)을 하면서 모시는 신령님께 공을 들이는 행위이다. 즉 제자가 기도하고 공부하는데 애고를 당하지 않도록 해주시고, 무업을 함에 있어 장애 없기를 바라는 마음으로 신령님께 올리는 감사 굿이다. 제자는 이러한 행위를 통하여 모시는 신령님을 더욱 믿고 의지하며, 무당으로서 자부심을 다짐한다. 주무를 통하여 신령님의 뜻을 전해 듣기도 하고 제자의 원을 전하기도 하며, 신의 가호를 비는 행위이다.

용신굿

우리나라는 삼면(三面)이 바다이다. 바다에 의지하여 살아가는 사람들이 물을 다스리는 용왕(龍王)님께 풍어(豊漁)와 안전을 기원하며 제물을 차리고 정성을 다하여 제를 올리는 행위이다. 그리고 바다를 관장하는 여러 신령을 위로하고 망망대해에서 무사히 조업을 마치고 귀환을 바라는 마음을 모아 무당을 초빙하여 뜻을 전한다. 마을 전체가 참여하는 대동(大同)제 형식으로 이루어지며, 지역에 따라 배연신굿 풍어제 등으로 불리기도 한다.

병굿

오래된 병을 치료하기 위한 목적으로 하는 굿이다. 뚜렷한 이유나 증상 없이 아프고 약과 치료가 통하지 않는다면 환자와 가족은 고통스럽다. 환자의 몸에 잡귀가 붙었다거나 한(恨) 많은 조상이 빙의(憑依)되어 있다고 판단이 내려지면 퇴마(退魔)를 하여 낫게 하는 행위이다.

환자와 가족을 애타게 하지 말고 속히 낫게 해달라는 간절한 믿음으로써 행하여지는데, 지역에 따라 대수대명(代壽代命)으로 불리기도 한다.

성주굿

집을 지키는 수호신을 모시는 굿이다. 새집으로 이사를 하여 대주의 나이가 7이 들어가는 나이 때 10월에 많이 한다. 가족건강과 화합 만사형통을 바라는 마음으로 집안에 제물을 차려놓고 성주신께 제를 올리는 행위이다. 하여 공장이나 가게를 새로 장만하여 터주신께 알리는 고사와 비슷하다. 지금도 새로 마련한 터에 공사를 시작하려면 대다수가 무당이나 종교인을 초빙하여 고사 지내는 것이 성주굿에 해당한다.

제석굿

무당이 이름하는 제석(帝釋)은 불교에서 이야기하는 제석과 다르다. 하여 수명(壽命)과 복(福)을 다스리고 풍요와 가족의 화합을 다스리는 신(神)으로 알려져 있다. 무당은 대신(大神)을 표현하는 노란색의 무복(巫服)에 회색 장삼을 겹쳐 입는다. 목에 염주를 걸고 머리에 고깔을 쓰고 바라를 손에 든다. 흔히 제석이라 하면 불교에서 하늘 세계를 떠받치고 있는 수미산(須彌山) 꼭대기에 있는 제석천으로 생각하면 안 된다.

군웅(軍雄)굿

군웅신에 대한 지역별 성격이 서로 달라 정의하기는 어렵다. 동해안에서는 놋동이를 떼는 힘센 장군의 성격이고 서울 지역에서는 마을수호신으로 여겨지고 있다. 황해도에서는 타살군웅굿이라 하는데 피를 흘리며 억울하게 죽어간 여러 군웅을 청하여 위로하고 대접하여 액살을 막아달라는 행위이다. 억울하게 죽은 특정 조상이 군웅으로 들어와 대접을 받기도 한다. 주로 중부권과 이북 굿에서 많이 행해지고 있다.

영가 혼인굿
젊은 나이에 결혼하지 못하고 죽은 청춘 남녀의 영가를 살아있는 사람처럼 똑같이 혼례를 올려주는 행위이다. 무당은 남자 영가(靈駕)와 여자 영가(靈駕)의 마땅한 혼처를 구하고 영가의 혼(魂)을 불러 서로의 뜻도 확인해본 후에 혼인 날짜를 정하고 예물도 마련해 굿청에서 지금의 결혼식처럼 치른다. 이는 저승에서 좋은 배필(配匹)을 만나 외롭지 않게 잘 살라는 의미를 둔 우리 조상들의 인정(人情)을 엿볼 수 있는 행위이다.

대동굿
마을 주민 전체가 참여하는 의식으로 일종의 마을 잔치와 같은 개념이다. 대표적으로 서해안 일대의 풍어제와 비슷하다. 마을의 평안과 생업의 번창을 기원하는 목적이기에 매년 음력 정월이나 2월 영등달에 행해진다. 특징은 마을 주민 전체가 참여하여 규모가 크기에 행해지는 장소는 산이나 바닷가 또는 성황당 등으로 어디서든 굿을 할 수 있다는 점이다. 마을을 지도하는 이장이나 대표할 수 있는 인물이 주도한다.

2) 일반 굿
북이나 장구 징 같은 것으로 박자를 치며, 경문(經文)을 읊거나 노래하며, 춤으로 신(神)을 즐겁게 하여 도움을 청하는 행위이다. 굿은 앉아

서 신을 청하면 앉은 거리라고 하고, 서서 신(神)을 몸에 실어서 행위를 하는 것은 선거리다. 굿하기 위하여 신(神)을 모시는 곳이나 신기(神氣)가 모이는 곳 또는 지정된 장소에 제물(祭物)을 차리는데 때로는 간소하게 향과 초 술과 물만 올리고 강림(降臨)하는 신명(神明) 따라 무복(巫服)을 갈아입는다.

굿거리는 구경거리의 줄인 언어로 기본으로 열두 거리가 있는데, 시대의 흐름이나 지역에 따라 다양한 이름이 붙여지면서 특색있는 굿거리가 이루어진다. 모시는 신령과 일의 목적에 따라서 굿에 붙여지는 명칭이 다르고 무복과 행위도 다른데 그 목적은 비슷하다. 무당이 하면 굿이라 하고 승려가 하면 예불이며 바라이고, 목사가 하면 예배이며 찬송이다. 하여 다수의 사람이 모여서 연주(演奏)하여 신을 청하면 굿이 된다.

3) 제(祭)와 굿

무당을 청배(請陪) 하여 제물과 향 초를 밝히고 장단에 맞추어 신명(神明)을 청하면 굿이다. 하지만 망자(亡者)를 위하여 제물을 차리고 염불이나 축문을 읽으며 좋은 곳으로 가도록 정성껏 지내는 것은 재(齋)라고 한다. 그리고 지정된 장소에 음식을 차려놓고 덕망(德望) 있는 사람을 중심으로 지내거나 가족 등이 모여서 조상님의 기일에 지내는 것을 제(祭)라고 한다. 마을의 안녕을 위해 지내는 동제(洞祭)이다. 개업할 때 지내면 고사(告祀)에 해당한다.

제를 지내면서 흥이 오르기 시작하고 악사가 장구 북 징 등을 치면서 무당이 노래와 춤을 추어 접신(接神)되면 굿으로 이어진다. 제는 가족

중심으로 조상을 섬기는 것이고 재는 지인들이 모여서 뜻하는 것이 무사하게 이루어지게 하려고 신께 지내는 것이다. 굿은 대중이 모여서 경문을 반주에 맞추어 읽거나 노래를 부르면서 춤추는 행위이다. 종교행사 때 목탁이나 악기와 손뼉 치며 노래하는 행위도 굿과 같은 맥락이다.

4) 다양한 굿거리

목적과 행위에 따라서 이름이 붙여지는데 흉액(凶厄)을 막는 횡수 액막이굿, 삼재에 하는 삼재풀이굿, 다양한 풍파를 막고자 하는 영등굿, 단명(短命)을 피하고자 하는 칠석굿, 생전에 원한을 풀기 위한 백중 천도굿, 무자(無子)나 이름 없는 조상을 위한 중구굿, 팥죽을 끓여서 악신을 물리치는 동지 굿, 제자가 감사의 뜻으로 하는 진적굿, 치성을 드리기 위해 하는 치성굿, 걸립이 틀어져 풍파가 많을 때 하는 걸립굿 등이 있다.

또는 사회에서 입신출세를 바라는 산신굿, 자식을 낳기 위한 삼신굿, 우환이나 동토(動土)로 일이 안 풀릴 때 조왕굿이나 지신굿, 길에서 죽은 넋을 천도하는 노중 고풀이굿, 넋을 해원 천도하는 넋건지기굿, 성황(聖皇) 고를 풀어내는 성황풀이굿, 가리지 못하여 아픈 주당풀이굿, 인간 피해에 살풀이굿, 초상집 부정을 타면 상문풀이굿, 관재구설 막음굿, 조상의 묘소에 문제가 있어서 하는 산소굿, 혼인 전에 하는 근원손굿 등등 있다.

6. 열두 거리(지역마다 다를 수 있음)

거리는 무엇을 한곳에 모아서 엮는다는 뜻이다. 하여 굿을 할 때 진행하는 순서이며, 열두 신명을 차례로 모시고 하는 행위이다. 시작은 굿청에 상주(常住)하는 잡신(雜神)을 물리는 부정거리를 시작으로 한다. 법사가 가벼운 풍악과 경문으로 오늘 오실 영가(靈駕)를 모시고 천지신명 지역 산신 도당신 본주(本州) 본향(本鄕) 산신께 알리면서 굿이 시작된다. 후미(後尾)에 조상 해원과 뒷전풀이로 마감한다.

1) 부정(不淨)거리

어떠한 굿도 부정거리를 우선으로 하며, 굿청을 정화(淨化)하는 의식이다. 법사가 부정경문을 읊으며 고장(鼓匠)도 함께 치면서 굿청을 울리게 된다. 무당은 접신(接神)된 후 준비해둔 향과 고춧가루를 탄 향물과 청수(淸水) 소금으로 굿청 안을 돌며 일체의 부정한 기운을 몰아낸다. 아울러 굿을 의뢰한 재가(齋家)와 참관자들의 부정도 함께 걷어 내주며, 마무리에 오방기로 부정한 기운의 여부를 재차 확인한다.

2) 축원

법사가 고장을 저속으로 치면서 천수경과 신명(神明) 축원 등의 경문을 읊는다. 이는 산천문(山川門)을 열기 위함이고, 일을 의뢰한 재가(齋家)의 조상 신을 굿청 안으로 모시는 행위이다. 이는 오랫동안 무당과 불교 문화가 밀접한 관계로 천수경을 하는 경우가 있음을 엿볼 수가 있다. 즉 절간에 칠성 산신 조왕 조상을 섬기는 지장보살이 무당이 모시는 자연신과 조상신이 비슷하기에 불법의 도움을 받고자 하는 것이다.

3) 천왕거리

가장 비중을 차지하며 굿을 주관하는 주무(主巫)가 홍철릭을 입고 붉은 갓을 쓰고 왼손에 방울이나 대나무 가지를 오른손에 부채를 들고 오방(五方)으로 예를 갖춘다. 열두 천왕의 문을 열어 이 도당에서 굿을 하게 됨을 아뢰고 천지신명을 청배(請陪) 한다. 주무가 접신이 되면 법사의 장단으로 사설(辭說)과 무가(巫歌)를 하고 일을 의뢰한 재가(齋家)의 몫으로 고를 묶어둔 오색천을 풀어 내주며 총체적인 공수를 내린다.

4) 대감거리

한 집안의 재운(財運)을 관장하는 재물 대감 신(神)을 표현하려고 주무(主巫)는 흰색이나 옥색 도포를 입고 머리에는 갓을 쓰고 부채와 곰방대를 든다. 고장(鼓匠)에 맞춰 무가(巫歌)와 해학(諧謔)으로 즐기게 하고, 신(神)은 제물이 차려진 규모를 보고 대접의 서운함을 익살스럽게 표현한다. 재가와 실랑이도 하지만 자손의 정성에 감응하여 공수를 내린다. 행위 중 부채를 펼쳐서 뒤로 넘겨주는데 이는 재물로 도와주겠다는 의미다.

5) 당산 서낭 거리

사람이 태어나고 자라난 그 지역의 수호신이 모셔진 곳을 당산이라 하는데 보통 마을 입구에 큰 나무를 당산 신목(神木)이라 하고, 서낭신을 모시고 하는 거리이다. 주무는 연두색의 장삼을 입고 머리에 꼬아진 오색 끈을 매고 오방기를 들고 고장(鼓匠)에 맞추어 춤춘다. 오색천의 매듭을 흔들어 풀어내며 재가의 애고를 하나씩 풀어주어 공수를 내려준다. 행위 중 팥 시루에 술 한잔을 올려 재가에게 건네주는데 이는 재

수를 준다는 의미이다.

6) 불사거리

명과 복을 관장하는 칠성(七星)과 불사를 표현하기 위하여 주무는 흰색 장삼에 흰 고깔 쓰고 108 염주를 목에 걸고, 좌우 어깨에 청홍(靑紅) 가사를 메고 바라춤 추는 것을 불사거리라 한다. 신(神)을 고귀하게 섬기기에 제물 중에 누리고 비린 냄새나 혐오(嫌惡)스러운 것은 흰 창호지로 덮어둔다. 하여 엄숙한 분위기에서 행해지고 자손과 집안을 위해 빌고 빌던 친할머니와 같은 느낌으로, 잘잘못을 짚어 주시고 또 다독여 주시기도 한다.

7) 신장거리

신장(神將)은 한없이 약한 인간을 나쁜 액운과 액살에서 보호하고 입신출세(立身出世)까지 도와주는 신(神)으로 알고 있다. 주무는 청색의 신장 의대를 입고 머리에는 벙거지를 쓰며, 무악(巫樂)에 맞추어 신장 칼 또는 월도(月刀)와 삼지창을 들고 휘두르며 춤추면서 위력(偉力)을 과시한다. 다시 재가의 부정과 액살을 신장 칼로 물려주는데 칼을 밖으로 던져서 칼끝이 안쪽을 향한다면 아직 부정이 남아있다고 생각하고 반복적으로 행위를 한다.

8) 장군거리

실존했던 인물 중에서 영웅적인 활약을 하고 위대한 업적을 남긴 장군(將軍)들을 모시는 무당도 많다. 주무는 청색이나 검은색 장군 의대를 입고 때로는 장군의 상징인 갑옷을 입기도 한다. 월도(月刀)와 삼지창을 자유자재로 휘두르며, 군웅 칼로 얼굴과 목과 팔 등을 그어 보이는 행위도 한다. 이는 장군 신이 무당에게 접신됨을 보여주고 신의 위력을 과시하는 것이다. 작두는 작두 신장이나 작두장군을 모신 무당만이 오를 수가 있다.

9) 대신거리

대신이 있어야 무당의 말문을 열어주고 인간의 길흉(吉凶)을 점친다. 주무는 홍치마에 노란색 대신 의대를 입고 왼손에 방울 오른손에 부채를 든다. 무악(巫樂)에 따라 신(神)을 청하며, 노래와 춤을 추면서 굿청(俍廳)을 휘어잡고 구경꾼과 화합을 동요하며 흥을 올린다. 무당이 모신 또 다른 신이나 동자 동녀 등을 청하여서 오방기를 이용하여 공수를 내려주기도 한다. 무당의 정체(正體)성을 확실하게 보여주기 위한 굿거리이다.

10) 조상거리

굿판의 핵심이라고 할 수 있는 조상거리에는 재가의 집안 내력을 거슬러 올라가서 선망 조상부터 후망 조상까지 청해볼 수가 있다. 조상 전에서 알려주고자 생전(生前)에 하지 못한 이야기들을 주무가 접신을 통하여 재가는 직접 들을 수가 있다. 조상거리에서는 원한을 듣고 풀어준다는 약속으로 과거의 조상들과 현재의 후손들이 함께 어우러지기에 눈물도 웃음도 많으며, 이러한 굿을 통하여 조상을 경배(敬拜)하는 마음을 가질 수 있다.

11) 해원 염불

재가의 만(萬) 조상을 굿청으로 청하여 산해진미(山海珍味)로 대접하고 새로 지은 영가(靈駕) 옷도 마련해드린다. 후손의 부족함에 용서를 빌

고 얽히고 메인 원(怨)과 한(恨)들을 잘 풀어주시어 좋은 곳으로 가시라는 행위이다. 법사는 조상 해원경이나 육십갑자 해원경 또는 회심곡 등을 부르는데 이날 오신 조상 영가(靈駕)가 한 분도 빠짐없이 왕생극락을 바라는 마음으로 간절하게 담아낸다. 이에 후손은 예의를 갖추어서 마무리한다.

12) 뒷전풀이

재가의 조상 중에서 굿청 안으로 들어오지 못한 귀신이나 생전에 험하게 죽거나 원한을 풀지 못하여 해탈하지 못한 영가(靈駕)를 위한 마지막 행위이다. 이들 영가가 후손에게 해악(害惡)을 준다고 하여 반드시 뒷전을 잘 풀고 달래어 보내야 한다. 뒷전은 굿청 방의 출입문 바깥 입구에 차리고 제상(祭床)은 작아도 알차게 준비한다. 뒷전풀이는 영가의 원한과 서러움을 잘 달래서 왕생극락할 수 있도록 법사의 고장과 경문으로 빌어주게 된다.

글을 마감하면서

1) 공부하는 무당으로 살아가는 인향의 하소연

무당을 직업으로 하는 사람이 100만명을 넘어서 200만명 정도 된다고 주장하는 사람들이 많다. 누가 이렇게 많은 제자를 낳은 것일까? 하고 질문한다면 정답은 무지한 무당이라고 할 것이다. 쉽게 편안하게 대우 받으면서 돈을 벌고 싶어 신을 받는 사람도 상당히 많을 것이다. 그렇게 받아서 모시는 신명의 도법은 어떠하신가 하고 물으면 모르는 사람이 대부분이고 돈만 잘 벌어주면 높은 도법을 가진 신명이라고 한다.

신이 돈 벌어주는 머슴으로 알고 있는 어리석은 무당들이 차고 넘쳐나는 지금 시대에 새로운 직업군으로 등장한 것이다. 보이지 않는 신을 팔아서 먹고 살아가는 무당은 무당이 아니고 무속인이다. 신을 섬기면서 탐욕보다 도법을 자랑하고 부족한 공부를 위하여 기도하면서 유혹에 넘어가지 않는 내공을 닦아가는 제자가 참 무당인 것이다. 신명의 도법이 약하면 제자가 공부하여 신을 깨우고 사람과 신이 함께하는 무당이 되어야 한다.

비록 초라하고 보잘 것 없는 신당이라고 하여도 만족할 줄 아는 제자가 되어야 한다. 화려하게 보여주고 더 많은 것을 챙기려고 유혹하는 무당은 타인을 기망(欺罔) 하는 범죄자에 가깝다고 볼 수 있으며, 도법은 약하고 한탕을 노리려고 꾸며진 미끼이다. 그리고 신은 꼴을 따지지 않는데 어리석은 인간은 꼴값을 하기 위해 성형까지 하는 무당이 칙간에 구더기만큼이나 많고 학벌과 입담으로 신내림을 하는 이가 부지기수이다.

도법이 부족하여도 제자는 지극한 정성으로 진심을 가지고 신의 뜻을 전한다면 지금처럼 무지한 무당 천국은 되지 않았을 것이다. 신은 자랑도 하고 싶지만 인연 된 후손을 통하여 한을 풀고 싶어 하는 신명도 많을 것이다. 특히 재물에 한이 쌓인 조상은 분명 욕심을 낼 것이고, 공부에 한이 있으면 먼저 재물을 주고 학문을 닦아줄 것을 원한다. 하지만 허주와 동거하는 무당은 돈만 밝히고 인격과 언어는 참담할 것이다.

아무나 무당으로 살아갈 수 없지만, 누구나 신명은 있으니 무당이 될 수는 있다. 신내림을 하는 큰 무당의 기준이 없어 입담이 기준으로 평가되고, 내공이나 도법은 알 수가 없으니 화려한 신당과 외제 차로 치장하고 성형한 꼴을 무기로 착각하는 허접한 무당들이 판을 치고 있다. 나이가 경륜을 나타내는 것이 아니며 제자의 진실한 언행과 소박하고 깨끗한 신당 그리고 단아한 몸가짐에 철저한 희생으로 경륜을 살피는 것이다.

무당은 직업이 아니고 신과의 인연으로 더 높은 영적 세계로 승화하려고 하는 수도(修道) 인이다. 지금의 무당처럼 무형에서 재물을 창출하는 요사스러운 직업으로 생각하는 사람이 무당을 하고 있다. 이들은 신앙심은 없고 수단과 방법을 가리지 않고 돈만 벌면 된다는 의식이 희박한 사람들이다. 자질이 부족한 무당과 게으르고 화려한 삶을 원하는 사이비 종교인 도법 없이 내림하는 무당이 큰 소리치는 세상이다.

진실한 무당은 신만 바라보지 않는다. 제자 된 도리로 학문을 익히고 수행자처럼 기도하면서 모시는 신명이 더 높은 영적 존재로 승화하기를 바라면서 내공을 쌓고 신앙심이 강하여 주위로부터 존경을 받아야 한다. 무당은 자기 자식보다 제자를 더 사랑하고 가르치며, 사회를 위하여 봉사하고 나라를 위해 희생한다면 진정한 무당이다. 개인의 이익이나 영달(榮達)을 위하여 살아가는 무당은 허주의 노예에 불과한 가짜 무속인이다.

2) 인간(人間)적 문제

무당들이 자신의 욕심을 채우기 위해 찾아오는 사람에게 너는 신가물 이라고 던지는 말에서 근심이 생겨나기 시작한다. 짐승들도 스스로 개체(個體)를 조절하는데 무당들은 무작정 제자를 양산하고 있는 것은 개인의 이익을 우선으로 생각하기 때문에 쉽게 제자를 생산하는 것이 문제이다. 이는 참으로 어리석은 행위이고 훗날 자신의 생계를 위협받을 수 있는 자살행위이고 신의 제자도 아닌데 돈에 눈이 멀어 신내림을 하고 있다.

그렇게 내림 받은 무당도 점집에 찾아오는 사람을 상대로 하여 신가물 이라고 하면서 내림을 강요하고 있다. 무지한 무당이라고 욕을 먹어도 돈의 유혹을 떨치지 못하고 이어진다. 무당은 신을 모시고 당당하게 살아가야 존경받고, 승려들은 스스로 스님이라고 호칭하며 기본적인 인적관리를 한다. 무당은 개인의 신앙(信仰)을 금전으로 비교하지 말고, 보여주기 위한 무당보다 신 앞에 부끄러움 없는 무당이 되어야 한다.

하여 무당도 수준을 높이고 살아남기 위한 개체 조절이 필요하다. 그래서 적합한 교본이 필요하고 대중의 믿음을 받는 신앙인이 되어야

살아날 수 있을 것이다. 지금처럼 자질이 부족한 사람에게 신내림을 하고 제자를 머슴처럼 부리기 위해 신벌(神罰)과 벌전(罰錢) 이라는 올가미를 씌우면 안 된다. 신은 누구나 있고 자신이 모시는 신이 최고라고 주장하는 어리석은 무당보다 자신을 낮추고 배우고자 하는 무당이 존경받아야 한다.

3) 제도(制度)적 문제

하여 단체를 구성하고 규정을 만들어 위법행위나 명예를 훼손하는 자는 규정에 따라 징계하는 방법을 만들어야 한다. 그리고 신내림을 받아 무당이 되었으면 반드시 단체에 가입하여 소정의 교육을 의무적으로 받도록 한다. 또 한 교본을 만들어 교육과 행위까지 통일하고 기도와 공부하는 것을 기본으로 하여야 한다. 시정잡배도 아니고 신앙심도 없고 신을 빙자하여 욕심을 부리고 사회를 혼란하게 하는 무당을 축출해야 한다.

사회에 공헌(貢獻)하는 무당으로 신앙인으로 존경을 받고자 한다면, 무당들이 결집(結集)되어 스스로 정화(淨化)하여야 한다. 우후죽순처럼 세워지는 천황대도 일정한 자격이 갖추어진 무당의 권한으로 정하여 표식을 달게 하고 굿당 이용과 신내림을 함부로 하지 못하게 통제가 필요하다. 굿당을 이용하는 무당들이 단합하면 내림굿은 반드시 조절하고, 신앙심으로 책임지는 무당이 되어야 대우를 받으며 살아남을 수 있을 것이다.

무당도 교육을 통하여 자격이 주어지고 개체(個體)를 조절한다면 스님 신부 목사들처럼 존경받는 신앙인으로 당당하게 살아갈 수 있다.

그런데 지금처럼 막무가내로 무당이 생산되면 서로를 잡아먹어야 살아남을 수 있다. 이미 그러한 상황은 벌어지고 있다고 할 것이며, 문화 예술과 점술의 원조인 무당은 지금 무식(無識)과 허세(虛勢)와 거짓으로 멸시(蔑視)를 받는다. 속히 개혁(改革)하지 않으면 철면피(鐵面皮)로 취급당하게 된다.

끝까지 읽어주시어 감사드리며 지식이 부족한 탓으로 오자와 탈자가 있을 수 있습니다. 작가의 무지함에서 발생한 실수입니다. 너그럽게 이해해 주십사하고 부탁드립니다.

온북스
ONBOOKS